La sagesse des mythes

Du même auteur
aux Éditions J'ai lu

APPRENDRE À VIVRE

N° 8735

Luc
FERRY

La sagesse des mythes
Apprendre à vivre – 2

ESSAI

La mythologie grecque :
pour qui et pourquoi ?

Commençons par l'essentiel : quel est le sens profond des mythes grecs et pourquoi faudrait-il aujourd'hui encore, aujourd'hui plus que jamais peut-être, s'y intéresser ? La réponse se trouve à mes yeux dans un passage d'une des œuvres les plus connues et les plus anciennes de la langue grecque, l'*Odyssée* d'Homère. On y mesure d'emblée à quel point la mythologie n'est pas ce qu'on croit si souvent de nos jours, une collection de « contes et légendes », une série d'historiettes plus ou moins fantasmagoriques dont le but serait seulement de distraire. Loin de se réduire à un divertissement littéraire, elle constitue en vérité le cœur de la sagesse antique, l'origine première de ce que la grande tradition de la philosophie grecque va bientôt développer sous une forme conceptuelle en vue de définir les contours d'une vie réussie pour les mortels que nous sommes.

Laissons-nous un instant porter par le fil de cette histoire que j'évoque ici à grands traits, mais sur laquelle, bien sûr, nous aurons plus tard l'occasion de revenir.

Après dix longues années passées hors de chez lui à combattre les Troyens, Ulysse, le héros grec par excellence, vient de remporter la victoire par la ruse – en

9

l'occurrence grâce au fameux cheval de bois qu'il a abandonné sur la plage, près des remparts de la ville. Ce sont les Troyens eux-mêmes qui l'introduisent dans leur cité, autrement imprenable par les Grecs. Ils s'imaginent qu'il s'agit d'une offrande aux dieux alors que c'est une machine de guerre dont les flancs sont remplis de soldats. La nuit venue, les guerriers grecs sortent du ventre de l'imposante statue et massacrent, jusqu'au dernier ou presque, les Troyens endormis. C'est un atroce carnage, un pillage sans merci, si effroyable qu'il suscite même la colère des dieux. Mais au moins, la guerre est terminée et Ulysse cherche à rentrer chez lui, à retrouver Ithaque, son île, sa femme, Pénélope, et son fils, Télémaque, bref, à rejoindre sa place dans sa famille comme au sein de son royaume. On peut déjà remarquer qu'avant de s'achever dans l'harmonie, dans la réconciliation paisible avec le monde tel qu'il est, la vie d'Ulysse commence, à l'image de l'univers tout entier, par le chaos. La terrible guerre à laquelle il vient de prendre part et qui l'a forcé à quitter contre son gré le « lieu naturel » qu'il occupait auprès des siens se déroule sous l'égide d'Éris, la déesse de la discorde. C'est à cause d'elle que l'inimitié entre Grecs et Troyens s'installe – et c'est à partir de ce conflit initial que l'itinéraire du héros[1] doit être mis en perspective si l'on veut en saisir la signification en termes de sagesse de vie.

L'affaire éclate lors d'un mariage, celui des futurs parents d'Achille[2], lui aussi grand héros grec et l'un des

---

1. Homère y fait allusion mais c'est dans un poème antérieur à l'*Iliade* auquel on a donné le nom de « Chants cypriens », aujourd'hui perdu, que l'anecdote apparaît semble-t-il pour la première fois. On la trouve exposée à de multiples reprises par la suite, par exemple dans les fables attribuées à Hygin (fable 92), un savant et poète romain d'origine espagnole qui vivait au Ier siècle avant Jésus-Christ. C'est le récit d'Hygin que, par commodité, je suis ici.
2. Il s'agit de Thétis, une divinité marine, et de Pélée, un humain, roi d'une cité de Thessalie.

plus fameux protagonistes de la guerre de Troie. Comme dans l'histoire de la Belle au bois dormant, on a « oublié » de convier, sinon la méchante sorcière, du moins celle qui en tient lieu ici, à savoir, justement, Éris. C'est qu'à vrai dire on se passerait d'elle volontiers en ce jour de fête : partout où elle va, on est sûr que tout tourne à l'aigre, certain que la haine et la colère vont l'emporter bientôt sur l'amour et la joie. Bien entendu, Éris se rend à l'invitation qu'on ne lui a pas faite avec la ferme intention de mettre la pagaille dans les noces. Pour y parvenir, elle a déjà son idée : elle jette sur la table où festoient les jeunes mariés entourés pour l'occasion des principaux dieux de l'Olympe une magnifique pomme d'or sur la surface de laquelle est gravée une inscription bien lisible : « À la plus belle ! » Comme on pouvait s'y attendre, les femmes présentes s'exclament d'une seule voix : « C'est donc pour moi ! » Et le conflit s'insinue lentement mais sûrement, qui va finir par déclencher la guerre de Troie.

Voici comment.

Autour du banquet siègent trois déesses sublimes, toutes trois proches de Zeus, le roi des dieux. Il y a d'abord Héra (en latin, Junon), sa divine épouse, à laquelle il ne peut rien refuser. Mais il y a aussi sa fille préférée, Athéna (Minerve), et sa tante, Aphrodite (Vénus), la déesse de l'amour et de la beauté. Comme de bien entendu, la prévision d'Éris se réalise et les trois femmes se disputent la belle pomme. Zeus, en chef de famille avisé, se garde de prendre part si peu que ce soit à la querelle : il sait trop bien qu'à choisir entre sa fille, son épouse et sa tante, il y laisserait sa tranquillité... En plus, il se doit d'être juste et, quoi qu'il décide, il sera accusé de parti pris par celles qu'il aura délaissées. Il envoie donc son fidèle messager, Hermès (Mercure), chercher en douce un jeune innocent pour départager les trois ravissantes. Il s'agit, à première vue, d'un petit berger troyen – mais en réalité, ce tout jeune homme n'est autre que Pâris, l'un des fils de Priam, le roi de

Troie. Pâris a été abandonné par ses parents dès sa naissance parce qu'un oracle avait prédit qu'il causerait la destruction de sa ville. Mais, *in extremis*, il est recueilli et sauvé par un berger. Ce dernier a pris le nourrisson en pitié et l'a élevé jusqu'à ce qu'il devienne le bel adolescent qu'il est maintenant. Sous l'apparence du jeune paysan, c'est donc un prince troyen qui se cache. Avec l'ingénuité de la jeunesse, Pâris accepte de jouer le rôle du juge.

Chacune des femmes, pour s'attirer ses faveurs et gagner la fameuse « pomme de discorde », lui fait une promesse qui correspond à ce qu'elle est elle-même. Héra, qui règne aux côtés de Zeus sur le plus grandiose des empires, puisqu'il s'agit de l'univers tout entier, lui promet que, s'il la choisit, il disposera lui aussi d'un royaume sans pareil sur la terre. Athéna, déesse de l'intelligence, des arts et de la guerre, lui certifie que, si c'est elle l'élue, il sortira vainqueur de toutes les batailles. Quant à Aphrodite, elle lui glisse à l'oreille qu'avec elle il pourra séduire la femme la plus belle du monde... Et Pâris, bien entendu, choisit Aphrodite. Or il se trouve, pour le plus grand malheur des hommes, que la créature la plus belle du monde est l'épouse d'un Grec, et pas n'importe lequel : il s'agit de Ménélas, le roi de la ville de Sparte, cité guerrière entre toutes. Cette jeune fille se nomme Hélène – c'est la fameuse « belle Hélène » à laquelle poètes, compositeurs et cuisiniers continueront à rendre hommage au fil des siècles... Éris a atteint son objectif : c'est parce qu'un prince troyen, Pâris, charmé par Aphrodite, enlèvera la belle Hélène à Ménélas que la guerre entre Troyens et Grecs s'enclenchera quelques années plus tard...

Et le pauvre Ulysse sera contraint d'y prendre part. Les rois grecs – et Ulysse est l'un d'entre eux, qui règne, on l'a dit, sur Ithaque – ont en effet prêté serment d'assistance à celui qui épouserait Hélène. Sa beauté et son charme sont si grands qu'ils craignent la jalousie et, avec elle, la haine aidant, la discorde qui pourrait s'installer entre eux. Ils ont alors juré fidélité à celui que choisirait Hélène. Ménélas étant l'élu, tous les autres doivent, en cas de trahison, se porter à son secours. Ulysse, dont la femme, Pénélope, vient de mettre au monde le petit Télémaque, fait tout pour échapper à cette guerre. Il fait semblant d'être fou, laboure son champ à l'envers et sème des cailloux au lieu de bonnes graines, mais sa ruse ne trompe pas le vieux sage qui est parti le chercher et, au final, il doit bien se résoudre à partir comme les autres. Pendant dix longues années, il est éloigné de son « lieu naturel », de son monde, de sa place dans l'univers, avec les siens, voué au conflit et à la discorde plutôt qu'à l'harmonie et à la paix. Une fois la guerre terminée, il n'a qu'une idée en tête : rentrer chez lui. Mais ses ennuis ne font que commencer. Son voyage de retour va durer dix longues années et il sera parsemé d'embûches, d'épreuves presque insurmontables qui donnent à penser que la vie harmonieuse, le salut et la sagesse ne sont pas donnés d'emblée. Il faut les conquérir au risque, parfois, de sa vie. C'est au tout début de ce périple de la guerre vers la paix que se situe l'épisode qui nous intéresse directement ici.

Ulysse à Calypso : une vie de mortel réussie
est préférable à une vie d'Immortel ratée...

S'efforçant d'aller vers Ithaque, Ulysse doit faire étape sur l'île de la ravissante Calypso, une divinité secondaire, néanmoins sublime et douée de pouvoirs surnaturels. Calypso tombe folle amoureuse de lui. Elle devient aussitôt sa maîtresse et décide de le retenir prisonnier. En grec, son nom vient d'ailleurs du verbe *calyptein*, qui signifie « cacher ». Elle est belle comme le jour, son île est paradisiaque, verdoyante, peuplée d'animaux et d'arbres fruitiers qui fournissent des nourritures de rêve. Le climat y est doux, les nymphes qui s'occupent des deux amants sont aussi ravissantes que serviables. Il semble bien que la déesse possède toutes les cartes en main. Pourtant, Ulysse est attiré comme un aimant vers son coin d'univers, vers Ithaque. Il veut à tout prix revenir à son point de départ et, seul face à la mer, il pleure chaque soir, désespéré de n'avoir aucune chance d'y parvenir. C'est compter sans l'intervention d'Athéna, qui, pour des raisons qui lui appartiennent – entre autres, par jalousie : parce que le Troyen Pâris ne l'a pas choisie –, a soutenu les Grecs durant toute la guerre. Voyant Ulysse livré à tant de tourments, elle demande à son père, Zeus, d'envoyer Hermès, son fidèle messager, intimer l'ordre à Calypso de le laisser partir afin qu'il puisse retrouver son lieu naturel et vivre enfin en harmonie avec cet ordre cosmique dont le roi des dieux est à la fois l'auteur et le garant.

Mais Calypso n'a pas dit son dernier mot. Dans une ultime tentative pour conserver son amant, elle lui offre l'impossible pour un mortel, la chance inouïe d'échapper à la mort, qui est le lot commun des humains, l'occasion inespérée d'entrer dans la sphère inaccessible de ceux que les Grecs nomment les « bienheureux », c'est-à-dire les dieux immortels. Pour faire bonne mesure, elle apporte à son offre un complément non négligeable : si Ulysse lui dit oui, il sera doué à jamais, en plus de l'immortalité, de la beauté et de la vigueur que seule confère la jeunesse. La précision est à la fois importante et amusante. Si Calypso ajoute la jeunesse à l'immortalité, c'est qu'elle garde la mémoire d'un précédent fâcheux[1] : celui d'une autre déesse, Aurore, qui elle aussi tomba amoureuse d'un simple humain, un Troyen nommé Tython. Comme Calypso, Aurore veut rendre immortel son amoureux afin de ne jamais en être séparée. Elle supplie Zeus, qui finit par accéder à son souhait, mais elle oublie de demander la jeunesse

---

1. Que raconte un poème, les *Hymnes homériques*, longtemps attribué, mais à tort, à Homère.

en plus de l'immortalité. Résultat : le malheureux Tython se dessèche et se recroqueville atrocement au fil des ans jusqu'à devenir une espèce de vieux croûton, une sorte d'insecte immonde qu'Aurore finit par délaisser dans un coin de son palais avant de se résoudre à le transformer en cigale pour s'en débarrasser tout à fait. Donc, Calypso fait bien attention. Elle aime tellement Ulysse qu'elle ne veut surtout pas le voir vieillir ni mourir. La contradiction entre l'amour et la mort, comme dans toutes les grandes doctrines du salut ou de la sagesse, est au cœur de notre histoire...

La proposition qu'elle lui fait miroiter est sublime, comme elle, comme son île, sans équivalent pour aucun mortel. Et pourtant, en un contraste singulier, presque incompréhensible, Ulysse reste de marbre. Toujours aussi malheureux, il décline l'offre pourtant si alléchante de la déesse. Disons-le d'emblée : la signification de ce refus est d'une profondeur abyssale. On peut y lire en filigrane le message sans doute le plus profond et le plus puissant de la mythologie grecque, celui que la philosophie[1] va pouvoir reprendre à son compte et qu'on pourrait formuler simplement de la façon suivante : *le but de l'existence humaine n'est pas, comme le penseront bientôt les chrétiens, de gagner par tous les moyens, y compris les plus moraux et les plus ennuyeux, le salut éternel, de parvenir à l'immortalité, car une vie de mortel réussie est bien supérieure à une vie d'Immortel ratée ! En d'autres termes, la conviction d'Ulysse est que la vie « délocalisée », la vie loin de chez soi, sans harmonie, hors de son lieu naturel, en marge du cosmos, est pire que la mort elle-même.*

---

1. Du moins la philosophie qui s'orientera vers une « sagesse du monde » et qui va de Parménide aux stoïciens en passant par Platon et Aristote. Comme tous les analystes de la pensée grecque, je distingue cette tradition d'une autre, qu'on pourrait dire déjà « déconstructrice » et qui forme par rapport à la première comme une « contre-culture » : pour l'essentiel, elle passe par l'atomisme, l'épicurisme et la sophistique.

Par contrecoup, comme en creux, c'est bien entendu la définition de la vie bonne, de l'existence réussie, qui s'esquisse – où l'on commence à entrevoir la dimension philosophique de la mythologie : à l'instar d'Ulysse, il faut préférer une condition de mortel conforme à l'ordre cosmique, plutôt qu'une vie d'immortel livrée à ce que les Grecs appellent l'*hybris* (le mot se prononce « ubrisse »), la démesure, qui nous éloigne de la réconciliation avec le monde. Il faut vivre avec lucidité, accepter la mort, vivre en accord avec ce que l'on est en réalité comme avec ce qui est hors de nous, en harmonie avec les siens comme avec l'univers. Cela vaut beaucoup mieux que d'être immortel en un lieu vide, dénué de sens, fût-il paradisiaque, avec une femme que l'on n'aime pas, fût-elle sublime, loin des siens et de son « chez-soi », dans un isolement que symbolisent non seulement l'île, mais la tentation de la divinisation et de l'éternité qui nous écartent de ce que nous sommes comme de ce qui nous entoure… Inestimable leçon de sagesse pour un monde laïque comme celui qui est le nôtre aujourd'hui, leçon de vie en rupture avec le discours religieux des monothéismes passés et à venir, message que la philosophie n'aura pour ainsi dire qu'à traduire en raison pour élaborer à sa manière, qui ne sera, bien entendu, plus tout à fait celle de la mythologie, de non moins admirables doctrines du salut sans Dieu, de la vie bonne pour les simples mortels que nous sommes.

Il faudra évidemment nous interroger plus à fond sur les motivations du refus opposé par Ulysse à sa charmante maîtresse. Nous verrons aussi, tout au long de ce livre, comment les grands mythes grecs illustrent, développent et étayent chacun à leur façon cette magistrale leçon de vie, fournissant ainsi à la philosophie la base même de son futur essor.

Mais tentons d'abord de tirer quelques enseignements de cette première approche afin de préciser le sens et le projet qui animent ce livre. Et pour commencer, comment expliquer que des mythes inventés voilà plus de trois mille ans, dans une langue et un contexte qui n'ont plus guère de liens avec ceux dans lesquels nous baignons aujourd'hui, puissent encore nous parler avec une telle proximité ? Chaque année paraissent, un peu partout dans le monde, des dizaines d'ouvrages sur la mythologie grecque. Depuis longtemps déjà, films, dessins animés et séries télévisées se sont emparés de certains thèmes de la culture antique pour en faire la trame de leurs scénarios. Tout un chacun a pu ainsi entendre un jour ou l'autre parler des travaux d'Hercule, des voyages d'Ulysse, des amours de Zeus ou de la guerre de Troie. Je crois qu'à cela il est deux séries de raisons, d'ordre culturel, bien entendu, mais aussi et même surtout d'ordre philosophique, dont je voudrais faire partager dans cet avant-propos le bien-fondé à mon lecteur. De ce point de vue, l'ouvrage qu'il s'apprête à lire s'inscrit directement dans la perspective ouverte par le premier volume d'*Apprendre à vivre*[1]. J'ai tenté d'y raconter de la manière la plus simple et la plus vivante possible les principaux récits de la mythologie grecque. Mais je l'ai fait dans une perspective philosophique bien particulière dont j'aimerais dire ici quelques mots. En visant à faire ressortir les leçons de sagesse cachées dans les mythes, je me suis en effet efforcé d'expliquer ce qui porte encore la myriade d'histoires et d'anecdotes que l'on regroupe d'ordinaire de façon plus ou moins baroque sous le nom de « mythologie ». Afin de mieux souligner d'entrée de jeu ce qui

---

1. Ces deux premiers volumes seront suivis de trois autres : *Sages antiques et penseurs chrétiens* (volume III), *Les Pères fondateurs de l'humanisme moderne* (volume IV), *Postmodernes et déconstructeurs : la naissance de la philosophie contemporaine* (volume V). Le premier tome d'*Apprendre à vivre* constitue donc l'introduction générale à un projet plus vaste qui vise à offrir une définition plus exhaustive de la philosophie et des grandes articulations de son histoire en vue de fonder et d'élaborer tout à la fois les perspectives de son évolution actuelle.

peut nous parler de manière si présente dans ces splendeurs passées, j'aimerais préciser, en guise d'avant-propos, ce que notre culture, même la plus commune, mais aussi la sagesse philosophique la plus sophistiquée leur doivent.

Au nom de la culture :
en quoi nous sommes tous des Grecs anciens...

Commençons par la dimension culturelle des mythes. Elle va presque de soi si l'on considère un instant l'usage que nous faisons dans le langage quotidien d'une myriade d'images, de métaphores et d'expressions que nous leur empruntons directement sans même en connaître le sens et l'origine[1]. Certaines formules devenues lieux communs portent la mémoire d'un épisode fabuleux, particulièrement marquant dans les aventures d'un dieu ou d'un héros : partir en quête de la « Toison d'or », « prendre le taureau par les cornes », « tomber de Charybde en Scylla », introduire chez l'ennemi un « cheval de Troie », nettoyer les « écuries d'Augias », suivre un « fil d'Ariane », avoir un « talon d'Achille », éprouver la nostalgie de « l'âge d'or », placer son entreprise sous « l'égide » de quelqu'un, observer la « Voie lactée », participer aux « jeux Olympiques »... D'autres, plus nombreuses encore, insistent sur un trait caractéristique dominant d'un personnage dont le nom nous est devenu familier sans que nous connaissions toujours les raisons d'un tel succès ni le rôle exact qu'il jouait dans l'imaginaire grec : prononcer des paroles « sibyllines », tomber sur une « pomme de discorde », « jouer les Cassandre », avoir, comme Télémaque, un « Mentor », plonger dans les « bras de Morphée » ou prendre de la « morphine », « toucher le Pactole », se perdre dans un « Laby-

---

1. On trouvera l'explication de ces formules (et de quelques autres encore...) au fil des pages de ce livre.

rinthe », un « Dédale » de ruelles, avoir un « Sosie » (ce serviteur d'Amphitryon dont Hermès prit l'apparence lorsque Zeus vint séduire Alcmène), une « Égérie » (cette nymphe qui conseilla, dit-on, l'un des premiers rois de Rome), être doué d'une force « titanesque », « herculéenne », subir le « supplice de Tantale », passer par le « lit de Procuste », être un « Amphitryon », un « Pygmalion » amoureux de sa créature, un « Sybarite » (habitant la luxueuse cité de Sybaris), ouvrir un « Atlas », jurer « comme un charretier[1] », se lancer dans une entreprise « prométhéenne », une tâche infinie comme celle qui consiste à vider le « tonneau des Danaïdes », parler d'une voix de « Stentor », croiser la « Cerbère » dans l'escalier, trancher le « nœud gordien », monter « en Amazone », imaginer des « Chimères », rester « médusé », être « né de la cuisse de Jupiter », s'être heurté à une « Harpie », une « Mégère », une « Furie », céder à la « panique », ouvrir « la boîte de Pandore », faire un « complexe d'Œdipe », être « narcissique », être en compagnie d'un bel « aréopage »… On pourrait allonger la liste presque sans fin. Dans le même genre, sommes-nous toujours bien conscients qu'un Hermaphrodite est d'abord l'enfant d'Hermès et d'Aphrodite, le messager des dieux et la déesse de l'amour ; qu'une Gorgone évoque une plante pétrifiée comme si elle avait croisé le regard de Méduse ; que le

---

1. L'origine de cette expression, peut-être moins connue que celle des autres, ne manque pas de piquant. Souvent, je me suis demandé pourquoi, tout bien pesé, le charretier était censé jurer davantage qu'un laboureur ou un forgeron. La réponse est liée à un épisode des douze travaux d'Héraclès, raconté notamment par Apollodore (*Bibliothèque*, livre II, § 118), auquel je laisse ici la parole : « Traversant l'Asie, Héraclès accosta à Thermydrai, le port de Lindos. Là, il détacha l'un des bœufs attelés à la voiture d'un charretier, le sacrifia et s'en régala. Le charretier, ne pouvant se défendre, se plaça sur une montagne et se mit à jurer… » Le pauvre n'allait tout de même pas provoquer en combat singulier cette autre montagne, mais de muscles, qu'était censé être Héraclès !

musée et la musique sont des héritiers des neuf muses ; qu'un lynx est censé posséder la vue perçante de Lyncée, cet Argonaute dont on prétend qu'il pouvait voir à travers une planche de chêne, qu'Écho, la jolie nymphe, désolée par le départ de Narcisse, fait encore entendre sa lamentation après sa mort ; que le laurier est une plante sacrée en souvenir de Daphné, et le cyprès, qui peuple tant de cimetières méditerranéens, un symbole de deuil en mémoire du malheureux Cyparissos qui tua par mégarde un être cher et ne parvint jamais à s'en consoler... Nombre d'expressions rappellent aussi les lieux fameux de la mythologie, le « champ de Mars », les « champs Élysées » ou, plus secret, le « Bosphore » qui évoque littéralement le « passage de la vache » en souvenir de Io, la petite nymphe qu'Héra, l'épouse de Zeus, poursuivit de sa haine jalouse depuis que son illustre mari avait transformé sa maîtresse en une charmante génisse pour la protéger des foudres de sa femme...

En vérité, c'est un chapitre entier qu'il faudrait pour rassembler toutes ces allusions mythologiques déposées puis oubliées dans le langage de tous les jours, pour ranimer le sens des noms d'Océan, Typhon, Triton, Python et autres êtres merveilleux qui habitent incognito nos propos quotidiens. Charles Perelman, un des plus grands linguistes du siècle dernier, parlait joliment des « métaphores endormies » dans les langues maternelles. Quel Français se souvient encore que les « lunettes » qu'il vient d'égarer et qu'il cherche en maugréant sont de « petites lunes » ? Il faut être étranger à notre langue pour le percevoir et c'est pourquoi un Japonais ou un Indien trouvent parfois poétiques un terme ou une formule qui nous semblent, à nous, parfaitement ordinaires – au même titre que nous trouvons charmants ou cocasses les « Perle de rosée », « Ours courageux », et autres « Soleil du matin » qui servent parfois de prénoms à leurs enfants... Ce livre propose de réveiller ces « métaphores endormies » de la mythologie grecque, en racontant les histoires merveilleuses qui en constituent l'origine. Ne serait-ce qu'au nom de la culture, pour être en mesure de comprendre la cohorte innombrable des œuvres d'art ou d'écriture qui, dans nos musées ou nos bibliothèques, tirent leur inspiration de ces racines anciennes et restent ainsi parfaitement « hermétiques » (encore un souvenir du dieu Hermès !) pour qui ignore la mythologie, cela en vaut la peine – ou plutôt, comme on va voir, le plaisir.

Car ce formidable succès linguistique de la mythologie n'est évidemment dénué ni de sens ni d'importance. Il est des raisons de fond à ce phénomène singulier – aucun système philosophique, aucune religion, pas même celles de la Bible, ne peut prétendre à un statut comparable – qui fait de la mythologie, fût-ce dans l'ignorance la plus totale de ses sources réelles, une part inaliénable de notre culture commune. Sans doute cela tient-il d'abord au fait qu'elle procède par récits concrets et non, comme la philosophie, de manière conceptuelle et réflexive. Et c'est en quoi elle peut, encore aujourd'hui, s'adresser à tous, passionner enfants et parents d'un même élan, voire traverser, pourvu qu'on la présente de manière sensée, non seulement les âges et les classes sociales, mais aussi les générations pour se transmettre à notre époque comme elle le fit presque sans interruption depuis près de trois millénaires. Bien qu'elle fût longtemps considérée comme une marque de « distinction », comme le symbole de la culture la plus haute, la mythologie n'est en vérité nullement réservée à une élite, pas même à celle qui aurait étudié le grec et le latin : comme l'avait bien vu Jean-Pierre Vernant, qui aimait, paraît-il, la raconter à son petit-fils, tout le monde peut la comprendre, y compris les enfants avec qui il est essentiel de la partager le plus tôt possible. Non seulement elle leur apporte infiniment plus que les dessins animés dont ils sont par ailleurs gavés, mais elle jette sur leur vie un éclairage

21

irremplaçable pourvu qu'on se donne la peine de comprendre la prodigieuse richesse des mythes suffisamment en profondeur pour être capable à son tour de les raconter en des termes compréhensibles et sensés.

Et c'est là le premier objet de ce livre : rendre la mythologie assez accessible au plus grand nombre de parents pour qu'ils puissent la faire à leur tour découvrir à leurs enfants – *sans toutefois trahir ni dénaturer en rien les textes anciens dont elle est tirée*. Ce point est crucial à mes yeux et je voudrais y insister un instant.

Par sa méthode et sa visée, le travail que je présente ici ne ressemble pas aux ouvrages de vulgarisation, par ailleurs agréables, qu'on regroupe d'ordinaire dans les collections du type « Contes et légendes ». En général, parce qu'ils sont destinés aux enfants ainsi qu'au grand public, on y mélange allégrement toutes les couches hétérogènes qui ont peu à peu forgé, dans le temps, comme dans l'espace et l'esprit, ce qu'on appelle « la » mythologie. La plupart du temps ces bribes de savoir restent décousues et déformées, « arrangées » qu'elles ont été pour les besoins de la cause et du moment. La signification et l'origine authentiques des grands récits mythiques se trouvent ainsi occultées, voire falsifiées, au point qu'ils finissent par se réduire dans nos souvenirs à une collection d'anecdotes plus ou moins sensées qui se classent quelque part entre les contes de fées et les superstitions héritées des religions archaïques. Pis encore, leur cohérence se perd sous les fioritures et ornements divers, voire les erreurs pures et simples – il en est d'innombrables dans ce type d'ouvrages – que les auteurs modernes ne peuvent généralement s'empêcher de glisser au passage dans les récits anciens et qui en dénaturent la portée. Car il faut bien avoir conscience que « la » mythologie n'est nullement le fait d'un auteur. Il n'y a pas un récit unique, pas de texte canonique ou sacré, comparable à la Bible ou au Coran, que l'on aurait conservé pieusement au fil des siècles, et qui ferait désormais autorité. Nous avons au contraire affaire à une pluralité d'histoires que les conteurs, philosophes, poètes et mythographes (on appelle ainsi ceux qui ont rassemblé et rédigé dès l'Antiquité des compilations de récits mythiques) ont écrites au fil de plus de douze siècles (en gros du VIIIe siècle avant Jésus-Christ au Ve siècle après Jésus-Christ) – pour ne rien dire des multiples traditions orales dont, par définition, nous savons peu de chose.

Or cette diversité ne doit pas être réduite, ni laissée de côté au motif qu'on ne rédigerait pas un ouvrage voué au seul savoir académique. Bien que je ne m'adresse pas ici, ou en tout cas pas seulement, à des spécialistes, mais à des lecteurs de tous horizons, je n'ai pas voulu tout confondre de la sorte. Je me suis efforcé de réconcilier ce que l'érudition nous apprend et ce que la vulgarisation nous impose sans jamais sacrifier en rien la première aux impératifs de la seconde. En d'autres termes, pour chacune des histoires que je vais raconter, j'indique les sources authentiques, cite aussi souvent que nécessaire les textes originaux et précise, lorsque c'est à la fois intéressant et utile, les principales variantes qui se sont fait jour au fil des temps. Je prétends que non seulement ce respect des textes anciens, de leur complexité et de leur hétérogénéité, ne nuit en rien à l'intelligibilité des mythes, mais qu'il est au contraire la condition nécessaire de leur compréhension. Percevoir les inflexions qu'un tragédien comme Eschyle (VIe siècle avant Jésus-Christ) ou un philosophe comme Platon (IVe siècle avant Jésus-Christ) ont pu donner au mythe de Prométhée tel que le poète Hésiode, le premier (au VIIe siècle avant Jésus-Christ), l'avait rapporté, n'est pas égarant mais éclairant. Loin de l'obscurcir, cela enrichit la compréhension et il est absurde d'en priver le lecteur au motif qu'on viserait la vulgarisation : les réinterprétations successives de ces histoires ne font que les rendre plus intéressantes encore.

Mais l'intérêt de la mythologie ne s'arrête pas à son aspect linguistique ou culturel et son succès n'est évidemment pas lié aux seules qualités inhérentes à la forme du récit qu'elle emprunte pour délivrer ses leçons. Mon livre ne vise donc pas seulement à offrir des clefs pour se repérer dans ce que les Grecs auraient nommé les « lieux communs » de la culture – encore que cela n'ait rien de méprisable ou de négligeable : après tout, c'est à partir de cet héritage que chacun de nous, qu'il le veuille ou non, s'est forgé, au moins pour une part, une certaine représentation du monde et des hommes ; en connaître les origines ne peut que nous rendre plus libres et plus conscients de nous-mêmes. Mais, par-delà leur importance historique ou esthétique inestimable, les récits qu'on va découvrir ou redécouvrir portent en eux des leçons de sagesse d'une profondeur philosophique et d'une actualité que je voudrais dès maintenant faire entrevoir.

Au nom de la philosophie :
de la mythologie comme réponse
aux interrogations des mortels sur la vie bonne

Des centaines, voire des milliers d'ouvrages et d'articles ont été consacrés à la seule question du statut des mythes grecs : faut-il les classer à la rubrique « Contes et légendes » ou au rayon religions, du côté de la littérature et de la poésie ou plutôt dans les sphères de la politique et de la sociologie ? La réponse que j'apporte dans ce livre est tout à fait claire : tradition commune à toute une civilisation et religion polythéiste, la mythologie n'en est pas moins d'abord et avant tout une philosophie encore « mise en récit », une tentative grandiose en vue de répondre de manière *laïque*[1] à la

---

1. L'adjectif peut ici surprendre tant il y a de dieux dans la mythologie ! Il est pourtant justifié par le fait que la sagesse grecque, telle qu'elle ressort des plus grands mythes, accepte la mort comme un élément indépassable de la condition humaine, de sorte que les dieux n'ont rien ici de la fonction consolatrice et salvatrice qu'ils occupent dans les grands monothéismes : sauf exception rarissime, ils laissent les mortels à leur finitude.

question de la vie bonne par des leçons de sagesse vivantes et charnelles, habillées de littérature, de poésie et d'épopées plutôt que formulées dans des argumentations abstraites. C'est à mes yeux cette dimension indissolublement traditionnelle, poétique et philosophique de la mythologie qui fait tout son intérêt et tout son charme pour nous encore aujourd'hui. C'est là ce qui la rend singulière et précieuse au regard de la myriade infinie des autres mythes, contes et légendes qui, d'un point de vue seulement littéraire, pourraient prétendre la concurrencer. Je voudrais m'en expliquer brièvement, mais de manière cependant suffisante pour que l'on comprenne tout à la fois l'organisation de ce livre et le projet qui l'anime.

Dans le premier tome d'*Apprendre à vivre*, j'ai proposé une définition de la philosophie qui rende enfin compte de ce que cette dernière fut et doit à mon sens rester aujourd'hui : une doctrine du salut sans Dieu, une réponse à la question de la vie bonne qui ne passe ni par un « être suprême » ni par la foi, mais par ses propres efforts de pensée et par sa raison. Une exigence de lucidité, en somme, comme condition ultime de la sérénité entendue au sens le plus simple et le plus fort : comme une victoire – sans doute toujours relative et fragile – sur les peurs, en particulier celle de la mort, qui sous des formes diverses autant qu'insidieuses nous empêchent de bien vivre. J'ai cherché aussi à donner une idée des temps forts qui ont marqué son histoire, un aperçu des grandes réponses qui furent apportées au fil du temps à ce qui reste, après tout, la question cruciale de la philosophie, celle de la sagesse définie comme cet état où la lutte contre l'angoisse permet aux humains de parvenir à être plus libres et ouverts aux autres, capables de penser par eux-mêmes et d'aimer. C'est dans cette même perspective que j'aborde ici la mythologie : comme une préhistoire de cette histoire, comme le premier moment de la philosophie ou, pour mieux dire peut-être, comme sa

25

matrice qui seule explique sa naissance en Grèce au VIᵉ siècle avant Jésus-Christ – événement singulier qu'on a pris l'habitude de désigner comme le « miracle grec ».

De ce point de vue, la mythologie nous livre des messages d'une étonnante profondeur, des perspectives qui ouvrent aux humains les voies d'une vie bonne sans recourir aux illusions de l'au-delà, une manière d'affronter la « finitude humaine », de faire face à la destinée sans s'alimenter aux consolations que les grandes religions monothéistes prétendent apporter aux hommes en s'appuyant sur la foi. En d'autres termes, que j'avais explicités dans le premier volume d'*Apprendre à vivre*, la mythologie esquisse, pour la première fois peut-être dans l'histoire de l'humanité, en tout cas de l'Occident, les linéaments de ce que j'ai appelé une « doctrine du salut sans Dieu », une « spiritualité laïque » ou, si l'on veut parler plus simplement encore, une « sagesse pour les mortels ». Elle représente ainsi une tentative admirable en vue d'aider les hommes à se « sauver » des peurs qui les empêchent d'accéder à une vie bonne.

L'idée pourra sembler paradoxale : les mythes grecs ne sont-ils pas peuplés d'une foule innombrable de dieux, à commencer par ceux qui siègent dans l'Olympe ? Ne sont-ils donc pas, avant tout, « religieux » ? Sans doute, à première vue. Mais si l'on dépasse l'apparence, on comprend vite que la pluralité des dieux est aux antipodes du Dieu unique de nos religions du Livre. Apparemment plus proches des hommes, les Olympiens sont en vérité inaccessibles – en quoi ils les laissent résoudre seuls et, en ce sens, de manière « laïque », la question du « savoir vivre ». C'est ainsi par contraste absolu avec les Immortels, sans aucun espoir de les rejoindre et, par là même, en pleine connaissance des limites de la condition humaine, que nous devons chercher à y répondre. En quoi l'attitude grecque est plus actuelle que jamais. C'est là ce que je voudrais tenter de mettre mieux en lumière dans cet avant-propos afin que les récits particuliers que nous allons rencontrer dans la suite de ce livre n'apparaissent pas comme un patchwork d'anecdotes dépourvues de fil conducteur, mais au contraire comme des histoires pleines de sens et, par-delà leur apparente légèreté poétique ou littéraire, porteuses d'une sagesse profonde et cohérente.

Pour bien saisir cette articulation entre mythologie et philosophie, pour mesurer la signification et l'ampleur des leçons de vie qu'elles vont toutes deux délivrer, chacune à leur manière mais non sans liens entre elles, il faut partir de l'idée qu'aux yeux des Grecs le monde des êtres conscients, des personnes, se divise avant toute chose entre mortels et Immortels, entre les hommes et les dieux.

Cela peut paraître évident, aller de soi, mais si l'on y réfléchit un instant, on comprendra qu'en vérité mettre ainsi au cœur d'un genre littéraire la question de la mort n'a rien d'anecdotique. La principale caractéristique des dieux, c'est qu'ils échappent à la mort : une fois nés (car ils n'ont pas toujours existé), ils vivent pour toujours et ils le savent, en quoi ils sont selon les Grecs des « bienheureux ». Bien sûr, ils peuvent avoir de temps à autre des ennuis, comme ce pauvre Héphaïstos (Vulcain), par exemple, lorsqu'il découvre que sa femme, la sublime Aphrodite, déesse de la beauté et de l'amour, le trompe avec son collègue de la guerre, le terrible Arès (Mars). Les bienheureux, parfois, sont malheureux ! Ils souffrent comme les mortels, éprouvent comme eux des passions – l'amour, la jalousie, la haine, la colère... Il leur arrive même de mentir et d'être punis par leur maître à tous, Zeus. Mais il est au moins une souffrance qu'ils ignorent, et c'est sans nul doute la plus funeste entre toutes : celle qui est liée à la peur de la mort, car, pour eux, le temps n'est pas compté, rien n'est définitif, irréversible, irrémédiablement perdu – ce qui leur permet d'affronter les passions humaines avec une hauteur de vue et une distance auxquelles nous ne saurions prétendre. Dans leur sphère à eux, tout peut finir un jour ou l'autre par s'arranger...

Notre principale caractéristique à nous, simples humains, est inverse. Au contraire des dieux et des animaux, nous sommes les seuls êtres en ce monde à avoir pleinement conscience de l'Irrémédiable, du fait que nous allons mourir. Non seulement nous, d'ailleurs, mais aussi ceux que nous aimons : nos parents, nos frères, nos sœurs, nos femmes et nos maris, nos enfants, nos amis... Constamment, nous sentons le temps qui passe et qui, sans doute, nous apporte parfois beaucoup – la preuve : nous aimons la vie – mais nous enlève aussi de manière inéluctable ce que nous chérissions le plus. Et nous sommes bel et bien les seuls dans ce cas, les seuls à percevoir avec une acuité sans égale qu'il y a dans nos existences, avant même le terme ultime qu'est la mort proprement dite, de l'irréversible, de l'irréparable, du « jamais plus ». Les dieux n'éprouvent rien de tel et pour cause, puisqu'ils sont immortels. Quant aux animaux, pour autant que nous puissions en juger, ils ne songent guère à ces sujets, ou s'ils en ont parfois quelque conscience fugitive, ce n'est sans doute que très confusément et seulement quand la fin est imminente. Au contraire, les humains sont comme Prométhée, un des personnages centraux de cette mythologie : ils pensent « par avance », ce sont des « êtres des lointains ». Ils cherchent toujours plus ou moins à anticiper le futur, ils y réfléchissent, et comme ils savent que la vie est courte et le temps compté, ils ne peuvent s'empêcher de se demander ce qu'il faut en faire...

Hannah Arendt explique, dans un de ses livres, comment la culture grecque s'est approprié cette réflexion sur la mort pour en faire le centre de ses préoccupations, comment elle a fini par en conclure qu'il y avait au fond deux façons d'affronter les interrogations touchant notre finitude pour tenter d'y apporter une réponse.

On peut d'abord, tout simplement, choisir d'avoir des enfants, ou comme on dit si bien, une « descendance ». Quel rapport avec le désir d'éternité qu'allume en nous la contradiction entre la certitude de la mort et le plaisir de la vie ? Il est très direct, en vérité, car nous savons bien qu'à travers nos enfants quelque chose de nous continue de survivre par-delà notre disparition. Au physique comme au moral : les traits du corps et du visage comme ceux du caractère se retrouvent toujours plus ou moins chez ceux que nous avons élevés et aimés. L'éducation est toujours transmission, et toute transmission est en quelque façon un prolongement de soi qui nous dépasse et ne meurt pas avec nous. Cela dit, quelles que soient la grandeur et les joies de la vie de parents – les soucis aussi... –, il serait absurde de prétendre qu'il suffit d'avoir des enfants pour accéder à la vie bonne ! Encore moins pour surmonter la peur de la mort. Bien au contraire. Car cette angoisse ne porte pas forcément ni même principalement sur soi. Le plus souvent, elle concerne ceux que nous aimons, à commencer, justement, par nos enfants – comme en témoignent les efforts désespérés de Thétis, la mère d'Achille, un des plus grands héros de la guerre de Troie, pour rendre son fils immortel en le plongeant dans l'eau magique du Styx, le fleuve des Enfers. Efforts vains, puisque Achille sera tué par le Troyen Pâris, frappé d'une flèche dans ce fameux talon par lequel sa mère le tenait lorsqu'elle le plongea dans l'eau divine et qui, du coup, resta vulnérable. Et Thétis, comme toutes les mères, verse des larmes lorsqu'elle apprend la mort de ce fils aimé dont elle avait craint toute sa vie que ses exploits héroïques ne l'exposent à une fin précoce...

Il faut donc une autre stratégie, dont Hannah Arendt montre comment elle va occuper une place essentielle dans la culture grecque : celle de l'héroïsme et de la gloire qu'il procure. Voici l'idée qui se cache derrière cette singulière conviction : le héros qui accomplit des actions impensables pour les simples mortels – comme Achille, justement, ou encore Ulysse, Héraclès, Jason… – échappe à l'oubli qui engloutit d'ordinaire les humains. Il s'arrache au monde de l'éphémère, de ce qui n'a qu'un temps, pour entrer dans une espèce, sinon d'éternité, du moins de pérennité qui l'apparente en quelque façon aux dieux. Pas de malentendu : cette gloire, dans la culture des Grecs, n'est pas l'équivalent de ce qu'on nommerait aujourd'hui la « notoriété médiatique ». Il s'agit d'autre chose, de plus profond, qui tient à cette conviction qui traverse toute l'Antiquité selon laquelle les humains sont en compétition permanente, non seulement avec l'immortalité des dieux, mais aussi avec celle de la nature. Tentons de ramasser en quelques mots le raisonnement qui sous-tend cette pensée cruciale.

D'abord, il faut rappeler que, dans la mythologie, la nature et les dieux, au départ, ne font qu'un. Gaïa, par exemple, n'est pas seulement la déesse de la terre, ni Ouranos le dieu du ciel ou Poséidon celui de la mer : ils *sont* la terre, le ciel ou la mer et il est clair aux yeux des Grecs que ces grands éléments naturels sont éternels au même titre que les dieux qui les personnifient. S'agissant de la nature, cette pérennité est d'ailleurs pratiquement prouvée, presque vérifiable expérimentalement. Comment le sait-on ? Au moins, en première approximation, par la simple observation. En effet, tout, dans la nature, est cyclique. Invariablement, le jour revient après la nuit et la nuit après le jour ; le beau temps finit toujours par succéder à l'orage, comme l'été au printemps, et l'automne à l'été. Chaque année, les arbres perdent leurs feuilles avec les premiers frimas et, chaque année aussi, elles repoussent avec les beaux jours, de sorte que les principaux événements qui scandent la vie du monde naturel se rappellent, pour ainsi dire, à notre bon souvenir. Pour parler plus simplement encore : il n'y a aucune chance pour que nous les oubliions, et si d'aventure tel était le cas, ils nous reviendraient d'eux-mêmes à l'esprit. Au contraire, dans le monde humain, tout passe, tout est périssable, tout finit par être emporté par la mort et l'oubli : les mots que l'on prononce comme les actions qu'on accomplit. Rien n'est durable… sauf l'écriture ! Eh oui ! Les livres se conservent mieux que les paroles, mieux que les faits et gestes et si, par ses actions héroïques, par la gloire qu'elles procurent, l'un de nos héros – Achille, Héraclès, Ulysse ou un autre – parvient à devenir le sujet principal d'une œuvre historique ou littéraire, alors il survivra en quelque façon à sa disparition, ne fût-ce que par son souvenir dans nos esprits. La preuve ? Aujourd'hui encore, on consacre des films à la guerre de Troie ou aux travaux d'Hercule et nous sommes quelques-uns, chaque soir ou presque, à raconter les aventures d'Achille, de Jason ou d'Ulysse à nos enfants parce qu'une poignée de poètes et de philosophes, bien des siècles avant Jésus-Christ, ont couché *par écrit* leurs exploits…

Pourtant, malgré la force de la conviction sous-jacente à cette apologie de la gloire pérennisée par l'Écrit, la question du salut, au sens étymologique du terme – ce qui peut nous sauver de la mort ou, du moins, des peurs qu'elle suscite –, n'est toujours pas vraiment réglée.

Certes, j'évoquais à l'instant le nom d'Achille, et certains diraient peut-être qu'en ce sens il n'est pas tout à fait mort… Dans nos mémoires, sans doute, mais en réalité ? Allez donc demander à sa mère, Thétis, ce qu'elle en pense ! Bien sûr, c'est une image, puisque ces personnages ne sont pas réels – ils sont seulement légendaires. Mais imaginons un peu : je suis sûr qu'elle donnerait tous les livres de la terre et toutes les gloires du monde pour serrer dans ses bras son petit garçon. Pour elle, à n'en pas douter, son fils est bel et bien mort, et le fait qu'il soit « conservé » sous forme imprimée, dans les rayons de nos bibliothèques, lui est assurément une bien piètre consolation. Et Achille lui-même, qu'en pense-t-il ? Si l'on en croit Homère, il semble bien qu'à ses propres yeux la mort glorieuse, au cours de combats héroïques, n'en valait guère le coup ! C'est là du moins ce qu'enseigne un étonnant passage de l'*Odyssée*. Arrêtons-nous un instant à cet épisode, au plus haut point significatif de cette question du salut, essentielle entre toutes puisqu'elle renvoie indirectement, comme par contrecoup, à celle de la vie bonne, justement définie comme une vie de mortel enfin « sauvée » des peurs. À vrai dire, nous allons voir que ce passage de l'*Odyssée* éclaire lui aussi de manière lumineuse la signification de la mythologie tout entière.

Le voici : sur le conseil éclairé de Circé, la magicienne, et grâce à son aide divine, Ulysse a le privilège insigne pour un mortel de pouvoir descendre aux Enfers, dans la demeure d'Hadès et de sa femme Perséphone (la fille adorée de Déméter, la déesse des saisons et des moissons), pour aller y consulter un célèbre devin nommé Tirésias sur les épreuves qui l'attendent dans la suite de son voyage. Et dans ce lieu où séjournent les malheureux humains après leur mort, dans cette contrée sinistre où ils ne sont plus que des ombres méconnaissables et désolées, Ulysse croise le valeureux Achille aux côtés duquel il a combattu pendant la guerre de Troie. Tout à la joie de retrouver son ami, il lui tient d'abord ces propos pleins d'optimisme :

> « Jadis, quand tu vivais, nous tous, guerriers d'Argos,
> t'honorions comme un dieu : en ces lieux, aujourd'hui,
> je te vois exercer ta puissance sur les morts ; pour toi,
> même la mort, Achille, est sans tristesse ! »

Ulysse exprime ici l'idée que je viens d'exposer, celle qui anime l'héroïsme grec, cette conception de la gloire salvatrice dont parle Hannah Arendt : même s'il est mort jeune, le héros, que la renommée a sorti de l'anonymat et transformé en quasi-dieu, ne saurait jamais être malheureux ! Pourquoi ? Parce qu'on ne peut l'oublier, justement, de sorte qu'il échappe au sort terrible du *commun* des mortels qui, une fois morts, redeviennent « sans nom » et perdent ainsi, en même temps que la vie, toute espèce d'individualité ou, au sens propre, de personnalité. Hélas, la réponse d'Achille anéantit les illusions qui s'attachent à la gloire :

> « Oh ! ne me farde pas la mort, mon noble Ulysse ! J'aimerais mieux vivre comme un petit serviteur qui s'occupe des bœufs, être au service d'un paysan misérable, dépourvu de toute fortune, plutôt que de régner sur les morts, sur tout ce peuple éteint ! »

Douche froide pour l'ami Ulysse ! En trois phrases, le mythe du héros vainqueur de la mort vole en éclats. Et la seule chose qui intéresse encore Achille, c'est d'avoir des nouvelles de son père et, plus encore, de son fils pour lequel il s'inquiète. Et comme elles sont excellentes, il repart vers les sinistres profondeurs des Enfers le cœur un peu moins lourd, comme n'importe quel père de famille englué dans la vie quotidienne – à l'opposé diamétral du héros extraordinaire et glorieux qu'il fut de son vivant ! Autant dire que désormais, de la gloire et des splendeurs passées, il se moque, si l'on peut dire, comme de l'an quarante...

La sagesse mythique ou la vie bonne
comme vie en harmonie avec l'ordre du monde...

De là l'interrogation fondamentale, l'interrogation à laquelle il nous faut répondre si nous voulons comprendre tout à la fois le sens philosophique et le fil conducteur le plus profond des mythes grecs : si la descendance et l'héroïsme, la filiation et la gloire ne permettent pas d'affronter la mort plus sereinement, s'ils ne donnent aucun accès véritable à la vie bonne, vers quelle sagesse se tourner ? Voilà bien la question centrale, question que la mythologie va pour ainsi dire léguer à la philosophie. À bien des égards, cette dernière ne sera, au moins à l'origine, qu'une continuation, par d'autres voies (celles de la raison et non plus celles du mythe), de la première. Comme elle, en effet, elle va lier indissolublement les notions de « vie bonne » et de sagesse à celle d'une existence humaine réconciliée avec l'univers, avec ce que les Grecs nomment le « cosmos ». La vie en harmonie avec l'ordre cosmique, voilà la vraie sagesse, la voie authentique du salut au sens de ce qui nous sauve des peurs et nous rend ainsi plus libres et plus ouverts aux autres. C'est cette conviction puissante entre toutes que la mythologie va exposer à sa façon, mythique et littéraire, avant que la philosophie ne s'en empare pour la formuler en des termes enfin conceptuels et argumentatifs.

Comme j'ai eu l'occasion de l'expliquer dans *Apprendre à vivre* – 1 – et c'est pourquoi je n'y reviens ici que brièvement, seulement pour souligner le sens de l'articulation entre mythologie et philosophie –, dans la plus grande partie de la tradition philosophique grecque, le monde doit être pensé avant toute chose comme un ordre magnifique, à la fois harmonieux, juste, beau et bon. C'est là, très exactement, ce que désigne le mot *cosmos*. Pour les stoïciens, par exemple, auxquels le poète latin Ovide fait à juste titre référence dans ses *Métamorphoses* lorsqu'il réinterprète à sa façon les grands mythes portant sur la naissance du monde, l'univers est semblable à un magnifique organisme vivant. Si l'on veut s'en faire une idée, on peut le comparer presque en tout point à ce qu'un médecin, physiologiste ou biologiste, découvre lorsqu'il dissèque un lapin ou une souris. Que voit-il, en effet ? D'abord, que chaque organe est merveilleusement adapté à sa fonction : quoi de mieux fait qu'un œil pour voir, que les poumons pour aérer les muscles, que le cœur pour les irriguer de sang ? Tous ces organes sont mille fois plus ingénieux, plus harmonieux et plus complexes aussi que toutes les machines conçues par les humains. Mais en plus, notre biologiste fait un autre constat : il voit que l'ensemble de ces organes, qui déjà considérés isolément sont épatants, forme un tout parfaitement cohérent, « logique » – au sens de ce que les stoïciens nomment justement le *logos*, l'ordonnancement cohérent du monde autant que du discours –, infiniment supérieur lui aussi à toutes les inventions humaines. De ce point de vue, il faut bien reconnaître que la création d'un animal même le plus humble, une petite fourmi, une souris ou une grenouille, est aujourd'hui encore tout à fait hors de portée de nos laboratoires scientifiques les plus sophistiqués...

L'idée fondamentale, ici, c'est que, dans cet ordre cosmique que dévoilera plus tard la théorie philosophique – cet ordre dont nous verrons comment Zeus, selon les grands récits mythologiques, finira par l'imposer au fil des guerres qu'il devra mener contre les forces du chaos –, chacun d'entre nous possède sa place, son « lieu naturel ». Dans cette perspective, la justice et la sagesse consistent fondamentalement dans l'effort que nous faisons pour nous y ajointer. Comme un luthier agence une à une les multiples pièces de bois qui composent un instrument de musique afin qu'elles entrent toutes en harmonie les unes avec les autres (et si l'âme de l'instrument, c'est-à-dire la petite barre de bois blanc qui relie le dos et le ventre du violon, est mal placée, alors ce dernier cesse de bien sonner, d'être harmonieux), nous devons, à l'image d'Ulysse à Ithaque, trouver notre lieu de vie et le rejoindre sous peine de ne pas être en mesure d'accomplir notre mission au sein du grand tout de l'univers et d'être alors malheureux : voilà bien un message que la philosophie grecque, dans sa majeure partie du moins, va pouvoir tirer de la mythologie.

Quel lien, cependant, avec la question de la division cardinale entre mortels et Immortels ? En quoi cette vision du cosmos peut-elle nous aider à répondre à la question du salut ? Et pourquoi pourrait-elle apparaître comme supérieure à celle qui repose sur la filiation ou sur la gloire ?

Derrière cette volonté de s'ajuster au monde, de trouver sa juste place au sein de l'ordre cosmique tout entier, se cache en réalité une pensée plus secrète qui rejoint directement notre interrogation sur le sens de la vie des mortels, de ceux qui savent qu'ils vont mourir : tout le message de cette grande tradition philosophique héritière de la mythologie nous invite en effet à penser que le cosmos, l'ordre du monde que Zeus va construire et que la théorie philosophique tentera de nous dévoiler afin que nous puissions nous y ajuster, est éternel. Quelle importance ? demandera-t-on peut-être. Elle est grande aux yeux des Grecs, et on pourrait en première approximation la formuler tout simplement ainsi : *une fois fondu dans le cosmos, une fois sa vie mise en harmonie avec l'ordre cosmique, le sage comprend que nous, petits humains mortels, nous n'en sommes au fond qu'un fragment, pour ainsi dire un atome d'éternité, un élément d'une totalité qui ne saurait disparaître de sorte qu'à la limite, pour le sage authentique, la mort cesse d'être un problème parce qu'elle n'est plus rien de véritablement réel. Ou pour mieux dire, elle n'est qu'un passage d'un état à un autre, un passage qui, en tant que tel, ne doit plus nous effrayer.* De là le fait que les philosophes grecs recommandent à leurs disciples de ne pas se payer de mots, de ne pas s'en tenir à de purs et simples discours abstraits mais de pratiquer très concrètement des exercices qui visent à aider les mortels à s'émanciper des peurs absurdes liées à la mort afin de vivre en « harmonie avec l'harmonie », c'est-à-dire en accord avec le cosmos.

Ce n'est là, bien entendu, qu'une formulation tout à fait abstraite et, pour ainsi dire, squelettique de cette sagesse antique. Dans la réalité de la vie humaine, le travail qui consiste à s'ajuster au monde comprend de multiples facettes. C'est, comme on le verra notamment avec le voyage d'Ulysse, un travail singulier, dans tous les sens du terme : une tâche hors du commun – seuls ceux qui visent la sagesse vont s'y engager, le « commun des mortels », justement, lui restant étranger. Mais c'est aussi une entreprise « singulière » en ce sens que chacun d'entre nous doit s'y engager pour son propre compte et à sa manière. On peut bien engager quelqu'un pour faire un travail – laver la vaisselle ou arranger le jardin –, mais nul ne peut, à notre place, parcourir l'itinéraire qui conduit à vaincre ses peurs pour s'ajuster au monde et y trouver sa juste place. Le but ultime, formulé de manière générale, est bien l'harmonie, mais chaque individu doit chercher sa façon d'y parvenir : trouver sa voie, qui n'est pas celle des autres, peut dès lors constituer la tâche d'une vie entière.

Cinq interrogations fondamentales qui animent les mythes

C'est dans cette perspective que je voudrais relire et raconter ici la mythologie. J'y vois d'abord, on l'aura compris, une préhistoire de la philosophie dont l'étude est indispensable à la compréhension, non seulement de sa naissance, mais aussi de sa nature la plus profonde. Mais, par-delà cet aspect théorique, intellectuel, la mythologie, dans cet effort pour penser la condition des mortels en tant que tels, délivre des leçons de sagesse qui, au même titre que celles de la philosophie grecque, nous parlent encore à travers les représentations du monde et de nous-mêmes dont elles sont porteuses. Considérés de ce point de vue, les plus grands mythes grecs apparaissent animés en profondeur par cinq interrogations fondamentales qu'il faudra garder présentes à l'esprit si l'on veut saisir, par-delà leur beauté ou leur singularité, la signification des récits particuliers qui vont suivre. Elles vont me servir de fil conducteur pour les organiser de sorte que mon lecteur ne s'y perde pas.

La *première interrogation* touche en bonne logique à l'origine du monde (chapitre I) et des hommes (chapitre II), à la naissance de ce fameux cosmos avec lequel les mortels, dès qu'ils seront créés, vont être invités à trouver chacun leur façon de s'accorder. Toute la mythologie commence ainsi par un récit des origines du cosmos et des êtres humains, celui qui est exposé pour la première fois par Hésiode, au VIIe siècle avant Jésus-Christ, dans ses deux poèmes matriciels : la *Théogonie* (terme qui signifie tout simplement, en grec, la « naissance des dieux ») et *Les Travaux et les Jours*. Il y est question de la première apparition du monde, des dieux et des hommes. C'est un récit très abstrait, parfois difficile à suivre, et je vais tâcher, dans les deux premiers chapitres, de le rendre aussi limpide que possible car il en vaut réellement la peine : c'est sur lui que tout repose.

Il me faut donner ici une précision, afin d'écarter un malentendu encore trop fréquent : contrairement à une idée longtemps admise, mais tout à fait à tort, cette reconstruction des origines, bien qu'abstraite et souvent assez théorique, n'a aucune prétention scientifique. Elle n'a rien à voir, comme nombre de savants d'aujourd'hui continuent pourtant de le penser, avec une « première approche », encore naïve et « primitive », pour ne pas dire « magique », des questions scientifiques que le « progrès » de nos connaissances « positives » permettrait enfin de dépasser. La mythologie n'est pas l'enfance de l'humanité : elle n'a rien à envier, en termes de profondeur et d'intelligence, à la science moderne dont elle n'est pas, ni de près ni de loin, l'anticipation encore approximative. Il serait par exemple tout à fait absurde de vouloir la comparer à ce que nous enseignent aujourd'hui les résultats de la recherche scientifique sur le big-bang et les premiers instants de l'univers. Encore une fois – mais on n'y insiste jamais assez tant la vision scientiste et « progressiste » est bien ancrée : le projet de la mythologie est tout autre que le projet scientifique moderne. Il n'est nullement son pressentiment approximatif ! Il ne vise pas l'objectivité, pas même la connaissance du réel en tant que tel. Son affaire véritable est ailleurs. Par un récit qui se perd lui-même dans la nuit des temps, et qui n'a, à vrai dire, rien d'explicatif au sens où l'entendent les scientifiques d'aujourd'hui, elle cherche à offrir aux mortels que nous sommes les moyens de donner un sens au monde qui les entoure. En d'autres termes, l'univers n'est pas considéré ici *comme un objet à connaître, mais comme une réalité à vivre*, pour ainsi dire comme le terrain de jeu d'une existence humaine qui doit y trouver sa place. C'est dire que le but de ces récits primordiaux n'est pas tant de parvenir à la vérité factuelle que de donner des significations possibles à l'existence humaine en s'interrogeant sur ce que peut être une vie réussie dans un univers ordonné, harmonieux et juste comme celui au sein duquel nous sommes amenés à trouver notre voie. Qu'est-ce qu'une vie bonne pour des êtres, les humains, qui savent qu'ils vont mourir et qui sont comme nul autre capables de mal faire et de s'égarer de manière tragique ? Qu'est-ce qu'une existence réussie pour ces êtres éphémères, dès lors qu'à la différence des arbres, des huîtres ou des lapins, ils possèdent une conscience aiguë de ce que les philosophes nommeront plus tard leur « finitude » ? Voilà la seule question qui vaille, la seule qui guide en réalité les récits des origines. Voilà aussi pourquoi ils s'intéressent d'abord et avant tout à la construction du « cosmos », à la victoire des forces de l'ordre contre celles du désordre, car c'est dans ce cosmos, au sein de cet ordre, qu'il va nous falloir trouver, chacun à notre façon, notre place pour parvenir à la vie bonne.

Ce premier récit, tel qu'on le trouve exposé par Hésiode, possède dès lors une caractéristique tout à fait frappante : il est presque entièrement écrit en se plaçant du point de vue des dieux ou, ce qui revient au même, de la nature. Les protagonistes de cette histoire aussi étrange que magnifique sont d'abord des forces extra-humaines, des entités à la fois divines et naturelles : le chaos, la terre, la mer, le ciel, les forêts et le soleil, et, même lorsqu'il s'agit de l'apparition de l'humanité, c'est aussi en se plaçant du point de vue global de la naissance des dieux et de l'univers qu'elle est racontée.

Mais, une fois cette construction achevée, il faut bien renverser du tout au tout la perspective et se laisser porter par une *deuxième interrogation* qui, en vérité, justifie depuis le début tout l'édifice : comment les hommes vont-ils s'inscrire dans cet univers des dieux qui ne semble *a priori* nullement fait pour eux ? Après tout, il faut bien garder à l'esprit que ce ne sont pas les dieux, mais évidemment des humains qui ont inventé et raconté toutes ces histoires ! Et s'ils l'ont fait, c'est tout aussi évidemment pour donner du sens à leurs vies, pour se situer au sein de l'univers qui les entoure. Ce qui n'est pas toujours facile, comme en témoignent les innombrables difficultés qui jalonnent le long voyage d'Ulysse (chapitre III) – en quoi il fournit l'archétype de la quête, au final couronnée de succès, d'une vie bonne entendue comme la quête, chaque fois singulière pour chacun d'entre nous, de sa place au sein de l'ordre cosmique édifié par les dieux.

À vrai dire, comme on le verra dès le premier chapitre, ce sont deux chemins qui se croisent. Il y a une humanisation progressive des dieux, et une divinisation progressive des humains. Je veux dire par là que les premiers dieux sont impersonnels, ils ne sont, comme Chaos ou Tartare par exemple, que des entités abstraites, sans visage, sans caractère ni personnalité. Ils ne représentent que des forces cosmiques qui s'organisent progressivement hors de tout projet conscient. Mais, peu à peu, avec la seconde génération des dieux, celle des Olympiens, on voit apparaître des caractères, des personnalités, des fonctions différents. Les dieux, en quelque sorte, s'humanisent, ils sont de plus en plus

40

conscients, de plus en plus intelligents, de plus en plus éloignés de la nature brute : c'est que l'organisation du cosmos suppose beaucoup d'intelligence, et pas seulement de la force ! Héra est jalouse, son mari, Zeus, est coureur, Hermès est un filou, Aphrodite connaît toutes les ruses de l'amour, Artémis est sans pitié, Athéna terriblement susceptible, Héphaïstos un peu niais lorsqu'il s'agit de sentiments, mais génial quand il s'agit de travaux manuels, etc. À la logique des rapports de forces qui domine les premiers dieux, se substitue peu à peu une logique plus humaine, moins naturelle et plus culturelle. Même si la cosmologie et l'ordre de la nature l'emportent, la psychologie et l'ordre de la culture commencent à occuper une place croissante dans la conduite des dieux. En parallèle, la voie inverse s'impose toujours davantage aux humains : plus ils y réfléchissent, plus ils doivent comprendre que leur intérêt le plus profond est de s'ajuster à cet univers divin qu'est l'ordre cosmique. À l'humanisation du divin répond un processus de divinisation de l'humain, jamais achevé, bien entendu, car nous restons et resterons toujours des mortels, mais qui indique une voie, une tâche : la réconciliation avec le monde comme avec les dieux apparaît désormais comme un idéal de vie. Tout le sens du voyage d'Ulysse, que nous allons découvrir ou redécouvrir dans ce chapitre, s'éclaire à partir de là : la vie bonne, c'est la vie réconciliée avec ce qui est, la vie en harmonie avec son lieu naturel dans l'ordre cosmique et il appartient à chacun de trouver ce lieu et d'accomplir ce parcours s'il veut un jour parvenir à la sagesse, à la sérénité.

Nietzsche le dira encore, à la suite des grands Grecs – ce qui prouve au passage que leur message a conservé une actualité telle qu'il peut encore se retrouver dans la philosophie contemporaine : le but ultime de la vie humaine, c'est ce qu'il nomme *amor fati = l'amour de son sort*, l'amour de ce qui est, de ce qui nous est destiné, du présent, en somme. Voilà la sagesse la plus haute, la seule qui nous permette de nous débarrasser de ce que Spinoza, que Nietzsche considérait comme « un frère », nommera lui aussi joliment les « passions tristes » – la peur, la haine, la culpabilité, le remords, ces corrupteurs de l'âme qui tous s'enracinent dans les mirages du passé ou du futur. Seule cette réconciliation avec le présent, avec l'instant – en grec : le *kairos* –, peut selon lui, comme pour l'essentiel de la culture grecque, conduire à la vraie sérénité, à « l'innocence du devenir », c'est-à-dire au salut entendu non dans son acception religieuse, mais au sens où l'on se trouve enfin sauvé des peurs qui « coincent » l'existence et la rabougrissent.

Mais tout le monde n'est pas Ulysse, et la tentation de se soustraire à la condition humaine pour échapper à la mort est grande. Il en est, et sans doute plus d'un, qui auraient répondu favorablement à Calypso... Telle est la raison pour laquelle la *troisième interrogation* qui traverse les mythes grecs concerne l'*hybris*, la démesure de vies qui se choisissent et se déroulent dans l'hostilité à l'ordre tout à la fois divin et cosmique dont la *Théogonie* nous raconte la si difficile naissance. Qu'arrive-t-il, une fois les mortels mis au monde et intégrés dans le cosmos, à ceux qui, justement, à la différence d'Ulysse, ne s'y accordent pas et qui, par orgueil, par arrogance et démesure, par *hybris*, donc, se révoltent contre l'ordre cosmique issu de la guerre des dieux ? Beaucoup d'ennuis : les histoires d'Asclépios (Esculape), Sisyphe, Midas, Tantale, Icare et tant d'autres en témoignent... Nous en raconterons et analyserons quelques-unes en détail (chapitre IV), en choisissant bien entendu celles qui sont à la fois les plus profondes et les plus amusantes. Mais le message est, d'entrée de jeu, assez clair : si la sagesse consiste à rejoindre son lieu naturel dans l'univers divin et éternel pour y vivre enfin réconcilié avec le présent, la folie de l'*hybris* réside dans l'attitude inverse : la révolte orgueilleuse et « chaotique » contre sa condition de simple mortel.

Quantité de récits mythologiques tournent autour de ce thème crucial et il importe de ne pas les lire, comme on le fait à tort si souvent aujourd'hui, à la lumière de nos morales modernes, héritées du christianisme.

Quatrième interrogation : entre ces deux voies possibles, celle de la sagesse d'Ulysse et celle de la folie de ceux qui cèdent à l'*hybris*, comment situer ces êtres hors du commun, héros ou demi-dieux, qui peuplent presque tous les grands mythes grecs ? Ni sages ni fous, il leur revient de poursuivre sur cette terre des mortels la tâche fondamentale qui fut à l'origine celle de Zeus : lutter contre les forces du chaos sans cesse renaissantes afin que l'ordre l'emporte sur le désordre, le cosmos et l'harmonie sur la discorde. C'est ici l'histoire de ces hommes, à proprement parler extraordinaires, glorieux pourfendeurs de toutes les réincarnations monstrueuses des forces du désordre, qu'il nous faudra raconter (chapitre v). Ainsi, Thésée, Jason, Persée et Héraclès vont-ils continuer, à l'image de Zeus luttant contre les Titans, de pourchasser et terrasser la race des entités maléfiques et monstrueuses qui symbolisent la renaissance toujours possible des premières forces du chaos ou, ce qui revient au même, la fragilité de l'ordre cosmique.

Reste, enfin, une *cinquième interrogation* : il y a d'un côté le cosmos, de l'autre ceux qui s'y inscrivent, comme Ulysse, ceux qui refusent sa loi et vivent dans l'*hybris*, ceux qui aident les dieux à rétablir l'ordre et deviennent des héros, mais il y a aussi des millions d'autres êtres, simples humains comme vous et moi, qui ne sont ni des sages, ni des méchants, ni des héros, et qui voient s'abattre en permanence sur eux des catastrophes imprévisibles, quelques moments de joie et de bonheur, sans doute, mais aussi des maux de toutes sortes, maladies, accidents, fléaux naturels, sans comprendre ni pourquoi ni comment ! Comment expliquer qu'un monde réputé harmonieux, un cosmos dont on nous affirme qu'il est juste et bon, établi et gardé par des Olympiens de toute beauté, permette que le mal frappe indifféremment les bons et les méchants ? C'est à cette question fondamentale, impossible à éluder dans le contexte d'une cosmologie dont les principes sont ceux de l'harmonie et de la justice, que répondent notamment les mythes d'Œdipe et d'Antigone (chapitre VI).

Enfin, nous verrons en conclusion, en évoquant brièvement la figure de Dionysos, comment la mythologie envisage la nécessaire réconciliation de la discorde et de l'ordre, de Chaos et du cosmos, avant de nous interroger, pour conclure, sur ce qu'apporte la philosophie par rapport au mythe et sur les motifs pour lesquels on est passé de la religion grecque à des doctrines du salut plus conceptuelles. C'est en ce point, comme on le verra, que la préhistoire de la philosophie éclaire singulièrement toute son histoire.

Ce livre commence donc... par le commencement, c'est-à-dire par le récit de la naissance des dieux, du monde et des hommes tel qu'il est exposé dans le texte le plus ancien, le plus complet et le plus significatif dont nous disposions : celui d'Hésiode. J'y apporte ensuite, lorsque cela me semble éclairant, l'analyse d'un certain nombre de compléments et de variantes, *mais toujours en précisant l'origine et la signification de ces additions*, afin que le lecteur, même débutant, ne soit pas induit en erreur et peu à peu perdu, mais au contraire éclairé et enrichi par un savoir qui ne vise pas l'érudition mais le sens. Bien entendu, dans ce travail, rigoureux sur le plan de la méthode néanmoins résolument pédagogique, j'ai été guidé par les ouvrages de mes prédécesseurs. Il me faut dire ici ma dette, sur ce point comme sur quelques autres, envers le regretté Jean-Pierre Vernant. Le livre qu'il écrivit pour son petit-fils – *L'Univers, les dieux, les hommes. Récits grecs des origines*[1] – m'a non seulement servi d'inspi-

---

1. Seuil, collection « Essais », 2002.

ration, mais très largement de modèle, comme d'ailleurs l'ensemble de ses autres livres. De même pour les travaux de Jacqueline de Romilly sur la tragédie grecque. J'avais naguère reçu ces deux grands érudits au ministère de l'Éducation, inquiets qu'ils étaient du déclin des « humanités classiques ». Je partageais leur souci, en tout cas leur amour de l'Antiquité, et j'ai tenté, sans succès je le crains, de les rassurer, de mettre en œuvre des « mesures » pour enrayer la chute, réelle ou supposée, qu'ils redoutaient... Mais sur ce point comme sur d'autres, je crois qu'on est parfois plus utile par les livres que par l'action politique : cette dernière se heurte à trop de contraintes incontrôlables, à des obstacles et des entraves d'origines si multiples que ses effets sont toujours aléatoires.

Je dois beaucoup aussi à d'autres ouvrages, que je citerai au fur et à mesure, notamment ce classique qu'est le *Dictionnaire de la mythologie*[1] dirigé par Pierre Grimal. Mais, en dehors des textes originaux qu'il m'a fallu lire ou relire, l'ouvrage précieux entre tous fut pour moi celui de Timothy Gantz, *Les Mythes de la Grèce archaïque*[2]. C'est le travail de toute une vie. Avec une patience et une science infinies, Gantz a su rapporter avec l'humilité du chercheur – en s'abstenant d'interpréter outre mesure – les mythes à leurs auteurs, les classer historiquement et distinguer ainsi, pour chaque récit mythologique, sa version originelle (ou ce que nous en savons) et les variantes qui apparaissent peu à peu pour venir l'enrichir, le compléter ou parfois le contredire. C'est cette richesse, pour ne pas dire ce foisonnement, que Gantz nous a restituée de manière enfin ordonnée – ce qui permet de se repérer avec sûreté dans les œuvres mythologiques anciennes.

---

1. PUF, 1999.
2. Belin, 2004, pour la traduction française.

Dernières remarques sur le style,
l'organisation de ce livre
et sur la part qu'il fait aux enfants...

Comme dans *Apprendre à vivre* – 1, j'ai choisi de tutoyer la personne à laquelle je m'adresse et cela pour deux raisons qui l'emportent à mes yeux de loin sur les objections qui m'ont parfois été adressées sur ce point. La première, c'est que j'ai pour ainsi dire « testé » ces grands récits grecs sur mes propres enfants – et quelques autres qui me sont proches : c'est à eux que je m'adresse en premier et, pour bien leur écrire, il m'est indispensable de visualiser par l'esprit celle ou celui auquel je m'adresse à chaque instant en particulier. La seconde raison, c'est que ce lecteur enfantin, à la fois idéal et réel, me contraint à m'abstenir de toute allusion, à tout expliquer, à ne supposer chez mon lecteur aucun arrière-fond d'érudition qui lui permettrait, par exemple, de savoir déjà qui sont Hésiode, Apollodore, Nonnos de Panopolis ou Hygin, de connaître *a priori* la signification de mots tels que « théogonie », « cosmogonie », « mythographe », « cosmos », etc. – mots dont j'ai constamment besoin mais que le tutoiement m'oblige quasi automatiquement, sans même que j'y réfléchisse, à définir et à expliciter, ce que je ne ferais certainement pas de manière naturelle si j'employais le vouvoiement.

La conviction qui porte tout ce travail qui m'a mobilisé pendant tant d'années est que, dans ce mixte de consommation frénétique et de désenchantement qui caractérise l'univers où nous sommes aujourd'hui plongés, il est plus indispensable que jamais d'offrir à nos enfants – comme à nous-mêmes d'ailleurs : la mythologie se lit à tout âge – la chance de faire le détour par de grandes œuvres classiques avant d'entrer dans le monde des adultes et de s'inscrire dans la vie de la cité. La référence que je fais ici à la consommation n'a rien d'une facilité ni d'une astuce rhétorique. Comme j'ai eu l'occasion de l'expliquer dans mon livre sur l'histoire de la famille[1], la logique du consumérisme, à laquelle aucun d'entre nous ne peut sérieusement prétendre échapper tout à fait, s'apparente à celle de l'addiction. À l'image du drogué, qui ne peut s'empêcher d'augmenter les doses et de rapprocher les prises de la substance qui l'aide (croit-il) à vivre, le consommateur idéal ferait ses courses toujours plus souvent, en achetant toujours plus. Or, il suffit de regarder quelques minutes les chaînes de télévision réservées aux enfants, d'observer comment elles sont en permanence entrelardées de campagnes publicitaires, pour comprendre qu'une de leurs principales missions est de les transformer autant qu'il est possible en consommateurs parfaits. Cette logique, dans laquelle ils entrent de plus en plus tôt, peut se révéler destructrice. Elle ne s'installe dans leur tête que sur fond d'un travail de sape : moins nous disposons d'une vie intérieure riche sur le plan moral, culturel et spirituel, plus nous sommes livrés au besoin frénétique d'acheter et de consommer. Le temps de « location de cerveaux vides » qu'offre la télévision aux annonceurs est donc une aubaine. En interrompant sans cesse les programmes, ces chaînes visent littéralement à plonger ceux qui les suivent dans un état de *manque*.

Évitons un malentendu : je n'ai nulle intention de me livrer ici à la énième diatribe néomarxienne contre la « société de consommation ». Encore moins de m'essayer à l'exercice désormais rituel de la critique de la publicité. Il n'est nullement certain à mes yeux que sa suppression sur les chaînes publiques change quoi que ce soit aux données de fond du problème. Simplement, comme père de famille et comme ancien responsable de notre Éducation, il m'apparaît crucial

---

1. Cf., dans *Familles, je vous aime !*, éditions XO, 2006, le passage consacré à ce que j'ai appelé les « contradictions morales et culturelles de l'homme de droite », p. 75 et suivantes.

de remettre la frénésie d'acheter et de posséder à sa place, malgré tout secondaire, de faire comprendre à nos enfants qu'elle n'est pas l'alpha et l'oméga de leur existence, qu'elle ne dessine en rien l'horizon ultime de la vie humaine. Pour les aider à résister aux pressions qu'elle leur impose et leur permettre de s'en affranchir, d'y mettre à tout le moins de la distance, il est essentiel, peut-être même vital si l'on songe que l'addiction est parfois mortelle, de les doter le plus tôt possible des éléments d'une vie intérieure riche, profonde et durable. Il faut pour cela rester fidèle au principe fondamental que je viens d'évoquer, celui selon lequel plus une personne possède des valeurs culturelles, morales et spirituelles fortes, moins elle éprouve le besoin d'acheter pour acheter et de zapper pour zapper. Moins, par conséquent, elle sera fragilisée par l'insatisfaction chronique qui naît inévitablement de la multiplication infinie des désirs artificiels. En d'autres termes, il faut les aider à privilégier la logique de l'Être sur celle de l'Avoir, et c'est dans cet esprit que je dédie mon livre à tous les parents soucieux de faire un véritable cadeau à leurs enfants – un de ces présents qui vous accompagnent tout au long d'une vie et qu'on ne délaisse pas, comme au lendemain de Noël, aussitôt les emballages ouverts.

C'est dans ce contexte que je tiens pour crucial de revenir aux sources de la mythologie grecque pour en faire partager la teneur essentielle à nos enfants. Ce n'est bien sûr pas le seul motif de ce livre qui vise avant tout, comme je l'ai dit, à éclairer d'un jour nouveau les premiers pas de la philosophie occidentale. Mais c'est ici d'expérience que je parle des enfants et non, comme on dit, « par théorie » : lorsque j'ai commencé à raconter aux miens, dès l'âge de cinq ans, les grands récits mythiques, j'ai vu leurs yeux s'illuminer comme jamais. Les questions ont fusé de toutes parts et sur les mille et un aspects des aventures que je leur rapportais. Jamais je n'avais vu une telle passion, ni avec la littérature de jeunesse, ni même avec les contes classiques, pourtant magnifiques, de Grimm, d'Andersen ou de Perrault – pour ne rien dire des séries télévisées qui les divertissent sans doute, mais ne les passionnent pas de la sorte. Je suis certain que les messages les plus profonds que portent les mythes grecs touchant la formation du monde, la naissance et la mort, les turbulences de l'amour et de la guerre, mais aussi la justice, la signification du châtiment ou encore le courage, l'aventure et le goût du risque, ont puissamment contribué à leur permettre de jeter sur eux-mêmes et sur le monde qui les entoure une lumière d'une puissance et d'une pénétration incomparables, sans rapport aucun avec ce que la culture ordinairement dispensée par les écrans leur aurait permis d'atteindre. Je n'ai aucun doute non plus sur le fait que ces récits se sont d'ores et déjà inscrits dans leur mémoire pour les accompagner tout au long de leur existence. Et je pense que cela sera crucial pour eux dans le contexte consumériste que je viens d'évoquer. Pour autant, il va de soi que les mythes qu'on va découvrir ou redécouvrir ici s'adressent tout autant aux adultes qu'à leurs enfants – ce qui explique que ce livre change parfois de ton, que les registres soient variés : tantôt, je m'adresse à des adultes auxquels je parle de la naissance de la philosophie, tantôt je raconte des légendes comme à des enfants, tantôt encore je donne des interprétations de certains épisodes mythiques qui, à mes yeux, méritent des commentaires en profondeur. J'ai bien conscience que cela confère parfois une allure un peu baroque à cet ouvrage, comme d'ailleurs au premier volume d'*Apprendre à vivre*. Mais c'est un choix, et cet inconvénient m'a semblé, au final, plutôt mineur par rapport à l'avantage réel qu'il y a, y compris sur le plan intellectuel, à jouer sur plusieurs registres à la fois.

Je sais par ailleurs qu'au fil des chapitres mon lecteur se posera inévitablement certaines questions réflexives, historiques, philologiques ou même métaphysiques,

CHAPITRE 1

La naissance des dieux
et du monde

Au commencement du monde, c'est une bien étrange divinité qui émerge en premier du néant. Les Grecs la nomment « Chaos ». Ce n'est pas une personne, pas même un personnage. Imagine-toi que cette divinité primordiale n'a rien d'humain : ni corps, ni visage, ni traits de caractère. À vrai dire, c'est un abîme, un trou noir, au sein duquel on ne rencontre nul être identifiable. Aucun objet, aucune chose que l'on puisse distinguer dans les ténèbres absolues qui règnent au sein de ce qui n'est au fond qu'un total *désordre*. Du reste, au début de cette histoire, il n'existe encore personne pour voir quoi que ce soit : pas d'animaux, pas d'hommes, pas même de dieux. Non seulement il n'y a pas d'êtres vivants, animés, mais il n'y a pas non plus de ciel, de soleil, de montagnes, ni de mer, ni de fleuves, ni de fleurs, ni de forêts... Bref, dans ce trou béant qu'est le chaos, c'est l'obscurité totale. Tout est confus, désordonné. Chaos ressemble à un gigantesque précipice obscur. C'est comme dans les cauchemars : si tu devais tomber dedans, la chute serait infinie... Mais cela ne se peut, car ni toi, ni moi, ni aucun humain ne sont encore de ce monde !

Et puis, tout à coup, une seconde divinité jaillit de ce chaos, sans qu'on puisse vraiment savoir pourquoi. C'est une sorte de miracle, un événement premier et fondateur qu'Hésiode, le premier poète à nous raconter cette histoire, il y a très longtemps, au VIIᵉ siècle avant Jésus-Christ, ne nous explique pas, et pour cause : il n'a pas, lui non plus, la moindre explication à sa disposition. Quelque chose apparaît, voilà tout, sort des abysses, et ce quelque chose, c'est une formidable déesse, qui s'appelle Gaïa – ce qui, en grec, signifie la terre. Gaïa, c'est le sol ferme, solide, le sol nourricier sur lequel les plantes, bientôt, vont pouvoir pousser, les fleuves couler, les animaux, les hommes et les dieux marcher. Gaïa, la terre, c'est à la fois le premier élément, le premier morceau de nature bel et bien tangible et fiable – et en ce sens, c'est le contraire de Chaos : on n'y chute pas à l'infini car elle nous soutient et nous porte –, mais c'est aussi la mère par excellence, la matrice originelle dont tous les êtres à venir, ou presque, vont bientôt sortir.

Toutefois, pour que les fleuves, les forêts, les montagnes, le ciel, le soleil, les animaux, les hommes et surtout les autres dieux jaillissent un jour de Gaïa, la déesse terre, ou même de cet étrange Chaos – car de lui aussi vont sortir quelques créatures divines –, il faut encore une troisième divinité – troisième puisqu'on en tient déjà deux : Chaos et Gaïa. Il s'agit d'Éros, l'amour. Comme Chaos, c'est bien un dieu, mais pas vraiment une personne. Il s'agit plutôt d'une énergie de jaillissement qui fait croître et surgir les êtres. C'est pour ainsi dire un principe de vie, une force vitale. Il ne faut donc surtout pas confondre cet Éros-là, qu'on ne peut jamais voir ni identifier à un être personnel, avec un autre petit dieu qui apparaîtra plus tard et portera le même nom – celui que les Romains nomment aussi Cupidon. Ce « deuxième » Éros, si l'on peut dire, qu'on représente souvent comme un bambin joufflu, muni de petites ailes, d'un arc et de flèches dont l'atteinte déclenche les passions, est un autre dieu que cet Éros primordial, principe encore abstrait qui a pour mission principale de faire passer des ténèbres à la lumière toutes les divinités à venir.

C'est donc à partir de ces trois entités primordiales – Chaos, Gaïa et Éros – que tout va se mettre en place, que le monde va progressivement s'organiser. D'où la question première et fondamentale entre toutes : comment passe-t-on du désordre absolu des origines au monde harmonieux et beau que nous connaissons ? En d'autres termes, qui seront bientôt ceux de la philosophie, comment passe-t-on du chaos initial au « cosmos », c'est-à-dire à l'ordre parfait, à l'organisation belle et juste d'une nature magnifique et généreuse où tout est merveilleusement bien disposé sous la douceur du soleil ? C'est là la première histoire, le récit des origines de toutes choses et de tout être, des éléments naturels, des hommes comme des dieux. C'est le récit fondateur de toute la mythologie grecque. C'est donc avec lui qu'il nous faut commencer.

Pour entrer dans le vif du sujet, je dois encore te parler d'un quatrième « personnage » ou, pour mieux dire, car lui non plus n'est pas vraiment un individu, d'un quatrième « protagoniste » de cette étrange histoire. Dans son poème, qui nous sert pour l'instant de guide, Hésiode évoque, en effet, une autre divinité située aux tout premiers commencements : il s'agit de Tartare. Comme je te l'ai dit, ce n'est pas vraiment une personne, du moins au sens où nous l'entendons en prenant comme modèles les humains. C'est d'abord et avant tout un lieu, brumeux et terrifiant, plein de moisissure et toujours plongé dans les ténèbres les plus totales. Tartare se situe au plus profond de Gaïa, dans les sous-sols les plus lointains de la terre. C'est dans cet endroit – qu'on identifiera bientôt à l'enfer – que les morts, quand il y en aura, seront relégués, mais aussi les dieux vaincus ou punis. Hésiode nous donne une indication intéressante sur la localisation de ce fameux Tartare – qui est donc, lui aussi, tout à la fois un dieu et un lieu, une divinité qui sera capable, par exemple, d'avoir des enfants, mais d'être aussi un morceau de nature, un coin du cosmos. Il nous dit que le Tartare se trouve enfoui dans la terre aussi loin de la surface du sol que le ciel est loin de cette surface, et il ajoute une image qui te parlera peut-être mieux : imagine une lourde enclume – c'est une espèce de grosse table en bronze dont se servent les forgerons pour façonner des objets en métal avec leur marteau : eh bien, selon Hésiode, il faudrait neuf nuits et neuf jours à cet énorme et lourd morceau de bronze pour tomber du ciel jusqu'à la surface de la terre et de nouveau neuf jours et neuf nuits pour tomber de cette surface de la terre jusqu'au fond du Tartare ! C'est dire combien ce lieu infernal, qui terrorisera les humains mais aussi bien les dieux, est enfoui dans les abîmes les plus profonds de Gaïa.

Revenons à elle, justement, car c'est avec elle que les choses sérieuses vont commencer, et ne mettons pas la charrue avant les bœufs : n'oublie pas que pour l'instant, n'existent encore ni le ciel ni les montagnes, ni les hommes, ni les dieux – hors ces entités primordiales que sont donc, pour nous résumer et les nommer dans l'ordre de leur naissance : Chaos, Gaïa, Éros, Tartare. Rien d'autre n'est encore né pour le moment[1].

---

1. À l'exception des enfants de Chaos dont jaillissent deux autres divinités qu'on laissera pour l'instant de côté : Érèbe, les ténèbres, et Nyx, la nuit. Elles désignent deux obscurités différentes : Érèbe, c'est au premier chef l'obscurité qui règne dans les sous-sols, par exemple dans le Tartare. Nuit, c'est l'obscurité du dehors, non pas celle qu'on rencontre sous la terre, mais au-dessus d'elle, sous le ciel. Cette dernière n'est donc pas absolue mais relative au jour qui lui succède... tous les jours, justement ! Érèbe et Nuit font l'amour et donnent bientôt naissance à deux autres créatures divines : Éther, le brouillard lumineux qui ornera le sommet des montagnes, lieu toujours éclatant de brillance situé au-dessus des nuages. C'est cette lumière qui va illuminer le séjour des dieux, l'Olympe, et qui constitue en quelque sorte le contraire absolu d'Érèbe, l'obscurité des tréfonds. Et puis, à côté de cet Éther, naît aussi Héméré, qui est justement ce jour qui succède chaque matin à la nuit.

Mais précisément, sous l'impulsion, sans doute, de l'énergie d'Éros, Gaïa va engendrer toute seule, sans avoir de mari ni d'amant, à partir de ses propres profondeurs et de ses propres forces, un formidable dieu : Ouranos. Ouranos, c'est le ciel étoilé qui, situé au-dessus de la terre (à vrai dire étendu, pour ne pas dire couché sur elle), est comme le double céleste de Gaïa. Partout où elle se trouve, partout, donc, où il y a de la terre, il y a aussi de l'« Ouranos », du ciel, placé en surplomb. Un mathématicien dirait que ce sont des ensembles d'une extension parfaitement identique : pas un centimètre carré de Gaïa auquel ne corresponde le même centimètre carré d'Ouranos... Toujours est-il que, à nouveau sans faire l'amour avec un autre dieu, Gaïa fait encore surgir de ses entrailles d'autres enfants : les montagnes, Ouréa, des nymphes qui les peuplent, jeunes filles ravissantes mais non humaines puisqu'elles sont, elles aussi, des créatures divines, et enfin, Pontos, le « flot marin », c'est-à-dire l'eau salée de la mer. Comme tu vois, l'univers, le cosmos, commence peu à peu à prendre forme – même s'il est fort loin d'être achevé.

Tu noteras aussi, j'y insiste encore car c'est très important pour bien comprendre le statut de cette histoire qui parle d'un même mouvement de la naissance des dieux et de celle du monde, que toutes les régions de l'univers qu'on vient d'évoquer sont considérées, dans la mythologie, à la fois comme des « morceaux de nature » et comme des divinités : de même que la terre est le sol sur lequel nous marchons, le terreau sur lequel poussent les arbres mais aussi une grandiose déesse, qui porte comme toi et moi un nom propre, Gaïa, de même le ciel est également un élément naturel, bel azur bleu situé au-dessus de nos têtes, et une entité divine, déjà personnelle et douée elle aussi d'un nom propre : Ouranos. Pareil pour Ouréa, les montagnes, Pontos, le flot marin, ou pour Tartare, l'infernal sous-sol niché au plus profond de la terre. C'est dire que ces divinités sont susceptibles, le cas échéant, de se mettre en couple, de s'unir entre elles, et d'avoir à leur tour des enfants : c'est ainsi que des milliers d'autres créatures plus ou moins divines naîtront de ces premiers dieux. Pour l'instant, nous laisserons la plupart d'entre elles de côté afin de nous en tenir au fil principal du récit et aux personnages qui y occupent une place indispensable à la compréhension du drame terrible qui va bientôt se jouer avant qu'on ne parvienne enfin à l'édification d'un monde ordonné, d'un ordre cosmique véritable, c'est-à-dire d'un univers harmonieux et stable où les humains vont pouvoir vivre et mourir.

Dans ce premier récit mythique, la naissance du monde naturel et celle des dieux ne font qu'un – ce pourquoi elles sont imbriquées au sein d'une seule et même histoire. En somme, raconter la naissance de la terre, du ciel ou de la mer, c'est raconter les aventures de Gaïa, Ouranos, Tartare ou Pontos. Et ainsi du reste, comme tu vas voir. Note bien que, pour cette raison même, ces premières divinités, malgré le fait qu'elles portent un nom propre comme toi et moi, sont bien davantage de pures forces de la nature que des personnes douées d'un caractère et d'une psychologie propres. Pour organiser le monde, il va falloir s'appuyer plus tard sur d'autres dieux, plus culturels que naturels, qui devront posséder beaucoup plus de réflexion et de conscience que les premières forces naturelles avec lesquelles commence l'univers. C'est d'ailleurs ce progrès vers l'intelligence, la ruse, le calcul, bref, cette espèce d'humanisation des dieux grecs qui va fournir un des ressorts les plus intéressants de toute cette histoire… Mais en tout cas, ce qui est sûr, c'est qu'au début la naissance des dieux et celle des éléments naturels se confondent. Je sais que les mots que je vais employer maintenant vont te paraître un peu compliqués, parce que tu ne les connais pas encore : la « théogonie » et la « cosmogonie » ne font qu'un. Qu'est-ce que cela veut dire ? En vérité, ces vieux termes grecs sont tout simples et il ne faut pas en avoir peur. Au contraire, il est bon que tu les connaisses dès maintenant. Ils signifient tout simplement ceci, que je viens de dire sous une autre forme : la naissance (*gonie*) du monde (*cosmos*) et la naissance (toujours *gonie*) des dieux (*théo*) reviennent au même – la cosmogonie, la naissance du cosmos, est une théogonie, une histoire de la naissance des dieux, et réciproquement.

Ce qui te permet de comprendre et, j'espère, de bien retenir tout de suite deux choses :

D'abord, que s'il est éternel, comme les dieux immortels, le cosmos n'a pas toujours existé. Au début, ce n'est pas l'ordre, mais le chaos qui régnait. Au commencement, non seulement c'est le désordre le plus complet et l'obscurité la plus totale qui dominent, mais comme nous allons bientôt en avoir la preuve, les premiers dieux, loin d'être pleins de sagesse, ainsi qu'on pourrait l'attendre de dieux, sont au contraire pleins de haines et de passions brutales, mal dégrossies, au point qu'ils vont se faire la guerre entre eux de façon terrifiante. C'est peu de dire qu'ils ne sont pas d'entrée de jeu en harmonie, et c'est pourquoi la naissance du monde, d'un ordre cosmique harmonieux, a une histoire assez longue qui va finalement prendre la forme d'une « guerre des dieux ». Terrible histoire, comme tu vas voir, pleine de bruit et de fureur, mais histoire, aussi, qui porte en elle un message de sagesse : la vie en harmonie avec l'ordre du monde, même si, comme c'est le cas pour les mortels, elle est vouée à prendre fin un jour, est préférable à toute autre forme d'existence, y compris à une immortalité qui serait, si l'on peut dire, « désordonnée » ou « délocalisée ». Encore faut-il, pour que nous puissions vivre en accord avec le monde qui nous entoure, que ce monde ordonné, ce fameux cosmos, existe, ce qui, au stade où nous en sommes, n'est pas encore fait, loin de là !

Remarque ensuite qu'à cette époque des origines il n'y a pas non plus à proprement parler d'espace : entre ciel et terre, entre Ouranos et Gaïa, il n'y a pas de vide, pas d'interstices, tant ils sont collés l'un à l'autre. L'univers, par conséquent, n'a pas d'entrée de jeu son visage actuel, avec une terre et un ciel séparés par une grande distance – celle que l'histoire de l'enclume en bronze essaie de faire comprendre. Mais, en outre, il n'y a pas non plus vraiment de temps, ou du moins pas de temps semblable à celui que nous connaissons maintenant, car la succession des générations – à la fois symbolisée et incarnée par la naissance de nouveaux enfants – n'est toujours pas en place. Du reste, ceux qui vont vraiment vivre dans le temps sont, par excellence, les mortels, et ils ne sont pas encore nés.

Voyons maintenant comment l'univers tel que nous le connaissons va progressivement émerger de ces données initiales.

La séparation douloureuse du ciel (Ouranos) et de la terre (Gaïa) : la naissance de l'espace et du temps

Ouranos, le ciel, n'est pas encore « en haut », au firmament, semblable à un gigantesque plafond, il est au contraire arrimé à Gaïa, comme une seconde peau. Il la touche, il la caresse partout et sans cesse. Il est, si l'on peut dire, collant au possible ou, pour être tout à fait clair : Ouranos ne cesse de faire l'amour à Gaïa, de coucher avec elle. C'est sa seule activité. Il est « monomaniaque », obsédé par une seule et unique passion, la passion érotique : il n'arrête pas de couvrir Gaïa, de l'embrasser, de se fondre en elle et, conséquence inévitable, il lui fait une tripotée d'enfants ! Et c'est avec eux que les choses vraiment sérieuses vont commencer.

Car les enfants d'Ouranos et de Gaïa vont être en réalité les premiers « vrais dieux », les premiers dieux à ne plus être des personnages plus ou moins abstraits, des entités, pour devenir de véritables « caractères ». Comme je viens de le suggérer, on va assister à une humanisation du divin, à l'apparition de nouveaux dieux ayant enfin l'allure d'authentiques personnes, bien individualisées et douées d'une psychologie, de passions moins brutales, plus élaborées, même si, comme on va le voir, elles restent parfois contradictoires, voire dévastatrices : encore une fois, les dieux grecs, à la différence, par exemple, du Dieu des chrétiens, des musulmans et des juifs, sont loin, très loin, d'être toujours parfaitement sages. C'est donc avec ces enfants-là qu'on va pouvoir poser dans toute son ampleur la question directrice de ce récit des origines : celle de la formation de l'ordre à partir du désordre, de la naissance du cosmos à partir du chaos initial. Et il va leur falloir du caractère, dans tous les sens du terme, du courage et des qualités multiples, pour harmoniser cet univers premier qui ne cesse de se complexifier : cela ne pourra se faire de manière aveugle, par le seul jeu des forces naturelles, comme la gravitation de Newton : cet ordre est si beau et si complexe qu'il dépend forcément de gens intelligents... D'où cette progression à laquelle va donner lieu la naissance progressive des dieux que je vais te raconter.

Qui sont au juste ces premiers descendants d'Ouranos et de Gaïa, de Ciel et de Terre ? Et quelles vont être leurs aventures jusqu'à l'émergence pleine et entière de l'ordre cosmique enfin équilibré ?

Ce sont d'abord ceux que leur propre père, Ouranos, appelle les « Titans » : six garçons et six filles – qu'on nomme aussi « Titanes » ou « Titanides » pour les distinguer de leurs frères. Ces Titans ont trois caractéristiques en commun. D'abord, ils sont, comme tous les dieux, parfaitement immortels : impossible, donc, d'espérer les tuer si d'aventure on se risque à entrer en guerre contre eux ! Ils sont ensuite doués d'une force colossale, inépuisable, totalement surhumaine, dont nous ne pouvons même pas avoir l'idée. Voilà d'ailleurs pourquoi on parle encore aujourd'hui, dans notre langage courant, d'une force « titanesque ». On a aussi donné pour cette raison le nom de « titane » à un métal particulièrement solide et résistant. Mieux vaut ne pas provoquer ces dieux-là. Enfin, ils sont tous d'une beauté parfaite. Ce sont par conséquent des êtres à la fois terrifiants et fascinants, souvent très violents, car ils conservent en eux la trace de leur origine : ils sont nés des profondeurs de la terre et viennent des parages du Tartare, ce lieu infernal encore tout proche du chaos originel dont Gaïa est d'ailleurs peut-être elle aussi sortie – Hésiode nous dit qu'elle vient « après » Chaos, sans préciser toutefois si elle sort de lui, mais c'est une hypothèse plausible. En tout cas, il est clair que les Titans sont plutôt des forces du chaos que du cosmos, plutôt des êtres de désordre et de destruction que d'ordonnancement et d'harmonie[1].

En dehors de ces six formidables Titans et six sublimes Titanides, Ouranos fabrique avec Gaïa trois êtres monstrueux, « tout semblables à des dieux » dit Hésiode, à ceci près qu'ils n'ont qu'un œil énorme planté au milieu du front ! Ce sont des « Cyclopes », qui vont jouer eux aussi un rôle décisif dans l'histoire de la construction du cosmos, du monde ordonné et harmonieux. Comme leurs frères, les Titans, ils sont doués d'une force extraordinaire, et ils sont d'une violence sans limites. Leur nom, en grec, l'indique assez bien, car ils évoquent tous l'orage et la tempête : il y a d'abord Brontès, ce qui veut dire « celui qui tonne » comme le

---

1. Voici leurs noms – mais sache d'entrée de jeu que c'est surtout celui du petit dernier, Cronos, qu'il faut retenir car il va jouer l'un des premiers rôles dans l'histoire qui suit : il y a d'abord, dans l'ordre de leur naissance, Okéanos, le fleuve-océan que la mythologie décrit comme faisant le tour complet de la terre, puis Coïos, Crios, Hypérion, Japet et, donc, je reviens à lui, Cronos « aux pensées retorses », comme dit toujours de lui Hésiode, nous allons voir pourquoi dans un instant. Et du côté des filles, il y a Théia – ce qui veut dire en grec « la divine » –, Rhéa, Thémis (la justice), Mnémosyne (la mémoire), Phoibé (la lumineuse), et Téthys, qui inspire l'amour.

tonnerre. Puis Stéropès, l'éclair, et Argès, la foudre. Ce sont eux qui vont donner au futur roi de tous les dieux, Zeus, ses armes les plus redoutables : le tonnerre, l'éclair et la foudre, justement, que Zeus pourra déclencher contre ses adversaires afin de les aveugler et de les terrasser.

Enfin, des amours du ciel et de la terre naissent également trois êtres absolument terrifiants, plus effrayants encore si possible que les douze Titans et les trois premiers Cyclopes : ils ont cinquante têtes chacun, et de leurs épaules monstrueuses jaillissent cent bras d'une vigueur inimaginable. On les appelle pour cette raison les « Hécatonchires », ce qui, en grec, veut dire tout simplement « Cent-Bras ». Ils sont tellement impressionnants qu'Hésiode précise – avant de nous donner quand même leurs noms – qu'il vaut mieux ne pas les nommer pour ne pas risquer d'éveiller leur attention : le premier se nomme Cottos, le deuxième Briarée et le troisième Gygès. Eux aussi vont jouer, à côté des Cyclopes, un rôle important dans l'édification de l'ordre cosmique à venir.

La guerre des dieux :
le conflit entre les premiers dieux, les Titans,
et leurs enfants, les Olympiens

Ordre à venir, car, je te l'ai dit, nous sommes encore loin du cosmos achevé et harmonieux que Gaïa, à ce qu'on peut deviner d'elle si l'on en juge par sa solidité qui contraste avec la béance abyssale de Chaos, ne peut qu'appeler de ses vœux. À vrai dire, comme je te l'ai laissé entendre, c'est la guerre, et même une terrible guerre, qui se profile à l'horizon. Les forces primitives, proches du chaos initial, du désordre, vont en effet se déchaîner, et pour construire un monde viable, ordonné, il va falloir les maîtriser, les museler et les civiliser autant qu'il est possible. D'où va naître ce conflit gigantesque ? Comment s'est-il terminé ? C'est là tout l'objet de ce récit fondateur de la mythologie grecque qu'est la cosmogonie/théogonie d'Hésiode, car c'est au cours de cette histoire qu'on va enfin passer du désordre et de la violence primitifs à l'ordre cosmique bien réglé dans lequel les hommes vont pouvoir vivre et chercher, tant bien que mal, leur salut.

Voici comment l'affaire commença.

Ouranos déteste ses enfants : les douze Titans autant que les Cyclopes et les Cent-Bras. Il leur voue une véritable haine. Pourquoi ? Sans doute parce qu'il craint que l'un d'entre eux ne prenne sa place et lui vole, non seulement le pouvoir suprême, mais aussi celle qui est à la fois sa mère et sa femme, à savoir Gaïa. Voilà pourquoi Ouranos couvre tant et si bien Gaïa qu'il empêche ses enfants d'en sortir et de voir le jour. Il ne leur laisse aucun espace, pas le moindre interstice par lequel ils pourraient sortir du ventre de leur mère. Il les relègue au plus profond de la terre, dans les régions chaotiques du Tartare, justement, ce que ses enfants ne lui pardonnent pas. Et pas davantage Gaïa, qui, grosse de toute cette descendance, n'en peut plus de retenir en elle ses fils et ses filles comprimés ! Elle s'adresse donc à eux et les pousse à la révolte contre ce terrible père qui les empêche de s'émanciper, de prendre leur envol et de grandir. Et même, au sens propre comme au sens figuré, de voir le jour. Cronos, le dernier-né, entend l'appel de sa mère qui lui propose de mettre au point un terrible stratagème contre Ouranos, son propre père : avec le métal en fusion qui est dans ses entrailles, au creux des sous-sols les plus profonds, Gaïa fabrique une serpe (d'autres récits disent qu'elle est en silex, mais je reste ici fidèle à celui d'Hésiode qui parle de métal gris, c'est-à-dire, probablement, de fer). L'instrument est bien tranchant et, précise Hésiode, « dentelé ». Gaïa l'offre à Cronos qu'elle invite tout bonnement à trancher le sexe de son père !

Et le récit de la castration d'Ouranos est précis. Il va dans les détails car ces derniers possèdent des conséquences « cosmiques », c'est-à-dire des effets décisifs sur la construction du monde : s'emparant de la faucille en fer, Cronos attend son père, si j'ose dire, au tournant. Celui-ci, comme à son habitude, enveloppe Gaïa et entre en elle : Cronos en profite pour saisir, de la main gauche (une légende plus tardive prétend que c'est à partir de ce moment qu'elle deviendra « sinistre » et restera marquée du sceau de l'infamie !), le sexe de son père et il le tranche d'un coup sec. Toujours de la main gauche, il jette par-dessus son épaule le malheureux organe encore tout sanguinolent. Précision qui n'est pas superflue ni apportée dans le seul souci d'ajouter du piquant à l'histoire par quelque détail sadique, parce que de ce sang d'Ouranos, qui va se répandre sur la terre et dans les mers, vont naître encore quelques terribles ou sublimes divinités.

D'ailleurs, je t'en dis un mot tout de suite car nous allons les retrouver par la suite dans nombre de récits mythologiques.

Les trois premières créatures qui naissent du sexe coupé d'Ouranos sont les divinités de la haine, de la vengeance et de la discorde (*eris*, en grec) – car elles portent en elles la trace de la violence liée à leur naissance. La dernière, en revanche, appartient non pas à l'empire d'Éris, mais à celui d'Éros, l'amour : il s'agit de la déesse de la beauté et de la passion amoureuse, Aphrodite. Voyons cela d'un peu plus près.

Du sexe tranché du malheureux Ouranos et du sang qui se répand sur la surface de la terre, Gaïa, ce sont d'abord des déesses terrifiantes, celles que les Grecs nomment les « Érinyes », qui naissent[1]. Selon le poète

---

1. Hésiode ne nous dit ni leur nombre, ni leur nom. Il faudra attendre encore six siècles pour en savoir un peu plus grâce au grand poète latin Virgile qui vécut au Ier siècle avant Jésus-Christ – je te donne cette précision au passage pour que tu aies déjà un peu une idée du temps qu'il a fallu pour constituer ces fameux récits mythologiques : ils ne sont pas nés d'un seul coup, ni d'un seul auteur, mais ils ont été complétés sans cesse par les poètes et les philosophes au cours des siècles et des siècles !

latin Virgile, elles sont trois et elles s'appellent Alekto, Tisiphoné et… Mégère ! Eh oui, c'est de là que vient la fameuse mégère dont nous parlons parfois dans notre langage courant pour désigner une femme particulièrement désagréable. Car il faut bien l'avouer, les Érinyes sont tout sauf aimables : ce sont, comme je te l'ai dit, des divinités de la vengeance et de la haine qui poursuivent les coupables de crimes commis au sein des familles et leur infligent des tourments et des tortures abominables. Elles sont pour ainsi dire configurées pour cela dès leur naissance puisque leur principale destination est de venger leur père, Ouranos, du crime commis contre lui par son plus jeune fils, le Titan Cronos. Mais par-delà leur cas personnel, elles vont jouer un rôle très important dans nombre de récits mythiques où elles occupent la fonction de vengeresses terribles de tous les crimes familiaux, et même, plus largement, des crimes commis contre l'hospitalité, c'est-à-dire contre des gens qu'on devrait traiter, même s'ils sont des étrangers, comme des membres de sa famille. Ce sont elles, par exemple, qui vont engloutir dans la terre ce pauvre Œdipe qui a, sans le savoir ni le vouloir, tué son père et épousé sa mère. Sache aussi qu'on les appelle parfois les « Euménides », c'est-à-dire les « Bienveillantes » – pas dans le poème d'Hésiode, mais par exemple dans les tragédies d'un autre grand poète grec né un peu plus tard, au VIe siècle avant Jésus-Christ, Eschyle. En fait, ce nom bien gentil est destiné en quelque sorte à les amadouer. On l'emploie pour éviter de s'attirer leurs foudres. En latin, elles deviendront les « Furies ». Hésiode ne nous en parle pas en détail, mais chez d'autres poètes, qui viennent après lui, on les décrit comme des femmes dont l'aspect est atroce : elles se traînent par terre en montrant des griffes effrayantes, des ailes qui leur permettent de rattraper leurs proies à toute vitesse, des cheveux entremêlés de serpents, des fouets à la main, une bouche qui dégouline de sang… Comme elles incarnent le destin, c'est-à-dire les lois de l'ordre cosmique auxquelles tous les êtres sont soumis, les dieux eux-mêmes sont plus ou moins obligés de se rendre à leurs décisions, de sorte que tout le monde les déteste et les craint...

Ensuite, toujours du sang d'Ouranos mélangé à la terre, Gaïa, naissent toute une pléiade de nymphes qu'on appelle les Méliennes ou les Méliades, ce qui veut dire en grec : les jeunes filles nées dans ces arbres qu'on appelle les frênes. Ce sont, elles aussi, des divinités redoutables et guerrières, car c'est justement avec le bois des frênes sur lesquels elles étendent leur règne qu'on fabrique les armes les plus efficaces, notamment les arcs et les lances qui servent à faire la guerre.

En plus des Érinyes et des Méliennes, le sang d'Ouranos tombé sur Gaïa donne naissance à d'autres êtres terrifiants, les Géants, qui sortent de terre tout armés et cuirassés. Ils sont voués de part en part à la violence et aux carnages. Rien ne leur fait peur et rien ne leur convient mieux que les guerres et les massacres. C'est là qu'ils sont à l'aise, à leur affaire. Hésiode ne nous en dit pas plus sur eux, mais, là encore, des variantes plus tardives de ce même récit prétendent qu'il y aurait eu une révolte des Géants contre les dieux, révolte qui aurait même donné lieu à une terrible guerre – qu'on appelle la « gigantomachie » ce qui, en grec, veut dire le « combat des géants ». Bien entendu, les dieux seraient sortis victorieux de ce combat, mais ils auraient eu pour cela besoin de l'aide que leur aurait apportée Héraclès[1]. Nous en reparlerons un peu plus tard.

Comme tu vois, tous les personnages nés pour l'instant du sang d'Ouranos mêlé à la terre sont des êtres effrayants, voués à la vengeance, à la haine ou à la guerre. C'est en ce sens que les Érinyes, les nymphes

---

1. Cette histoire est racontée essentiellement par un certain Apollodore, un écrivain – un mythographe – du IIᵉ siècle après Jésus-Christ.

méliennes et les Géants vont bel et bien relever du domaine de cette divinité qu'on appelle Éris, personnification de la discorde, de tout ce qui relève du conflit mauvais. Éris est d'ailleurs une entité ténébreuse, obscure, une des filles que la Nuit, Nyx, a engendrées toute seule, à la façon de Gaïa, sans avoir besoin de mari ni d'amant.

Mais des organes sexuels du Ciel surgit aussi une autre déesse, qui n'appartient plus à Éris, mais au contraire à Éros, non pas à la discorde et au conflit, mais à l'amour (la proximité des deux mots, en grec, semble indiquer aussi une proximité dans les faits : c'est très facilement que l'on passe de l'amour à la haine, d'Éros à Éris) : il s'agit d'Aphrodite, la déesse de la beauté et de l'amour, justement. Tu te souviens que le sang du sexe d'Ouranos est tombé sur la terre, mais le sexe lui-même, Cronos l'a jeté au loin, par-dessus son épaule et, lui, il s'est perdu dans la mer. Et il y surnage ! Il flotte sur l'eau, au milieu de l'écume blanche – écume qui, en grec, se dit *aphros*, et qui, se mélangeant avec une autre écume, celle qui sort du sexe d'Ouranos, donne naissance à une sublimissime jeune fille : Aphrodite, la plus belle de toutes les divinités. C'est la déesse de la douceur, de la tendresse, des sourires qu'on échange quand on est amoureux. Mais c'est aussi celle de la sexualité brutale et de la duplicité des discours que l'on tient pour séduire l'autre, pour lui plaire, et qui ne sont pas toujours, c'est le moins qu'on puisse dire, fidèles à la vérité : car pour plaire, nous sommes souvent prêts à user de tous les mensonges, de toutes les ruses, que ce soit pour nous présenter nous-mêmes sous un jour flatteur ou encore pour flatter la personne que l'on veut charmer. Aphrodite, c'est tout cela : la séduction et le mensonge, le charme et la vanité, l'amour et la jalousie qui en naît, la tendresse, mais aussi les bouffées de colère et de haine qui naissent des passions contrariées. En quoi, à nouveau, Éros n'est jamais bien loin d'Éris, l'amour jamais très éloigné de la dispute. Lorsqu'elle sort de l'eau, à Chypre si l'on en croit Hésiode, elle est toujours accompagnée de deux autres divinités mineures qui lui servent en quelque sorte de « suite », de compagnons et de confidents : Éros, justement, mais cette fois-ci il s'agit bien de l'Éros numéro 2, de ce petit personnage dont je te parlais tout à l'heure, et qu'on représentera souvent, mais cela bien après Hésiode, comme un garçonnet joufflu, muni d'un arc et de flèches. Et puis, à côté d'Éros, il y a Iméros, le désir, qui précède toujours l'amour proprement dit...

Sur le plan cosmologique, c'est-à-dire en ce qui concerne la construction de notre cosmos, du monde dans lequel nous allons vivre, la castration d'Ouranos possède une conséquence absolument cruciale dont je dois te dire un mot avant que nous abordions enfin le fameux épisode de la guerre entre les dieux. Il s'agit, tout simplement, de *la naissance de l'espace et du temps*.

De l'espace, d'abord, parce que le pauvre Ouranos, sous l'effet de la douleur atroce que lui cause sa mutilation, s'enfuit « vers le haut », de sorte qu'au terme de sa course il se retrouve pour ainsi dire scotché au plafond, libérant ainsi l'espace qui sépare le ciel de la terre ; *et du temps*, pour une raison infiniment plus profonde, qui est une des clefs de toute la mythologie : ce sont, grâce à l'espace ainsi libéré, les enfants – en l'occurrence les Titans – qui vont pouvoir enfin sortir de terre. Autant dire que c'est l'avenir, naguère encore bouché par la pression d'Ouranos sur Gaïa, qui s'ouvre. Désormais, les générations futures vont habiter le présent. Les enfants symbolisent ici tout à la fois la vie et l'histoire. Mais cette vie et cette histoire qui s'incarnent pour la première fois dans ces Titans qui peuvent enfin sortir de l'ombre et de la terre, c'est aussi le mouvement, le déséquilibre et, par là même, la possibilité sans cesse ouverte du désordre. Avec les nouvelles générations, c'est la dynamique plutôt que la stabilité, le chaotique plutôt que le cosmique, qui entrent en scène. De sorte qu'une chose, au moins, est d'ores et déjà claire : les pères ont sérieusement intérêt à se méfier de leurs fils ! Et Cronos est mieux placé que quiconque pour le savoir : c'est lui qui a mutilé son père, Ouranos, lui aussi, par conséquent, qui a compris le premier combien ses propres enfants pouvaient constituer une menace pour l'ordre, pour le pouvoir en place, celui qu'on détient déjà. Ou pour le dire autrement : il faut se méfier du temps, facteur de vie, bien sûr, mais aussi dimension par excellence de tous les désordres, de tous les ennuis et de tous les déséquilibres à venir. Cronos prend conscience de ce fait indiscutable : l'histoire est pleine de dangers et si l'on veut conserver les acquis, assurer son pouvoir, mieux vaudrait l'abolir afin que rien ne change...

Je ne sais pas si tu mesures bien la profondeur du problème existentiel qui commence à se dessiner comme en creux à travers ce premier récit mythologique. Il signifie que toute existence, même celle des dieux immortels, va se trouver prise dans un dilemme quasi insoluble : ou bien on bloque tout, comme Ouranos bloque ses enfants dans le ventre de sa femme/mère, afin d'éviter que les choses ne changent et risquent par là de se dégrader. Mais alors, c'est l'immobilité totale et l'ennui le plus épais qui finissent par l'emporter sur la vie. Ou bien, pour les éviter, on accepte le mouvement, l'histoire et le temps, mais ce sont alors tous les dangers les plus redoutables qui vous menacent. Comment, dès lors, trouver le bon équilibre ? C'est au fond toute la question de la mythologie et, avec elle, toute la question de l'existence en général ! Comme tu vois, les réponses que nos histoires vont y apporter sont, c'est peu de le dire, pleines d'intérêt pour nous, encore aujourd'hui.

Mais reprenons.

Cronos dévore ses enfants...
Mais Zeus, le petit dernier, lui échappe
et se révolte à son tour contre son père

Cronos, comme je te l'ai dit, est entre tous conscient du danger que représentent les enfants pour leur père. Et pour cause ! Il libère donc ses frères et sœurs, Titans et Titanides, enfermés sous la terre par la violence d'Ouranos, mais en revanche, il va bien se garder d'en faire autant pour ses propres enfants. Il épouse sa sœur, Rhéa, mais chaque fois qu'elle est enceinte et met au monde un nouveau-né, Cronos s'empresse de l'avaler tout rond afin qu'il ne risque pas de se révolter un jour contre lui, comme lui-même s'est révolté contre son père, Ouranos. Pour la même raison sans doute, Cronos s'abstient de libérer les Cyclopes et les Cent-Bras. Ces gens-là sont un peu trop violents, un peu trop forts pour ne pas représenter eux aussi de possibles changements, donc une menace. Il vaut bien mieux, pour l'instant, les garder enchaînés au plus profond de Gaïa, dans ce fameux Tartare obscur, plein de brume et de moisissure, où il ne fait pas bon séjourner. Ils en concevront, comme tu t'en doutes, une haine inextinguible envers leur frère.

Avec sa sœur, devenue entre-temps sa femme, la Titanide Rhéa, Cronos aura six enfants magnifiques : Hestia, la déesse du foyer, c'est-à-dire celle qui protège la famille, Déméter, celle des saisons (en latin elle s'appelle Cérès, et c'est de là que vient le mot « céréales »), Héra, qui va bientôt devenir la femme de Zeus, le futur roi de tous les dieux, Poséidon, le dieu de la mer, Hadès, celui des Enfers, et enfin, Zeus lui-même, le petit dernier qui deviendra le roi de tous les autres... Mais chaque fois, dès que le nouveau-né est sorti du ventre de Rhéa et qu'il arrive, dit Hésiode, « aux genoux de son père » Cronos, eh bien, ce dernier le gobe d'un seul coup pour le mettre en sécurité au fond de son estomac. Il faut dire que les parents de Cronos, Gaïa et

Ouranos, l'ont eux aussi prévenu : ils lui ont prédit net et clair qu'un jour ou l'autre il aurait un fils qui le détrônerait et lui volerait tous ses pouvoirs.

Il n'empêche : comme sa mère, Gaïa, Rhéa est consternée par son mari. Gaïa avait fini par détester Ouranos parce qu'il empêchait ses enfants de sortir de son ventre et de voir le jour. Rhéa se met à haïr Cronos parce que, pis encore si possible, il absorbe tous ses petits, de sorte qu'au moment où le dernier est sur le point de naître – et je te rappelle qu'il s'agit justement de Zeus – Rhéa va demander conseil à sa mère et à son père, à Gaïa et à Ouranos : comment faire pour éviter que le petit Zeus ne soit lui aussi avalé tout cru ? Ses parents lui conseillent de partir d'urgence pour la Crète, pour Lyctos exactement, où Gaïa, qui est mieux placée que quiconque pour faire l'opération puisqu'elle est tout simplement la terre elle-même, abrite le nouveau-né dans une grotte gigantesque, cachée sous une montagne, elle-même surmontée d'une forêt : aucun risque que Cronos s'aperçoive de la présence de Zeus. En revanche, si l'on veut qu'il ne se doute de rien, il faut lui donner quelque chose à avaler à la place du bébé ! Rhéa emmaillote alors une grosse pierre dans des linges et Cronos, apparemment pas très fin gourmet, avale le tout sans sourciller ni s'apercevoir de quoi que ce soit d'anormal.

À l'abri, bien dissimulé aux regards de son père, le petit Zeus grandit, nourri par le lait de la chèvre Amalthée, dont la peau, dit-on, ne peut être transpercée par les flèches ni les lances. C'est avec elle que Zeus fabriquera son fameux bouclier, l'égide, qu'il partagera à l'occasion avec sa fille Athéna. Pour l'instant, c'est un sublime adolescent, qui devient bientôt un adulte resplendissant de force et de beauté. Le complot forgé par Gaïa et Rhéa contre Cronos poursuit ainsi son cours. Elles organisent une ruse pour faire vomir Cronos qui recrache un à un les enfants qu'il avait avalés, en commençant par le dernier… c'est-à-dire, si tu as bien suivi cette histoire, par la pierre qui avait servi de leurre pour remplacer Zeus !

Et pendant ce temps-là, Zeus fait quelque chose de très habile et de très utile, toujours sur le conseil de Gaïa qui veut manifestement que le cosmos se construise avec tous ses enfants et petits-enfants, sans en exclure aucun : il libère les Cyclopes que Cronos, tu t'en souviens, avait laissés enchaînés au fond de la terre. Éperdus de reconnaissance, ces derniers vont lui offrir trois magnifiques cadeaux, trois présents qui s'avéreront précieux entre tous puisque ce sont eux qui vont permettre à Zeus de devenir le plus puissant et le plus redouté de tous les dieux : ils lui offrent le tonnerre, l'éclair et la foudre qui assourdissent, aveuglent et terrassent tous les ennemis. Pour les mêmes raisons, Zeus a l'habileté de libérer aussi les Hécatonchires, les fameux Cent-Bras, frères eux aussi des Cyclopes et des Titans. Autant dire qu'il se fait par cette libération de précieux et indéfectibles alliés. Où l'on voit aussi, au passage, tout ce que l'on gagne avec cette personnalisation progressive des dieux, qui les rend peu à peu moins naturels, plus rusés, plus conscients de leurs responsabilités : sans intelligence ni sens de la justice, donc, sans qualités plus que naturelles, il est impossible de parvenir à réaliser l'harmonie...

Comme tu peux t'en douter, la révolte de Zeus et de ses frères et sœurs – Hestia, Héra, Déméter, Poséidon et Hadès – contre Cronos et les autres Titans déclenche une guerre formidable, un conflit dont on n'a pas idée : c'est l'univers tout entier qui tremble, le cosmos naissant qui est menacé de retourner d'emblée au chaos. On se jette des montagnes à la tête, comme toi ou moi jetterions des cailloux ! L'univers tout entier est ébranlé et menacé d'anéantissement. Pourtant, et c'est là pour nous, les mortels, presque inimaginable, personne ne peut mourir au cours de ce conflit, puisqu'il se passe entre des êtres parfaitement immortels. Le but n'est donc pas de tuer, mais de vaincre l'adversaire en le réduisant à l'immobilité. Et l'enjeu est bien clair : il s'agit d'éviter que le chaos, le désordre absolu ne l'emporte sur la possibilité de l'ordre, sur l'émergence d'un véritable cosmos. Au final, grâce à la foudre que les Cyclopes lui ont donnée, et grâce aussi à la formidable puissance des Cent-Bras, reconnaissants que Zeus les ait délivrés, les dieux de la deuxième génération, ceux qu'on va appeler les « Olympiens » parce qu'ils font la guerre à partir d'une montagne qui s'appelle l'Olympe où ils vont désormais habiter, c'est-à-dire Zeus et ses frères et sœurs, finissent par l'emporter. Les Titans sont aveuglés par les éclairs et ensevelis par les rochers que jettent les Cent-Bras, de sorte que, terrassés, ils sont finalement enchaînés et emprisonnés dans le Tartare obscur et plein de moisissure. Poséidon, un des frères de Zeus, construit d'énormes portes en bronze, impossibles à casser ni à ouvrir, et les trois Cent-Bras se chargent de monter la garde avec d'autant plus d'empressement que, je te le rappelle, leurs propres frères Titans n'avaient eu eux-mêmes aucun scrupule à les enfermer sous la terre jusqu'à ce que Zeus les libère !

Maintenant, les Olympiens, du moins les six premiers, ceux de la génération de Zeus, sont là et bien là. Bientôt, ils vont être douze, pour faire pendant aux douze Titans et Titanides. Zeus a en effet cinq frères et sœurs : Hestia, la déesse du foyer et de la maison, qui protège les familles, Déméter, déesse des moissons et des saisons, Héra, la future impératrice qui deviendra l'épouse de Zeus, Hadès, le dieu des Enfers qui régnera sur le Tartare, et Poséidon, le dieu des mers et des fleuves qui fait trembler la terre avec son fameux trident. Dans la génération d'au-dessus, on comptera aussi parmi les Olympiens, c'est-à-dire parmi les dieux les plus importants, ceux qui dirigent le monde et se le partagent entre eux, Aphrodite, la déesse de la beauté et de l'amour que nous connaissons déjà et qui est née de l'écume provenant du sexe coupé d'Ouranos qui se mélange avec l'écume de la mer. Elle est épargnée dans le conflit puisqu'elle ne relève pas d'Éris, de la discorde. On peut donc la considérer à la fois comme une sœur de Cronos – elle est de la même génération que lui et ils ont le même père – mais aussi comme une des tantes de Zeus. Et puis, dans la génération qui, au contraire, suit celle de Zeus et de ses cinq frères et sœurs, il y a bien sûr les enfants des deux principaux maîtres de l'Olympe, Héra et Zeus : ils s'appellent Héphaïstos, le dieu des forgerons et des artisans, et Arès, le terrifiant dieu de la guerre. Ensuite, il y aura Athéna, déesse de la ruse et des arts, la fille préférée de Zeus qu'il a eue avec sa première femme, Métis. Elle aussi siégera dans l'Olympe. On y rencontre encore les deux jumeaux, Apollon, le plus beau des dieux, et Artémis, la déesse de la chasse, qui sont nés cette fois-ci des amours extra-conjugales de Zeus avec Léto, elle-même fille des deux Titans Coïos et Phoibé – ce qui fait donc de Léto une cousine germaine de Zeus. Puis, toujours sur l'Olympe, on rencontre Hermès, le messager des dieux, le parrain des marchands et des communicants, fils de Zeus et d'une nymphe nommée Maïa. Et enfin Dionysos, le plus étrange de tous les Olympiens, dieu du vin et de la fête, né à nouveau des amours extraconjugales de Zeus avec, qui plus est, une mortelle, Sémélé, la fille du roi de Thèbes, Cadmos.

Tu dois savoir que tous ces dieux de l'Olympe – mais aussi nombre de héros grecs comme Héraclès, par exemple, qui va devenir Hercule en latin, et certains Titans, comme Cronos qui devient Saturne – vont recevoir un nouveau nom chez les Romains qui vont reprendre, adapter et développer la mythologie grecque : Zeus s'appellera Jupiter, Hestia devient Vesta, Déméter = Cérès, Héra = Junon, Hadès = Pluton, Poséidon = Neptune, Aphrodite = Vénus, Héphaïstos = Vulcain, Arès = Mars, Athéna = Minerve, Apollon = Phébus, Artémis = Diane, Hermès = Mercure et Dionysos = Bacchus. C'est la raison pour laquelle, très souvent aujourd'hui, nous connaissons mieux les dieux grecs sous leur nom latin que sous leur nom d'origine. Mais c'est malgré tout des mêmes personnages qu'il s'agit et Hercule n'est autre qu'Héraclès, comme Vénus n'est autre qu'Aphrodite, etc. Il est par ailleurs essentiel de connaître, au moins en gros, leurs territoires et leurs fonctions, car ce sont eux qui vont se partager le monde et c'est ce partage équilibré de l'ensemble de l'univers, partage garanti par la suprématie de Zeus, qui est au fondement de l'ordre cosmique. Cela permet en outre de commencer à voir un peu mieux qui ils sont. Avec les tâches qui se différencient, ce sont aussi des personnalités différentes qui apparaissent : on entre toujours peu à peu dans l'ordre de la culture, de la politique, de la justice, bref, dans une espèce d'humanisation du divin.

Je te les indique brièvement, sans entrer pour l'instant dans les détails – en précisant chaque fois le nom grec et le nom latin du dieu, afin que tu en aies au moins une idée pour mieux suivre la fin de ce premier récit :

— **Zeus/Jupiter** est bien entendu le roi des dieux, le maître de l'Olympe.

— **Hestia/Vesta**, en tant que déesse du foyer, protège les familles et les maisons. C'est la fille aînée de Cronos et de Rhéa – c'est donc à la fois la première à être avalée par Cronos, la dernière à être recrachée par lui et, par conséquent, c'est aussi une des sœurs de Zeus.

— **Déméter/Cérès**, déesse des saisons et des moissons, fait pousser les fleurs, les plantes, et bien sûr, les « céréales ». Elle aura une fille, Perséphone, qu'elle adore littéralement et qui lui sera enlevée par Hadès avant de devenir la femme de ce dernier. En fait, Hadès et Déméter vont se partager Perséphone : ils l'auront avec eux chacun pendant six mois de l'année. Voilà pourquoi, en hiver et en automne, rien ne pousse : Perséphone est avec Hadès et sa mère, pleine de tristesse, ne fait plus son métier. Quand elle revient, au printemps, le soleil fait aussi son retour et tout revit !

— **Héra/Junon** : c'est l'« impératrice », la femme de Zeus. Souvent trompée par lui, et terriblement jalouse, elle poursuit de sa haine les nombreuses maîtresses de son mari, mais aussi certains de ses enfants adultérins, comme Héraclès dont le nom signifie « la gloire d'Héra » : c'est elle, en effet, qui lui demandera d'accomplir pour sa gloire les fameux « douze travaux », en espérant bien au passage qu'il sera tué à l'occasion de l'une ou l'autre de ces épreuves. Héraclès, en effet, n'est pas son fils, mais celui d'Alcmène dont Zeus est devenu l'amant en prenant l'apparence de son mari, Amphitryon – ce qu'Héra ne lui pardonnera jamais. Il sera pourtant une espèce de lieutenant, de second de Zeus sur terre, avec pour mission de tuer les monstres et d'aider ainsi au maintien de l'ordre cosmique.

— **Poséidon/Neptune**, dieu de la mer, c'est lui qui déclenche les ouragans et les tempêtes en frappant le sol avec son trident. Dieu inquiétant, il aura pour enfants une quantité impressionnante de monstres turbulents. Parmi eux, on trouve entre autres Polyphème, le Cyclope auquel Ulysse crèvera l'œil…

— **Hadès/Pluton** règne sur les Enfers avec sa femme, Perséphone, la fille de Déméter. Tout le monde, même dans l'Olympe, le craint plus ou moins. On dit qu'il est le plus riche (*ploutos*) de tous les dieux parce qu'il règne sur le peuple le plus nombreux : celui des morts.

— **Aphrodite/Vénus** : déesse de la beauté et de l'amour qui a tous les charmes, mais pratique aussi tous les mensonges et toutes les ruses.

— **Héphaïstos/Vulcain** : dieu des forgerons d'une habileté diabolique dans son art, c'est aussi le dieu boiteux (certains prétendent qu'il fut jeté du haut de l'Olympe par ses parents), le seul dieu qui soit laid, mais qui a épousé la plus belle des déesses, Aphrodite, laquelle ne cesse de le tromper, entre autres avec Arès.

— **Arès/Mars** : brutal, violent, voire sanguinaire, c'est le dieu de la guerre et l'un des principaux amants d'Aphrodite (qui en a malgré tout beaucoup d'autres...).

— **Athéna/Minerve** : c'est la fille préférée de Zeus, la fille de sa première femme, Métis (la déesse de la ruse). La légende raconte qu'elle est née directement de la tête de Zeus. En effet, Zeus s'est résolu à avaler Métis, lorsqu'il apprend qu'elle est enceinte, parce qu'on lui a prédit que, si jamais elle avait un fils, il risquait, comme Cronos avec Ouranos et lui-même avec Cronos, de prendre sa place. En fait, Métis était enceinte d'une fille, Athéna, qui se retrouve donc dans le corps de Zeus et qui en sortira... par la tête – ce qui est finalement assez logique puisqu'elle est la déesse de l'intelligence. Pour mieux dire, elle est aussi, comme son frère Arès, une divinité de la guerre, mais à la différence d'Arès, elle aborde les conflits tout en finesse, en ruse, en intelligence – même si elle sait aussi, quand il le faut, se battre avec des armes de façon redoutable. En quoi elle est également la divinité des arts et des techniques. C'est la guerre sous son côté stratégique plutôt que brutal qu'elle symbolise. Elle ressemble au fond à son père, Zeus, et possède, en femme, toutes ses qualités : force, beauté, intelligence.

— **Apollon/Phébus** : le plus beau des dieux (on dit un « apollon » pour dire d'un homme qu'il est beau), l'un des plus intelligents aussi, et le plus doué de tous pour la musique. C'est le frère jumeau d'Artémis (Diane en latin), la déesse de la chasse. Tous deux sont des enfants de Zeus et de Léto, elle-même fille de deux Titans (Coïos et Phoibé) et donc cousine germaine de Zeus. Apollon est le dieu de la lumière, de l'intelligence. C'est aussi l'inspirateur du plus fameux des oracles, celui de Delphes, c'est-à-dire de ces prêtres qui prétendent prédire l'avenir. En grec, Delphes veut dire « dauphin », parce que – si l'on en croit certains récits mythologiques postérieurs à Hésiode – Apollon, en arrivant à Delphes, s'est changé en dauphin pour attirer au port un bateau en vue de faire de ses passagers les prêtres de son nouveau culte. Il a tué aussi un être monstrueux, qu'on appelle le Python parce que Apollon le laisse pourrir (en grec, « pourrir » se dit *pythein*) au soleil après lui avoir coupé la tête ! Cette espèce de serpent terrorisait les habitants de Delphes et, à sa place, Apollon installera son oracle qui s'appelle pour cette raison la « pythie ».

— **Artémis/Diane** est aussi la fille de Zeus et de Léto. C'est la sœur jumelle d'Apollon. Déesse de la chasse, elle peut être redoutable et cruelle. Par exemple, un jour qu'elle fut surprise toute nue par un jeune homme alors qu'elle se baignait dans une rivière, elle le changea en cerf et le fit dévorer vivant par ses chiens !

— **Hermès/Mercure** : fils de Zeus et d'une nymphe, Maïa, il est le plus « ficelle » de tous les dieux. C'est le messager de Zeus, l'intermédiaire dans tous les sens du terme, ce qui en fait aussi bien le dieu des journalistes, que celui des commerçants... Beaucoup de journaux, dans le monde entier, portent son nom (*Mercure de France*, *Mercurio* au Chili, *Merkur* en Allemagne, etc.). Il a donné son nom à une science qu'on appelle l'« herméneutique », qui est la science de l'interprétation des textes. Mais c'est aussi le dieu des voleurs : tout petit, encore nourrisson, alors qu'il n'avait qu'un jour, il a réussi à voler à son frère Apollon tout un troupeau de bœufs ! Il a même eu l'idée de les conduire en marche arrière afin que les traces de sabots induisent ceux qui le cherchaient en erreur ! Lorsque Apollon découvre le larcin, le petit Hermès lui offre pour l'amadouer un instrument de musique, la lyre, qu'il a construit avec la carapace d'une tortue et des cordes fabriquées avec les boyaux d'un bœuf. Ce sera l'ancêtre de la guitare et comme Apollon aime la musique par-dessus tout, il se laissa attendrir par ce singulier gamin...

— **Dionysos/Bacchus (ou parfois encore, Liber Pater)** : le plus étrange de tous les dieux. C'est lui dont on dit qu'il est né de la « cuisse de Jupiter », c'est-à-dire de Zeus. En effet, sa mère, Sémélé, fille du roi de Thèbes Cadmos et d'Harmonie, la fille d'Arès et d'Aphrodite, avait imprudemment demandé à Zeus de se montrer à elle tel qu'en lui-même, avec son apparence divine et non plus déguisé en humain. Hélas, les humains ne supportent pas la vue des dieux, surtout de Zeus qui est follement lumineux. En le voyant « en vrai », la pauvre Sémélé prend feu alors même qu'elle est enceinte du petit Dionysos. Zeus arrache alors le fœtus du ventre de sa mère pour le sauver d'extrême justesse avant qu'elle n'achève de se consumer, puis il le coud dans sa cuisse et, lorsque le terme vient, il l'en sort – de là l'expression « être né de la cuisse de Jupiter ».

Nous aurons, au fil des pages qui suivent, l'occasion de revenir à maintes reprises sur divers aspects de ces légendes des Olympiens. Peut-être as-tu déjà remarqué en faisant le compte, que les douze... sont quatorze ! Cette bizarrerie trouve sa raison d'être dans le fait que les mythographes anciens n'étaient pas toujours d'accord entre eux sur une liste canonique des dieux, comme en témoignent les monuments que les archéologues ont retrouvés et qui donnent, eux aussi, des listes différentes. Parfois, Déméter, Hadès ou Dionysos ne figurent pas au nombre des Olympiens, de sorte que si on compte tous ceux qui sont, ici ou là, mentionnés comme tels, il y a bel et bien quatorze et non douze divinités. Cela n'est pas bien grave, du reste, et ne change rien à notre histoire : l'essentiel est de comprendre qu'il y a des dieux supérieurs et des divinités secondaires et que ces quatorze dieux-là – ceux dont je viens de te donner la liste complète – sont les principaux, les plus importants dans la cosmogonie parce que ce sont ceux qui, sous l'« égide » de Zeus (c'est-à-dire sous la protection de son fameux bouclier en peau de chèvre magique), vont avoir assez de caractère et de personnalité pour se partager le monde et structurer l'organisation de l'univers afin d'en faire un magnifique ordre cosmique.

Cela dit, je suis à peu près certain que tu dois commencer à te sentir perdu(e) dans tous ces noms qui s'entrecroisent sans cesse. C'est normal et j'ai, moi aussi, mis un petit moment à m'habituer à cette profusion de personnages. Comme dans les grands romans policiers, ils sont au début trop nombreux pour qu'on les retienne tous du premier coup... Je te propose un petit tableau qui va t'y aider et, rassure-toi, d'ici peu, tu les reconnaîtras sans la moindre difficulté parce que je vais te raconter leurs histoires, t'indiquer leurs traits caractéristiques, de sorte qu'ils te deviendront tout à fait familiers...

Résumons donc notre théogonie depuis le premier dieu, Chaos, jusqu'à nos Olympiens, en suivant l'ordre chronologique de leur apparition. Je m'en tiens, bien entendu, aux principales divinités, à celles qui jouent les premiers rôles dans la construction du cosmos qui nous intéresse ici :

LISTE DE LA NAISSANCE DES PRINCIPAUX DIEUX

1. Il y a d'abord les six premiers dieux, ceux dont tous les autres seront les descendants

Chaos, l'abîme ténébreux et désordonné.

Gaïa, la terre mère, solide et fiable.

Éros, l'amour qui fait surgir les êtres à la lumière.

Tartare, divinité terrible et lieu infernal situé dans le sous-sol le plus profond de Gaïa, plein d'obscurité et de moisissure.

Ouranos, le ciel, et Pontos, la mer, que **Gaïa** crée tous deux à partir d'elle-même, sans l'aide d'un amant ou d'un mari.

À l'exception de Gaïa qui commence à être un peu une personne, ces premiers dieux ne sont pas encore de vrais individus doués de conscience, capables de traits de caractère, ce sont plutôt des forces de la nature, des éléments naturels du cosmos à venir[1].

2. Les enfants de Gaïa et d'Ouranos

Il y en a trois séries :

D'abord **les Titans et leurs sœurs, les Titanides : Okéanos, Coïos, Crios, Hypérion, Japet et Cronos et, du côté des femmes : Théïa, Rhéa, Thémis, Mnémosyne, Phoibé et Thétys.**

Ensuite **les trois Cyclopes**, qui vont être enfermés sous terre par Cronos et qui vont donner la foudre à Zeus, quand il les libérera : **Brontès (le tonnerre), Stéropès (l'éclair) et Argès (la foudre).**

Enfin les « **Cent-Bras** » ou « **Hécatonchires** » : **Cottos, Briarée et Gygès.**

3. Les enfants nés du sexe coupé d'Ouranos – en tombant soit sur la terre (Gaïa) soit dans la mer (Pontos)

Ce sont des frères et sœurs – ou, s'agissant d'Aphrodite, la demi-sœur – des Titans, des Cyclopes et des Cent-Bras. Il y en a à nouveau trois lignées, auxquelles s'ajoute donc Aphrodite :

Les Érinyes, divinités de la vengeance (elles veulent venger leur père, Ouranos, de l'affront que Cronos lui

---

1. Suivent encore, pour être plus complet, la lignée des enfants que Chaos « fabrique » seul et celle des enfants que Gaïa, elle aussi, conçoit toute seule. Du côté de Chaos, on trouve Érèbe, les ténèbres qui règnent sous la terre, et Nyx, la nuit qui règne au-dessus. Puis, des amours d'Érèbe et Nyx naissent les premiers petits-enfants de Chaos, Éther, le brouillard lumineux qui va dominer le futur séjour des dieux au sommet de l'Olympe, et Héméré, le jour qui succède à la nuit. Cette lignée-là ne va jouer aucun rôle particulier dans la guerre des dieux à venir. Tu peux donc la laisser de côté pour l'instant et je la mentionne pour mémoire.

a fait subir). Nous saurons par les poètes latins qu'elles sont au nombre de trois et que la dernière se nomme **Mégère**. On les appelle aussi les « **Euménides** », c'est-à-dire les « **Bienveillantes** » et, chez les Romains, elles prennent le nom imagé de « **Furies** ».

Les nymphes Méliennes ou Méliades, divinités qui règnent sur les frênes, arbres qui fournissent le bois avec lequel on fabriquait à l'époque les armes de guerre.

Les Géants, qui sortent de terre tout casqués et armés.

Aphrodite, déesse de la beauté et de l'amour, qui naît elle aussi du sexe d'Ouranos, mais ici mélangé à l'eau et non à la terre.

Note que les trois premières divinités – Érinyes, Géants et Méliades – sont des divinités de la guerre, de la discorde, dont la *Théogonie* fait aussi une divinité, **Éris,** une fille que Nyx, la nuit, a conçue toute seule, sans amant masculin, tandis qu'Aphrodite relève du domaine, non d'Éris, mais d'**Éros**, l'amour.

4. Les enfants de Cronos et de sa sœur, la Titanide Rhéa

Après les Titans, c'est la deuxième génération de « vrais » dieux, c'est-à-dire celle des premiers Olympiens :

Hestia (ou Vesta en latin), déesse du foyer.
Déméter (Cérès), déesse des saisons et des moissons.
Héra (Junon), l'impératrice, dernière épouse de Zeus.
Poséidon (Neptune), dieu de la mer et des fleuves.
Hadès (Pluton), dieu des Enfers.
Zeus (Jupiter), roi des dieux.

5. Les Olympiens de la deuxième génération

Héphaïstos (Vulcain), dieu des forgerons, fils de Zeus et d'Héra.

Arès (Mars), dieu de la guerre, frère d'Héphaïstos, fils de Zeus et d'Héra.

Athéna (Minerve), déesse de la guerre, de la ruse, des arts et des techniques, fille de Zeus et de Métis.

Apollon (Phébus) et Artémis (Diane), les deux jumeaux, dieu de la beauté et de l'intelligence, déesse de la chasse, nés des amours de Zeus et de Léto.

Hermès (Mercure), fils et messager de Zeus dont la mère est Maïa.

Dionysos (Bacchus), dieu du vin et de la fête, fils de Zeus et d'une mortelle, Sémélé.

N'hésite pas à te reporter dès que tu en as besoin à ce petit récapitulatif. Il te sera utile si tu as oublié qui est qui.

Reprenons maintenant le fil de notre récit.

Le partage originaire
et la naissance de l'idée de cosmos

Zeus s'est donc finalement marié avec Héra, qui restera à jamais sa dernière et véritable épouse. Toutefois, il faut que tu saches qu'il a non seulement d'innombrables aventures avec d'autres femmes, mortelles ou immortelles, mais qu'il a en outre été auparavant marié deux fois. C'est important car ces deux mariages ont un sens « cosmique », une signification essentielle dans la construction du monde qui nous intéresse ici. En effet, Zeus se marie d'abord avec Métis, puis avec Thémis, c'est-à-dire avec la déesse de la ruse ou, si tu préfères, de l'intelligence, puis avec celle de la justice.

Pourquoi Métis ? Métis, la ruse, l'intelligence, est la fille de Téthys, une Titanide, et d'un des premiers Titans, Okéanos – l'Océan, c'est-à-dire, dans la vision du monde qui se dégage du poème d'Hésiode, le gigantesque fleuve qui entoure la totalité de la terre. De Métis, Hésiode nous dit qu'elle sait plus de choses que tous les autres dieux et, bien entendu, que tous les hommes mortels : c'est l'intelligence même, la ruse personnifiée. Bientôt, Métis est enceinte : elle attend une fille de Zeus, la future Athéna, qui va être justement la déesse tout à la fois de la ruse, de l'intelligence, des arts et de la guerre – mais, comme je te l'ai dit, de la guerre stratégique et tactique plutôt que des conflits brutaux et violents qui seront réservés à Arès. Les grands-parents de Zeus, Gaïa et Ouranos, dont je te rappelle qu'ils l'ont sauvé de l'avalement par Cronos en suggérant à Rhéa, sa mère, de le cacher dans une gigantesque grotte, préviennent à nouveau Zeus des dangers qui l'attendent : si un jour Métis a un fils, il détrônera lui aussi son père, comme Cronos l'a fait avec Ouranos... et Zeus lui-même avec Cronos ! Pourquoi ? Hésiode ne nous le dit pas, mais on peut supposer que le fils de Zeus et de Métis sera forcément doué des qualités de ses deux parents : à la fois de la force la plus grande qui soit, celle de la foudre, et d'une intelligence semblable à celle de sa mère, c'est-à-dire supérieure à celle des autres Immortels ou mortels. Méfiance, donc : ce gamin-là risque d'être un adversaire absolument redoutable, même pour le roi des dieux. Note au passage que les Grecs ne sont pas aussi misogynes ou « antifemmes » qu'on le prétend parfois : c'est très souvent la femme qui incarne l'intelligence, sans qu'elle soit pour autant démunie d'autres qualités, y compris celles qui relèvent des capacités physiques.

Quoi qu'il en soit, pour éviter d'avoir un enfant qui le détrône, Zeus décide d'avaler tout simplement sa femme (c'est décidément une manie dans la famille...), la malheureuse Métis. Une légende plus tardive raconte que Métis, entre autres facultés de ruser, possède la capacité de changer à volonté de forme et d'apparence. Elle peut se transformer quand elle veut en objet, en animal. Zeus va faire exactement comme le Chat botté face à l'ogre : tu te souviens que, dans ce conte de fées, le chat demande à l'ogre de se changer en lion, ce qui l'effraie terriblement. Puis, sans avoir l'air d'y toucher, il l'invite à se changer en souris... pour lui bondir aussitôt dessus et le croquer. Zeus fait de même : il demande à Métis de se changer en goutte d'eau... et aussitôt, il la boit ! Quant à Athéna, la fille dont Métis est enceinte au moment où Zeus l'absorbe, elle va, comme je te l'ai dit, naître directement de la tête du roi des dieux. Elle va sortir de son crâne pour devenir, à l'image de son père, la déesse à la fois la plus redoutable au combat et la plus intelligente.

Cela dit, n'oublie pas un détail important dans toute cette histoire : avaler, cela ne veut pas dire croquer, mâcher, déchiqueter. Celui qui est avalé non seulement reste en vie, mais il n'est pas abîmé. De même que les enfants de Cronos restent vivants dans le ventre de leur père – la preuve : quand Cronos vomit, ils ressortent aussitôt en pleine santé –, de même, Métis, une fois avalée par Zeus, reste elle aussi vivante et, si l'on peut dire, en bon état. On retrouvera aussi cette idée dans nos contes, par exemple, dans *Les Trois Petits Cochons*, ou les sept petits biquets qui, bien qu'avalés par le loup, en sortent bien vivants et pas du tout blessés dès qu'on ouvre le ventre du méchant animal ! En l'occurrence, s'agissant de Métis, l'avalement signifie, symboliquement bien sûr, que Zeus va se doter lui-même, par ce stratagème, de toutes les qualités qu'aurait sans doute eues le fils qui serait né de son union avec Métis. Il a la force que lui ont offerte les Cyclopes en lui faisant cadeau du tonnerre, de l'éclair et de la foudre, mais en plus, il possède désormais, grâce à Métis cachée au plus profond de lui, une intelligence supérieure à toutes les autres en ce monde et même hors du monde.

Voilà pourquoi Zeus est désormais imbattable – pourquoi il est le roi des dieux, parce qu'il est à la fois le plus fort et le plus intelligent, le plus brutal, s'il le faut, mais aussi le plus sage. Et c'est justement cette sagesse qui va le conduire à pratiquer, à la différence de son grand-père Ouranos et de son père Cronos, *la plus grande justice dans l'organisation du tout jeune cosmos et dans la répartition des honneurs et des charges qui reviennent à chacun de ceux qui l'ont aidé à vaincre la génération des premiers dieux, celle des Titans.*

Ce point est absolument crucial dans la mythologie : c'est toujours par la justice qu'on finit par gagner, parce que la justice n'est rien d'autre en son fond qu'une façon d'être fidèle à l'ordre cosmique, d'être ajusté à lui. Chaque fois qu'un être l'oublie, chaque fois qu'il va contre l'ordre, ce dernier finit par se rétablir contre lui et par le terrasser. Belle leçon de vie qui se profile déjà en filigrane : seul un ordre juste est viable, l'injustice n'est jamais que provisoire.

Telle est la raison pour laquelle, après avoir épousé Métis et se l'être pour ainsi dire incorporée – au sens propre : mise à l'abri dans son propre corps –, Zeus épouse une deuxième femme, tout aussi importante que la première pour l'aider à conserver le pouvoir au sein de l'ordre cosmique naissant : à savoir Thémis, la justice. Thémis est une des filles d'Ouranos et de Gaïa. C'est donc une Titanide. Avec elle, Zeus va avoir des enfants qui symbolisent parfaitement, eux aussi, les vertus nécessaires à la construction puis au maintien d'un ordre cosmique harmonieux et équilibré – ce qui est toujours, je te le rappelle au passage, le but de toute cette histoire dont tu commences à bien voir comment elle raconte la façon dont on passe du chaos initial à un ordre cosmique viable et magnifiquement bien organisé. Parmi leurs enfants, en effet, il y a Eunomie, ce qui veut dire en grec « la bonne loi », Dikè, c'est-à-dire la justice entendue au sens d'un juste partage des choses. Il y a aussi ces divinités qu'on nomme les « Moires », c'est-à-dire les déesses du destin – on les appelle aussi les « Destinées » : elles ont pour tâche de répartir les biens et les maux entre les mortels, mais aussi, elles décident du temps de vie qui revient à chacun[1]. Souvent, elles s'appuient pour faire cette répartition sur le hasard, c'est-à-dire sur ce qui, pour les Grecs, est aussi une forme suprême de justice : après tout, devant le tirage au sort, nous sommes tous à égalité, il n'y a pas de privilèges, pas de passe-droit, pas de « piston » comme on dit familièrement... Et puis il y a encore une série de déesses dont les noms évoquent l'harmonie. Ce sont, par exemple, les trois Grâces, la Splendeur, la Bonne Humeur, la Fête...

On comprend ainsi assez bien ce que ce deuxième mariage signifie : *de même qu'il n'est pas possible d'être le roi des dieux et le maître du monde seulement par la force brutale, sans le secours de l'intelligence symbolisée par Métis, de même, il n'est pas possible d'assumer cette tâche sans justice, en l'absence, donc, de Thémis, cette deuxième femme qui va lui rendre autant service que la première.* Contrairement à Ouranos et à Cronos – son grand-père et son père –, Zeus comprend ainsi qu'il faut être juste pour régner. Avant même la fin de la guerre contre les Titans, il a d'ailleurs déjà fait une promesse à tous ceux qui veulent se joindre à lui dans le combat contre les premiers dieux : le partage du monde sera fait en toute justice, de manière harmonieuse et équilibrée. Ceux qui ont déjà des privilèges les garderont et ceux qui n'en ont pas encore en recevront.

Hésiode rapporte en ces termes la décision prise par Zeus :

« L'Olympien, maître de l'éclair, appela tous les dieux immortels sur les hauteurs de l'Olympe et leur dit qu'à tout dieu qui se rangerait à ses côtés pour com-

---

1. Selon la légende, les Moires sont trois sœurs, Atropos, Clotho et Lachésis, qui règlent la durée de vie de chaque mortel par rapport à un fil que la première file, la seconde enroule et la troisième coupe au moment de la mort. En latin, les Moires furent appelées « Parques ».

battre les Titans, il ne retirerait pas, quels qu'ils fussent, ses privilèges, mais qu'au contraire, chacun d'entre eux conserverait au minimum les honneurs qu'il avait déjà en propre parmi les dieux immortels. Et Zeus ajouta que tous ceux qui se trouvaient du fait de Cronos sans honneurs propres et sans privilèges obtiendraient des honneurs propres et des privilèges comme le veut la justice (*Thémis*). »

En d'autres termes, Zeus propose à tous les dieux de répartir équitablement les droits et les devoirs, les missions et les honneurs qui devront plus tard être rendus par les hommes sous forme de cultes et de sacrifices – les dieux grecs adorent qu'on les adore et ils aiment tout particulièrement sentir la bonne odeur de la viande grillée que les humains préparent pour eux au cours de belles « hécatombes », c'est-à-dire de beaux sacrifices. Dans la suite du texte, Hésiode précise comment Zeus envisage de récompenser aussi bien les Cent-Bras et les Cyclopes que ceux des Titans qui, à l'instar d'Okéanos, ne se liguent pas avec Cronos contre lui. Okéanos, en effet, a eu le bon goût d'enjoindre à sa fille, Styx, la déesse qui est aussi le fleuve des Enfers (une fois encore, une divinité coïncide avec un morceau de l'ordre cosmique), de rejoindre le camp de Zeus avec ses enfants, Kratos et Bia, le pouvoir et la force. En récompense de quoi, Styx sera éternellement honorée, et ses deux enfants auront l'insigne honneur de rester en toutes circonstances aux côtés de Zeus. Sans entrer davantage dans les détails, toute cette scène signifie que Zeus a compris qu'il faut, pour instituer un ordre durable, que cet ordre cosmique soit fondé sur la justice : *il faut attribuer sa juste part à chacun et c'est seulement à ce prix que l'équilibre trouvé sera stable*. Il faut de la justice et de l'intelligence pour garder le pouvoir, en plus de la force : pas seulement les Cyclopes et les Cent-Bras, mais aussi Thémis et Métis.

La naissance de Typhon et sa guerre contre Zeus :
une menace maximale, mais aussi une chance
d'intégrer le temps et la vie
dans un ordre enfin équilibré

On pourrait croire qu'on en a terminé avec les guerres. Hélas, il n'en est rien et un redoutable adversaire attend encore Zeus au tournant : il s'agit de Typhée ou Typhon (Hésiode lui donne les deux noms), que Gaïa enfante avec le terrible Tartare. De tous les monstres, c'est le plus effrayant : imagine-toi que de ses épaules jaillissent cent têtes de serpent dont les yeux crachent le feu. En plus, il possède quelque chose de plus terrifiant encore si c'est possible, car de ses têtes sortent des sons incroyables. Il peut imiter tous les langages, parler aux dieux avec des sons intelligibles, mais tout aussi bien émettre le mugissement du taureau, le rugissement du lion ou, pis encore car le contraste est effrayant, les adorables jappements d'un bébé chien ! Bref, ce monstre contient mille facettes – ce qui signifie symboliquement qu'il est proche du chaos – et, comme Hésiode l'indique, s'il devait remporter le combat auquel il se prépare contre Zeus, prendre le pouvoir sur le monde et devenir le maître des mortels comme des Immortels, on ne pourrait plus jamais rien faire contre lui. La catastrophe qui se profile est facile à deviner : avec Typhon, ce sont les forces chaotiques qui triompheraient sur celles du cosmos, le désordre sur l'ordre, la violence sur l'harmonie...

Cela dit : pourquoi Typhon ? Comment expliquer que Gaïa, qui a toujours pris le parti de Zeus, qui l'a sauvé de son père Cronos, qui l'a averti qu'il risquait d'avoir un fils qui le détrônerait à son tour et lui a suggéré d'avaler Métis, cette même Gaïa qui lui a encore conseillé, de manière ô combien judicieuse, de libérer les Cyclopes et les Cent-Bras s'il voulait gagner la guerre contre les Titans, pourquoi donc cette aimable grand-mère voudrait-elle nuire maintenant à son petit-fils en déchaînant contre lui un monstre épouvantable qu'elle aurait fabriqué à dessein avec l'affreux Tartare ? Pas évident. D'autant qu'Hésiode ne nous dit rien, rigoureusement rien, des motivations de la terre.

On peut cependant risquer deux hypothèses, qui paraissent à tout le moins plausibles : la première, la plus évidente, c'est que Gaïa n'est pas satisfaite du sort que Zeus a réservé à ses premiers enfants, les Titans, en les enfermant dans le Tartare. Même si elle ne les défend pas toujours, ce sont quand même, après tout, ses enfants, et elle ne peut accepter sans bouger le sort affreux qui leur est réservé. Sans doute, mais cette façon psychologisante de présenter les choses n'est pas très satisfaisante : il s'agit ici d'une affaire sérieuse, de la construction du monde, du cosmos, et les états d'âme n'entrent pas à ce niveau en ligne de compte. Une seconde hypothèse est beaucoup plus crédible : si Gaïa fabrique Typhon contre Zeus, c'est parce que l'équilibre du cosmos n'est pas parfait tant que les forces de désordre et de chaos ne sont pas toutes canalisées. En déchaînant un nouveau monstre, *elle va donner en vérité à Zeus l'occasion d'intégrer définitivement dans l'ordre cosmique les éléments chaotiques*. En quoi, il ne s'agit pas seulement, dans ce récit mythologique, de conquête du pouvoir politique, comme on l'a si souvent dit, mais bien de cosmologie. Ce qu'incarne Typhon, c'est aussi le temps, la génération, l'histoire et la vie. Il faut allier cosmos et chaos, c'est sans doute cela que souhaite Gaïa, *car si l'on s'en tenait aux seules « forces de l'ordre », le monde serait tout entier figé et dépourvu de vie*.

Chez Hésiode, le récit du combat qui oppose Typhon aux Olympiens est donc crucial, bien qu'assez bref et peu circonstancié : on y apprend seulement que le combat est terrifiant, d'une violence inouïe, que la terre tremble jusqu'au Tartare, au point qu'Hadès lui-même, le dieu des Enfers qui habite au plus profond des ténèbres, éprouve de la peur, comme les Titans qui sont,

Cronos le premier, enfermés dans ces Enfers depuis qu'ils ont perdu la guerre contre les Olympiens. On y apprend encore que, sous l'effet de la foudre de Zeus comme du feu craché par Typhon, la terre prend feu, se transforme en lave et coule comme du métal fondu. Tout cela, bien entendu, a un sens : il s'agit, pour le poète, de suggérer à son lecteur que l'enjeu de cette terrible lutte n'est rien de moins que le cosmos lui-même. Avec Typhon, c'est l'univers tout entier qui est menacé dans son harmonie et son ordonnancement. Mais au final, c'est Zeus qui l'emporte grâce aux armes que les Cyclopes lui ont offertes : tonnerre, éclair et foudre. Une à une, les têtes de Typhon sont foudroyées et le monstre infernal est expédié là où il se doit : aux Enfers !

Comme y insiste à juste titre Jean-Pierre Vernant, ce n'est pas en vain que le bref récit d'Hésiode fut enrichi et dramatisé par les mythographes ultérieurs. Étant donné que l'enjeu de cette ultime étape de la construction du monde est essentiel – il s'agit de savoir qui, du chaos ou de l'ordre, va finalement l'emporter, mais aussi de comprendre comment la vie peut être intégrée à l'ordre et le temps à l'équilibre éternel –, il était normal que le thème s'enrichît au fil des ans. Si Typhon gagne, c'en est fini de l'édification d'un cosmos harmonieux et juste. Si au contraire c'est Zeus qui obtient la victoire, la justice régnera sur l'univers. Avec un tel enjeu en ligne de mire, il aurait été vraiment surprenant, et même dommage, de ne pas donner de ce conflit une version plus étoffée, en quelque sorte plus haletante et dramatique que celle, un peu plate il est vrai, d'Hésiode. Les mythographes tardifs s'en sont donc donné à cœur joie et le résultat de ces enrichissements successifs est intéressant à suivre dans deux ouvrages qui, chacun dans leur genre, se sont efforcés de faire la synthèse des récits mythologiques antérieurs.

Le premier de ces livres s'appelle la *Bibliothèque* d'Apollodore. Il faut que je te dise un mot de son titre, et aussi de son auteur, car nous allons avoir souvent l'occasion de les retrouver et ils peuvent prêter à confusion. D'abord, je suis sûr que, pour toi, une « bibliothèque », ce n'est pas un livre... mais plutôt l'endroit – le meuble ou la salle – où on range les livres. D'ailleurs, si on se réfère à l'origine du mot, tu as tout à fait raison : en grec, le mot *thêkê* désigne un « coffre » ou une « boîte » où l'on « dépose » quelque chose, en l'occurrence des livres (*biblios*). Pourtant, dans les temps anciens, le terme « bibliothèque » était souvent utilisé de manière figurée, pour désigner un recueil qui, à l'image du meuble, rassemble en lui tout ce qu'on peut savoir par les livres sur un même sujet. Or, c'est exactement ce que fait la *Bibliothèque* d'Apollodore : on y trouve une espèce de résumé de tout le savoir mytho- logique disponible à son époque. C'est donc un livre qui réunit en lui plein d'autres livres, et c'est pourquoi on l'a assimilé à une « bibliothèque ». Deuxième difficulté : on a longtemps cru que cet ouvrage, fort utile pour mieux connaître les mythes grecs, avait été écrit au IIe siècle avant Jésus-Christ par un certain Apollodore d'Athènes, un érudit, passionné de grammaire et de mythologie. On sait aujourd'hui qu'il n'en est rien, que la *Bibliothèque* a été sans doute rédigée vers le IIe siècle, non pas avant, mais après Jésus-Christ, par un auteur qui n'est donc pas cet Apollodore et dont, en vérité, on ignore tout. Et comme on ne sait rien de lui et que l'habitude a été prise, on continue aujourd'hui, faute de mieux, à appeler ce livre la « *Bibliothèque* d'Apollodore »... bien qu'il ne s'agisse pas d'une biblio- thèque et qu'il ne soit pas d'Apollodore ! Voilà, c'est un peu compliqué mais c'est l'histoire qui veut ça et je préfère te dire les choses comme elles sont. L'ouvrage n'en est pas moins extraordinairement précieux pour nous parce que son auteur, quel qu'il soit, a eu accès à des textes, aujourd'hui perdus, dont nous ne gardons parfois le souvenir que grâce à lui.

Mais revenons à notre récit et à la version qu'en donne notre « pseudo » (faux) Apollodore. Chez lui, le suspense est déjà beaucoup plus soutenu que chez Hésiode. Ce qu'on appelle au théâtre la « dramaturgie », c'est-à-dire la mise en scène de l'action, y est aussi plus intense puisque, dans un premier temps, contrairement à ce qui se passe chez Hésiode, c'est Typhon qui parvient à terrasser Zeus. Le malheureux – pour une fois – a, au sens propre du terme, « perdu ses nerfs ». En effet, Typhon est, comme tu le sais, littéralement monstrueux, si effrayant à vrai dire, qu'en le voyant les dieux de l'Olympe eux-mêmes sont pris de panique ! Ils s'enfuient vers l'Égypte et, tentant de passer inaperçus afin d'échapper aux coups de Typhon, ils se transforment en animaux – ce qui, il faut bien l'avouer, n'est pas spécialement glorieux pour des Olympiens... Zeus, quand même, reste vaillant. Toujours courageux, il attaque Typhon avec sa foudre, mais aussi, à bras-le-corps, avec une faucille – sans doute celle dont son père, Cronos, s'est servi pour couper le sexe de ce pauvre Ouranos. Mais Typhon désarme Zeus, et, retournant la faucille contre lui, il parvient à lui couper les tendons des bras et des jambes de sorte que le roi des dieux, certes, n'est pas mort – c'est impossible puisqu'il est immortel –, mais cependant réduit à l'état de légume. Incapable de se mouvoir, il gît par terre, comme une véritable loque, qui plus est sous bonne garde : Delphynè, une effrayante femme-serpent au service de Typhon, le surveille étroitement.

Fort heureusement, Hermès est là, et, comme tu vas le voir, ce n'est pas pour rien qu'il est aussi le dieu des voleurs. Il se fait alors aider par un certain Égipan – sans doute un autre nom du dieu Pan, un des fils d'Hermès, qui est connu comme le dieu des bergers et des troupeaux. On dit aussi qu'il est l'inventeur d'une flûte faite de sept roseaux, flûte qu'il nomma la « syrinx », du nom d'une nymphe dont il était tombé amoureux mais qui se changea en roseau pour échapper à ses assauts... Figure-toi que c'est avec la douce musique qui sort de cette flûte que Pan parvient à détourner l'attention de Typhon. Pendant ce temps-là, Hermès en profite pour subtiliser les divins tendons qu'il s'empresse de remettre en place dans le corps de Zeus. À nouveau debout, ce dernier reprend le combat et se lance à la poursuite de Typhon avec sa foudre. Mais, là encore, une aide extérieure lui est indispensable. Les trois Moires – filles de Zeus et divinités qui règlent le destin des hommes mais parfois aussi des dieux car, le destin étant la loi du monde, il est supérieur même aux Immortels – tendent un piège au monstrueux Typhon : elles lui font manger des fruits en lui assurant qu'ils vont le rendre invincible. En vérité, ce sont des drogues qui anéantissent ses forces, de sorte que Typhon, affaibli, est finalement vaincu par Zeus. Il sera terrassé et emprisonné sous un volcan, l'Etna, dont les éruptions sont le signe des derniers soubresauts du monstre terrifiant !

Pour te montrer comment on racontait ces mythes à l'époque – au IIe siècle –, je vais te citer le texte d'Apollodore lui-même. Puis nous verrons comment, trois siècles après, chez un autre mythographe du nom de Nonnos, la même histoire s'est encore considérablement enrichie et développée.

Après avoir rappelé que Gaïa est indignée par la façon dont Zeus a traité ses premiers enfants, notre faux/pseudo Apollodore nous donne le récit suivant (comme toujours, je mets mes propres commentaires entre parenthèses et en italique) :

« Gaïa, encore plus irritée, s'unit à Tartare et, en Cilicie, elle enfanta Typhon en qui se mêlaient la nature de l'homme et celle de la bête. Par la taille et par la puissance, il surpassait tous les enfants de Gaïa. Jusqu'aux cuisses, il avait forme humaine, mais sa taille était si démesurée qu'il dépassait toutes les montagnes et, souvent même, sa tête touchait les astres. Ses bras tendus atteignaient, l'un le couchant, et l'autre l'orient, et de ses bras se détachaient cent têtes de serpent. À partir des cuisses, son corps n'était qu'un entrelacement d'énormes vipères qui étiraient leurs anneaux jusqu'à sa tête et lançaient des sifflements puissants. Sur sa tête et ses joues flottaient au vent des crins sales. Ses yeux lançaient un regard de feu. Tels étaient l'aspect et la taille de Typhon quand il attaqua le ciel lui-même, en lançant contre lui des rocs enflammés, dans un mélange de cris et de sifflements, tandis que sa bouche crachait de puissants tourbillons de feu. Les dieux, en le voyant s'élancer contre le ciel, s'exilèrent en Égypte où, poursuivis par lui, ils prirent la forme d'animaux. Tant que Typhon fut à distance, Zeus lui lança des traits de foudre, mais quand il fut proche, il l'attaqua à coups de faucille d'acier et il le poursuivit dans sa fuite jusqu'au mont Casios, qui domine la Syrie. Là, le voyant tout couvert de blessures, il engagea le corps à corps, mais Typhon, enroulant ses anneaux autour de lui, l'immobilisa, lui arracha sa faucille et lui coupa les tendons des mains et des pieds. Typhon hissa alors Zeus sur ses épaules, il le transporta à travers la mer jusqu'en Cilicie et, arrivé dans l'antre Corycien (*c'est le nom de la grotte où il habitait*), il l'y déposa. C'est également là qu'il dissimula les tendons qu'il cacha dans une peau d'ours. Il en confia la garde à un dragon femelle, Delphynè, qui est à moitié bête et à moitié fille. Mais Hermès et Égipan dérobèrent furtivement les tendons et les rajustèrent à Zeus sans se faire voir. Zeus, lorsqu'il eut recouvré sa force, s'élança soudain du ciel sur un char tiré par des chevaux ailés et, de ses traits de foudre, il poursuivit Typhon jusqu'au mont nommé Nysa (*c'est aussi sur ce mont que naîtra Dionysos, dont le nom signifie "le dieu de Nysa"*) où les Moires trompèrent le fuyard : persuadé par elles que cela le rendrait plus fort, il goûta aux fruits éphémères. Aussi, à nouveau poursuivi, il arriva en Thrace et, dans le combat qui s'engagea près du mont Hémos, il se mit à lancer des montagnes entières. Mais, comme elles étaient rejetées sur lui par la fou-

dre, un flot de sang inonda bientôt la montagne : c'est
pour cela, dit-on, que ce mont fut appelé l'Hémos –
le "mont sanglant". Comme Typhon s'élançait pour
fuir encore à travers la mer de Sicile, Zeus jeta sur
lui le mont Etna qui est en Sicile. C'est une énorme
montagne dont, encore aujourd'hui, jaillissent des
éruptions de feu qui proviennent, dit-on, des traits de
foudre lancés par Zeus...[1] »

Ce texte te montre assez bien comment on devait
raconter à l'époque ces histoires mythiques. Il y a, en
effet, suffisamment de détails « croustillants » pour
que les conteurs – les aèdes, comme on les appelait en
Grèce – aient pu trouver matière à broder sur une
trame de base afin de tenir en haleine leur public !

On retrouve un scénario assez analogue, mais infiniment plus développé encore et enrichi d'anecdotes et
de dialogues multiples, chez notre second auteur,
Nonnos de Panopolis, dans un long ouvrage mythogra-
phique intitulé *Les Dionysiaques* qui consacre ses deux
premiers chants au combat de Typhée et de Zeus.
Nonnos est surtout connu comme l'auteur de ce poème
épique consacré pour l'essentiel, ainsi que son titre
l'indique, aux aventures de Dionysos. Son œuvre est
rédigée en grec, au Ve siècle après Jésus-Christ – donc
environ trois siècles après la *Bibliothèque* d'Apollodore
et douze siècles après les œuvres d'Hésiode, ce qui te
donne là encore une idée du temps qu'il a fallu pour
constituer ce que nous lisons aujourd'hui sous la rubrique « mythologie grecque » comme s'il s'agissait d'un
seul ouvrage, alors qu'il s'agit d'une compilation de
nombreux récits. Ce texte de Nonnos est pour nous très

---

1. Je cite ici la belle traduction de deux enseignants chercheurs de
l'université de Besançon, Jean-Claude Carrière et Bertrand Massonie,
qui ont eu l'heureuse idée de traduire la *Bibliothèque* et de la publier
dans les annales littéraires de leur université (diffusion Belles
Lettres). On trouve aussi aisément sur Internet le texte grec.

précieux parce qu'il constitue une véritable mine de renseignements sur les mythes grecs.

Ici, l'histoire est malgré tout un peu différente du récit d'Apollodore. Surtout, elle est, comme tu vas pouvoir le constater par toi-même, plus riche, plus intense et plus dramatique. Car Nonnos ne cesse de souligner, avec un luxe de détails qui nous renseignent utilement aujourd'hui sur la façon dont ces mythes pouvaient être compris à son époque, les enjeux « cosmiques » du conflit. Avec lui, il est tout à fait clair que c'est purement et simplement la survie du cosmos qui dépend de l'issue de la bataille : si Typhon l'emporte, ce sont tous les dieux de l'Olympe qui seront définitivement asservis à celui qui prendra la place de Zeus, jusques et y compris aux côtés de sa femme, Héra, que Typhon ne cesse de convoiter et de vouloir enlever à l'actuel maître de l'Olympe.

Voyons de plus près comment les choses se sont passées selon lui.

Comme chez Apollodore, les dieux de l'Olympe sont d'abord saisis d'effroi à la vue de Typhon et, comme chez lui encore, ils s'enfuient, littéralement affolés. Et, là aussi, Zeus « perd ses nerfs » : ses tendons sont arrachés et cachés dans un endroit gardé secret par Typhon. Mais ici, ce n'est plus à Hermès qu'il va revenir de jouer les premiers rôles dans la victoire de Zeus. Zeus va concevoir lui-même un plan de bataille et il convoque pour le mettre en œuvre Éros, le confident d'Aphrodite, et Cadmos, le roi rusé, fondateur légendaire de la ville de Thèbes et frère de la belle Europe que Zeus vient d'enlever en se métamorphosant en taureau. Pour récompenser Cadmos des services qu'il va lui rendre, Zeus lui promet de lui donner en mariage la ravissante Harmonie qui n'est autre que la fille d'Arès, le dieu de la guerre, et d'Aphrodite. Il lui promet aussi, honneur suprême entre tous, que les dieux de l'Olympe assisteront à ses noces (note au passage combien toutes ces histoires sont entremêlées entre elles :

c'est une des filles de Cadmos et d'Aphrodite, Sémélé, qui tombera amoureuse de Zeus et deviendra la mère de son fils Dionysos).

Le stratagème imaginé par Zeus mérite l'attention : il est assez significatif de l'enjeu cosmique de sa lutte contre Typhon. Zeus demande, en effet, à Cadmos de se déguiser en berger. Muni de la syrinx de Pan, cette superbe flûte d'où sortent des sons enchanteurs, et aidé par Éros, il doit jouer une musique si douce et si prenante que Typhon tombe sous le charme. Typhon promet alors mille choses à Cadmos – entre autres, la main d'Athéna – pour qu'il continue de jouer et pour qu'il soit le musicien de ses futures noces avec Héra, la femme de Zeus, qu'il compte bien épouser dès qu'il aura terrassé son illustre mari. Sûr de son coup, Typhon tombe dans le piège et s'endort, bercé par les sonorités de la syrinx. Cadmos peut alors récupérer les tendons de Zeus qui les réinstalle et se trouve à nouveau fin prêt pour remporter la victoire. Cette version, comme je te l'ai dit, est pleine de sens : il est notamment remarquable que ce soit par la musique, l'art cosmique entre tous puisqu'il repose tout entier sur l'ordonnancement des sons qui doivent pour ainsi dire « rimer » entre eux, que le cosmos soit sauvé. Ce que souligne encore le fait que le prix de la victoire soit justement, pour Cadmos, la main d'Harmonie elle-même.

Là encore, je préfère te citer le texte original afin que tu entendes par toi-même les termes que Zeus utilise pour inviter Cadmos et Éros à mettre en place le piège tendu à Typhon :

« Cher Cadmos, joue de la syrinx et le ciel redeviendra serein. Si tu tardes, le ciel gémira sous le fouet, car Typhon s'est armé de mes traits célestes… (*en plus des tendons de Zeus, Typhon lui a en effet dérobé la foudre, l'éclair et le tonnerre et, comme tu t'en doutes, Zeus entend aussi les récupérer au plus vite*)… Deviens bouvier pour une seule aurore et, par la

97

musique ensorceleuse de ta flûte pastorale, sauve le pasteur du cosmos (*c'est-à-dire Zeus, le maître de l'Olympe qui parle ici de lui-même à la troisième personne*)... Par la mélodie de ta syrinx enjôleuse, charme l'esprit de Typhon. Moi, pour juste prix de tes peines, je te donnerai une double récompense : je ferai de toi tout ensemble le sauveur de l'harmonie universelle et l'époux d'Harmonie. Et toi, Éros, semence première et principe des unions fécondes, tends ton arc et le cosmos ne s'en ira plus à la dérive (*car Typhon, charmé non seulement par la musique mais aussi par les flèches d'Éros, tombera dans le piège que les deux compères lui ont tendu, ce qui permettra de sauver le cosmos*)... »

C'est bel et bien le cosmos tout entier qui apparaît ainsi menacé de destruction par Typhon et c'est bien lui qu'il s'agit de sauver, à travers Zeus, par l'harmonie de la musique que la déesse Harmonie viendra consacrer en épousant Cadmos. Donc, Cadmos joue de sa flûte et Typhon, la brute épaisse, tombe sous le charme comme la première midinette venue. Ainsi que je te l'ai dit, il fait mille promesses à Cadmos pour qu'il vienne chanter sa victoire le jour de ses noces avec la femme de son ennemi. Alors Cadmos ruse : il prétend qu'avec un autre instrument de musique, sa lyre, un instrument à cordes, il peut faire beaucoup mieux encore qu'avec la flûte de Pan. Il parviendra même à surpasser Apollon, le dieu des musiciens. Simplement, il lui faudrait des cordes à sa mesure, des cordes faites si possible dans des tendons divins, assez résistants pour pouvoir ce qui s'appelle vraiment jouer ! La lyre est en effet un instrument harmonique : avec elle, à la différence de ce qui a lieu avec une simple flûte, on peut jouer plusieurs cordes en même temps et, par conséquent, réaliser des accords qui « mettent ensemble » plusieurs sons différents. La lyre apparaît ainsi comme un instrument plus harmonieux et, en ce sens, plus

« cosmique » que ne peut l'être la flûte, quels que soient ses mérites (tu verras que nous retrouverons cette même opposition entre les instruments mélodiques et les instruments harmoniques dans le mythe de Midas). Bien entendu, le stratagème inventé par Cadmos vise à récupérer les nerfs de Zeus :

« Et d'un signe de ses terribles sourcils, Typhon acquiesce ; il secoue ses boucles et sa chevelure, crachant le venin de vipère, le fait pleuvoir sur les montagnes. Et vite, il court à son antre, il prend les nerfs de Zeus et donne au rusé Cadmos, en présent d'hospitalité, ces nerfs tombés jadis sur le sol pendant le combat contre Zeus. Et le faux berger le remercie de ce don divin. Il palpe alors avec soin les nerfs et, sous prétexte d'en faire plus tard les cordes de sa lyre, il cache au creux d'un rocher ce dépôt qu'il garde pour Zeus, le tueur du Géant. Ensuite, sur un ton modéré, lèvres closes, et pressant les tubes qui forment sa flûte, il met une sourdine à leur voix pour rendre la musique plus suave encore. Et Typhée tend la multitude de ses oreilles. Il écoute l'harmonie sans comprendre. Le Géant est sous le charme : le berger d'imposture l'enjôle de sa syrinx. Sur sa syrinx, il feint de dire la fuite des dieux, mais c'est la future victoire de Zeus, toute proche, qu'il célèbre. À Typhon, assis à ses côtés, il chante la mort de Typhon. »

Dès que Zeus est sur pied, la guerre reprend son cours, qui menace plus que jamais l'ordre cosmique tout entier :

« Sous les projectiles du Géant, la terre se crevasse et ses flancs, mis à nu, libèrent une veine liquide : du gouffre entrouvert sourd le flot jaillissant des canaux souterrains qui déversent l'eau retenue dans le sein dévoilé du sol. Et les rocs lancés tombent en torrents de pierre du haut des airs. Ils s'engloutissent dans la mer... De ces terrestres projectiles naissent des îles nouvelles dont les chevilles se plantent spontanément dans la mer pour y prendre racine... Déjà, les assises immuables du cosmos vacillent sous les bras de Typhon... Les liens de l'indissoluble harmonie se dissolvent... »

De manière très précieuse pour nous aider à comprendre le sens de tout ce récit, la déesse Victoire, qui accompagne Zeus et qui est pourtant une descendante directe des Titans, déclare, effrayée, au maître de l'Olympe :

« Bien qu'on me donne le nom de Titanide (*c'est-à-dire fille de Titan*), je ne veux pas voir les Titans régner sur l'Olympe, mais je veux que ce soient toi et tes enfants. »

Ce qui indique, à nouveau parfaitement, l'enjeu du conflit : si Typhée gagne, ce sont les forces du chaos, celles qui animent les premiers dieux, qui l'emporteront et le cosmos sera définitivement anéanti ! Au reste, Typhon ne s'en cache pas lorsqu'il se lance dans la bataille, comme on le voit dans la façon dont il mobilise « ses troupes », c'est-à-dire en l'occurrence les membres innombrables qui forment son propre corps. Il n'hésite pas à leur commander la destruction de l'ordre et même à déclarer haut et fort qu'à l'issue du conflit il libérera les dieux du chaos enfermés par Zeus dans le Tartare, à commencer par Atlas, l'un des fils du Titan Japet qui est censé porter le cosmos tout entier sur son dos, ainsi que Cronos :

« Ô mes bras, frappez la demeure de Zeus, ébranlez les assises du cosmos avec les Bienheureux, brisez le divin verrou de l'Olympe qui se meut de lui-même. Jetez bas le pilier de l'Éther ; qu'Atlas, dans ce bouleversement, prenne la fuite et laisse tomber l'orbe constellé de l'Olympe sans plus en redouter la course circulaire... Et Cronos, le mangeur de chairs crues (*n'oublie pas qu'il dévore ses propres enfants...*), est aussi de mon sang (*ce sont tous, en effet, des descendants de Gaïa et des divinités "chaotiques"*) : pour m'en faire un allié, je vais l'amener à nouveau à la lumière depuis les abîmes souterrains et délier les chaînes qui l'oppriment (*tout comme Zeus l'a fait avec les Cyclopes et les Hécatonchires : Typhée a compris que lui aussi a besoin de se faire des alliés !*). Je vais faire revenir dans l'Éther (*c'est-à-dire dans le ciel lumineux qui contraste avec les ténèbres du Tartare*) les Titans ; et je vais conduire sous mon toit, dans le ciel, les Cyclopes, ces fils de la terre, et je leur ferai fabriquer d'autres traits de feu, car j'ai besoin de beaucoup de foudre puisque j'ai deux cents mains pour combattre et non pas deux seulement comme le Cronide (*c'est-à-dire Zeus, Cronide signifiant tout simplement "fils de Cronos"*). »

Observe ici comme l'histoire s'est transformée depuis Apollodore, mais aussi comment les transformations sont, si l'on peut dire, « logiques » et tout à fait significatives. Par exemple, ce n'est plus Pan le personnage clef, mais Cadmos. Pourtant, tu vois bien qu'ils se ressemblent comme des frères : Pan est le dieu des bergers et l'inventeur de la syrinx. Or Cadmos se déguise en berger et c'est grâce à la syrinx qu'il va triompher de Typhon ! On imagine assez bien comment, au fil des récits qu'on devait se transmettre plus souvent par oral que par écrit, de telles transformations furent possibles.

À la fin, bien entendu, comme chez Hésiode et notre faux Apollodore, la victoire revient à Zeus. Mais plus que les autres, bien que dans le même esprit, Nonnos insiste sur l'harmonie retrouvée, sur la restauration de l'ordre cosmique qui fut tant mis à mal au cours du conflit. Les morceaux de terre comme les astres du ciel vont retrouver leur place et la nature va les relier de nouveau harmonieusement entre eux pour former un véritable cosmos :

« À la fin, l'intendante du cosmos, la nature primordiale, régénérée, cicatrise les flancs béants de la terre fracassée. Elle scelle à nouveau les cimes des îles détachées de leurs lits en les amarrant par des liens indissolubles. Le désordre ne règne plus parmi les astres : le Soleil rétablit près de la Vierge à l'épi le Lion à l'épaisse crinière qui avait quitté la route du zodiaque. La Lune ramène en arrière le Cancer qui avait bondi sur la face du Lion céleste et le fixe aux antipodes du Capricorne glacé. »

Bref, si l'on traduit en clair ce langage imagé, il signifie que tout est de nouveau en ordre, que les astres ont retrouvé leur place initiale de sorte que Zeus peut tenir ses promesses en célébrant le mariage de Cadmos et d'Harmonie...

Au final, que reste-t-il de Typhon ? Deux fléaux pour les humains, et Nonnos, ici, est tout à fait fidèle à Hésiode. Sur la mer, les ouragans, les tempêtes qu'on appelle des « typhons », c'est-à-dire ces vents mauvais contre lesquels les malheureux mortels ne peuvent rien... sinon mourir, justement. Et sur la terre, les terribles orages qui ravagent de manière irrémédiable les cultures dans lesquelles les hommes ont mis tout leur amour. Ce qui signifie, le point est important, que c'est essentiellement pour les dieux, sinon pour les hommes, que le cosmos a atteint désormais une forme de perfection. Toutes les forces du chaos sont sous contrôle et, pour les petits débordements qui subsistent encore, ils sont du côté des seuls humains. Comme le souligne Jean-Pierre Vernant, la victoire sur Typhon et les résidus de ses pouvoirs de nuisance exclusivement sur terre signifient que l'on va expédier le temps, le désordre et la mort vers le monde des mortels, celui des dieux étant désormais à l'abri de toutes les intempéries.

C'est dire qu'à leurs yeux les imperfections qui restent sont mineures, inessentielles. Du reste, si tu y réfléchis bien, il n'est pas même certain qu'il s'agisse réellement d'imperfections : car s'il ne restait pas du temps, de l'histoire, donc un peu de désordre, un peu de dysharmonie et de déséquilibre, il ne se passerait plus rien ! Le cosmos parfaitement harmonieux et équilibré serait tout figé. Il ne bougerait plus, il serait confiné dans l'immobilité la plus totale et on s'y ennuierait à mourir. En ce sens, il est heureux qu'il reste un peu de chaos, que Typhon vaincu fasse entendre encore de temps à autre sa voix : voilà peut-être la signification ultime de ces jets de fumée et de ces souffles intempestifs qui subsistent à la fin de ce dernier épisode de la cosmogonie.

Si l'on en juge d'après Hésiode, nous avons maintenant fait le tour des étapes par lesquelles sont passés les dieux de l'Olympe pour parvenir à créer le cosmos. Toutefois, selon certaines traditions plus tardives, dont Apollodore, comme d'habitude, se fait l'écho, il y aurait eu encore une étape intermédiaire entre la titanomachie et la guerre contre Typhon – à savoir la « gigantomachie », c'est-à-dire le « combat contre les Géants ». Selon cette version, en effet, Gaïa, avant de « fabriquer » Typhon avec Tartare, aurait défendu les Géants révoltés contre les dieux et c'est d'ailleurs parce que ses enfants auraient été anéantis par les Olympiens qu'elle aurait créé Typhon en représailles. Encore une fois, on ne trouve nulle trace de cette « gigantomachie » dans les temps les plus anciens, ni chez Hésiode, ni chez Homère. L'hypothèse, cependant, n'est pas absurde : elle cadre bien avec l'épisode de Typhon, c'est-à-dire avec l'idée qu'il faut maîtriser progressivement toutes les forces du chaos, donc aussi celles que représentent les Géants, pour parvenir à équilibrer parfaitement le cosmos.

Voilà pourquoi il n'est pas inutile que je te dise encore un mot de cette fameuse querelle.

La gigantomachie :
le combat des dieux et des Géants

Tu te souviens certainement d'où sont nés les Géants (sinon retourne voir le petit tableau récapitulatif que je t'ai donné tout à l'heure) : du sang d'Ouranos répandu sur la terre par son fils, Cronos. Ils appartiennent ainsi, comme Typhon, comme les Titans, au cercle des divinités les plus archaïques, celles qui sont encore proches de Chaos et qui menacent sans cesse la construction de l'ordre cosmique harmonieux, équilibré et juste que Zeus appelle de ses vœux. Pour Hésiode, l'édification de ce bel univers s'achève manifestement avec la victoire de Zeus sur Typhon. Mais, comme je viens de te le dire, certains auteurs plus tardifs ont considéré qu'il avait au préalable fallu aussi museler les Géants pour parvenir à un cosmos parfait. Saisis par cette arrogance proprement démesurée et folle que les Grecs nomment *hybris,* les Géants auraient en effet décidé de s'emparer de l'Olympe. Le poète Pindare y fait allusion à plusieurs reprises[1]. Mais comme souvent, il faut attendre Apollodore pour avoir un récit plus détaillé de cette guerre. Toutefois, on trouve déjà ce dernier épisode chez Ovide, un grand poète latin du Ier siècle dont l'ouvrage intitulé les *Métamorphoses* est l'un des premiers à nous en donner une version cohérente. Ces deux auteurs placent la gigantomachie avant le combat contre Typhon. Chez Apollodore, comme je viens de te le dire, c'est même parce que Gaïa est furieuse que Zeus ait terrassé les Géants qu'elle conçoit Typhon afin de faire en sorte que les forces chaotiques et titanesques dont elle est aussi la mère ne disparaissent pas totalement au profit d'un ordre immuable et immobile.

---

1. Notamment dans une de ses œuvres, la première *Néméenne,* où il note que Gaïa a prévenu les dieux qu'ils ne pourraient gagner cette guerre qu'avec l'aide de deux demi-dieux, en l'occurrence, Dionysos et Héraclès.

C'est dans cette perspective qu'il faut lire ces deux récits, également intéressants et significatifs du problème posé par la nécessité d'intégrer toutes les forces anticosmiques, sans exception aucune.

Chez Ovide, d'abord : le combat se déroule à une époque où la terre est peuplée par une race humaine, la race de fer, particulièrement corrompue, malhonnête et violente. Mais, ajoute Ovide, les hauteurs supérieures de l'Éther – c'est-à-dire les sommets de l'Olympe où vivent les dieux – ne sont pas mieux loties que les régions inférieures. Elles non plus ne constituent plus un asile sûr, car les Géants ont décidé de s'en rendre maîtres. Comme ils sont vraiment gigantesques, d'une force prodigieuse, ils entassent purement et simplement les montagnes les unes par-dessus les autres afin d'en faire une espèce d'escalier leur permettant de monter jusqu'à l'Olympe affronter les dieux ! Ovide ne nous dit pas grand-chose sur la guerre elle-même, sinon que Zeus se sert de son arme favorite, la foudre, pour faire tomber les montagnes sur les Géants qui se trouvent aussitôt ensevelis sous des masses colossales de terre. Blessés, ils perdent des flots de sang et Gaïa, voulant éviter que cette race qui est, malgré tout, celle de ses enfants, ne s'éteigne tout à fait, fabrique avec le mélange de sang et de terre qui s'échappe des décombres une nouvelle espèce vivante qui a « face humaine », mais qui respire la violence et le goût du carnage liés à ses origines.

Le récit d'Apollodore est plus circonstancié. Il décrit par le menu comment chacun des dieux de l'Olympe se colle à la tâche pour venir à bout des Géants : Zeus, bien sûr, mais aussi Apollon, Héra, Dionysos, Poséidon, Hermès, Artémis, les Moires, etc. Le combat est d'une extrême violence, terriblement sanglant. Pour t'en donner un aperçu, Athéna ne se contente pas, par exemple, de tuer le Géant nommé Pallas, mais elle l'écorche vif pour faire de sa peau une espèce de bouclier qu'elle colle sur son propre corps ! Quant à

Apollon, il décoche carrément l'une de ses flèches dans l'œil droit d'un de ses adversaires tandis que, de son côté, Héraclès lui en place une dans l'œil gauche ! En clair, on ne fait pas de quartier... Surtout, conformément à ce que disait Pindare, il faut, pour venir réellement et définitivement à bout des Géants, qu'un demi-dieu aide les Olympiens dans le combat : c'est Héraclès qui, chaque fois qu'un Géant est terrassé par un dieu, vient à sa rescousse pour l'achever... Mais, comme toujours, la force seule ne suffit pas. Gaïa, qui joue son habituel double jeu – elle veut la construction d'un cosmos équilibré, mais en même temps, elle ne veut pas que les forces primordiales, celles du chaos, soient totalement éliminées –, projette d'aider les Géants en leur donnant une herbe qui les rendra immortels. Après tout, les Géants sont ses enfants et il est normal qu'elle les protège. Mais, comme toujours avec elle, un motif plus profond l'anime : sans les forces chaotiques, le monde serait mort, plus rien ne s'y passerait. L'équilibre, l'ordre sont sans nul doute chose nécessaire, mais s'il n'y avait qu'eux, l'univers serait figé. Il faut donc préserver aussi cette partie de sa descendance qui incarne, fût-ce au prix de la violence, cette part de mouvement qui est indispensable à la vie.

Cependant, Zeus, qui sait tout, la voit venir et il s'empresse – là est la preuve de son intelligence rusée, de sa *métis* – d'aller lui-même couper toutes les herbes d'immortalité que Gaïa a fait pousser, de sorte que les Géants n'ont plus aucune chance de gagner le combat...

Avec cette dernière péripétie s'achève toute la cosmogonie. Car cette guerre est bien l'ultime épisode qui marque l'histoire de la construction du monde. Après la mort des Géants et la victoire de Zeus sur Typhon, les forces chaotiques qu'on a vues à l'œuvre tout au long de ce récit primordial sont enfin définitivement muselées ou, pour mieux dire, intégrées à l'ensemble et, au sens fort du terme, « remises à leur place », sous la terre. Le cosmos est enfin solidement installé. Sans doute reste-t-il encore, du côté des humains, quelques vents mauvais, quelques tremblements de terre assortis, le cas échéant, d'éruptions volcaniques. Mais en gros, le cosmos est édifié sur des bases enfin solides.

Reste à savoir quelle place les mortels que nous sommes vont bien pouvoir y occuper. Reste à voir aussi comment et pourquoi ils sont nés.

CHAPITRE 2

De la naissance des dieux
à celle des hommes

Au terme de cette première fresque, nous avons appris déjà pas mal de choses. Non seulement les principaux personnages de la mythologie, les dieux de l'Olympe, sont entrés en scène, mais le cosmos, l'univers ordonné et équilibré que Gaïa et Zeus appelaient de leurs vœux, est enfin bien établi. Les forces du désordre, du chaos, qu'incarnaient, pour une part au moins, les Titans et, plus encore, Typhon et les Géants, ont été mises au pas, détruites ou renvoyées dans le Tartare et solidement enchaînées dans les tréfonds de la terre. Non seulement Zeus a fait preuve d'une force colossale et d'une intelligence hors du commun durant ces différents conflits, mais il a en outre partagé l'univers de manière équitable, selon la justice, de sorte que chacun connaît ses privilèges, les honneurs qui lui sont dus, les missions et les fonctions qui sont les siennes. Et comme Zeus est désormais tout à la fois le plus puissant, le plus rusé et le plus juste de tous les dieux, il n'y a pas à y revenir : c'est lui le maître du cosmos, le garant pour l'éternité de l'ordre harmonieux, beau et bon qui doit être maintenant la règle du monde.

De ce récit primordial se déduisent alors, sur le plan philosophique, trois idées fondamentales que tu dois avoir présentes à l'esprit pour mieux comprendre la suite.

Elles possèdent un intérêt considérable en elles-mêmes, et, en outre, ce sont elles qui vont animer secrètement la plupart des grands récits mythiques qui en sont comme les mises en scène habiles, inventives et imagées. De sorte qu'il est impossible de comprendre réellement les aventures d'Ulysse, d'Hercule ou de Jason, les malheurs d'Œdipe, de Sisyphe ou de Midas si on ne voit pas qu'elles en forment pour ainsi dire le fil conducteur.

La première, c'est que la vie bonne, même pour les dieux, peut se définir comme une vie en harmonie avec l'ordre cosmique. Rien n'est supérieur à une existence juste, au sens où la justice – en grec : *dikè* – c'est d'abord la *justesse*, c'est-à-dire le fait d'être en accord avec le monde organisé, bien partagé, qui est sorti si péniblement du chaos. Telle est désormais la loi de l'univers, loi si fondamentale en vérité que les dieux eux-mêmes lui sont soumis. Car, tu en as eu la preuve déjà à maintes reprises, les dieux sont souvent déraisonnables. Il arrive même qu'ils se disputent comme des enfants. Lorsqu'il advient que la discorde, *eris*, s'élève entre eux et que, pour régler leurs différends, l'un ou l'autre se mette à mentir, *c'est-à-dire à tenir des propos qui ne sont pas justes, pas ajustés à l'ordre cosmique*, il risque gros. Zeus peut notamment lui demander de prêter serment sur l'eau du Styx, le fleuve divin qui coule dans les Enfers. Et si son serment est contraire à la vérité, le dieu, même olympien, est à proprement parler *remis à sa place* : pendant une année entière il est, nous dit la *Théogonie* d'Hésiode, « privé d'haleine », gisant par terre sans pouvoir respirer, au sens propre du terme « à bout de souffle ». On lui interdit de s'approcher du nectar et de l'ambroisie, les aliments divins réservés exclusivement aux Immortels. Un « mauvais sommeil » s'empare de lui durant toute cette année, et lorsqu'il en a terminé avec ce premier lot de souffrances, il est encore « privé d'Olympe », interdit d'être en compagnie des autres dieux pendant neuf années durant lesquelles il doit s'acquitter de tâches ingrates et pénibles ! Par exemple, selon certains récits mythologiques, il est arrivé à Apollon de se révolter contre son père, Zeus, menaçant ainsi de bouleverser l'ordre du monde en portant atteinte à celui qui en est le garant. Pour sa punition, Apollon est réduit en esclavage, mis au service d'un simple mortel, en l'occurrence un roi de Troie, Laomédon, dont il doit garder les troupeaux comme le premier petit berger venu. Car Apollon a péché par ce que les Grecs nomment l'*hybris*, terme capital dont je t'ai déjà parlé et qu'on peut traduire de plusieurs manières – arrogance, insolence, orgueil, démesure – qui disent toutes une facette de cette *hybris*, de ce péché contre l'ordre cosmique ou contre ceux qui en sont les artisans, à commencer par Zeus. Il caractérise celui qui s'égare ou se révolte au point de ne plus respecter la hiérarchie et le partage de l'univers instaurés après la guerre contre Typhon et les Titans. Et dans ces conditions, le dieu qui a fauté est, au sens fort du terme, « rappelé à l'ordre » comme un vulgaire mortel et pour ainsi dire *réinséré* par le châtiment que Zeus lui inflige. Comme tu vois, non seulement la loi du monde, la justice cosmique dérivée du partage originaire, s'applique à tous les êtres, divins ou mortels, mais en outre, rien n'est jamais gagné : le désordre menace toujours. Il peut venir de n'importe où, même d'Apollon ou d'un autre dieu qui s'égare par passion, de sorte que le travail de Zeus et des différents héros qui poursuivent le même but que lui n'est jamais tout à fait achevé : voilà pourquoi les récits mythologiques sont potentiellement infinis. Il y a toujours un désordre à réparer, un monstre à combattre, une injustice – une « injustesse » – à corriger...

La deuxième idée découle directement de la première. Elle n'en est pour ainsi dire que le revers : si l'édification de l'ordre cosmique est la conquête la plus précieuse des Olympiens, alors il va de soi que la faute la plus grande qui se puisse commettre aux yeux des Grecs et dont toute la mythologie ne cesse au fond de nous parler, c'est, justement, cette fameuse *hybris*, cette démesure orgueilleuse qui pousse les êtres, mortels comme immortels, à ne pas savoir rester à leur place au sein de l'univers. Si l'on va à l'essentiel, l'*hybris* n'est finalement rien d'autre qu'un retour des forces obscures du chaos, ou pour parler comme les écologistes d'aujourd'hui, une espèce de « crime contre le cosmos » lui-même.

Par contraste, et c'est là la troisième idée, la vertu la plus grande se nomme *dikè*, la justice, qui se définit à l'exact inverse comme un accord avec l'ordre cosmique. On dit que sur le temple de Delphes – le temple d'Apollon – est inscrite l'une des devises les plus célèbres de toute la culture grecque : « Connais-toi toi-même. » La sentence ne signifie nullement, comme on le croit parfois aujourd'hui, qu'on doive pratiquer ce qu'on appelle l'introspection, c'est-à-dire essayer de connaître ses pensées les plus secrètes et tenter, par exemple, de dévoiler son inconscient. Il ne s'agit pas de psychanalyse. La signification est tout autre : la formule veut dire qu'on doit connaître ses limites. Savoir qui l'on est, c'est avoir connaissance de son « lieu naturel » dans l'ordre cosmique. La devise nous invite à trouver cette juste place au sein du grand Tout et surtout à y rester, à ne jamais pécher par *hybris*, par arrogance et démesure. Elle est d'ailleurs souvent associée à une autre, « Rien de trop » – également inscrite sur le temple de Delphes –, qui possède le même sens.

Pour l'homme, l'*hybris* la plus grande consiste à défier les dieux, ou, pire du pire, à se prendre soi-même pour leur égal. D'innombrables récits mythologiques, comme tu vas voir, tournent autour de cette question centrale. En témoigne, parmi d'autres, cette version du fameux mythe de Tantale : parce qu'il a pris l'habitude de fréquenter les dieux, d'être invité à partager leur repas sur l'Olympe, Tantale finit par se dire qu'il n'est pas, après tout, aussi différent d'eux qu'on pourrait l'imaginer. Il se met à douter même que les dieux,

111

à commencer par Zeus, soient vraiment aussi clair-voyants qu'ils le prétendent et, notamment, qu'ils sachent réellement tout sur tous les mortels. Il les invite alors chez lui à déjeuner – ce qui est déjà une singulière faute de goût, mais pourrait à la rigueur passer si cette invitation était pleine de modestie et d'humilité. Mais c'est tout le contraire : pour s'assurer qu'ils ne sont pas omniscients, pas plus savants que lui, il cherche à les tromper de la pire façon qui soit, en leur servant en guise de repas son propre fils, Pélops ! Pas de chance : les dieux sont bel et bien omniscients. Ils savent tout sur les malheureux mortels que nous sommes – en quoi Tantale s'est égaré au-delà de ce qu'il pouvait imaginer. Ils aperçoivent aussitôt la manœuvre misérable et sont horrifiés. La punition, comme toujours dans la mytho-logie, est à la mesure de la démesure du crime commis. C'est par une affaire de nourriture que Tantale a péché ? C'est par elle aussi qu'il sera puni : enchaîné aux Enfers, dans le Tartare, il est condamné à souffrir pour l'éternité de la faim, de la soif, mais aussi de la peur, qui doit lui rappeler justement qu'il n'est pas immortel, car un énorme rocher suspendu au-dessus de sa tête menace sans cesse de tomber sur lui et de le faire mourir en l'écrasant...

Le *cosmos*, l'ordre harmonieux, *dikè*, la justice, c'est-à-dire l'accord avec cet ordre cosmique, et *hybris*, le désaccord ou la démesure par excellence, voilà donc les trois maîtres mots du message philosophique qui com-mence peu à peu à se dégager de la mythologie.

Pourtant, nous sommes loin, très loin, d'avoir fait le tour complet de ce message. Nous n'en sommes qu'à des principes abstraits, encore si primitifs et si rustiques qu'ils pourraient donner l'idée que Zeus est un super-représentant de l'ordre, pour ne pas dire un agent de la circulation : cosmos contre chaos, harmonie contre dissonance, culture contre nature, civilité contre force brute, etc. Il va falloir complexifier peu à peu les cho-ses, et ce pour une raison bien simple : toute cette histoire n'est encore racontée que du seul point de vue des dieux. En d'autres termes, au stade où nous en sommes, les hommes n'existant pas encore, ils n'ont *a fortiori* toujours pas leur place dans ce système régulé qui s'est mis en place sous l'égide des seuls Immortels. Toute la question que la mythologie va commencer d'aborder, puis léguer à la philosophie, est à cet égard double. D'abord : pourquoi des hommes ? Pourquoi diable, si j'ose dire, les dieux ont-ils éprouvé le besoin de créer cette humanité qui, à coup sûr, va aussitôt introduire une somme considérable de désordre et de confusion dans ce cosmos si durement conquis par eux ? Et ensuite, si l'on renverse la perspective et que nous nous plaçons de notre point de vue à nous, les mortels – et encore une fois, il faut garder à l'esprit que ce sont bel et bien des hommes, Homère, Hésiode, Eschyle, Platon, etc., qui ont inventé toutes ces histoires ! – comment allons-nous envisager de nous situer par rapport à la vision du monde qui émane peu à peu de cette construction grandiose ? Quelle place, pour nous, dans cet univers des dieux, dans cet ordre cosmique qui semble fait davantage pour eux que pour les petits humains que nous sommes ? Et plus profondément encore : comment chacun d'entre nous, avec ses particularités, ses goûts, ses travers, son contexte familial, social, géographique, bref, avec tout ce qui fait qu'un individu est un individu singulier, va-t-il devoir conduire son existence s'il veut trouver un peu de bonheur et de sagesse dans cet univers divin ?

C'est à ces questions que vont commencer de répondre les mythes que je vais te raconter dans ce chapitre : celui de l'âge d'or et celui de Prométhée, avec sa conséquence essentielle pour nous : l'apparition sur cette terre de Pandore, la première femme, celle qui va bouleverser de fond en comble nos vies… Mais avant d'en venir à ces grands récits et pour ne pas en rester aux abstractions, je vais te donner une première illustration des trois idées que nous venons de voir, en te racontant le génial mythe de Midas. Après, nous pourrons revenir au fil principal de notre récit et reprendre l'histoire fabuleuse de la création de l'humanité. Le mythe, du moins en apparence, est franchement comique. C'est un de ceux où l'*hybris*, la démesure, le dispute tout simplement à la bêtise. La plupart des ouvrages consacrés à la mythologie le passent donc sous silence, ou bien le tiennent pour si secondaire qu'ils le racontent au passage, comme un fabliau sans grande portée ni signification véritable. Comme tu vas voir, c'est une lourde erreur : l'affaire Midas, comme on dirait aujourd'hui, est au contraire une des plus profondes qui soit, pourvu bien sûr qu'on prenne la peine de la replacer dans le contexte cosmologique que je viens de te décrire.

I. *HYBRIS* ET COSMOS : LE ROI MIDAS ET LE « TOUCHER D'OR »

Midas est roi. Plus précisément, il est l'un de ceux qui règnent sur une région qu'on appelle la Phrygie. Certains prétendent qu'il est le fils d'une déesse et d'un mortel… C'est bien possible, mais ce qui, en revanche, est certain, c'est que Midas n'a pas inventé l'eau chaude. C'est même, pour tout dire, un fieffé crétin. Il pense toujours lentement, « après coup », trop tard. Il agit sans réfléchir et sa bêtise, comme tu vas voir, lui joue parfois de bien vilains tours.

L'affaire qui nous intéresse commence avec les mésaventures d'un autre personnage important dans la mythologie grecque : Silène. Silène est un dieu de second rang, une divinité secondaire, mais c'est malgré tout un des fils d'Hermès[1]. On dit d'ailleurs « un Silène » pour désigner tous ceux de sa race. Il possède deux caractéristiques remarquables. La première, c'est

---

1. Ou, selon certains, de Pan.

qu'il a une tête à effrayer les petits enfants. Il est d'une laideur à peine croyable : gros, gras, chauve et bedonnant, il arbore un nez monstrueusement écrasé et des oreilles de cheval, poilues et pointues, qui lui donnent un air terrifiant. Mais c'est par ailleurs un être intelligent et avisé. Ce n'est pas pour rien que Zeus lui a confié l'éducation de son fils, Dionysos, lorsqu'il l'a sorti de sa propre cuisse. Devenu, au fil du temps, l'ami de celui dont il a été le père nourricier, il a été initié aux secrets les plus profonds que détient le dieu du vin et de la fête et, malgré les apparences, c'est un sage authentique… À ceci près, qu'appartenant au cortège ordinaire des fêtards qui accompagnent en toute circonstance Dionysos, il lui arrive parfois de forcer un peu sur les libations et d'abuser de la bouteille. En d'autres termes, au moment où commence notre histoire, Silène est rond comme une pelle à feu ou, si tu préfères, soûl à ne plus pouvoir se souvenir de son nom ! Comme dit Ovide, dont je suis ici pour l'essentiel le récit, il titube sous le poids de l'âge et du vin, et en apercevant cette espèce de clochard aviné à l'aspect effrayant, les serviteurs de Midas s'empressent de l'arrêter, de le ligoter avec de solides lianes, pour le conduire aussitôt à leur maître.

Mais il se trouve que Midas, qui a lui-même participé à quelques orgies et autres fêtes bien arrosées, reconnaît Silène. Et comme il n'ignore rien de ses relations tout à la fois paternelles et amicales avec Dionysos – un dieu très puissant dont il vaut mieux ne pas s'attirer les foudres –, il le fait aussitôt relâcher. Bien plus : dans l'espoir de s'attirer les faveurs du dieu, il célèbre comme il convient l'arrivée de son hôte par des fêtes fastueuses qui ne durent pas moins de dix jours et dix nuits ! À la suite de quoi, Midas restitue son nouveau meilleur ami au jeune, mais très puissant, Dionysos. Bien entendu, ce dernier, reconnaissant, offre à Midas la faveur de choisir une récompense à son goût. « Faveur agréable, mais pernicieuse », selon l'heureuse formule d'Ovide. Car Midas, comme je te l'ai dit, n'est pas très futé. En plus, il est avare et plein de concupiscence. De sorte qu'il va abuser – là commence son *hybris* – du cadeau que lui promet Dionysos. Il forme un souhait exorbitant, proprement démesuré : il demande au dieu de faire en sorte que tout ce qu'il touchera se convertisse aussitôt en or ! C'est là le fameux « toucher d'or ». Imagine-toi un peu ce que cela signifie : où qu'il pose la main, tout ce qu'il effleure, plante, pierre, liquide, animal ou être humain se transforme sur-le-champ en métal jaune et précieux ! Dans un premier temps, l'imbécile est heureux, et même fou de joie. Comme un enfant, Midas s'amuse sur le chemin du retour vers son palais à transformer toutes choses en trésor précieux. Il avise un rameau d'olivier, et hop, les belles feuilles vertes deviennent d'un fauve orangé étincelant ! Il ramasse une pierre, une misérable motte de terre, il coupe des épis secs et tout devient lingot ! « Riche, je suis riche, le plus riche du monde ! » ne cesse de s'exclamer le malheureux qui ne voit encore rien venir de ce qui l'attend.

Car, tu l'as sans doute déjà deviné, ce qu'il prend pour un bonheur absolu va bien entendu se métamorphoser en malheur funeste : au sens propre du terme, qui porte la mort et annonce les funérailles de sa joie stupide. En effet, dès que Midas s'est confortablement installé dans son somptueux palais – dont il a évidemment pris soin de transformer au plus vite les murs, les meubles et les planchers en or fin –, il demande qu'on lui serve à boire et à manger. Sa joie l'a mis en appétit. Mais au moment où il saisit sa coupe de vin frais pour se désaltérer, c'est une vilaine poudre jaune, écœurante, qui lui coule dans la bouche ! L'or n'est pas bon à boire... Et lorsqu'il s'empare de la cuisse de poulet que lui tend son serviteur, et qu'il commence à la croquer avec entrain, il manque de s'y casser les dents ! Midas comprend maintenant, mais un peu tard, que, s'il ne se débarrasse pas de son nouveau don, il va tout simplement mourir de faim et de soif. Et il commence à maudire tout cet or qui l'entoure, à le détester, comme il se met à haïr aussi la bêtise et la concupiscence qui l'ont poussé à agir sans réflexion. Fort heureusement pour lui, Dionysos, qui avait bien sûr tout prévu, est bon prince. Il accepte de lui ôter le don qui s'est transformé en malédiction. Voici, selon Ovide, en quels termes il s'adresse à lui :

« "Tu ne peux pas rester enduit de cet or que tu as si imprudemment souhaité. Va-t'en vers le fleuve voisin de la grande ville de Sardes et, en remontant son cours entre les hauteurs de ses bords, poursuis ta route jusqu'à ce que tu arrives à l'endroit où il prend naissance ; alors, quand tu seras devant sa source écumante, là où il jaillit en flots abondants, immerge ta tête sous les eaux ; lave en même temps ton corps et ta faute." Le roi, docile à cet ordre, se plonge dans la source ; la vertu qu'il possède de tout changer en or donne aux eaux une couleur nouvelle et passe du corps de l'homme dans le fleuve. Aujourd'hui encore, pour avoir reçu le germe de l'antique filon, le sol de ces campagnes est durci par l'or qui jette ses pâles reflets sur la glèbe humide[1]. »

C'est en se baignant dans un fleuve que Midas retrouve son état normal. Joli symbole : par l'eau pure du fleuve, il est, comme le suggère Ovide, lavé tout à la fois de son or et de sa faute. Mais le cours d'eau, lui, en reste affecté : on prétend que, depuis cette époque, il ne cesse de charrier de magnifiques pépites d'or. Et sais-tu comment se nomme cette rivière ? Son nom est « Pactole » ! Voilà pourquoi ce mot continue de désigner aujourd'hui un trésor, une fortune. De nos jours encore, nous disons de quelqu'un qui vient de gagner

---

1. Ovide, *Métamorphoses*, XI.

une énorme somme d'argent, qu'il a « touché le pactole ».

Pourtant, je ne suis pas certain que nous comprenions toujours le sens véritable de ce mythe. Avec nos yeux de modernes, marqués par vingt siècles de christianisme, nous avons tendance à penser que la fable signifie, en gros, que Midas a péché avant tout par avarice et concupiscence. Pour nous, la leçon de l'histoire pourrait se formuler à peu près de la façon suivante : Midas a pris le superficiel pour l'essentiel, il a cru que la richesse, l'or, le pouvoir et les possessions qu'il procure, formaient le but ultime de la vie humaine. En quoi il a confondu l'avoir et l'être, l'apparence et la vérité. Et il en est à juste titre puni. Tout est bien qui finit bien. Soit. Mais en réalité, le mythe grec va beaucoup plus loin. Il possède, bien que plus secrète, une dimension cosmique et ne se résume nullement au poncif selon lequel « l'argent ne fait pas le bonheur ».

Avec son toucher d'or, en effet, Midas est devenu une espèce de monstre. Potentiellement, c'est bel et bien l'ordre cosmique tout entier qu'il menace : tout ce qu'il touche meurt, car son pouvoir terrifiant va jusqu'à transformer l'organique en inorganique, le vivant en matière inanimée. Il est en quelque sorte le contraire d'un créateur de monde, une sorte d'anti-dieu, pour ne pas dire un démon. Les feuilles, les branches des arbres, les fleurs, les oiseaux et les autres animaux dont il se saisit cessent d'occuper leur place et leur fonction au sein de l'univers avec lequel, un instant avant, ils vivaient encore en parfaite harmonie. Il suffit que Midas les effleure pour qu'ils changent de nature et, potentiellement, son pouvoir dévastateur est infini, sans aucune limite : nul ne sait jusqu'où il peut aller. À l'extrême fin, c'est peut-être bien le cosmos tout entier qui pourrait s'en trouver altéré : imagine un peu que Midas voyage, qu'il parvienne à métamorphoser notre planète en une gigantesque boule métallique, dorée mais morte, totalement dépourvue des qualités que les dieux avaient réussi à lui conférer à l'origine, au moment du partage primordial du monde par Zeus après sa victoire sur les forces chaotiques des Titans, des Géants et de Typhon ! Ce serait la fin de toute vie et de toute harmonie...

Si l'on veut à tout prix faire une comparaison avec le christianisme, elle doit aller bien plus en profondeur qu'on ne le pense spontanément. Comme le mythe du docteur Frankenstein, qui s'inspire de légendes anciennes, nées dans l'Allemagne du XVIe siècle, les mésaventures du roi Midas nous content en vérité l'histoire d'une dépossession tragique.

Le docteur Frankenstein, lui aussi, voudrait devenir l'égal des dieux. Il rêve de donner la vie, comme l'a fait le créateur. Il passe son existence entière à chercher comment parvenir à ranimer les morts. Et un beau jour, il y parvient. Il a collecté des cadavres, en les volant à la morgue de l'hôpital, et, en utilisant l'électricité du ciel, il parvient à redonner vie au monstre qu'il a fabriqué à partir des corps en décomposition. Au début, tout va bien, et Frankenstein se prend pour un véritable génie de la médecine. Mais le monstre prend peu à peu son indépendance et parvient à s'échapper. Comme son aspect est abominable, il sème la terreur et la désolation partout sur son passage, de sorte qu'en réaction il devient lui-même méchant et menace de dévaster la terre et ses habitants. Dépossession tragique : la créature a échappé à son créateur qui s'en trouve, pour ainsi dire, frustré. Il a perdu le contrôle – ce qui, bien entendu, dans la perspective chrétienne qui domine ce mythe, signifie que l'homme qui se prend pour Dieu court à la catastrophe.

C'est en un sens analogue qu'il faut comprendre le mythe de Midas, même si le dieu, ou plutôt les dieux dont il s'agit chez les Grecs, ne sont pas ceux des chrétiens. Midas, comme Frankenstein, a voulu s'attribuer avec le toucher d'or un pouvoir divin, une capacité qui dépasse de très loin toute sagesse humaine, à commencer par la sienne, déjà si réduite : celle de bouleverser l'ordre cosmique. Et, comme le docteur Frankenstein, il perd bientôt tout contrôle sur ses nouvelles attributions. Ce qu'il croyait maîtriser lui échappe de toute part, de sorte qu'il ne lui reste plus qu'à supplier la divinité, en l'occurrence Dionysos, de redevenir un simple humain.

De manière très significative, c'est cette même menace de chaos par l'*hybris* que met de nouveau en scène la seconde partie du mythe de Midas : celle au cours de laquelle ce pauvre benêt va être sévèrement puni par Apollon.

Comment Midas reçoit des oreilles d'âne : un concours de musique entre la flûte de Pan et la lyre d'Apollon

Suivons, là encore, le récit du mythe dans la version qu'en donne Ovide.

En apparence, Midas s'est calmé après la claque prise avec son désastreux toucher d'or. Il semble enfin devenu plus humble, presque modeste. Loin des fastes et du luxe qu'il espérait de son or, il vit retiré dans la forêt. À l'écart de son palais somptueux, il se contente d'une vie rustique et simple, dans les champs et les prairies qu'il aime parcourir seul ou, parfois, en compagnie de Pan, le dieu des bergers et des forêts. Tu dois savoir que Pan ressemble étrangement à Silène et aux Satyres. C'est en effet, lui aussi, un dieu d'une laideur, au sens propre du terme, épouvantable : ceux qui l'aperçoivent en sont saisis d'épouvante, glacés d'horreur par cette peur qu'on nomme « panique » à partir de son nom, comme pour lui rendre un bien négatif hommage. D'apparence, Pan est mi-homme, mi-bête : tout velu, cornu et biscornu, il arbore les bois et les jambes, ou plutôt les pattes, d'un bouc. Son nez est écrasé, comme celui de Silène, son menton proéminent, ses oreilles gigantesques et poilues comme celles d'un cheval, ses cheveux hérissés et sales comme ceux d'un clochard... On prétend parfois que sa propre mère, une nymphe, fut si terrorisée le jour de sa naissance qu'elle l'abandonna. Il aurait été recueilli par Hermès, qui l'aurait conduit sur l'Olympe pour le montrer aux autres dieux – lesquels auraient littéralement hurlé de rire, amusés au dernier degré par tant de laideur. Séduit par ses difformités, Dionysos, qui aime par principe tout ce qui est étrange, différent, aurait alors décidé d'en faire plus tard un de ses compagnons de jeux et de voyages... Prodigieusement fort et rapide, il passe le plus clair de son temps à poursuivre les nymphes, mais aussi les jeunes garçons dont il tente par tous les moyens d'obtenir les faveurs. On prétend même qu'un jour où il poursuivait une jeune nymphe nommée Syrinx, celle-ci préféra se donner la mort en se jetant dans un fleuve plutôt que de céder à ses « avances »... Syrinx se transforma alors en roseau sur la rive, et Pan, s'emparant de la tige encore toute frémissante, l'aurait transformée en flûte pour en faire son instrument fétiche, la fameuse « flûte de Pan » dont on joue encore de nos jours. Bien des siècles plus tard, Debussy, un de nos plus grands compositeurs, écrira une pièce pour cet instrument (à vrai dire une flûte traversière), pièce qu'il nommera justement *Syrinx*, en souvenir de la malheureuse nymphe... On voit souvent le dieu Pan, comme Silène et les Satyres, en compagnie de Dionysos, dansant comme un démon, faisant la fête et buvant du vin jusqu'au délire : c'est dire que ce dieu-là n'a rien de « cosmique » ! Ce n'est pas un artisan de l'ordre, mais plutôt un fervent amateur de tous les désordres. Il appartient clairement à la lignée des forces du chaos au point que certains récits n'hésitent pas à en faire un fils d'Hybris, la déesse de la démesure...

Où l'on pressent que Midas, du moins si l'on en juge par ses fréquentations, ne s'est peut-être pas autant assagi qu'il pouvait y paraître. D'autant que sa bêtise et sa lenteur d'esprit restent bien ancrées dans sa pauvre tête. Un jour que Pan joue de sa fameuse flûte pour essayer de charmer quelques jeunes filles, le dieu se laisse aller, comme il est courant dans ce genre de circonstance, à la vantardise, et décrète que son talent de musicien surpasse même celui d'Apollon. Et n'y tenant plus, au comble de l'*hybris*, il va jusqu'à défier ce seigneur de l'Olympe ! Un concours est aussitôt organisé, entre la lyre d'Apollon et la flûte de Pan. Et c'est Tmolus, une divinité de la montagne, qui est choisi comme juge. Pan commence à souffler dans son instrument : les sons qui en sortent sont rauques, rustiques, à l'image de celui qui en joue. On peut y trouver du charme, bien sûr, mais un charme brut, pour ne pas dire bestial : le son que le souffle fait sortir des tuyaux de roseau est identique à celui que le vent en tire dans la nature. La lyre d'Apollon, en revanche, est un instrument très sophistiqué : elle exploite avec une précision mathématique les relations entre la longueur des cordes et leurs tensions respectives, assurant une parfaite justesse des sons et de leurs rapports qui est comme un symbole de l'harmonie, elle aussi très sophistiquée, que les dieux ont instaurée à l'échelle de l'univers. C'est un instrument à la fois délicat et civilisé : à l'opposé de la rusticité de la flûte, la séduction qu'il suscite est toute pétrie de douceur.

L'assistance tombe sous le charme et choisit Apollon à l'unanimité... moins une voix : celle de ce gros balourd de Midas qui fait entendre, au sein du concert de louanges qui entoure Apollon, une opinion dissonante. Désormais habitué à la vie des forêts et des campagnes, ami de Pan, Midas, qui a perdu le sens de la civilité, déclare haut et fort préférer, et de loin, le son guttural de la flûte aux harmonies délicates de la lyre. Malheur à lui ! On ne défie pas Apollon impunément et, comme toujours dans ces cas-là, le châtiment va tomber, en rapport avec la nature du « crime » commis par l'infortuné Midas : il a péché à la fois par l'ouïe et par l'intelligence, c'est donc par les oreilles et par l'esprit qu'il sera puni.

Voici comment, si l'on en croit de nouveau Ovide :

« Le dieu de Délos (*Apollon*) ne veut pas que des oreilles si grossières conservent la forme humaine : il les allonge, les remplit de poils gris. Il en rend la racine flexible et leur donne la faculté de se mouvoir en tous sens. Midas a tout le reste d'un homme. Il n'est puni que dans cette partie de son corps. Il est coiffé des oreilles de l'âne aux pas lents... »

Bien entendu, avec ses nouvelles oreilles d'âne, Midas est mort de honte. Il ne sait plus quoi faire pour dissimuler aux yeux du monde la laideur dont il est désormais affublé – laideur qui le désigne aux autres non seulement comme un être dénué d'oreille, de sens musical, mais aussi comme un imbécile, qui n'a pas plus d'esprit qu'un ruminant. Il essaie de voiler ses nouveaux attributs sous des coiffes diverses, des bonnets, des bandeaux dont il s'entoure soigneusement la tête. Pas de chance, son coiffeur s'en aperçoit et ne peut s'empêcher de lui faire la remarque : « Majesté, mais que vous arrive-t-il ? On dirait que vous avez des oreilles d'âne... » Mal lui en prend, car Midas ne brille pas non plus par la gentillesse : il lui fait aussitôt le serment que si d'aventure il lui arrivait de dévoiler à autrui ce qu'il vient de découvrir, il serait mis aussitôt au supplice et à mort. Le malheureux coiffeur fait tout pour conserver le calamiteux secret par-devers lui. Mais en même temps – mets-toi à sa place –, il brûle d'envie de le raconter à ses amis, à sa famille, et il tremble à l'idée qu'un jour, par inadvertance, un mot de trop pourrait lui échapper. Pour se décharger du fardeau, il a une idée : « Je vais, se dit-il, creuser une grande fosse dans la terre, puis je confierai mon secret aux profondeurs du sol que je reboucherai aussitôt. Ainsi je serai débarrassé d'un poids trop lourd pour moi. » Aussitôt dit, aussitôt fait. Notre coiffeur a trouvé un coin à l'écart de la ville, il a creusé la terre, y a crié et même hurlé son message, refermé soigneusement le trou, et il s'en revient chez lui le cœur enfin léger. Mais au printemps, une épaisse forêt de roseaux a poussé sur le sol fraîchement remué. Et lorsque le vent souffle, on entend une voix formidable qui se lève et qui s'enfle et qui hurle à qui veut l'entendre : « Le roi Midas a des oreilles d'âaaane, le roi Midas a des oreilles d'âaaane... »

Et voilà comment Midas a été puni par Apollon de son manque de discernement. Tu me diras peut-être que, cette fois-ci, on ne voit pas très bien en quoi ce pauvre Midas menaçait l'ordre du monde. Certes, il a défié un dieu, et même l'un des principaux, puisque Apollon, qui est dieu de la musique et de la médecine, est un des Olympiens. Mais enfin, il ne s'agissait après tout que d'une affaire de goût où chacun a bien le droit de dire ce qu'il pense, et si Apollon a été blessé, il semble que ce ne soit que dans son amour-propre, voire dans sa vanité. Du coup, sa réaction paraît bien excessive, pour ne pas dire un peu ridicule... Cette impression ne tient cependant que si, là encore, on ne prête pas attention aux détails de l'histoire et qu'on se contente de la juger d'un point de vue moderne. Car à y regarder de plus près, il s'agit ici, comme à l'issue du combat de Zeus contre Typhon, d'une discipline, la musique, avec laquelle on ne plaisante pas : elle met en jeu directement notre rapport à l'harmonie du monde. Comme je te l'ai expliqué, la lyre est un instrument harmonique, tandis que la flûte ne peut jouer qu'une seule note à la fois et n'est ainsi que « mélodique » : avec la lyre, comme avec une guitare, on peut accompagner son chant, et même si les Grecs ignorent l'harmonie au sens où vont l'entendre des compositeurs comme Rameau ou Bach, ils commencent à mettre malgré tout plus ou moins en consonance entre eux des sons différents, tandis qu'avec la flûte cette harmonisation de la diversité reste tout à fait impossible. Sous l'apparence d'une compétition seulement musicale, se joue en vérité l'opposition cardinale de deux mondes, celui d'Apollon, civilisé et harmonieux, et celui de Dionysos, dont Pan est un proche, chaotique et désordonné comme une de ses fêtes qui peuvent tourner d'une seconde à l'autre à l'horreur. Dans les fameuses Bacchanales qu'organisent Dionysos et les siens – c'est ainsi qu'on nomme les fêtes dionysiaques – il arrive que les femmes qui entourent le dieu, les « Bacchantes », se livrent à des orgies qui dépassent l'entendement : sous l'emprise du délire dionysiaque, elles poursuivent de jeunes animaux et les déchiquettent vivants, les dévorent tout crus et, parfois, ce ne sont pas seulement des animaux à qui elles font subir les pires abominations, mais des enfants, voire des adultes, comme Penthée, ce roi de Thèbes qui finira déchiré par leurs griffes et dévoré par leurs dents. Pour que tu mesures combien l'opposition de ces deux univers, celui, cosmique, d'Apollon, et celui, chaotique, de Dionysos, peut être brutale, il n'est pas inutile que je te raconte encore une variante plus dure de ce même concours de musique : celle qui met en scène le supplice atroce du malheureux Marsyas.

Une variante sadique du concours de musique : l'atroce supplice du Satyre Marsyas

Un mythe analogue à celui qu'on vient de découvrir raconte, en effet, une histoire très proche de celle du concours qui oppose Apollon et Pan. À ceci près que c'est ici un Satyre, Marsyas (ou un Silène : peu importe à vrai dire, car ces deux types d'êtres qui appartiennent au cortège de Dionysos sont à peu près semblables, caractérisés tous deux par un corps mi-humain, mi-animal, ainsi que par une laideur qui n'a d'égale que leur appétit sexuel...), c'est donc Marsyas qui joue ici le rôle du compétiteur d'Apollon. Or, Marsyas, comme Pan, passe lui aussi pour être l'inventeur d'un instrument de musique, l'« aulos » (en l'occurrence, une espèce de hautbois à deux tuyaux sur lequel on ne jouait cependant qu'une seule note à la fois). Si l'on en croit le poète grec Pindare (ve siècle avant Jésus-Christ), qui est le premier à évoquer cette histoire, ce serait en vérité la déesse Athéna qui la première aurait conçu et fabriqué cet instrument[1]. Et la manière dont elle en a l'idée, puis finalement le rejette, mérite d'être racontée : elle indique assez combien le son de la flûte est maudit aux yeux de la déesse.

L'affaire commence avec la mort de Méduse. Il existait, selon la mythologie, trois êtres étranges et maléfiques nommés Gorgones. Leur aspect était épouvantable, bien pis encore que celui de Pan, des Silènes et des Satyres : leur chevelure était faite de serpents, d'énormes défenses de sanglier leur sortaient de la bouche, leurs mains griffues étaient en bronze et elles portaient sur le dos des ailes d'or qui leur permettaient de rattraper leurs proies en toutes circonstances... Pis que tout, elles pouvaient d'un seul regard changer en statue de pierre quiconque avait le malheur de les regarder dans les yeux ! C'est pourquoi d'ailleurs on appelle aujourd'hui gorgones ces plantes marines qui se dressent toutes droites dans l'eau comme si elles avaient été pétrifiées par le regard funeste d'un de ces trois monstres. Or, ces trois sœurs, bien que terrifiantes pour les humains, s'aimaient tendrement. Deux d'entre elles étaient immortelles, mais la troisième, du nom de Méduse, ne l'était pas. Elle sera tuée par un héros grec, Persée, dans des circonstances que je te conterai aussi, mais plus tard, et, selon Pindare, c'est en entendant les sœurs de Méduse hurler de douleur lorsque Persée exhiba la tête coupée de la Gorgone qu'Athéna eut l'idée

---

1. Dans son poème intitulé *Pythiques*, strophe 12, vers 6-8.

de la flûte. Autant dire que cet instrument voit le jour dans des circonstances pour le moins éloignées de l'harmonie et de la civilité qui vont caractériser la lyre d'Apollon.

C'est par un autre poète, qui écrit lui aussi au Ve siècle avant Jésus-Christ, Mélanippide de Mélos[1], que l'on connaît la suite de l'histoire :

Athéna, dont tu te souviens qu'elle n'est pas seulement la déesse de la guerre, mais aussi celle des arts et des sciences, est toute fière de sa nouvelle invention. Et il y a de quoi. Après tout, ce n'est pas tous les jours qu'on invente un instrument de musique destiné à être joué encore dans tous les pays du monde des millénaires plus tard ! Mais, s'apercevant que ses joues sont ridiculement gonflées et ses yeux exorbités quand elle joue de son « aulos » – et tous les joueurs de hautbois, qu'ils me pardonnent, conservent encore aujourd'hui les mêmes mimiques étranges que devait avoir Athéna ! – elle le jette par terre et le piétine de rage. Ce qui signifie, note-le encore au passage, que cet instrument rend laid, qu'il casse l'harmonie du visage – second mauvais point pour lui. Héra et Aphrodite, dont on sait qu'elles ne brillent pas par la charité et ne ratent jamais une occasion de témoigner de leur jalousie envers Athéna, apercevant les yeux exorbités et les joues gonflées de la déesse, éclatent ostensiblement de rire. Elles la tournent même carrément en dérision et se gaussent ouvertement de son air stupide quand elle souffle dans le malheureux tuyau. Athéna, vexée à mort, s'enfuit au loin pour vérifier l'effet qu'elle produit. Elle court chercher une source claire, une mare ou un lac, pour y voir le reflet de son visage. Une fois seule, à l'abri du regard des deux méchantes, elle se penche sur l'eau et ne peut,

---

1. On trouve des échos très brefs (à peine quatre lignes) de cette histoire chez Hérodote (*Enquête*, livre VII, alinéa 26) et Xénophon (*Anabase*, chapitre II, alinéa 8), en revanche, on en trouve deux descriptions complètes chez Ovide et Hygin.

en effet, s'empêcher de constater que, quand elle joue, son visage est tout déformé, au point d'en devenir grotesque. Non seulement elle lance l'instrument au loin, mais elle jette un sort terrible à celui qui le trouverait et aurait l'audace de s'en servir.

Or, il se trouve que c'est Marsyas qui, parcourant les bois comme à son habitude à la poursuite de quelque nymphe, trouve la flûte d'Athéna. Et bien entendu, il tombe sous le charme du pipeau qui lui convient à merveille, lui qui est si disharmonieux ! Et il s'en sert tant et si bien qu'il finit par se croire supérieur à Apollon lui-même au point de le défier dans un concours où il commet en plus l'erreur fatale de prendre les Muses comme arbitres. Apollon va accepter le défi à une condition : celui qui gagnera pourra faire du vaincu ce qu'il voudra. Apollon, bien entendu, l'emporte – continuant l'œuvre de Zeus contre Typhon et toutes les forces du chaos : il fait triompher par sa lyre l'harmonie contre la mélodie rauque et brute de la flûte. Mais il ne se contente pas, cette fois-ci, comme il l'avait fait avec Midas, d'une punition, somme toute légère et proportionnée au larcin commis. Il avait prévenu : le vainqueur pourra disposer du vaincu à son gré ! Moyennant quoi, Apollon fait tout simplement écorcher vif le malheureux Marsyas. Le sang qui jaillit de toutes parts sera transformé en fleuve et sa peau servira à marquer l'emplacement de la grotte où le cours d'eau prend désormais sa source...

Hygin, dans ses fables, résume ainsi l'affaire – comme d'habitude, je te cite ce texte original pour que tu voies en quels termes on rapportait les mythes dans l'Antiquité :

« Minerve (*Athéna*), dit-on, fut la première à confectionner une flûte avec de l'os de cerf et vint en jouer au banquet des dieux. Junon (*Héra*) et Vénus (*Aphrodite*) s'étant moquées d'elle car elle avait les yeux tout gris et les joues gonflées, Minerve, ainsi enlaidie et moquée pendant sa prestation, se rendit près d'une fontaine, dans la forêt de l'Ida, se regarda jouer dans l'eau et comprit qu'on s'était moqué d'elle à juste titre. Elle jeta donc là sa flûte et jura que qui s'en emparerait subirait un affreux supplice. L'un des Satyres, Marsyas, berger, fils d'Oéagre, la trouva et, à force d'entraînement, obtint de jour en jour un son plus agréable, au point de provoquer Apollon et sa cithare en un concours musical. Quand Apollon fut arrivé, ils prirent les Muses pour juges et comme Marsyas repartait vainqueur, Apollon retourna la cithare et ce fut le même son. Et Marsyas ne put en faire autant avec la flûte. Aussi Apollon remit-il Marsyas vaincu à un Scythe qui l'écorcha membre par membre... et son sang donna son nom au fleuve Marsyas. »

Ovide, qui aurait sans doute aimé écrire, s'il vivait encore de nos jours, des scénarios de films d'épouvante, rapporte en ces termes le supplice infligé par Apollon (comme toujours, j'indique mes commentaires entre parenthèses et en italique) :

« Au Satyre qu'il avait vaincu dans le combat de la flûte conçue par la déesse du Triton (*c'est-à-dire Athéna qu'Ovide nomme ainsi en raison de la rivière Triton auprès de laquelle Athéna est censée être née*) : "Pourquoi m'arraches-tu à moi-même ?" demandait celui-ci (*formule qui signifie bien sûr qu'Apollon arrache la peau du Satyre et le sépare ainsi en quelque sorte de lui-même*). Et il criait : "Ah ! quel est mon repentir ! Ah ! Une flûte ne vaut pas d'être payée si cher !" En dépit de ses cris, la peau lui est arrachée sur toute la surface du corps ; il n'est plus qu'une plaie. Son sang coule de toutes parts ; ses muscles mis à nu apparaissent au grand jour ; un mouvement convulsif fait tressaillir ses veines, dépouillées de la peau ; on pourrait compter ses viscères palpitants et les fibres que la lumière vient éclairer dans sa poitrine. Les fau-

nes rustiques, divinités des bois, les Satyres, ses frères, Olympus (*le père de Marsyas*)… et les nymphes le
pleurèrent. Leurs larmes, en tombant, baignèrent la
terre fertile… Ainsi est né un fleuve… celui qu'on
appelle Marsyas, le plus limpide de la Phrygie. »

Comme tu vois, la punition est ici terrible, mille fois
pire que celle infligée à Midas. Les deux histoires, celle
de Marsyas où les juges sont des Muses et celle de Pan,
où Midas et Tmolus tiennent ce rôle, n'en sont pas
moins très proches. Au point qu'on les confond souvent[1]. Dans les deux cas, en effet, la musique, art cosmique par excellence, est au cœur de ces deux mythes,
et dans les deux cas encore, on a affaire à un conflit
entre un dieu qui vise avant tout l'harmonie et, de
l'autre côté, des êtres chaotiques, dotés d'instruments

_____

1. D'ailleurs, dans une autre fable, la fable 191, ce ne sont plus les
Muses, mais Midas qui devient l'arbitre de la compétition entre
Apollon et Marsyas – preuve que, dans l'esprit des mythographes, les
deux histoires n'en formaient en vérité qu'une seule : « Le roi Midas
fut choisi… à l'époque où Apollon fit un concours de flûte avec Marsyas
ou Pan… » Tandis que les uns donnaient « la victoire à Apollon,
Midas dit qu'il fallait la donner plutôt à Marsyas. Irrité, Apollon dit
alors à Midas : "Celui dont tu as eu l'esprit dans ton jugement, tu en
auras aussi les oreilles" et sur ses paroles il lui fit pousser les oreilles
d'un âne. » Qu'est-ce qui permet à Hygin de faire le lien entre les deux
mythes, celui de Midas et Pan et celui de Marsyas – qu'aucun texte
archaïque ne reliait entre eux ? La réponse peut être indiquée simplement : comme dans le processus de la « condensation » dans le rêve
selon Freud, ce qui a pu donner à penser que Midas était dans
l'affaire, ce sont quatre points de rapprochement : d'abord, la flûte,
qu'elle soit de Marsyas ou de Pan, est, à la différence de la lyre d'Apollon,
un instrument non harmonique : on peut imiter le son de la voix, du
vent dans les arbres, le cri des bêtes sauvages, mais pas faire avec
des accords harmonieux ; ensuite, la scène se passe en Phrygie, dont
Midas est le roi, et le premier poème à évoquer l'histoire – du moins
le premier qui nous reste – à savoir les *Pythiques* (12, vers 6-8) de
Pindare, est dédié au « flûtiste Midas » ; enfin Marsyas aussi bien que
Pan sont des êtres « dionysiaques », c'est-à-dire des êtres de chaos,
de fête, de folie et de désordre, et non comme Apollon des Olympiens
garants de l'œuvre cosmique du père fondateur, Zeus.

rustiques qui ne charment que des esprits mal dégrossis comme ceux de Typhon et Midas. C'est d'ailleurs dans ce sens qu'Ovide précise que Midas, après ses mésaventures du Pactole, ne vit plus que dans les bois, comme Pan, au contact, donc, des réalités les moins civilisées : voilà pourquoi il préfère, comme un âne, les sons rauques et bruts de la flûte de Pan aux sons harmonieux et doux de la lyre d'Apollon. Il faut dire que cette lyre, dont on tire des accords si harmonieux, possède toute une histoire. Ce n'est pas un instrument ordinaire, mais, selon un autre mythe raconté notamment dans les *Hymnes homériques*, probablement dès le VIᵉ siècle avant Jésus-Christ, c'est bel et bien un instrument divin[1] : il a été conçu, fabriqué et offert par Hermès lui-même à Apollon au terme d'une aventure assez singulière que je vais te raconter maintenant...

L'invention de la lyre, instrument cosmique, par Hermès, et l'opposition de l'apollinien et du dionysiaque

Hermès est un des fils préférés de Zeus. Il en a même fait son principal ambassadeur, celui qu'il envoie lorsqu'il a un message vraiment important à transmettre. Sa mère est une nymphe ravissante, Maïa, une des sept Pléiades, qui sont elles-mêmes les filles d'une certaine Pleioné (c'est cela que veut dire leur nom en grec) et du Titan Atlas que Zeus a puni en l'obligeant à porter le monde sur ses épaules. C'est peu de dire que le petit Hermès est incroyablement précoce. « Né au matin, nous dit l'auteur de l'hymne homérique, il jouait de la cithare dès le milieu du jour et, le soir, il déroba les vaches de l'archer Apollon... » Pour un nourrisson qui n'a encore que quelques heures d'existence, Hermès est

---

1. On trouvera, comme presque toujours, une version saisissante de ce mythe dans les *Métamorphoses* d'Ovide.

déjà un musicien accompli et un voleur hors pair ! Dès qu'il ouvre l'œil, à peine sorti du ventre de sa mère, figure-toi que le petit Hermès se met aussitôt à la recherche des vaches du troupeau d'Apollon. En chemin, il rencontre une tortue qui vit dans la montagne et il éclate de rire : d'entrée de jeu, à la simple vue du malheureux animal, il a compris tout le parti qu'il pouvait en tirer. Il rentre aussitôt chez lui, évide la pauvre bête, tue une vache, tend sa peau sur le pourtour de la carapace, fabrique des cordes avec ses boyaux et des clefs pour les tendre avec des roseaux. La lyre est née, avec laquelle il peut produire des sons d'une parfaite justesse, autrement plus harmonieux que ceux de la flûte de Pan ! Non content de cette première invention, il repart à la recherche des vaches immortelles de son grand frère.

Apercevant le troupeau, il prélève cinquante bêtes et, pour que son vol passe inaperçu, il les conduit en marche arrière, après avoir pris soin d'attacher à leurs sabots des sortes de raquettes en herbe qu'il a confectionnées en toute hâte pour camoufler leurs pas. Il conduit les bêtes dans une grotte. Quelques minutes encore, et il a réinventé tout seul le feu. Il sacrifie deux vaches aux dieux et passe la fin de la nuit à disperser les cendres du foyer... Puis il rentre dans son antre à lui, là où il a été conçu par Maïa, là où se trouve son berceau, et il se rendort en prenant l'air du nouveau-né innocent comme l'agneau... À sa mère qui le gronde, il répond simplement qu'il en a assez de leur pauvreté et qu'il veut devenir riche. On comprend déjà à quel titre il deviendra aussi le dieu des commerçants, des journalistes et des voleurs. Première journée d'un bébé divin plutôt bien remplie...

Bien entendu, Apollon finit par découvrir le pot aux roses. Quand il retrouve le nourrisson de Zeus, il menace de le jeter dans le Tartare s'il ne lui rend pas ses vaches. Hermès jure ses grands dieux (c'est le cas de le dire) qu'il est innocent. Apollon le brandit à bout de bras pour le jeter au loin, mais Hermès lui sort une blague qui le fait lâcher prise, et le litige est finalement porté devant le tribunal de Zeus... qui éclate lui aussi de rire devant tant de précocité. En fait, il est tout fier de son dernier fils. Le conflit se poursuit entre Apollon et Hermès, mais ce dernier sort l'arme absolue, sa lyre, et il se met à en jouer avec un tel art qu'Apollon, tout comme Zeus, finit par craquer et tombe littéralement sous le charme du petit garçon. Séduit, Apollon, dieu de la musique, est sidéré par la beauté des sons qui sortent de cet instrument qu'il ne connaît pas encore. En échange de la lyre, il promet à Hermès de le rendre riche et célèbre. Mais le petit continue à négocier, à marchander, et il obtient en plus la garde des troupeaux de son grand frère ! Apollon lui offre même, pour faire bonne mesure, le fouet du pasteur et la baguette magique de richesse et d'opulence, celle qui servira à fabriquer l'emblème d'Hermès, le fameux caducée dont je te raconterai l'histoire tout à l'heure...

C'est dans ce contexte que la lyre apparaît comme le prototype de l'instrument divin, comme l'attribut par excellence d'Apollon. Pour comprendre la portée du mythe de Midas – qu'on considère généralement, mais tout à fait à tort, comme secondaire –, il faut bien voir que, globalement, Apollon est du côté de Zeus, c'est-à-dire des Olympiens qui luttent en permanence pour l'établissement d'un ordre cosmique ou pour son maintien. Cet ordre est à la fois juste, car résultant du partage originaire établi par Zeus après sa victoire sur les Titans, beau, bon et harmonieux. Or les forces telluriques de Chaos et de ses descendants multiples et variés depuis Typhon menacent sans cesse cette harmonie fragile. Apollon représente ici une force olympique, antichaotique, antititanesque et attachée au fameux « Connais-toi toi-même » qui orne son temple à Delphes : c'est-à-dire, comme je te l'ai expliqué : « Sache où est ta place, ton lieu naturel, et restes-y ! » Pas d'*hybris*, pas d'arrogance, de démesure qui viendrait troubler la belle ordonnance cosmique ! Si Apollon aime la musique, c'est parce qu'elle est une métaphore du cosmos. Dionysos, à bien des égards, est l'inverse d'Apollon. Évidemment, Dionysos est lui aussi un Olympien, un fils de Zeus, et nous verrons plus loin comment il réunit en lui le cosmos et le chaos, l'éternité et le temps, la raison et la folie. Mais au premier chef, ce qui frappe chez lui, c'est son côté « acosmique » : il aime la fête, le vin et le sexe jusqu'à la folie meurtrière qui s'empare des femmes qui forment sa troupe. Dionysos est lui aussi un dieu de la musique, bien sûr, mais la musique qu'il aime n'est pas celle d'Apollon : elle n'est pas douce et harmonieuse, mais plutôt bestiale et déchaînée. Autrement dit, elle n'adoucit nullement les mœurs, elle exprime au contraire de manière volontairement indécente le chant des passions les plus archaïques. Ce qui explique que son instrument fétiche soit la flûte de Pan ou de Marsyas.

Voici ce que le jeune Nietzsche a écrit, avec beaucoup de justesse et de profondeur, sur la différence entre Apollon et Dionysos :

« Apollon, dieu éthique, réclame des siens la mesure et, pour qu'ils puissent s'y tenir, la connaissance d'eux-mêmes. C'est pourquoi le "connais-toi toi-même" et le "rien de trop" font pendant à l'exigence esthétique tandis que l'excès d'orgueil et la démesure, démons entre tous ennemis de la sphère apollinienne, furent considérés comme l'apanage des temps pré-apolliniens, de l'âge des Titans, ou du monde extra-apollinien, c'est-à-dire barbare... Le Grec apollinien dut ressentir également comme titanesque et barbare l'action du dionysiaque, sans toutefois pouvoir se dissimuler qu'au fond de son être, il était apparenté à ces Titans... Davantage, il dut comprendre que son existence tout entière, avec sa beauté et sa mesure, reposait sur un fond caché de souffrance et de connaissance que le dionysiaque lui faisait redécouvrir. Et voici qu'Apollon ne pouvait vivre sans Dionysos ! L'élément titanesque et barbare était en définitive aussi nécessaire que l'apollinien. Imaginons l'effet que la fête dionysiaque avec ses ensorcelantes musiques produisit sur ce monde artificiellement protégé, édifié sur l'apparence et la mesure... Imaginons ce que pouvait signifier, en face de ces démoniaques chants populaires, l'artiste apollinien, avec sa psalmodie et les exsangues sonorités de sa harpe... La démesure se révéla comme vérité, la contradiction, la joie née de la douleur parlèrent un langage jailli du cœur de la nature. De sorte qu'en tous lieux conquis par le dionyosiaque, l'apollinien fut aboli et détruit[1]. »

Nietzsche, qui est lui-même un bon musicien, a parfaitement compris trois choses essentielles. La première, c'est que le thème du concours musical n'est pas anecdotique, mais essentiel dans la mythologie, et ce pour une raison de fond : la musique, parce qu'elle met au cœur de l'art l'idée d'harmonie, est une métaphore, un analogue du cosmos, ou, comme il l'écrit lui-même, « une réplique et une seconde version de l'univers[2] » ; la deuxième, c'est que dans l'opposition entre Apollon et Dionysos – ici ce sont les représentants de ce dernier, Pan ou Marsyas, qui sont mis en scène, mais tout le monde comprend qu'il s'agit de faux nez, de personnages qui ne font que représenter Dionysos –, c'est à nouveau, comme toujours depuis les origines du monde, la question du chaos et du cosmos, du titanesque chaotique et de l'olympien cosmique, qui est en jeu ; et la troisième, c'est que, bien évidemment, même si les deux univers divins, celui, harmonieux et calme, qui est symbolisé par Apollon, et celui, contradictoire et déchiré, que représente Dionysos, s'opposent radicalement en

---

1. *La Naissance de la tragédie*, § 4.
2. *Ibid.*, § 5.

apparence, ils sont en vérité inséparables : sans l'harmonie cosmique, le chaos l'emporte et tout est dévasté, mais sans le chaos, l'ordre cosmique se fige et toute vie, toute histoire disparaissent.

À l'époque où il écrit son livre sur la tragédie grecque, Nietzsche est profondément marqué par un philosophe, Schopenhauer, qu'il considère encore comme son maître (il s'en séparera plus tard). Or, ce dernier vient de publier un livre important, au titre à première vue peu compréhensible : *Du monde comme volonté et comme représentation.* Sans prétendre le résumer ici – c'est un gros livre très difficile –, je peux quand même te faire comprendre un de ses principaux leitmotive : la conviction qui anime Schopenhauer, et que Nietzsche va lui emprunter pour lire les Grecs, c'est que notre univers est partagé en deux. D'un côté, il y a un immense flux chaotique, désordonné, déchiré, absurde et dénué de sens, pour l'essentiel inconscient, que Schopenhauer nomme la volonté ; de l'autre, il y a au contraire une tentative désespérée de tirer les choses au clair, de mettre de l'ordre, de revenir au calme, à la conscience, de donner du sens, de l'harmonie justement : c'est ce qu'il appelle la « représentation ». Nietzsche plaque cette distinction sur le monde grec : à l'univers de la volonté, absurde et déchirée, correspond le chaos initial des forces titanesques, et la divinité qui, du moins au sein de l'Olympe, l'incarne le mieux est Dionysos ; au monde de la représentation correspond l'ordre cosmique établi par Zeus, avec son harmonie, son calme et sa beauté. Bien entendu, la lyre d'Apollon appartient au monde de la « représentation » au sens de Schopenhauer, et la flûte, dionysiaque, titanesque, chaotique, non civilisée, anticosmique, relève de l'autre monde, celui de la volonté au sens de Schopenhauer. Il y aura d'ailleurs toujours deux musiques, qui se querellent : l'harmonique, douce, cosmique et civilisée, d'un côté, de l'autre la musique dissonante, chaotique, rauque, qui imite les passions inconscientes de la volonté à l'état brut. À vrai dire, toute musique réussie, à l'image du cosmos grec, se doit de mêler les deux univers... Midas, être grossier et proche de la nature, penche du côté du dionysiaque. Ce n'est pas un hasard si Dionysos est son ami, comme Silène et Pan, pas un hasard non plus si les membres de la suite dionysiaque sont souvent des êtres mi-bêtes, mi-hommes, débordant d'appétit sexuel et dotés d'un goût immodéré pour les fêtes délirantes...

En d'autres termes, ce qui se joue, ou plutôt se rejoue, dans la petite fable de Midas, en apparence, mais en apparence seulement, tout anodine, c'est à nouveau la victoire de Zeus contre les Titans, et si Apollon entre dans une telle fureur, ce n'est pas, comme on le dit parfois bêtement, parce qu'il est « vexé » – qu'a-t-il à faire, lui divinité sublime, du jugement de ce pauvre imbécile de Midas ? – mais parce qu'il doit par nature lutter contre l'*hybris* sous toutes ses formes. Sa mission divine, olympienne, est de la combattre dans l'œuf. Punition pour Midas – qui est puni par où il a péché, en l'occurrence par les oreilles, avec un souci de proportion entre la faute et le châtiment. Supplice atroce pour Marsyas : Midas est un crétin, un rustre qui n'a rien compris à l'enjeu cosmique de la compétition musicale. Il mérite d'être remis à sa place, celle d'une bête stupide, un âne. Une simple punition suffit pour lui. Mais avec Marsyas, il faut faire un exemple : Marsyas est une menace, il a, à la différence de Midas, défié directement un dieu et l'on ne s'explique pas la violence de son châtiment si l'on ne voit pas qu'un tel défi est d'autant plus insupportable que l'ordre cosmique n'est qu'une conquête fragile, à proprement parler superficielle : sous cette surface en apparence ordonnée et paisible, c'est la mer déchaînée du chaos qui sans cesse menace de resurgir. Comme on ne comprenait pas la fureur d'Apollon, certains mythographes sont allés jusqu'à inventer qu'il s'était repenti après avoir tué Marsyas, mais c'est une invention personnelle de ces auteurs, et non la vérité du mythe.

Où tu vois que l'histoire de Midas, qui commençait plutôt de manière comique, se termine étrangement en tragédie : au demeurant, l'un des plus sûrs et plus puissants ressorts de la tragédie grecque va résider dans cette brutalité avec laquelle le cosmos bafoué dans la personne des dieux reprend toujours ses droits contre l'*hybris* humaine...

Mais n'anticipons pas trop. Comme je te l'ai dit, nous n'en sommes pas encore là et malgré ce petit excursus en guise d'amuse-bouche, au stade où nous en sommes, la place des mortels, et notamment des hommes (car il y a aussi les animaux), n'est pas encore fixée. On sait où sont les Titans, et avec eux Typhon – dans le Tartare, enchaînés solidement et gardés par les Hécatonchires – et l'on mesure assez la menace de chaos qu'ils représentaient mais qui est désormais bien circonscrite. On connaît également le lieu ou la mission qui revient à chaque dieu particulier : la mer à Poséidon, les Enfers à Hadès, la terre à Gaïa, le ciel à Ouranos, l'amour et la beauté à Aphrodite, la violence et la guerre à Arès, la communication à Hermès, l'intelligence, les arts et la ruse à Athéna, le fond des ténèbres à Tartare, etc. Mais quelle est, dans cet univers organisé sous l'égide de Zeus, la place qui revient aux mortels ? Nul ne peut encore le dire à ce stade.

Or, la question est évidemment cruciale, car, encore une fois, ce sont bien entendu des êtres humains qui ont inventé toutes ces histoires, tout ce dispositif théologique et cosmologique prodigieusement sophistiqué. Et s'ils l'ont inventé, ce n'est sûrement pas en vain, juste pour se distraire, mais pour donner du sens à l'univers qui les entoure et à la vie que nous devons y mener. Pour essayer de comprendre ce qu'ils font sur cette terre, pour tenter de cerner le sens de leur existence. C'est avec trois mythes inséparables entre eux, le mythe de Prométhée, celui de Pandore (la première femme) et le fameux mythe de l'âge d'or, que la culture grecque va commencer à répondre à cette interrogation fondamentale. Dans un poème intitulé *Les Travaux et les Jours,* Hésiode a pris soin de relier étroitement entre eux ces trois grands récits appelés jusqu'à nos jours à une formidable postérité dans la littérature comme dans l'art et la philosophie. C'est donc eux que je te propose maintenant de suivre. Nous pourrons ensuite nous attacher aux grands récits mythiques portant sur *hybris* et *dikè,* sur les démesures folles perpétrées par certains êtres ou les actes héroïques et justes commis par d'autres, ceux qu'on nomme généralement les héros.

II. Des Immortels aux mortels : pourquoi et comment l'humanité a-t-elle été créée ?

Dans l'œuvre d'Hésiode, qui est la première à le rapporter, le mythe de l'âge d'or se confond avec celui des *cinq âges* ou, pour mieux dire et suivre la lettre du texte grec, des « cinq races » humaines. Car c'est d'abord de cela qu'il s'agit : Hésiode nous décrit cinq humanités différentes, cinq types humains qui se seraient succédé au fil des temps, mais dont on peut aussi penser qu'ils restent, à des titres divers, toujours plus ou moins possibles au sein de l'humanité actuelle.

Le mythe tourne tout entier autour de la question des rapports entre *hybris* et *dikè*[1] : il trace un partage fondamental entre des vies humaines en harmonie avec la justice, avec le cosmos, ou au contraire, des existences vouées à l'*hybris,* à l'orgueil et à la démesure. On dit parfois que ce poème d'Hésiode fut ins-

---

1. Comme l'a montré de manière magistrale Jean-Pierre Vernant dont je m'inspire pour l'essentiel dans l'interprétation de ces trois mythes.

piré par des circonstances réelles. C'est peut-être en partie vrai. Hésiode vient dans sa propre vie de connaître une épreuve terrible, un grave différend avec son frère, Persès, auquel le poème est adressé : à la mort de leur père, Persès a réclamé plus que sa part de l'héritage familial (il a donc péché par *hybris*). Il a même soudoyé les autorités chargées d'instruire le procès pour qu'elles lui donnent raison. Il est dans ces conditions normal que le poème que son frère lui adresse traite de la justice, de *dikè*. Mais Hésiode, en reliant son affaire particulière à la théogonie et à la cosmologie, élargit le propos, de sorte que son œuvre ne se borne nullement à traiter son cas particulier. Elle aborde au contraire de manière générale, dans la perspective qui est celle de l'ordre cosmique organisé sous l'égide des dieux, la question de l'opposition entre une vie bonne, une vie selon *dikè*, et une vie mauvaise, une vie selon l'*hybris*. Mais, malgré l'apparence d'un traité de morale, le poème d'Hésiode va beaucoup plus loin. C'est lui qui, le premier, va aborder la question qui nous intéresse au premier chef après la cosmogonie et la théogonie, après la naissance du monde et des dieux : celle de la naissance de l'humanité telle que nous la connaissons aujourd'hui. L'enjeu fondamental, pour nous mortels, est de comprendre pourquoi nous sommes là et ce que nous allons bien pouvoir faire dans ce monde, divin et ordonné, certes, mais où notre existence mortelle n'a, à la différence de celle des dieux, qu'un temps fort bref qu'il va nous falloir occuper du mieux que nous pouvons.

Je vais commencer par te raconter succinctement le mythe des cinq races, puis nous nous arrêterons plus longuement aux sublimes mythes de Prométhée et de Pandore, la première femme, afin de tenter d'apercevoir les significations que possèdent ces récits fondamentaux en termes de sagesse de vie pour les humains.

Au commencement, donc, il y a l'âge d'or, une époque au plus haut point heureuse, parce que les hommes y vivent encore en communauté de bonne entente avec les dieux. À cette époque, ils sont fidèles à *dikè*, ce sont des justes. C'est dire qu'ils s'abstiennent de cette fâcheuse *hybris* qui conduit à demander plus que sa part et à méconnaître ainsi tout à la fois qui l'on est et en quoi consiste l'ordre du monde. En ce temps-là, nous dit encore Hésiode, les hommes bénéficient de trois merveilleux privilèges, des privilèges dont, encore aujourd'hui, j'en suis sûr, tu voudrais bien disposer. *D'abord*, ils n'ont nul besoin de travailler, ni pour exercer un métier, ni pour gagner leur vie : la nature est alors si généreuse qu'elle leur donne d'elle-même – comme dans le jardin d'Éden, le fameux paradis perdu du mythe biblique d'Adam et Ève – tout ce qu'il faut pour vivre agréablement : les fruits de la terre les plus délicieux, des troupeaux gras et nombreux, des sources d'eau fraîche et des rivières accueillantes, un climat doux et constant, bref de quoi manger, boire, se vêtir et profiter de la vie sans aucun souci. *Ensuite*, ils ne connaissent ni la souffrance, ni la maladie, ni la vieillesse et vivent ainsi à l'abri des maux qui gâtent d'ordinaire l'existence humaine, à l'abri des malheurs qui frappent tout un chacun presque quotidiennement de nos jours. *Enfin*, bien qu'ils soient malgré tout mortels, on pourrait dire qu'ils meurent « aussi peu que possible », sans douleur ni angoisse, « comme pris par leur sommeil » nous dit Hésiode. S'ils sont « à peine mortels », c'est que, tout simplement, ils n'ont pas peur d'une mort qui advient comme en un clin d'œil, sans faire d'histoire, de sorte qu'ils sont au plus proche des dieux dont ils partagent d'ailleurs la vie quotidienne.

Lorsque cette race finit un jour par disparaître, « cachée par la terre » selon la formule d'Hésiode, ces hommes-là ne meurent d'ailleurs pas tout à fait. Ils deviennent ce que les Grecs appellent des « démons ». Attention, le mot n'a pas du tout pour eux le sens négatif qu'il a pris dans la tradition chrétienne et auquel nous sommes aujourd'hui accoutumés : au contraire, il s'agit ici d'esprits bienveillants et justes – comparables, si l'on veut poursuivre l'analogie avec la tradition chrétienne, à des « anges gardiens » – capables de distinguer l'*hybris* de *dikè*, le mal et le bien, la démesure et le juste. En raison de ce discernement remarquable, ils vont recevoir de Zeus le privilège insigne de répartir les richesses en fonction des bonnes et des mauvaises actions des hommes. Et ce qui montre qu'après leur mort ces êtres-là continuent en quelque façon de vivre et même de bien vivre, c'est qu'une fois transformés en démons/anges gardiens, ils restent avec les vivants, *sur la terre, et non dessous*, dans les ténèbres, comme les méchants qui ont été punis par les dieux[1].

Viennent alors l'âge d'argent où règne une race d'hommes puérils et méchants, puis l'âge de bronze, lui aussi détestable, peuplé d'êtres terrifiants et sanguinaires, auquel succède l'âge des héros, guerriers eux aussi, mais valeureux et nobles, qui finiront leurs jours dans l'île des bienheureux où leur vie ressemble en tout point à celle de l'âge d'or. Je laisse leur description[2] de côté

---

1. Cet âge d'or, Hésiode le nomme aussi l'âge de Cronos, ce qui peut sembler bizarre étant donné la fameuse guerre de Zeus contre les Titans que je viens de te raconter. Mais il faut dire que, si l'on en croit Hésiode, malgré ses forfaits ultérieurs, Cronos a quand même été le premier souverain, le premier maître du cosmos, avant d'être vaincu par Zeus, précipité dans le Tartare. D'ailleurs, comme nous l'apprendra la suite du poème, le maître de l'Olympe finira même par pardonner à son père et par le réhabiliter.
2. La voici en résumé : la race d'argent, elle aussi directement fabriquée par les dieux de l'Olympe, comme la race d'or, ne vieillit pas. Pourtant, sa jeunesse durable possède une signification tout autre : pendant cent ans, les hommes de la race d'argent vivent comme des petits enfants. C'est dire qu'ils sont, non pas des adultes épanouis, comme ceux de la race d'or, mais des êtres infantiles qui, dès qu'ils

pour en venir directement au dernier âge, l'âge de fer, c'est-à-dire notre époque et notre humanité. Et là, pour

---

atteignent la maturité, ne vivent que très peu de temps parce que la plus effroyable des *hybris* s'empare d'eux et les conduit aussitôt à la mort : non seulement ils sont de la plus extrême violence entre eux, mais ils refusent d'honorer les dieux, de leur offrir des sacrifices et de leur rendre les honneurs qu'ils méritent. Exaspéré par leur manque de *dikè*, leur méconnaissance de la juste hiérarchie des êtres, Zeus se décide donc à les faire disparaître. On pourrait dire que ces hommes-là sont tout à fait à l'image des mauvaises divinités : comme Typhon ou comme les Titans quand ils font la guerre aux Olympiens, ils ne cherchent pas à édifier un ordre cosmique juste et harmonieux. Au contraire, ils le méprisent et travaillent à sa destruction – ce pourquoi Zeus est contraint de se débarrasser d'eux. À l'opposé, les hommes de l'âge d'or correspondent à un ordre du monde bien régi et bien organisé sous l'égide des Olympiens – ce pourquoi ils peuvent vivre en parfaite harmonie avec eux. Quand les hommes de l'âge d'argent meurent par la volonté de Zeus, ils deviennent eux aussi des démons, mais ces démons-là, contrairement aux premiers, sont enfouis, comme les divinités mauvaises et « chaotiques », sous la terre, dans les ténèbres. Ce qui signifie qu'ils sont punis. La troisième race est celle de bronze, qui n'est pas de même rang que les deux premières : il s'agit d'êtres limités, parce que leur existence se réduit pour ainsi dire à une seule et unique dimension de la vie humaine, à savoir la pure violence de la guerre. Ils ne savent rien faire d'autre que se battre et leur brutalité est sans pareille. Ils sont terrifiants de force, possèdent des armes de bronze et vivent même dans des maisons de bronze : rien de chaleureux ni de confortable n'entoure leur vie. Ils habitent des lieux à leur image : métalliques, durs, froids et vides. Si la première race correspond aux bonnes divinités favorables au cosmos, la deuxième aux divinités ténébreuses et chaotiques, la troisième correspond aux Géants : comme ces derniers, d'ailleurs, elle est vouée à la mort anonyme, à celle que les Grecs nomment la mort « noire », la mort la plus effroyable qui soit à leurs yeux, celle qui règne dans les ténèbres des profondeurs de la terre et dont nul ne réchappe en aucune façon. À force de se battre entre eux, les hommes de bronze finissent par s'anéantir les uns les autres de sorte que Zeus n'a pas besoin d'intervenir pour en débarrasser le cosmos. La quatrième race, celle des héros, s'adonne elle aussi à la guerre. Mais, toute la différence avec les hommes de l'âge de bronze, c'est qu'ils la pratiquent, si l'on ose dire, dans la justice, *dikè*, dans l'honneur, et non dans cette *hybris* que constitue la violence pure. Comme Achille, Héraclès, Thésée, Ulysse ou Jason, ces hommes de l'âge héroïque, ces êtres que leurs actions glorieuses et courageuses ont rendus célèbres le coup, la description d'Hésiode est, si l'on peut dire, apocalyptique. Cette période, à coup sûr, est la pire de toutes. À l'âge de fer, les hommes ne cessent de peiner et de souffrir : il n'est pas une seule joie qui, pour eux, ne soit accompagnée aussitôt d'une peine, pas un bien qui n'implique, comme le revers d'une médaille, un mal. Non seulement les hommes vieillissent à toute vitesse, mais ils doivent travailler dur pour gagner leur vie. Et encore, nous n'en sommes qu'au début de cette ère et les choses peuvent empirer. Pourquoi ? Tout simplement parce que cette humanité vit dans l'*hybris*, dans une démesure totale, qui n'est plus limitée comme celle des hommes de bronze à la brutalité guerrière, mais qui contamine toutes les dimensions de l'existence humaine. Habitée par la jalousie, l'envie, la violence, elle ne respecte ni l'amitié, ni les serments, ni la justice sous aucune forme que ce soit, de sorte que les derniers dieux qui habitent la terre et vivent encore auprès des hommes risquent fort de s'en aller définitivement pour rejoindre l'Olympe. Nous sommes ici aux antipodes du bel âge d'or où les êtres humains vivaient en communauté d'amitié avec les dieux, sans travailler, sans souffrir, et (presque) sans mourir. Les hommes de cet âge de déchéance s'acheminent vers la catastrophe : s'ils persévèrent dans cette voie, comme le laisse penser à Hésiode le différend qu'il a avec son frère, il n'y aura

---

entre tous – et non anonymes comme ceux de bronze – sont des soldats, sans doute, mais ce sont avant tout des hommes d'honneur, soucieux de respecter les dieux et de trouver finalement leur place au sein de l'ordre cosmique. Voilà pourquoi ces héros, qu'Hésiode appelle également des « demi-dieux », sont un peu comme les hommes de l'âge d'or : eux non plus ne meurent pas vraiment. Les plus valeureux d'entre eux, quand ils ont fait leur temps, sont installés par Zeus dans un lieu magnifique, l'« île des bienheureux », où, sous l'égide de Cronos qui a été libéré et pardonné par le maître de l'Olympe, ils vivent là encore comme les hommes du temps de l'âge d'or, sans avoir besoin de travailler, sans souci, sans maladies ni douleurs, sur une terre d'abondance qui leur donne d'elle-même tout ce qui est nécessaire à une vie douce et bienheureuse.

plus même de bien au revers de la médaille, seulement des maux, et, au bout du chemin, une mort sans remède. Où l'on voit les méfaits ultimes et ravageurs d'une vie livrée à l'*hybris*, d'une vie en désaccord avec l'ordre cosmique et, c'est tout un, d'une existence sans respect des dieux.

Ce mythe a soulevé et soulève encore de très nombreuses questions. Il a donné lieu à une incroyable pluralité d'interprétations. Mais une interrogation se dégage avec une sorte d'évidence parmi toutes les autres : comment et pourquoi l'humanité est-elle passée de l'âge d'or à l'âge de fer ? D'où vient ce déclin, cette déréliction ? Comment, pour reprendre un langage d'un tout autre horizon, celui de la Bible – mais qui convient ici parfaitement –, expliquer cette « chute » hors d'un « paradis » désormais perdu ? Voilà, justement, les interrogations auxquelles répondent directement les mythes, inséparables entre eux, de Prométhée et de Pandore. Là encore, laissons-nous guider par les deux poèmes d'Hésiode, la *Théogonie* et *Les Travaux et les Jours*, avant d'évoquer quelques présentations différentes, et plus tardives, du même récit mythique, notamment celles d'un philosophe, Platon, et d'un tragédien, Eschyle.

Le « crime » de Prométhée et la punition
par l'envoi sur terre de Pandore,
première femme et « plus grand malheur
pour les hommes qui travaillent »...

Quand on lit bien le poème d'Hésiode, on comprend aisément que les mythes de Prométhée et de Pandore tentent d'expliquer les motifs du passage de l'âge d'or à l'âge de fer : ce sont eux qui, en mettant entre parenthèses les trois âges intermédiaires, essaient de montrer comment l'humanité est passée d'un extrême à l'autre. Bien entendu, ce passage apparaît au premier abord catastrophique. Et pourtant, c'est bien de nous qu'il s'agit, de notre place singulière, tout à fait originale, au sein de l'univers des éléments et des dieux. Et c'est de cette place qu'il va nous falloir poser le problème de l'existence humaine, de la voie qu'il nous faudra chercher et si possible trouver dans ce monde : impossible, donc, de réfléchir à la sagesse des mortels sans prendre en compte leur situation unique, fût-elle à première vue désastreuse, au sein du cosmos.

Pour bien le comprendre, il faut d'abord que je te dise un mot du personnage qui joue ici le rôle central, à savoir Prométhée. On le présente souvent comme un des Titans. La vérité est un peu différente, car il n'appartient pas à la génération de Cronos. En réalité, il n'est que fils de Titans. Plus précisément, il est l'un des enfants de Japet (un des frères de Cronos) et de Clymène, une ravissante océanine « aux belles chevilles », c'est-à-dire une des nombreuses filles de l'aîné des Titans, Okéanos. En grec, le nom de Prométhée possède une signification très parlante : il veut dire « celui qui pense en avance », c'est-à-dire celui qui est rusé, intelligent, au sens où on dit, par exemple, d'un joueur d'échecs qu'il a toujours « un coup d'avance » sur son adversaire. Il a trois frères dont le destin sera funeste – sans doute en raison des séquelles de la guerre de Zeus contre les Titans qui font que leurs enfants ne sont pas en odeur de sainteté : il y a d'abord Atlas, qui sera condamné par Zeus à porter le ciel sur sa tête en s'aidant de ses bras « infatigables » ; puis Ménoïtios, que le maître de l'Olympe s'empresse de foudroyer parce qu'il le juge arrogant, tout rempli d'*hybris*, et beaucoup trop courageux pour ne pas être dangereux, et enfin Épiméthée. Le nom d'Épiméthée, lui aussi, possède une signification, mais elle est exactement l'inverse de celle de Prométhée. En grec, *pro* veut dire « avant » et *épi*, « après » : Épiméthée, c'est celui qui comprend « après », qui agit sans réfléchir et a toujours un coup de retard, le nigaud affublé de ce qu'on appelle l'« esprit d'escalier », c'est-à-dire de lenteur et de lourdeur. Il va être le principal instrument de la vengeance de Zeus à la fois contre Prométhée et contre les hommes – vengeance qui va justement les faire passer de l'âge d'or à l'âge de fer. Mais n'anticipons pas.

Au moment où commence la scène qui nous intéresse, nous sommes dans une vaste plaine où les hommes vivent encore en parfaite harmonie avec les dieux : la plaine de Mécônè. Selon les mots mêmes d'Hésiode, ils y vivent « *protégés, loin des malheurs, sans travailler durement, sans souffrir des tristes maladies qui font que les hommes meurent* » et « *vieillissent tôt dans le malheur* ». Où tu reconnais sans peine la description de l'âge d'or. C'est encore le bon temps. Ce jour-là, pour une raison qu'Hésiode ne nous indique pas, Zeus décide de « régler les différends entre les hommes et les dieux ». En vérité, il s'agit de continuer la construction du cosmos : de même que Zeus a partagé convenablement le monde entre ses pairs, les dieux, assignant à chacun la juste place qui lui revient et donnant, comme dira plus tard le droit romain, « à chacun le sien », de même il lui faut maintenant décider quelle part de l'univers revient aux humains, quel est, pour ainsi dire, le lot des mortels. Car c'est maintenant d'eux qu'il s'agit. Et dans ce dessein, pour bien déterminer ce qui, à l'avenir, reviendra aux dieux d'un côté et aux hommes de l'autre, Zeus demande à Prométhée de sacrifier un bœuf et de le partager de façon juste afin que ce partage serve en quelque sorte de modèle pour leurs relations futures.

L'enjeu est donc gigantesque et Prométhée, croyant bien faire dans le but d'aider les hommes – dont on dit qu'il a toujours pris la défense contre les Olympiens, peut-être parce qu'il est un descendant des Titans et, comme tel, pas forcément l'ami des dieux de la seconde génération –, tend un piège à Zeus : il fait deux parts, puis met les bons morceaux de viande, ceux que les hommes aimeraient manger, sous la peau de l'animal.

Cette peau, bien entendu, n'est pas mangeable, et pour faire bonne mesure, pour être certain que ce premier tas sera bien répugnant et n'aura aucune chance d'être choisi par Zeus comme celui destiné aux dieux, il fourre le tout dans l'estomac peu ragoûtant du bœuf sacrifié ; de l'autre côté, il rassemble les os blancs, soigneusement nettoyés et par conséquent tout à fait immangeables par les hommes, et il les glisse délicatement sous une belle couche de graisse luisante et bien appétissante ! Je te rappelle que Zeus, qui a avalé Métis, la ruse, et qui est le dieu le plus intelligent d'entre les dieux, ne peut pas être dupe du manège de Prométhée. Bien évidemment, il l'a vu venir, et, fou de rage à l'idée qu'on se moque de lui, il va faire semblant de tomber dans le piège – tout en savourant déjà la terrible vengeance qu'il prépare contre Prométhée et, au passage, contre les humains que ce dernier croit défendre intelligemment dans l'affaire. Zeus choisit donc le tas d'os blancs dissimulés sous la graisse croustillante et il laisse les bons morceaux de viande pour les humains...

Note au passage que[1] Zeus n'a pas beaucoup à se forcer pour laisser la viande aux hommes, et ce pour une excellente raison : les dieux de l'Olympe n'en mangent jamais ! Ils ne mangent et ne boivent que de l'ambroisie et du nectar, la seule nourriture qui convienne aux Immortels. C'est un point capital, et qui annonce déjà en lui-même toute une part des malheurs à venir pour l'humanité qui va sortir de l'âge d'or par la faute de Prométhée : seuls ceux qui vont mourir ont besoin de se nourrir d'aliments, comme la viande et le pain, destinés à régénérer leurs forces. Les dieux se nourrissent par plaisir, pour se divertir et parce que leurs mets sont délicieux ; les hommes se nourrissent d'abord par nécessité et, s'ils ne le faisaient pas, ils mourraient encore plus vite qu'ils ne vont de toute façon le faire

---

1. C'est là encore un thème que Vernant a mis très justement en lumière.

un jour ou l'autre. Garder la viande pour les humains et donner les os aux dieux, c'est donc en vérité entériner le fait qu'ils sont mortels, vite fatigués par le travail, toujours en quête de nourriture en l'absence de laquelle ils dépérissent, souffrent, tombent malades et meurent très rapidement de faim – toutes choses que les dieux ignorent évidemment.

Il n'empêche : Prométhée a tenté de tromper Zeus en faveur, croit-il, des hommes, et Zeus est furieux. Pour les punir, il cesse de leur donner le feu qui vient du ciel et avec lequel les hommes se chauffent, mais, surtout, font cuire les aliments qui leur permettent de vivre. La cuisson est, pour les Grecs, l'un des signes de l'humanité de l'homme, ce qui le situe le plus sûrement à égale distance des dieux et des bêtes : car les dieux n'ont pas besoin d'aliments, et les bêtes, elles, les mangent crus. Et c'est cette spécificité que l'humanité perd dès lors que Zeus lui retire le feu. Qui plus est, seconde punition, « Zeus », nous dit Hésiode d'une formule un peu énigmatique, « a tout dissimulé ». Cela signifie en vérité ceci : au lieu que, comme dans l'âge d'or, les fruits de la terre soient offerts en pleine lumière et en toute saison à l'appétit des hommes, les graines seront désormais enfouies en elle et il faudra la travailler pour en faire sortir des aliments consommables. Il faudra labourer et semer pour faire germer le blé, puis le faucher, le moudre et le faire cuire pour fabriquer le pain. C'est donc – le point est capital – avec la naissance du travail, activité pénible s'il en est, que commence la chute hors du monde paradisiaque.

Voilà pourquoi Prométhée va commettre un deuxième larcin, un second crime de lèse-majesté : il vole tout simplement le feu à Zeus et le redonne aux hommes ! Alors là, la fureur de Zeus est à son comble, sa colère déchaînée ne connaît plus de limite. À rusé, rusé et demi : lui aussi va inventer un piège – et quel piège ! – pour punir les humains que Prométhée voulait protéger ! Il donne l'ordre à Héphaïstos de fabriquer au plus vite, avec de l'eau et de la terre, la statue d'une jeune fille « qu'on aimerait », une femme dont ces imbéciles d'humains vont tomber fous amoureux ! Toute une pléiade de dieux lui donnent un talent, une grâce, un charme : Athéna lui apprend l'art du tissage, Aphrodite lui offre la beauté absolue et le don de susciter le désir « qui fait souffrir » et provoque « les soucis qui vous laissent brisé ». Autrement dit, Pandore, car c'est d'elle qu'il s'agit, sera la séduction faite femme ; Hermès, le dieu de la communication, du commerce, le rusé, séducteur lui aussi et un peu tricheur sur les bords, fait entrer en elle un « cœur de chienne et des façons sournoises » : c'est dire que cette jeune fille voudra toujours, comme dit encore Hésiode, « *plus qu'assez* » – c'est cela que signifie le « cœur de chienne ». Elle sera insatiable, sur tous les plans : nourriture, argent, cadeaux, il lui en faut toujours plus, mais aussi, bien sûr, en matière sexuelle où son appétit est également sans limites. Potentiellement, sa jouissance ne s'arrête jamais – là où l'homme est, quoi qu'il prétende pour faire l'intéressant, très vite épuisé. Quant à ses « manières sournoises », elles signifient qu'elle peut séduire n'importe qui, parce que tous les arguments, toutes les ruses et tous les mensonges les plus délicieux lui sont bons. Pour compléter ce tableau de charme, Athéna lui fait encore cadeau de parures sublimes, Héphaïstos lui confectionne un diadème d'une sophistication inimitable, d'autres divinités encore, les Grâces, celles qu'on appelle les Heures et qui sont des filles de Zeus et de Thémis, ou encore la déesse de la persuasion, lui font également des présents, de sorte qu'au final, comme se dit Zeus dans un rire mauvais, les malheureux humains ne pourront rien, rigoureusement rien, contre ce piège-là, contre cette « peste pour les hommes qui travaillent », contre cette femme sublime en apparence, redoutable en réalité, qui va « réjouir leur cœur » au point que, « tout contents », les benêts « chériront leur propre mal ».

Il faut bien que tu notes ici la ressemblance qui existe entre la ruse de Prométhée et celle de Zeus. Elles se répondent termes à termes : comme toujours dans le cosmos harmonieux, il faut que la punition corresponde à la faute. Prométhée a tenté de tromper Zeus en jouant sur les apparences – il a caché les os immangeables sous de la bonne graisse et, à l'inverse, dissimulé la bonne viande dans l'affreux estomac du bœuf ? Qu'à cela ne tienne ! Zeus, lui aussi, jouera sur le mirage des illusions : Pandore a tous les dehors du bonheur promis, mais au fond, c'est la reine des garces et tout sauf un cadeau !

Cette jeune fille ravissante, imparable, possède d'ailleurs un nom – « Pandora » – à la fois tout à fait parlant et tout à fait trompeur. Il signifie en grec : « celle qui a tous les dons » – parce que, dit encore Hésiode, « tous ceux qui ont leur maison dans l'Olympe lui avaient donné un don » – à moins que cela ne signifie, comme le prétendent certains : « celle qui a été donnée aux hommes par tous les dieux ». Peu importe, d'ailleurs. Le fait est que les deux lectures sont bonnes : Pandore possède en apparence toutes les vertus possibles et imaginables en termes, du moins, de séduction (sinon de morale, ce qui est, comme tu sais, une tout autre affaire...). Et par ailleurs, elle est bel et bien envoyée aux hommes par l'ensemble des Olympiens qui veulent les punir.

Donc, Zeus donne la vie à cette sublime créature, puis il demande à Hermès de la conduire vers Épiméthée, le nigaud qui agit d'abord et réfléchit après, quand c'est trop tard et que le mal est fait. Prométhée avait pourtant prévenu son frère : il lui avait bien dit de n'accepter sous aucun prétexte un cadeau des dieux de l'Olympe car il savait bien qu'ils chercheraient à se venger de lui, et, à travers lui, des hommes. Mais évidemment, Épiméthée tombe dans le panneau et devient fou amoureux de Pandore. Non seulement elle va donner naissance à d'autres femmes qui vont, comme elle, ruiner dans tous les sens du terme la vie des hommes, mais en outre, elle va soulever une étrange « jarre » (qu'on appellera bientôt dans la mythologie la « boîte de Pandore ») dans laquelle Zeus a pris soin de placer tous les maux, tous les malheurs et toutes les souffrances qui vont s'abattre sur l'humanité. Seule l'espérance va rester enfermée au fond de ce récipient funeste ! Ce qui peut être interprété de deux manières. On peut d'abord penser que les humains n'auront pas même de quoi se raccrocher à un quelconque espoir puisque ce dernier n'est pas sorti de la boîte. On peut aussi comprendre, ce qui me semble plus juste, qu'il leur reste bien l'espoir, mais que ce dernier n'a rien d'un bienfait que leur aurait concédé Zeus. Ne t'y trompe pas, en effet : l'espoir, pour les Grecs, n'est pas un cadeau. C'est plutôt un malheur, une tension négative : car espérer, c'est toujours être dans le manque, c'est désirer ce que l'on n'a pas et être, par conséquent, en quelque façon insatisfait et malheureux. Quand on espère guérir, c'est qu'on est malade, quand on espère être riche, c'est qu'on est pauvre, de sorte que l'espérance est bien davantage un mal qu'un bien.

Quoi qu'il en soit, voici comment Hésiode décrit la scène dans *Les Travaux et les Jours*. Je te la lis, car elle indique clairement les liens qui unissent nos trois mythes entre eux (je donne quelques commentaires entre parenthèses) :

« Prométhée lui avait pourtant dit (*à Épiméthée, donc*) de ne jamais accepter un cadeau de Zeus l'Olympien, mais de le lui retourner de peur qu'un mal n'advienne à ceux qui meurent (*aux mortels = aux hommes*). Mais lui (*il s'agit toujours d'Épiméthée*), il accepta, et lorsqu'il eut en main son malheur il comprit (*comme tu vois, il comprend toujours après coup, trop tard*). Autrefois, les tribus des hommes vivaient sur la terre protégées, loin des malheurs, sans travailler durement, sans souffrir de tristes maladies qui font que les hommes meurent (*on retrouve ici le mythe de l'âge d'or et comme tu vois aussi, c'est avec l'apparition de Pandore que les hommes vont en sortir*) ; ceux qui doivent mourir vieillissent tôt dans le malheur... Alors la femme, de ses mains, soulevant le couvercle de la jarre répandit le mal parmi les hommes, leur causa des peines cruelles (*cette jarre qui va devenir bientôt la fameuse "boîte de Pandore", Hésiode ne nous dit pas d'où elle vient ni comment elle se trouve là, mais ce qui est sûr, c'est que c'est Zeus qui l'a remplie de son détestable contenu*). Seule l'espérance resta dans sa maison indestructible à l'intérieur, en deçà des bords de la jarre sans s'échapper dehors ; car d'abord le couvercle retomba sur la jarre comme l'avait voulu Zeus à l'égide (*ce mot vient du grec* aigos, *qui veut dire la chèvre et il désigne le célèbre bouclier de Zeus fabriqué avec la peau de la chèvre Amalthée dont on dit qu'elle était impossible à percer avec des flèches...*). Voici que dix mille souffrances errent parmi les hommes (*car Zeus avait mis dans la "boîte de Pandore" tous les maux possibles et imaginables pour punir les humains : maladies de toutes sortes, douleurs diverses, peur, vieillesse, mort, etc.*) ; la terre est pleine de malheur, la mer en est pleine aussi ; des maladies parmi les hommes, certaines le jour, d'autres la nuit, voyagent selon leur caprice, apportent aux hommes le malheur sans rien dire car Zeus, prudent, leur a retiré la voix (*tous ces maux nous tombent dessus sans que nous puissions les prévoir ni les prévenir*). Il n'est donc pas possible d'esquiver ce que Zeus a voulu (*à savoir, punir les humains mortels*). »

Et voilà pourquoi, à cause de Pandore ou plutôt *par elle*, nous sommes sortis de l'âge d'or.

À cette punition terrible qui semble ne viser qu'indirectement Prométhée puisqu'elle ne le frappe pas lui-même, mais ceux qu'il voulait défendre et protéger, à savoir les humains, s'ajoute une autre qui, cette fois-ci, concerne directement le fils de Japet : il sera enchaîné par des liens douloureux en haut d'une montagne et Zeus lâche contre lui un aigle gigantesque qui chaque jour dévore son foie. Car le foie de Prométhée est immortel et il repousse chaque nuit, de sorte que l'atroce supplice peut sans cesse recommencer... Plus tard, beaucoup plus tard, Prométhée sera finalement délivré par Héraclès. Une légende tardive, bien postérieure au texte d'Hésiode, précise que Zeus avait juré par le Styx – un serment dont il est impossible de se défaire – qu'il ne détacherait jamais Prométhée de son rocher. Mais Zeus est fier des exploits de son fils, Héraclès, et il ne veut pas le désavouer. Pour ne pas non plus se dédire lui-même, Zeus accepte que Prométhée soit libéré à condition qu'il porte toujours un petit morceau de pierre de ce rocher attaché à un anneau ! On dit que ce petit arrangement avec le ciel est à l'origine de l'un de nos bijoux les plus courants : la bague ornée d'une pierre précieuse...

Mais revenons aux humains, et à leur nouvelle condition que dessine clairement le mythe de Pandore. Il porte en lui au moins trois leçons que tu dois essayer maintenant de bien comprendre et de retenir pour mieux apprécier la suite.

Trois leçons philosophiques
du mythe de Prométhée et de Pandore

D'abord, si Pandore est bien, comme y insiste Hésiode, la première femme, cela signifie qu'à l'époque de l'âge d'or, avant le fameux partage du bœuf opéré par Prométhée à Mécônè, les hommes vivaient par définition sans femmes. Il y avait certes de la féminité dans ce monde, notamment toute une myriade de divinités féminines, mais les mortels étaient exclusivement des mâles. Ce qui implique, par voie de conséquence, qu'ils ne naissaient pas de l'union d'un homme et d'une femme, mais seulement par la volonté des dieux et selon les moyens qu'ils avaient choisis (sans doute naissaient-ils directement de la terre, comme d'autres récits mythologiques nous incitent à le penser). Le point est crucial, car c'est cette naissance à partir de l'union sexuelle d'un homme et d'une femme qui va rendre les mortels réellement mortels. Souviens-toi que, dans l'âge d'or, ils ne meurent pas vraiment ou, pour mieux dire, le moins possible : ils disparaissent tout doucement, dans leur sommeil, sans angoisse ni souffrance et sans jamais penser à la mort. En outre, après leur disparition, ils demeurent d'une certaine façon en vie, puisqu'ils deviennent des démons, des anges gardiens chargés de dispenser aux hommes les richesses selon leurs mérites. Désormais, avec l'apparition de Pandore, les mortels sont tout à fait mortels, et ce pour une raison d'une réelle profondeur : c'est que *le temps* tel que nous le connaissons, avec son cortège de maux – vieillissement, maladies, mort... – est enfin réellement né. Tu te souviens qu'Ouranos et, après lui, Cronos ne voulaient pas laisser vivre leurs enfants au grand jour : Ouranos les enfermait dans le ventre de Gaïa, leur mère ; quant à Cronos, il les dévorait carrément jusqu'à ce que la mère de Zeus, Rhéa, le berne et lui fasse avaler un leurre, une pierre enveloppée dans des langes à la place de son fils. La vraie raison de cette volonté farouche d'empêcher les enfants de voir le jour apparaît ici : il ne s'agit pas seulement de prévenir un éventuel conflit au cours duquel le roi en exercice pourrait perdre son pouvoir en étant détrôné par ses propres héritiers, mais, plus profondément encore, il s'agit de faire obstacle au temps, au changement, et par conséquent à cette forme de mort que symbolise la succession de générations. Le cosmos ordonné et stable, voilà l'idéal de tout souverain avisé, et la filiation, l'enfantement, implique toujours peu ou prou la ruine de cette belle permanence. Or, désormais, cette ouverture à la descendance est bel et bien en place – par où l'on voit aussi que les enfants occupent une position pour le moins ambiguë : nous les aimons, certes, mais ils symbolisent aussi notre perte – en quoi les Grecs semblent moins sentimentaux, et peut-être un peu moins simples, pour ne pas dire simplets, que nous ne le sommes devenus aujourd'hui...

En second lieu, comme dans la Bible, la sortie hors de l'âge d'or s'accompagne d'une bien funeste calamité : le travail. Désormais, en effet, il faudra que les hommes gagnent leur pain à la sueur de leur front, et cela, au moins pour deux raisons. La première, je te l'ai dite : c'est que Zeus « a tout dissimulé », il a enfoui dans la terre les fruits qui servent d'aliments aux hommes, notamment les céréales avec lesquelles on fabrique le pain, de sorte qu'il faut maintenant les cultiver pour se nourrir. Mais il y a aussi cette ravissante Pandore, et, avec elle, nous dit la *Théogonie* dont je te cite un petit passage, « la race et les tribus des femmes, grand fléau pour les mortels » :

> « Elles habitent avec les hommes et de pauvreté maudite ne font pas leur compagne (*en clair : elles ne supportent jamais la pauvreté*) : il leur faut plus qu'assez. C'est comme dans les ruches, lorsque les abeilles engraissent les faux bourdons et que tout se passe alors mal pour elles : toute la journée et jusqu'au coucher du soleil, elles s'affairent et posent leurs rayons de cire blanche, tandis que les autres restent au fond des ruches. C'est ainsi la fatigue d'autrui qu'ils engrangent dans leurs panses. »

Pas très féministe, je te l'accorde, mais l'époque d'Hésiode n'est pas la nôtre. Quoi qu'il en soit, c'en est fini de ce bel âge d'or où les hommes pouvaient faire tout le jour la fête avec les dieux et se nourrir en toute innocence, sans jamais sacrifier aux nécessités d'un pénible labeur. Mais le pire, si l'on peut dire, c'est que la femme n'est évidemment pas un mal absolu.

Ce serait trop simple, et c'est là la troisième leçon du mythe : la vie humaine est tragique en ce sens qu'il n'est pas de bien sans mal. L'homme, comme l'a voulu Zeus de son rire sans joie, est totalement feinté, pris au piège sans issue possible. Car s'il refuse de se marier, pour que son patrimoine ne soit pas, comme celui des abeilles auxquelles Hésiode le compare, dévoré par les faux bourdons (la femme qui veut toujours plus qu'assez), alors, sans doute, il peut, tout en travaillant moins, accumuler plus de richesses. Mais à quoi bon ? Pour qui se donnera-t-il toute cette peine ? Sans compter qu'à sa mort, comme il n'aura pas eu d'enfants, de descendance, les richesses accumulées finiront dans les mains de vagues parents éloignés dont il n'a que faire ! Il mourra pour ainsi dire une deuxième fois puisque, privé de descendance, rien de lui ne survivra. Un mortel à la puissance deux, en quelque sorte ! Il lui faut donc se marier, s'il veut des héritiers, mais alors le piège, à nouveau, se referme sur lui – à quoi s'ajoute encore le fait que ses enfants peuvent être mauvais, ce qui est le pire des malheurs pour un père ! Bref, dans un cas comme dans l'autre, le bien s'accompagne inévitablement d'un mal plus grand.

Bien entendu, le texte d'Hésiode paraît terriblement misogyne – et c'est sous cet angle, par exemple, qu'on le lit dans la plupart des universités américaines. Aujourd'hui, les associations de femmes qui prospèrent sur les campus feraient certainement un procès à Hésiode et il serait à coup sûr condamné et interdit d'enseigner. Mais on peut aussi comprendre que les temps ont changé, que notre époque n'est pas celle d'Hésiode et que, par-delà les mots qui choquent, il faut surtout relier ses propos à la question de la mort. Car là est évidemment le malheur suprême qui frappe les hommes qui ne meurent plus à l'âge de fer, si j'ose dire, comme au bon vieux temps de l'âge d'or. À la nouvelle vie que donne la femme lorsqu'on passe d'une naissance à partir de la terre, décidée et réglée par les dieux, à une naissance par une union sexuelle, correspond une nouvelle mort, précédée de souffrances, de labeur, de maladies, et de tous les maux associés à la vieillesse que les êtres humains de l'âge d'or ne connaissaient pas.

De là, à nouveau, la question cruciale, sous-jacente à tout l'univers de la mythologie tel que nous le voyons se mettre en place chez Hésiode : qu'est-ce qu'une vie bonne pour les mortels ? Contrairement à ce que feront les grandes religions, la mythologie grecque ne nous promet pas la vie éternelle, ni le paradis. Elle essaie seulement, comme la philosophie qu'elle annonce, d'être lucide sur la condition qui est la nôtre. Que faire, sinon tâcher de vivre en harmonie avec l'ordre cosmique ou alors, si l'on veut éviter la mort anonyme, essayer d'être célèbre par la gloire héroïque ? Avec Ulysse, il faut se convaincre que cette vie-là peut même être préférable à l'immortalité.

Mais voyons pour l'instant la fin de l'histoire telle qu'elle fut imaginée, ou à tout le moins racontée, après Hésiode.

Les raisons de la chute hors de l'âge d'or : le mythe de Prométhée vu par Platon et Eschyle

Je suis sûr qu'avec le sens de la justice qui anime les enfants tu as dû te poser la question suivante : après tout, pourquoi les humains devraient-ils être punis pour un crime qu'ils n'ont pas commis ? Il y a eu *hybris* de la part de Prométhée, c'est entendu, puisqu'il a voulu défier les dieux et les tromper en dissimulant les bons morceaux de bœuf sous des apparences répugnantes et les mauvais morceaux sous des dehors appétissants. Mais en quoi les hommes sont-ils fautifs dans cette affaire ? Et pourquoi faut-il absolument les remettre à leur place de mortels comme le fait Zeus alors qu'ils n'y sont pour rien et n'ont rien fait de mal ? Contrairement à certains mythographes contemporains, j'ai toujours quelque scrupule à continuer comme si de rien n'était une histoire contée par Hésiode au VIIᵉ siècle avant Jésus-Christ en la complétant par un texte écrit dans un tout autre contexte, plus de trois siècles après, en l'occurrence celui que Platon consacre au mythe de Prométhée dans son dialogue intitulé *Protagoras* – du nom d'un des plus grands sophistes de son époque. Ce n'est pas parce qu'on s'adresse à un large public, voire à des enfants, qu'on doit en profiter pour faire n'importe quoi. On change non seulement d'époque – et trois siècles, ce n'est pas rien ! – mais aussi de registre, puisqu'on passe de la mythologie à la philosophie. Cela étant clairement précisé, le regard philosophique de Platon, bien que tout différent de celui d'Hésiode, offre sur ses poèmes une perspective à la fois éclairante et plausible : Prométhée n'a pas seulement volé le feu à Héphaïstos, il a aussi, selon Platon, volé les arts et les techniques à Athéna, de sorte que l'homme risque fort de se croire un jour ou l'autre l'égal des dieux. Et dans ce cas, l'humanité se mettra sans aucun doute possible à pécher à son tour par *hybris* ! Il est bien possible que ce soit en vérité cela qui se joue déjà dans la plaine de Mécônè, au moment du partage du bœuf sacrifié...

D'après Protagoras, en effet, du moins tel que Platon le met en scène dans son dialogue, le différend entre les hommes et les dieux ne saurait être pleinement compris que si l'on rappelle toute l'histoire, en commençant par remonter à l'époque où les hommes n'existaient pas encore, à l'époque, donc, où il n'y avait sur terre que les dieux.

Un beau jour, ces derniers décident, pour une raison que Protagoras ne précise pas (peut-être s'ennuyaient-ils tout seuls ?), de créer l'ensemble des mortels, c'est-à-dire les animaux et les hommes. Ils s'y mettent donc joyeusement et fabriquent avec de la terre, du feu « et tout ce qui peut se mélanger avec de la terre et du feu » des figurines, des statuettes aux formes diverses. Avant de leur donner la vie, ils demandent à Épiméthée et à

Prométhée de répartir les différentes qualités entre les uns et les autres. Épiméthée supplie son frère de le laisser commencer le travail et il s'attaque d'abord aux espèces animales dépourvues de raison. Comment procède-t-il ? Épiméthée n'est pas aussi bête qu'on le dit et sa distribution des qualités est même fort habile : il construit un « cosmos », un système parfaitement équilibré et viable, faisant en sorte que chaque espèce animale ait sa chance de survivre par rapport aux autres. Par exemple, s'il s'agit d'animaux petits comme un moineau ou un lapin, alors il donne à l'un des ailes, pour qu'il puisse fuir les prédateurs, et à l'autre, pour la même raison, la rapidité à la course et un terrier dans lequel il peut s'abriter en cas de danger. Voici comment Protagoras décrit le travail d'Épiméthée :

« En tout, la distribution consistait de sa part à éga-liser les chances. Et dans tout ce qu'il imaginait, il prenait ses précautions pour éviter qu'aucune race ne s'éteignît. Mais, une fois qu'il leur eut donné les moyens d'échapper à de mutuelles destructions, voilà qu'il imaginait pour elles une défense commode à l'égard des variations de température qui viennent de Zeus : il les habillait d'une épaisse fourrure ou encore de solides carapaces, propres à les protéger contre le froid, mais capables également d'en faire autant contre les brûlantes chaleurs. Sans compter que quand ils iraient se coucher, cela constituerait aussi une couverture, qui pour chacun serait la sienne et qui ferait naturellement partie de lui-même. Il chaus-sait telle race de sabots de corne, telle autre de griffes solides et dépourvues de sang. Ensuite de quoi, il choisissait des aliments différents pour les différentes races : pour certaines l'herbe qui pousse de la terre, pour d'autres les fruits des arbres, pour d'autres des racines ; il y en a auxquelles il a accordé que leurs aliments fussent la chair des autres animaux, mais il leur attribua une fécondité restreinte tandis qu'il attribuait une abondante fécondité à celles qui se

dépeuplaient ainsi et, par là, il assurait une sauve-
garde à leur espèce. »

Bref, comme tu vois, Épiméthée conçoit et réalise ce
que nos écologistes nommeraient aujourd'hui une
« biosphère » ou un « écosystème » parfaitement équilibré – ce que les Grecs, eux, appellent tout simplement
un cosmos, un ordre harmonieux, juste et viable, dans
lequel chaque espèce animale doit pouvoir survivre à
côté et même avec les autres. Ce qui confirme que la
nature – du moins si l'on en croit la mythologie – est
bel et bien un ordre admirable. Alors, tu me demanderas peut-être en quoi Épiméthée mérite d'être traité de
nigaud qui comprend toujours trop tard ?

Voici la réponse de Protagoras :

« Mais, comme Épiméthée, chacun sait cela, n'était
pas extrêmement avisé, il ne se rendit pas compte
que, après avoir ainsi gaspillé le trésor des qualités
au profit des êtres privés de raison, il lui restait
encore la race humaine qui n'était point dotée ; et il
était embarrassé de savoir qu'en faire. Or tandis qu'il
est dans cet embarras, arrive Prométhée pour contrô-
ler la distribution. Il voit les autres animaux convenablement pourvus sous tous les rapports, tandis que
l'homme est tout nu, pas chaussé, dénué de couvertures, désarmé... Alors Prométhée, en proie à
l'embarras de savoir quel moyen il trouverait pour
sauvegarder l'homme, dérobe à Héphaïstos et à
Athéna *le génie créateur des arts*, en dérobant le feu
(car, sans le feu, il n'y aurait moyen pour personne
d'acquérir ce génie ou de l'utiliser). Et c'est en procé-
dant ainsi qu'il fait à l'homme son cadeau. »

Où l'on perçoit en quoi Prométhée commet une double faute qui va entraîner la double punition : contre
lui, par l'aigle effroyable qui lui dévore le foie, mais
aussi contre les hommes auxquels Zeus va envoyer

Pandore et, avec elle, tous les maux désormais liés à la condition humaine mortelle. En quoi consiste en effet cette double faute ?

D'abord, Prométhée s'est conduit comme un voleur : c'est sans permission qu'il entre dans l'atelier que partagent Héphaïstos et Athéna pour dérober au premier le feu, et à la seconde les arts. C'est donc déjà pour ce vol qu'il sera puni. Mais surtout, Prométhée, sans l'accord de Zeus, dote les hommes d'un pouvoir nouveau, *d'un pouvoir de création quasi divin* dont on peut supposer – par-delà le commentaire de Platon qui s'attache à d'autres aspects du mythe qui ne nous intéressent pas directement ici – qu'il risque fort de conduire un jour ou l'autre les humains, si prompts à se laisser aller à l'*hybris*, à se prendre pour des dieux. Car, ainsi que nous l'indique Protagoras, grâce aux dons, proprement divins, que leur fait Prométhée, les hommes apparaissent désormais comme les seuls animaux capables de fabriquer des objets « techniques », artificiels : chaussures, couvertures, vêtements, aliments tirés de la terre, etc. *C'est dire qu'à l'égal des dieux ils deviennent eux aussi de véritables créateurs.* Bien plus, ils sont les seuls à pouvoir articuler des sons de manière à leur donner un sens, c'est-à-dire les seuls à inventer le langage, ce qui, là encore, les rapproche considérablement des dieux. Certes, comme ces dons leur viennent directement des Olympiens à qui Prométhée les a volés, les humains vont aussi être les seuls vivants à savoir qu'il y a des dieux, à leur construire des autels et à les honorer. Pour autant, étant donné qu'ils ne cessent de se comporter de manière injuste les uns vis-à-vis des autres, au point qu'ils risquent sans cesse, contrairement aux animaux qui forment un système d'entrée de jeu équilibré et viable, de s'entre-détruire, l'*hybris* les menace en permanence ! *C'est donc une espèce prodigieusement dangereuse et inquiétante pour le cosmos que Prométhée vient de fabriquer sans l'accord de Zeus : on comprend par conséquent*

162

*fort bien pourquoi ce dernier lui en veut, pourquoi il juge les ruses de Prométhée détestables et inconsidérées, pourquoi aussi il envisage non seulement de punir ce fils de Titan mais aussi, avec lui, les hommes afin, justement, de les remettre eux aussi à leur place et de les inviter à ne jamais céder à l'*hybris*. Tel est le véritable enjeu du mythe : faire en sorte que les mortels, malgré les dons faits par Prométhée, ne se prennent pas pour des dieux.*

C'est au fond à la même idée que conduit la lecture de la pièce que le grand tragédien Eschyle a consacrée à Prométhée près de deux siècles avant que Platon ne mette en scène le mythe à travers les propos de Protagoras.

En effet, on y apprend d'abord que Zeus se méfie déjà des mortels au moment où il partage le monde et organise le cosmos après avoir pris le pouvoir à son père, Cronos. Là encore, je préfère te citer directement le texte d'Eschyle pour que tu t'habitues à la façon de s'exprimer qui était celle des Grecs, cinq siècles avant notre ère :

« Aussitôt qu'il fut assis sur le trône paternel (*c'est-à-dire le trône de Cronos, que Zeus vient de renverser avec l'aide des Cyclopes et des Hécatonchires*), il répartit les privilèges entre les différents dieux et fixa les rangs dans son empire (*comme tu t'en souviens, c'est ici que commence vraiment la création de l'ordre cosmique*). Mais il ne fit aucun compte des malheureux mortels. Il voulait même en faire disparaître la race tout entière pour en faire naître une nouvelle. Et personne ne s'y opposait que moi, Prométhée. Seul, j'eus cette audace et j'empêchai que les mortels mis en pièces ne descendissent dans l'Hadès (*dans les Enfers qu'on appelle souvent du nom du dieu qui en est le maître*). Voilà pourquoi je suis courbé sous le poids de ces douleurs pénibles à supporter, pitoyables à voir (*il s'agit bien entendu des chaînes douloureuses et de l'aigle dévoreur de foie*). Pour avoir eu pitié des mortels, j'ai été jugé indigne de pitié... »

Sans doute, mais, là encore, pourquoi ? Un peu plus loin, Prométhée se vante de tous les bienfaits qu'il a apportés aux hommes. Quand on en lit la liste, comme chez Platon, on comprend que Zeus ne voie pas du tout d'un bon œil cette espèce qui risque – un peu comme le craignent les écologistes d'aujourd'hui – d'être désormais la seule sur cette terre à pouvoir pratiquer, grâce aux techniques dont elle dispose, la démesure au point de menacer purement et simplement de destruction l'ordre cosmique :

« Écoutez plutôt les misères des mortels et comment, d'enfants qu'ils étaient auparavant, j'ai fait des êtres doués de raison et de réflexion. Je veux vous le dire, non pour dénigrer les hommes, mais pour vous montrer de quelles faveurs ma bonté les a comblés. Autrefois, ils voyaient sans voir, ils écoutaient sans entendre, et, semblables aux formes des songes, ils brouillaient tout au hasard tout le long de leur vie. Ils ne connaissaient pas les maisons de briques ensoleillées. Ils ne savaient point travailler le bois. Ils vivaient enfouis comme des fourmis agiles au fond d'antres sans soleil. Ils n'avaient point de signe sûr ni de l'hiver, ni du printemps fleuri, ni de l'été riche en fruits. Ils faisaient tout sans user de leur intelligence, jusqu'au jour où je leur montrai l'art difficile de discerner les levers et les couchers des astres. J'inventai pour eux la plus belle de toutes les sciences, celle du nombre, et l'assemblage des lettres qui conserve le souvenir de toutes choses et favorise la culture des arts. Le premier aussi, j'accouplai les animaux et les asservis au joug et au bât pour prendre la place des mortels dans les travaux les plus pénibles et j'attelai au char les chevaux dociles aux rênes, luxe dont se pare l'opulence. Nul autre que moi non plus n'inventa ces véhicules aux ailes de lin où les marins courent les mers. Voilà les inventions que j'ai imaginées en faveur des mortels et moi-même, infortuné, je ne vois aucun moyen de me délivrer de ma misère présente. »

Prométhée est bien gentil, mais il passe totalement à côté du problème qui préoccupe Zeus – problème qui, encore une fois, resurgit sous un jour très proche dans l'écologie contemporaine – et ce n'est nul hasard si l'image de Prométhée y est d'ailleurs omniprésente. Car aux yeux de Zeus, la déclaration de Prométhée sonne comme un terrible aveu et ce que le fils du Titan Japet avance pour sa décharge est du point de vue des Olympiens la plus terrible des charges. Ce que la mythologie grecque met ici en scène avec une clairvoyance et une profondeur impressionnantes, c'est la définition, tout à fait moderne[1], d'une espèce humaine dont la liberté et la créativité sont fondamentalement antinaturelles et anticosmiques. L'homme prométhéen, c'est déjà l'homme de la technique, celui qui est capable de créer, d'inventer sans cesse, de fabriquer des machines et des artifices susceptibles un jour de s'affranchir de toutes les lois du cosmos. C'est cela, très exactement, que Prométhée lui donne en dérobant le « génie des arts », c'est-à-dire la faculté d'utiliser, voire d'inventer toutes sortes de techniques. Agriculture, arithmétique, langage, astronomie : tout lui sera bon pour sortir de sa condition, pour s'élever avec arrogance au-dessus des êtres de nature et pour troubler ainsi l'ordre cosmique tout neuf que Zeus a si péniblement réussi à construire ! Bref, à la différence des autres espèces vivantes – celles dont Épiméthée a parfaitement réglé la vie de façon qu'elles forment un système équilibré et immuable, en tout point opposé à celui que va former l'humanité dès lors qu'elle sera dotée des arts et des sciences –, l'espèce humaine est la seule parmi les mortels qui soit capable d'*hybris*, la seule qui puisse tout à la fois défier les dieux et troubler, voire détruire la nature. Et c'est bien sûr cela

---

1. On la retrouvera au départ de la tradition humaniste, chez Pic de la Mirandole, chez Rousseau, chez Kant, et même encore chez Sartre.

que Zeus ne peut voir que d'un mauvais œil, pour ne pas dire d'un œil mauvais si l'on en juge par les punitions qu'il inflige à Prométhée ainsi qu'aux humains.

De là à songer à détruire l'humanité tout entière, il n'y a qu'un pas, que certains récits mythologiques n'ont pas hésité à franchir.

Le déluge et l'arche de Deucalion selon Ovide : destruction et renaissance de l'humanité

Un fait est désormais bien établi : le penchant pour l'*hybris* qui caractérise l'humanité depuis qu'elle a été dotée de nouveaux pouvoirs de créativité liés aux techniques que Prométhée a volées aux dieux est indéniable. Il la menace sans cesse davantage de sombrer dans le vice et de commettre de plus en plus de crimes contre l'ordre juste. Plusieurs mythographes anciens font suivre l'évocation (plus ou moins déformée par rapport à Hésiode) du mythe de l'âge d'or par celle d'un autre épisode fameux : celui du déluge par lequel Zeus aurait décidé de détruire l'humanité actuelle pour la faire renaître – tout à fait comme dans la Bible – à partir de deux justes : un homme, Deucalion, le fils de Prométhée, et une femme, Pyrrha, la fille d'Épiméthée et de Pandore. Tous deux sont décrits comme des êtres simples et droits, vivant selon *dikè*, la justice, à l'écart de l'*hybris* qui caractérise le reste de l'humanité tombée en décadence[1]. Le premier poète à donner du déluge

1. Cet épisode n'apparaît nullement dans le texte d'Hésiode et le problème, bien entendu, s'est posé de savoir à quelle époque il fallait faire intervenir ce fameux déluge. S'appuyant sur des sources tardives – probablement la *Bibliothèque* d'Apollodore –, certains rattachent sans discussion cette destruction de l'humanité corrompue à l'âge de bronze. Il faut bien avouer cependant que, dans la perspective ouverte par Hésiode, cette hypothèse n'a guère de sens puisque les hommes de l'âge de bronze ont justement pour caractéristique essentielle de s'autodétruire en se battant entre eux, de sorte que Zeus n'a nullement besoin d'intervenir pour en débarrasser le cosmos.

166

un récit détaillé et complet – on ne trouve avant lui que quelques allusions ici ou là, mais pas assez complètes pour en tirer une histoire cohérente – est Ovide. Au début des *Métamorphoses*, il nous livre une version plausible du mythe et relie l'épisode du déluge à un événement particulier qui pourrait avoir eu lieu à notre époque, c'est-à-dire à l'âge de fer, et qui résulterait directement de la déréliction à laquelle l'humanité serait parvenue dans cette période : il s'agit de l'affaire Lycaon, un roi grec qui a essayé de tromper Zeus de manière abominable. Ovide évoque encore l'existence d'une race qui, après ou pendant l'âge de fer, on ne sait trop, aurait été fabriquée par Gaïa avec le sang des Géants terrassés par Zeus – afin que la race de ses enfants ne s'éteigne pas. Elle aurait donné à ces êtres une « face humaine ». Ils porteraient cependant la trace indélébile de leurs origines et seraient caractérisés avant tout par la violence, le goût du carnage et le mépris des dieux.

Arrêtons-nous un instant à ce récit du déluge et supposons que nous sommes en compagnie de la race de fer ou, pis encore si possible, de celle qui est issue du sang des Géants terrassés par Zeus, par conséquent en plein déferlement de l'*hybris*. Zeus, à qui l'on a rapporté que les mœurs des humains étaient calamiteuses, vient faire une tournée d'inspection sur la terre pour voir jusqu'où est tombée l'humanité. Qu'observe-t-il alors ? Que la situation est pire encore que tout ce qu'on a pu lui décrire ! Partout règnent des assassins, des voleurs, des hommes qui méprisent l'ordre du monde instauré par les dieux. Pour faire ses observations par lui-même, en toute tranquillité, et sans risquer de fausser le jeu en étant reconnu, Zeus prend une apparence humaine et se promène un peu partout sur la terre. Il arrive ainsi en Arcadie, où règne un tyran du nom de Lycaon (ce qui, en grec, signifie « le loup »). Il révèle au peuple de cette région qu'un dieu est descendu sur terre et le peuple, impressionné, se met à lui adresser des prières.

Mais Lycaon, lui, éclate de rire. Et selon un schéma que nous allons souvent retrouver et qui ressemble à l'épisode de Tantale, il entreprend de défier Zeus pour voir si vraiment il est bien, comme il le prétend, un dieu ou, au contraire, un simple mortel.

Lycaon a décidé de tuer Zeus pendant son sommeil, mais avant de mettre à exécution ce dessein funeste, il tranche la gorge d'un malheureux prisonnier que le roi d'un peuple qu'on appelle les Molosses lui avait laissé en otage, il le découpe en morceaux, fait bouillir les uns et rôtir les autres, et ne trouve rien de mieux à faire que de donner le tout à manger à Zeus pour son dîner ! Fatale erreur car, comme avec Tantale, Zeus a tout perçu et compris d'avance. Sa foudre parle et le palais de Lycaon s'écroule sur sa tête. Le tyran, toutefois, parvient à en réchapper mais Zeus le change en loup – et l'on voit Lycaon, toujours aussi mauvais, toujours l'œil animé par sa passion sanguinaire, tourner maintenant sa haine contre les autres bêtes dont il devient le prédateur le plus féroce… Voici comment Ovide rapporte la scène au début de ses *Métamorphoses* – que je te cite, toujours dans le même esprit, afin que tu voies dans quel style et avec quelle vivacité on rapportait ces mythes à l'époque. C'est Zeus, ici, qui parle à la première personne. Il est sur l'Olympe où il a convoqué pour un conseil extraordinaire tous les autres dieux. C'est à eux qu'il s'adresse pour leur faire part de son expérience, leur annoncer qu'il s'apprête à détruire la race humaine et leur fournir aussi les motifs de sa décision. Comme toujours, je mets mes propres commentaires entre parenthèses :

> « Pendant la nuit, tandis que je dormais d'un profond sommeil, Lycaon s'apprêtait à me surprendre et à me donner la mort ; voilà par quelle épreuve il voulait connaître la vérité (*c'est-à-dire savoir si Zeus est vraiment un dieu ou pas*). Mais ce n'était pas encore assez pour lui. Avec son épée, il tranche la gorge d'un des

otages que lui avait envoyés le peuple des Molosses. Ensuite, il fait bouillir une partie de ses membres encore palpitants dans l'eau brûlante pour les rendre plus tendres et il fait rôtir l'autre partie sur le feu. À peine les a-t-il disposés sur la table que de ma foudre vengeresse j'ai renversé sur lui son palais... Saisi par l'effroi, il se sauve, et après avoir gagné la campagne silencieuse, il se met à hurler ; mais c'est en vain qu'il s'efforce de parler ; toute la rage qui habite son cœur se concentre dans sa bouche ; sa soif habituelle du carnage se retourne maintenant contre les troupeaux de sorte qu'il continue toujours à se complaire dans le sang... Ses vêtements se transforment en poils, ses bras deviennent des pattes mais il conserve encore les traces de son allure ancienne. Il a toujours le même poil grisonnant, le même air méchant, les mêmes yeux enfiévrés et il n'a rien perdu de son air féroce. Je n'ai frappé de ma foudre qu'une seule maison, mais il en est plus d'une qui mériterait le même sort ! Car c'est sur toute la terre que règne la furieuse Érinye (*c'est-à-dire, tu t'en souviens, l'une des déesses de la vengeance – ce qui signifie qu'il y a des crimes à punir partout*). On dirait une conjuration pour le crime ! Ne traînons pas. Que tous ces hommes subissent – telle est ma décision et elle est irrévocable – le châtiment qu'ils ont mérité. »

Et le châtiment, comme tu l'as deviné, c'est le déluge. Zeus songe un instant à détruire l'humanité par son arme favorite, celle qu'il a déjà utilisée contre Lycaon, la foudre, mais il se ravise : l'ampleur de la destruction requise est si grande – c'est toute la terre qu'il faut débarrasser du genre humain corrompu –, que le brasier nécessaire risquerait d'embraser tout l'univers et de brûler l'Olympe lui-même. C'est donc à l'eau que Zeus va recourir, et c'est par elle que l'humanité va périr. Zeus prend soin d'enfermer les vents qui chassent les nuages – ceux qui, par conséquent, comme le mistral méditerranéen, apportent le beau temps sec et chaud. Il lâche en revanche, comme de mauvais chiens de meute, les airs humides, lourds de nuées ténébreuses, gorgés d'une eau qui commence à tomber du ciel en gouttes épaisses et lourdes. Pour faire bonne mesure, il demande aussi à Poséidon (Neptune) de frapper le sol de son trident pour faire sortir les rivières de leurs lits et déchaîner aussi les vagues des océans. Bientôt, la terre entière est recouverte d'eau. On voit, note Ovide, des phoques aux corps informes remplacer les chèvres dans les prairies, des dauphins tracer au milieu des arbres, des loups nager avec des brebis aux côtés de lions au poil fauve qui ne pensent plus qu'à sauver leur peau... Les filles de Nérée, l'un des dieux de la mer, s'émerveillent de découvrir des villes entières encore intactes sous les eaux... Bref, hommes et bêtes, tout ce petit monde des mortels finit par être englouti. Même les oiseaux meurent, car, fatigués de voler au-dessus d'une mer sans limites, ils finissent par s'y laisser choir et y être engloutis. Et ceux que les eaux, d'une façon ou d'une autre, ont épargnés sont un jour ou l'autre terrassés par la faim – car évidemment, il ne reste plus aucun aliment pour se nourrir.

Tout le monde est mort... Sauf deux êtres, deux humains que Zeus a pris soin de préserver – et, là encore, nous sommes tout proches du mythe biblique. Car au moment où il annonce sa décision de détruire la totalité du genre humain, l'assemblée des dieux est en vérité partagée. Les uns vont dans son sens et en rajoutent même dans la volonté exterminatrice. Mais d'autres font au contraire observer que la terre, sans les mortels, risque d'être bien ennuyeuse et vide : va-t-on laisser ce merveilleux endroit en partage aux seules bêtes sauvages ? Et puis, qui s'occupera des autels, de faire les sacrifices, de rendre hommage aux dieux s'il n'est plus d'hommes pour s'en soucier ? La vérité – mais c'est moi qui le rajoute ici et ce n'est que sous-jacent dans le texte d'Ovide –, c'est que sans les hommes, le cosmos tout entier est voué à la mort !

Et l'on touche là, de nouveau, un des thèmes les plus profonds de la mythologie : *si l'ordre cosmique était parfait, s'il était caractérisé par un équilibre immuable et sans faille, c'est tout simplement le temps qui s'arrêterait, c'est-à-dire la vie, le mouvement, l'histoire, et il n'y aurait, même pour les dieux, plus rien à voir ni à faire. Où l'on voit que le chaos primordial et les forces qu'il ne cesse d'engendrer de temps à autre ne peuvent ni ne doivent jamais totalement disparaître. Et l'humanité, avec tous ses vices, avec, surtout, la succession infinie des générations qu'elle implique depuis que Pandore lui a été envoyée et que les hommes meurent enfin « vraiment », est indispensable à la vie. Paradoxe magnifique que l'on pourrait formuler ainsi : il n'est pas de vie sans mort, pas d'histoire sans succession des générations, pas d'ordre sans désordre, pas de cosmos sans un minimum de chaos.* Voilà pourquoi, face aux objections que lui font certains dieux, Zeus a choisi d'épargner deux humains. Pourquoi ? Tout simplement pour que l'humanité puisse revivre. Lesquels ? Ce seront deux êtres d'exception, pour que cette espèce reparte du moins sur des bases solides et saines. D'exception, cela ne signifie nullement qu'ils soient « grandioses ». Au contraire, ce sont des êtres simples, mais, comme on dit, « honnêtes ». Ils ont le cœur pur, vivent loin de l'*hybris*, selon les principes de *dikè*, en honorant les dieux et en respectant l'ordre du monde. Qui sont-ils ? Je t'ai donné leurs noms : Deucalion et Pyrrha. Comme je te l'ai dit, le premier est un fils de Prométhée. Hésiode ne nous dit jamais qui est sa mère, pas plus qu'Ovide, mais on croit savoir par Eschyle qu'il pourrait s'agir d'une fille d'Okéanos, d'une Océanide, donc, du nom d'Hésioné. Quant à Pyrrha, elle est la fille d'Épiméthée et de Pandore. En un sens, c'est l'humanité de l'âge de fer qui continue. Mais elle repart de zéro, à partir d'un homme et d'une femme qui, pour tout l'avenir qui s'ouvre, c'est-à-dire pour notre humanité actuelle, *peuvent être considérés comme le premier homme et la première femme.*

Comment vont-ils peupler la terre ? D'une bien curieuse façon, qui rappelle les temps primordiaux et qui ne doit rien à Pandore – c'est préférable, si l'on veut repartir du bon pied. Tout seuls, effrayés, perdus dans l'univers gigantesque et désert, Deucalion et Pyrrha, qui avaient pris soin de construire, comme Noé, une arche bien solide, abordent après neuf jours de déluge ininterrompu sur les hauteurs du mont Parnasse, qui ont été soigneusement préservées des eaux par la volonté de Zeus. Là, ils rencontrent des nymphes charmantes, qu'on nomme les nymphes « coryciennes » parce qu'elles habitent dans une grotte, le Corycion, nichée sur le flanc du mont Parnasse, juste au-dessus de Delphes. Ils se rendent alors vers le sanctuaire de Thémis, l'autre déesse de la justice, et ils lui adressent leurs prières : comment survivre après la catastrophe, et surtout, comment, à eux seuls, restaurer l'humanité perdue ? Thémis les prend en pitié et voici sa réponse, comme toujours avec les oracles, fort énigmatique au premier abord :

« Éloignez-vous du temple, voilez-vous la tête, déta-chez la ceinture de vos vêtements et jetez derrière votre dos les os de votre grand-mère. »

Il faut bien l'avouer, ces recommandations parais-sent fort étranges et nos deux malheureux humains sont tout décontenancés ! Qu'a voulu dire au juste la déesse ? Alors ils réfléchissent et finissent par com-prendre : se voiler la tête et détacher la ceinture de ses vêtements, c'est adopter la tenue rituelle des prêtres qui font un sacrifice aux dieux. Il s'agit donc d'un signe d'humilité, de respect – le contraire de l'*hybris* qui a conduit l'humanité à sa perte. Quant aux os de la grand-mère, ils ne signifient évidemment pas qu'il faille, comme Deucalion et Pyrrha se l'imaginent au début, aller profaner quelque cimetière ! La grand-mère dont il s'agit, bien sûr, c'est Gaïa – à vrai dire, pour être précis, c'est l'arrière-grand-mère de Deucalion et

Pyrrha, la mère de Japet, lui-même père de Prométhée et d'Épiméthée, les parents de nos deux rescapés. Et les os de Gaïa, naturellement, ce sont les cailloux. Il suffisait d'y penser. Tout émus, craignant d'avoir mal compris, Deucalion et Pyrrha ramassent quand même des pierres et les jettent dans leur dos, par-dessus leurs épaules. Miracle ! Voilà que les pierres s'amollissent. En se mêlant à la terre, elles deviennent chair, et des veines apparaissent à leur surface, qui se gonflent de sang. Celles que Pyrrha a jetées deviennent des femmes et celles de Deucalion des hommes qui portent le sceau de leur origine : la nouvelle humanité sera une race dure à la tâche, comme la pierre dont elle est issue, à l'épreuve de la fatigue et solide comme le roc !

Restent les animaux qui, eux aussi, ont tous péri dans le déluge. Fort heureusement, sous les feux du soleil, la terre gorgée d'eau se réchauffe et dans cette boue tiède, « comme dans le sein d'une mère » dit Ovide, des animaux commencent à naître doucement, puis ils sortent à la lumière, voient le jour et s'épanouissent, innombrables, espèces anciennes, déjà connues, ou au contraire toutes neuves.

Le monde est à nouveau en marche. La vie reprend son cours et l'ordre cosmique échappe désormais aux deux maux qui le menaçaient : le chaos, d'un côté, qui risquait à tout instant de resurgir du fait d'une humanité plongée de toute part dans l'*hybris* ; l'ennui figé et la vacuité si les espèces mortelles avaient totalement disparu. Où tu vois que c'est seulement maintenant que la cosmogonie, la construction du cosmos, est véritablement achevée.

C'est donc aussi en ce point que la question cruciale, celle en laquelle la mythologie touche à la philosophie – qu'est-ce qu'une vie bonne pour les mortels ? – va pouvoir enfin se poser dans toute son ampleur. Et c'est avec Ulysse que nous allons commencer à y répondre en profondeur. Car il ne suffit pas de se placer du point de vue des dieux, comme nous l'avons fait jusqu'à présent en épousant la logique de la théogonie. Après tout, ce qui nous intéresse nous, les humains, c'est de savoir comment nous allons nous situer par rapport à toute cette édification grandiose. Admettons par hypothèse que nous acceptions la vision grecque du monde, que nous pensions que l'univers est globalement harmonieux et ordonné et que nous, êtres finis, sommes irrémédiablement voués à la mort : quels sont, dans ces conditions, les principes d'une vie bonne ? Du reste, ces deux données de départ sont d'autant moins absurdes pour nous, aujourd'hui, qu'elles possèdent même une grande actualité : tout bien pesé, il est fort possible que l'univers soit effectivement ordonné comme le pensaient les Grecs. La science contemporaine plaide par nombre d'aspects en ce sens. Chaque jour davantage, les découvertes de la biologie ou de la physique modernes nous donnent à penser qu'il existe bel et bien des écosystèmes, que l'univers est organisé, qu'il évolue vers des êtres de plus en plus adaptés, etc. Quant à la finitude, le désenchantement du monde aidant, nous sommes de plus en plus nombreux, du moins dans les pays démocratiques, à penser que la notion d'immortalité promise par les religions est pour le moins douteuse. L'idée, par conséquent, que la sagesse consisterait à accepter l'hypothèse d'un ordre cosmique au sein duquel vivraient pour un temps des mortels est plus contemporaine que jamais. Voilà aussi pourquoi le voyage d'Ulysse, qui, passant clairement du point de vue des dieux à celui des simples mortels, décrit la façon dont un être humain particulier peut et doit trouver sa place dans le cosmos pour parvenir à la vie bonne, nous parle encore aujourd'hui.

Tâchons de mieux voir maintenant en quoi et pourquoi : c'est toute la question de la sagesse des mortels qui est ici en jeu et, crois-moi, elle en vaut la peine.

CHAPITRE 3

La sagesse d'Ulysse

ou la reconquête de l'harmonie perdue

C'est donc du fameux voyage d'Ulysse que je vais maintenant te parler, celui qu'Homère nous a conté dans l'*Odyssée*, et qui va durer au moins dix ans, après la terrible guerre de Troie. Si tu tiens compte du fait que ce conflit a éloigné notre héros des siens pendant déjà dix longues années, cela fait au moins vingt ans qu'Ulysse n'est plus « à sa place », auprès de ses proches, là où il devrait vivre. Or, il n'a jamais voulu cette guerre. Il a tout fait pour ne pas y participer et c'est sous la contrainte qu'il quitte sa patrie, Ithaque, la ville dont il est le roi, son tout jeune fils, Télémaque, son père, Laërte, et sa femme, Pénélope. Il s'agit d'une contrainte morale, bien sûr, mais elle n'en est pas moins forte : malgré tout son désir de rester là où il est chez lui, auprès des siens, Ulysse doit se résoudre à tenir ses engagements envers Ménélas, le roi de Sparte auquel le jeune prince troyen, Pâris, vient de voler la femme, la belle Hélène. Ulysse est, au sens grec du terme, « catastrophé » : il est déplacé violemment de son lieu naturel, de l'endroit qui lui appartient mais auquel il appartient aussi, éloigné par force de ceux qui l'entourent et qui forment son monde humain. Et il n'a qu'un désir, rentrer chez lui dès que possible, retrouver

175

sa place dans l'ordre du monde que la guerre a boule-versé. Mais pour plusieurs raisons, son voyage de retour va être incroyablement pénible et difficile, semé d'embûches et d'épreuves quasi insurmontables – ce qui explique la longueur et la durée du périple que le héros va devoir accomplir. En outre, tout va se dérouler dans une atmosphère surnaturelle, dans un monde magique et merveilleux qui n'est plus le monde humain, un uni-vers peuplé d'êtres démoniaques ou divins, bienveillants ou maléfiques, mais qui de toute façon ne relèvent plus de la vie normale et représentent, comme tels, une menace : celle de ne jamais revenir à l'état initial, de ne jamais retrouver une existence humaine authentique.

I. Mise en perspective.
Le sens du voyage et la sagesse d'Ulysse : de Troie à Ithaque ou du chaos au cosmos

Je pourrais, bien entendu, te raconter une à une les différentes étapes du voyage, sans t'en indiquer le sens. Elles sont en soi assez divertissantes pour être lues sans qu'on les comprenne, et je suis sûr que tu y prendrais déjà plaisir. Mais ce serait vraiment dommage, tu y perdrais beaucoup, et cela n'aurait guère de significa-tion. D'abord parce que des dizaines d'ouvrages, y com-pris à l'usage des enfants, ont déjà conté les péripéties du voyage d'Ulysse. Ensuite et surtout, parce que les aventures du roi d'Ithaque ne prennent leur relief véritable qu'une fois mises en perspective à partir de ce que nous venons de voir ensemble : l'émergence, avec la théogonie et la cosmogonie, d'une sagesse cos-mique, d'une nouvelle et passionnante définition de la vie bonne pour les mortels, d'une « spiritualité laïque » dont Ulysse est peut-être bien le premier représentant dans l'histoire de la pensée occidentale. Si la vie bonne, pour ceux qui vont mourir, est la vie en harmonie avec l'ordre cosmique, alors, Ulysse est l'archétype de l'homme authentique, du sage qui sait à la fois ce qu'il veut et où il va. Voilà pourquoi, même si cela retarde un peu le moment du récit – mais rassure-toi, nous allons y venir aussi vite que possible –, il faut que je te donne quelques clefs de lecture qui te permettront de donner son véritable sens à cette épopée et d'en percevoir ainsi toute la profondeur philosophique.

Fil conducteur n° 1.
Vers la vie bonne et la sagesse des mortels :
un voyage qui va, comme la théogonie,
du chaos au cosmos…

D'abord, il faut noter que tout commence par une série de fractures, une succession de désordres qu'il va falloir affronter et apaiser. Comme dans la théogonie, l'histoire part du chaos et se termine par le cosmos. Or, ce chaos originel possède toutes sortes de visages différents. D'abord[1], celui qui saute aux yeux, c'est bien

_____

1. Avant que la guerre de Troie n'éclate, avant même que la déesse de la discorde, Éris, ne vienne gâcher le mariage de Thétis et de Pélée pour mettre en place les prémices du conflit – l'amour de Pâris et d'Hélène –, un destin funeste se profile sur les Grecs, « la malédiction des Atrides ». Cette malédiction fait l'objet en elle-même d'une très longue histoire, qui passe de génération en génération pendant plusieurs siècles… Elle commence avec Tantale, qui a défié les dieux et subit aux Enfers un terrible supplice : non seulement il meurt de faim et de soif en permanence, mais un énorme rocher situé au-dessus de sa tête dans un équilibre précaire menace sans cesse de l'écraser, lui rappelant qu'il n'est qu'un mortel et qu'il a eu bien tort de se mesurer aux Olympiens. Mais les dieux ne s'arrêtent pas là, et c'est toute sa descendance qui, elle aussi irrespectueuse des dieux, va expier ses crimes originels. Les enfants de sa fille, Niobé, seront massacrés par les enfants de Léto, les deux archers jumeaux, Artémis et Apollon. Son fils, Pélops, aura deux enfants, Atrée et Thyeste, qui se haïront – au point qu'Atrée tuera les enfants de son frère, les fera bouillir et les lui servira un jour à dîner ! Atrée lui-même aura deux enfants, Ménélas et Agamemnon, qui commanderont les Grecs pendant la guerre de Troie. Mais à son retour, Agamemnon, trompé par Égisthe qui couche avec sa femme, Clytemnestre, laquelle ne lui pardonne pas

évidemment la guerre elle-même, placée sous les espèces d'Éris – comme en témoigne l'épisode de la « pomme de discorde » que je t'ai raconté au début de ce livre. Ce conflit est terrible, des milliers de jeunes gens vont y perdre la vie dans des combats d'une effroyable cruauté. À l'époque, comme aujourd'hui, la guerre est atroce : non seulement elle est sanguinaire et brutale, mais elle représente un déracinement sans pareil pour des soldats qui sont entraînés loin de chez eux, loin de toute civilité, de tout bonheur, plongés dans un univers qui n'a plus rien à voir avec ce que la vie bonne, la vie en harmonie avec les autres comme avec le monde, devrait être.

Mais, une fois gagnée par les Grecs, en grande partie grâce à la ruse d'Ulysse avec son fameux cheval de bois, la guerre se prolonge encore en un second moment de chaos total, le pillage de Troie. Disons-le franchement : il va trop loin, beaucoup trop loin. Il est totalement démesuré – marqué au sceau de l'*hybris* la plus démentielle. Les soldats grecs, qui ont perdu dix années de leur vie dans des conditions si effroyables qu'ils ne s'en remettront certainement jamais, sont devenus pires que des bêtes sauvages. Lorsqu'ils entrent dans la ville assiégée, ils prennent plaisir à massacrer, torturer, violer, casser tout ce qui est beau et même sacré. Ajax, l'un des plus valeureux guerriers grecs, va jusqu'à violenter Cassandre, la fille du roi Priam, la sœur de Pâris, dans un temple dédié à Athéna. La déesse n'apprécie pas – d'autant que Cassandre est une gentille femme. Elle est, il est vrai, affublée d'une malédiction funeste qui lui vient d'Apollon. Le dieu de la musique est tombé amoureux d'elle et, pour gagner ses faveurs, il lui fait un don

---

d'avoir sacrifié leur fille, Iphigénie, sera assassiné par les deux amants. Oreste, son fils, assassinera à son tour Égisthe et sa mère pour venger son père. Il sera jugé, et finalement acquitté, ce qui mettra un terme à cette terrible malédiction qui fut l'un des grands sujets de plusieurs tragédies grecques...

merveilleux : celui de prévoir l'avenir. Cassandre accepte, mais, au dernier moment, elle refuse de céder aux avances du dieu... qui le prend fort mal. Pour se venger, il lui jette un sort terrible : elle pourra toujours prévoir correctement l'avenir – ce qui est donné est donné et ne se reprend pas –, mais personne ne la croira jamais ! C'est ainsi que Cassandre conjure son père de ne pas laisser entrer le cheval de Troie dans sa ville : en vain, personne ne l'écoute...

Ce n'est tout de même pas une raison pour la violer, qui plus est dans un temple d'Athéna. Et tout le comportement des Grecs est à cette aune, de sorte que les Olympiens, même ceux qui ont soutenu les Grecs contre les Troyens, comme Athéna justement, sont écœurés par ce nouveau chaos qui s'ajoute très inutilement à celui que constitue déjà en elle-même la guerre : la grandeur se mesure à la capacité de se montrer digne et magnanime non seulement dans l'épreuve, mais aussi dans la victoire – et, en l'occurrence, les Grecs se comportent de façon très médiocre. Pour dire les choses simplement, ils se conduisent comme des porcs. Face à un tel déferlement d'*hybris*, Zeus doit sévir : il va déclencher des tempêtes sur les navires des Grecs, lorsque, le pillage de Troie enfin achevé, ils vont vouloir rentrer chez eux. Pour faire bonne mesure et leur donner à réfléchir, il va en outre semer la zizanie entre les chefs, notamment entre les deux plus grands rois, les deux frères, Agamemnon, qui a dirigé les armées pendant tout le conflit, et Ménélas, ce roi de Sparte qui est aussi le mari trompé par la belle Hélène amoureuse de Pâris... Voilà qui nous fait pas moins de cinq sortes différentes de chaos, qui s'accumulent et s'ajoutent les unes aux autres : la pomme de discorde, la guerre, le pillage, la tempête et les brouilles entre généraux – les deux dernières expliquant déjà pour une part les premières difficultés d'Ulysse pour rentrer chez lui.

Mais en ce qui le concerne, il y a bien pis encore : comme on va le voir dans quelques instants, il s'est attiré, au cours de son voyage, la haine inextinguible de Poséidon en crevant l'œil d'un de ses fils, un Cyclope nommé Polyphème. Ulysse ne pouvait guère faire autrement : le Cyclope, un monstre épouvantable affublé d'un œil unique au milieu du front, passait son temps à dévorer ses compagnons. Il fallait bien l'aveugler pour prendre la fuite. Mais Poséidon doit, lui aussi, défendre ses enfants, même s'ils sont mauvais, et il n'accordera jamais son pardon à Ulysse : chaque fois qu'il en aura l'occasion, il fera tout ce qui est en son pouvoir pour lui pourrir la vie et l'empêcher de rentrer à Ithaque. Or ses pouvoirs sont grands, très grands, et les ennuis d'Ulysse vont être à leur mesure…

Enfin, dernière forme de chaos qu'Homère évoque dès le début de cette histoire et qu'Ulysse devra affronter en sa toute fin, et qui n'est pas la moindre : les jeunes hommes de sa chère patrie, Ithaque, ont semé en son absence un désordre inimaginable dans son palais. Persuadés qu'Ulysse est mort depuis longtemps, ils ont décidé de prendre sa place, non seulement à la tête d'Ithaque, mais aussi auprès de sa femme – qui tente désespérément de rester fidèle à son mari. On les appelle les « Prétendants », parce qu'ils prétendent à la fois au trône et à la main de Pénélope. Un peu comme les Grecs à Troie, ils se conduisent eux aussi tels des pourceaux : chaque soir, ils viennent faire la fête chez la reine, à son grand désespoir et à celui de son fils, Télémaque, qui est encore trop jeune pour les chasser tout seul mais qui vit dans la colère et l'indignation du soir au matin. Les Prétendants boivent et mangent tout ce qu'ils trouvent et tout ce qu'ils peuvent, sans retenue, comme s'ils étaient chez eux. Ils épuisent peu à peu toutes les richesses accumulées par Ulysse pour les siens. Quand ils sont soûls, ils chantent, dansent comme des diables et couchent avec les servantes. Ils font même des avances incorrectes à Pénélope, bref, ils sont insupportables et la maison d'Ulysse, ce que les

Grecs nomment son *oikos*, son lieu naturel, est passée elle aussi de l'ordre au chaos.

Quand Ulysse y régnait, elle était comme un petit cosmos, un microcosme, un petit monde harmonieux, à l'image de celui que Zeus a instauré à l'échelle de l'univers. Et voilà que, depuis son départ, tout est chamboulé. Si l'on poursuit l'analogie, on peut dire que les Prétendants se comportent comme des « mini-Typhons » dans la cité. La première finalité du voyage consiste, pour Ulysse, à parvenir à Ithaque pour remettre son monde en place, pour refaire de son *oikos*, de sa maison, un cosmos – ce en quoi notre héros est bel et bien « divin ». D'ailleurs, on dit souvent, pour parler de lui, le « divin Ulysse ». Zeus lui-même affirme au début du poème d'Homère qu'il est le plus sage de tous les humains, puisqu'il a pour destin principal de se comporter sur cette terre comme le maître des dieux au niveau du Grand Tout. Bien que mortel, il est un petit Zeus comme Ithaque est un petit monde, et tout le but de son si pénible périple, sinon de sa vie entière, est de faire régner lui aussi, par la ruse et par la force s'il le faut, la justice, c'est-à-dire l'harmonie. Zeus ne restera pas insensible à ce projet qui lui rappelle le sien. Quand il le faudra, il aidera Ulysse dans son retour vers l'ultime et terrible combat contre ces porteurs de chaos et de dysharmonie que sont ces Prétendants tout pleins d'*hybris*…

Fil conducteur n° 2.
Les deux écueils : ne plus être homme
(la tentation de l'immortalité),
ne plus être dans le monde
(oublier Ithaque et s'arrêter en chemin)

Tu sais maintenant d'où vient Ulysse et où il va : du chaos vers le cosmos, à son échelle, bien sûr, qui est humaine mais qui reflète l'ordre cosmique. C'est un itinéraire de sagesse, un chemin, pénible, tortueux au possible, mais dont le but à tout le moins est parfaitement clair : il s'agit de parvenir à la vie bonne tout en acceptant la condition de mortel qui est celle de tout être humain. Ulysse, comme je te l'ai dit, veut non seulement retrouver les siens mais remettre sa cité en ordre, car c'est seulement au milieu des autres qu'un homme est homme. Isolé et déraciné, séparé de son monde, il n'est plus rien. Voici d'ailleurs ce qu'Ulysse dit clairement lorsqu'il s'adresse au bon roi des Phéaciens, le sage Alcinoos (nous verrons tout à l'heure à quelle occasion) dont il admire le gouvernement harmonieux et la paix qu'il fait régner dans son île :

« Le plus cher objet de mes vœux, je te le jure, est cette vie de tout un peuple en bon accord, lorsque dans les manoirs on voit en longues files les convives siéger pour écouter l'aède (*la coutume voulait qu'un conteur, qu'on appelait l'aède, chantât des histoires en s'accompagnant d'une cithare, coutume qui se retrouvera au temps des châteaux avec nos troubadours*), quand, aux tables, le pain et les viandes abondent et qu'allant au cratère (*c'est ainsi qu'on nommait le récipient où on mettait le vin pur afin de le mélanger avec de l'eau*), l'échanson vient offrir et verser le vin dans les coupes. Voilà, selon moi, la plus belle des vies... Rien n'est plus doux que patrie et parents ; dans l'exil, à quoi bon la plus riche demeure, parmi des étrangers et loin des siens ? » (*Odyssée*, chant IX.)

La vie bonne, c'est la vie avec les siens, dans sa patrie, mais cette définition ne doit pas être entendue en un sens moderne, platement « patriotique » ou « nationaliste ». Ce n'est pas le fameux « Travail, Famille, Patrie » du maréchal Pétain qu'Ulysse aurait, comme par avance, à l'esprit. Ce qui sous-tend sa vision du monde relève de la cosmologie, non de l'idéologie politique : l'existence réussie, pour un mortel, c'est l'existence ajustée à l'ordre cosmique dont la famille et la cité ne sont pour ainsi dire que les éléments les plus manifestes. Dans la mise en harmonie de sa vie avec l'ordre du monde, il y a une infinité d'aspects personnels, qu'Ulysse va presque tous explorer : il faut, par exemple, prendre le temps de connaître les autres, parfois de les combattre, parfois de les aimer, de se civiliser soi-même, de découvrir des cultures différentes, des paysages infiniment divers, de connaître les tréfonds du cœur humain dans leurs aspects les moins évidents, de mesurer ses propres limites dans l'épreuve : bref, on ne devient pas un être d'harmonie sans passer par une myriade d'expériences qui vont, dans le cas d'Ulysse, occuper un laps de temps considérable dans sa vie. Mais au-delà de sa dimension presque initiatique sur le plan humain, par-delà même ses aspects cosmologiques, cette conception de la vie bonne possède aussi une dimension proprement métaphysique. Elle entretient un lien d'une très grande profondeur avec une certaine représentation de la mort.

Pour les Grecs, ce qui caractérise la mort, c'est la perte d'identité. Les disparus sont d'abord et avant tout des « sans-nom », voire des « sans-visage ». Tous ceux qui quittent la vie deviennent des « anonymes », ils perdent leur individualité, ils cessent d'être des personnes. Lorsque Ulysse, au cours de son voyage (je te dirai plus loin dans quelles circonstances), est obligé de descendre aux Enfers où séjournent ceux qui n'ont plus de vie, il est saisi par une sourde et terrible angoisse. Il contemple avec horreur tout ce peuple qui séjourne dans l'Hadès. Ce qui l'inquiète par-dessus tout, c'est la masse indistincte de ces ombres que plus rien ne permet d'identifier. Ce qui le terrifie, c'est le bruit qu'elles font : un bruit confus, un brouhaha, une espèce de rumeur sourde au sein de laquelle il n'est plus possible de reconnaître une voix, encore moins un mot qui aurait un sens. C'est cette dépersonnalisation qui caractérise la mort aux yeux des Grecs, et la vie bonne doit être, autant qu'il est possible et le plus longtemps que l'on pourra, le contraire absolu de cette grisaille infernale.

Or l'identité de la personne passe par trois points cruciaux : l'appartenance à une communauté harmonieuse – un cosmos. Encore une fois, l'homme n'est vraiment homme que parmi les hommes et, dans l'exil, il n'est plus rien – ce pourquoi d'ailleurs, le bannissement de la cité est aux yeux des Grecs, à l'égal d'une condamnation à mort, le châtiment suprême qu'on inflige aux criminels. Mais il est une seconde condition : la mémoire, les souvenirs, sans lesquels on ne sait plus qui l'on est. Il faut savoir d'où l'on vient pour savoir qui l'on est et où l'on doit aller : l'oubli est, à cet égard, la pire forme de dépersonnalisation qu'on puisse connaître dans la vie. C'est une petite mort au sein de l'existence et l'amnésique est l'être le plus malheureux de la terre. Enfin, il faut accepter la condition humaine, c'est-à-dire, malgré tout, la finitude : un mortel qui n'accepte pas la mort vit dans l'*hybris*, dans une démesure et une forme d'orgueil qui confinent à la folie. Il se prend pour ce qu'il n'est pas, un dieu, un Immortel, comme le fou se prend pour César ou Napoléon...

Ulysse accepte – je t'ai déjà dit comment : en refusant l'offre de Calypso – sa condition de mortel. Il garde tout en mémoire et n'a qu'une idée fixe : retrouver sa place dans le monde et remettre sa maison en ordre. En cela, il est un modèle, un archétype de la sagesse des Anciens.

Mais c'est aussi dans cette perspective qu'il faut comprendre les terribles embûches qu'il va rencontrer sur sa route. Il ne s'agit pas seulement, comme dans un roman policier ou un western, de défis destinés à mettre en évidence et en valeur le courage, la force ou l'intelligence du héros. Il s'agit d'épreuves infiniment plus profondes, dotées d'un sens à la fois fort et précis. Si le destin d'Ulysse, comme le dit explicitement Zeus au tout début du poème, est de rentrer chez lui, de remettre en ordre sa cité afin d'y retrouver sa juste place auprès des siens, les obstacles que Poséidon va lui opposer ne sont pas choisis, comme on dit, au hasard. Il s'agit bel et bien de le détourner de son chemin et de son destin, de lui faire perdre le sens de son existence et de l'empêcher de parvenir à une vie bonne. Les embûches dont est parsemé son itinéraire sont tout aussi philosophiques que la visée du voyage. Car pour parvenir à détourner Ulysse de son destin, il n'est guère que deux moyens, si du moins on renonce d'entrée de jeu à le tuer, comme le fait Poséidon : l'oubli et la tentation de l'immortalité[1]. L'un comme l'autre empêchent les hommes d'être des hommes. Si Ulysse oublie qui il est, il oubliera aussi où il va, et il ne parviendra jamais à la vie bonne. Mais aussi bien, s'il acceptait l'offre de Calypso, s'il cédait à la tentation d'être immortel, il cesserait tout autant d'être un homme. Pas seulement parce que, de fait, il deviendrait un dieu, mais aussi parce que la condition de cette « apothéose », de cette transformation en divinité, serait l'exil : il lui faudrait renoncer pour toujours à vivre avec les siens, à sa place, de sorte que c'est son identité même qu'il perdrait.

Paradoxe qui anime tout le parcours du héros et donne son sens à l'ensemble de l'épopée : c'est en acceptant l'immortalité qu'Ulysse deviendrait semblable à un mort ! À la limite, il ne serait plus Ulysse, le mari de Pénélope, le roi d'Ithaque, le fils de Laërte... Il serait un exilé anonyme, un sans-nom, voué pour l'éternité à ne plus être lui-même – ce qui fournit, aux yeux d'un Grec, une bonne définition de l'enfer. Conclusion : l'immortalité est pour les dieux, pas pour les humains, et ce n'est pas elle qu'il faut désespérément rechercher en cette vie.

Voilà aussi pourquoi ce qui menace Ulysse, tout au long de son périple, c'est de perdre les deux éléments constitutifs d'une vie réussie : l'appartenance au monde

---

1. C'est là un thème que Jean-Pierre Vernant avait particulièrement bien vu.

et l'appartenance à l'humanité, au cosmos et à la finitude. Sans cesse, Ulysse sera menacé par l'oubli : chez les Lotophages, dont la nourriture fait perdre la mémoire, en passant près des Sirènes, dont le chant vous fait perdre la tête, en risquant d'être transformé en porc par la magicienne Circé, en cédant à l'amour de Calypso, dont Homère nous dit explicitement, dès le chant I, qu'elle « veut lui verser l'oubli de son Ithaque » alors que lui « ne voudrait que voir monter un jour les fumées de sa terre... ». C'est encore sous la forme de sommeils funestes que l'oubli menacera Ulysse, ces pertes de conscience lui faisant, comme tu verras, commettre de terribles erreurs auprès du dieu des vents, Éole, ou du Soleil, Hélios. L'oubli sous toutes ses formes, c'est la tentation d'abandonner son projet de retour, ce qui le conduirait à renoncer à trouver sa juste place dans le cosmos. Mais l'autre menace n'est pas moindre : céder au désir d'immortalité rendrait, comme on vient de voir, Ulysse inhumain.

Voilà aussi pourquoi il est absurde de vouloir à tout prix chercher à localiser sur une carte de géographie les étapes de son voyage. On n'y est jamais parvenu et ce, pour une raison de fond, qui aurait pu épargner bien de la peine à ceux qui s'imaginent qu'il s'agit d'un itinéraire dans la réalité. Le monde dans lequel évolue Ulysse n'est pas le monde réel. Bien entendu, l'auteur de l'*Odyssée*, quel qu'il soit – on ne sait pas au juste si c'est vraiment Homère qui a écrit cette œuvre, s'il n'y a pas eu même plusieurs auteurs, mais peu importe ici –, a mélangé le réel et l'imaginaire de sorte que certaines indications correspondent à des lieux bien réels. On peut parfois identifier telle île, telle ville, telle montagne, etc. Mais le sens profond de ce monde où évolue le héros n'a rien à voir avec la géographie. C'est un monde imaginaire, pour ne pas dire philosophique, peuplé d'êtres qui ne sont ni tout à fait des hommes ni tout à fait des dieux : comme tu vas le voir, les Phéaciens, les Cyclopes, Calypso, Circé, les Lotophages, tous ces gens sont bizarres, étrangers au monde – en allemand, on dirait *weltfremd* – surnaturels. Le projet de situer le voyage d'Ulysse sur une carte est absurde, sans intérêt : il passe totalement à côté de l'essentiel, à savoir qu'Ulysse est, pour un temps, celui de son voyage justement, sorti du cosmos. Il est, si l'on peut dire, entre deux eaux, et c'est par choix, avec tout le courage, la ruse et la force dont il est capable, qu'il va lui falloir d'un même mouvement redevenir véritablement un homme et renouer le contact avec le monde réel.

La menace ultime qui pèse sur lui, et qui explique le côté irréel de son périple et des êtres qu'il y croise, c'est, tout simplement, de ne plus être un authentique humain, un mortel, et de ne plus être non plus inséré dans le monde, le cosmos. C'est de cela qu'il s'agit, pas de navigation ni du guide Michelin... Ulysse échappera à ces deux écueils et Tirésias, le devin qu'il croise aux Enfers, le lui annoncera, sous une forme mitigée : premièrement, il va rentrer chez lui, mais au prix de terribles épreuves et, deuxièmement, il mourra très vieux, contrairement à Achille... Bref, il va retrouver l'homme et le monde, la finitude et les vraies gens d'un côté, Ithaque et la réalité d'un coin de cosmos où il faut remettre un peu d'ordre de l'autre. En somme, la vraie vie, la vie bonne pour les mortels, tout au moins...

Voyons maintenant comment, et à quel prix...

II. LE VOYAGE D'ULYSSE :
ONZE ÉTAPES VERS UNE SAGESSE DE MORTEL

On distingue généralement onze étapes dans le trajet qui conduit Ulysse de Troie à Ithaque, de la guerre à la paix. Mais dans l'œuvre d'Homère, dans l'*Odyssée*, elles ne sont pas présentées « dans l'ordre », selon la chronologie suivie en réalité par Ulysse, mais, dirait-on dans le langage d'aujourd'hui, en « flash-back ». Au cinéma, un « flash-back », c'est un « retour en arrière » : en gros, c'est quand à un instant donné, on interrompt le récit chronologique pour raconter ce qui s'est passé avant, comment on en est arrivé là, au point où on en est. En l'occurrence, l'*Odyssée* s'ouvre au moment où Ulysse est prisonnier de Calypso : c'est ici que se situe l'épisode que je t'ai raconté au tout début, celui au cours duquel Zeus envoie Hermès donner l'ordre à la nymphe de laisser partir le héros. C'est là encore qu'elle lui propose l'immortalité et la jeunesse éternelle, et là aussi, tu le sais maintenant, qu'il refuse cette offre magnifique en apparence, mais en réalité mortelle pour lui. C'est également au cours de cette période que les Prétendants, très loin de Calypso et d'Ulysse, à Ithaque, dévastent son palais et tentent de lui ravir sa place en même temps que sa femme. Mais, avant d'en arriver là, et même si le voyage n'est pas encore tout à fait terminé, il s'est déjà passé bien des choses...

D'abord, on apprend qu'Ulysse quitte enfin l'île de Calypso, où il aurait passé un très long séjour – peut-être sept ans, peut-être plus, peut-être moins : sur cette île, le temps ne compte guère, car elle est située hors du monde connu et obéit à des règles qui ne sont pas celles de la réalité ordinaire. Calypso ne peut pas résister à Zeus. Elle doit obéir, laisser partir Ulysse. Elle le fait la mort dans l'âme, car elle est réellement amoureuse de lui et elle sait qu'elle va se retrouver seule. Mais elle le fait néanmoins avec bienveillance. Elle lui donne ce qu'il faut pour construire un radeau : une hache, de bons outils, des cordes solides, du bois. Puis elle lui offre de l'eau et du vin, de la nourriture pour son voyage à venir. Ulysse croit qu'il va enfin pouvoir rentrer chez lui. C'est oublier un peu vite la haine que lui voue toujours Poséidon depuis qu'il a, bien avant d'aborder l'île de Calypso, crevé l'œil de son fils, le Cyclope Polyphème. Du haut du ciel, Poséidon aperçoit Ulysse qui vogue sur la « mer aux poissons », comme dit toujours Homère... et il pique une épouvantable colère. Il comprend que ses collègues, les dieux de l'Olympe, ont profité de son absence – il était parti faire la fête à l'autre bout du monde, chez ses amis les Éthiopiens – pour décider lors d'un conseil de laisser rentrer enfin Ulysse alors que lui-même fait tout pour l'en empêcher. Poséidon ne peut pas aller tout à fait contre les autres dieux, notamment contre Zeus – sinon, il tuerait sûrement Ulysse. Mais il peut malgré tout mettre son grain de sel et retarder considérablement son projet en semant quantité d'embûches sur son chemin comme il le fait depuis le début.

Cela fait dix-sept jours qu'Ulysse a quitté l'île de Calypso, dix-sept jours qu'il navigue tant bien que mal sur son petit radeau, lorsque Poséidon déclenche la plus terrible tempête qu'on ait jamais connue. Les vagues sont gigantesques, le vent démentiel. Bien évidemment, les troncs d'arbres qu'Ulysse a patiemment assemblés avec des cordes se désunissent peu à peu : un radeau n'est pas fait pour résister à pareil orage. Au bout du compte, notre héros se retrouve juché à cheval sur une espèce de poutre en bois, au milieu des flots déchaînés, et, après deux jours à ce régime, sans dormir ni manger, dans le froid et le sel, il comprend qu'il va inévitablement se noyer. C'est alors qu'Ino, une divinité marine, se porte à son secours : elle lui offre une écharpe blanche et lui dit d'ôter ses derniers vêtements, de se couvrir la poitrine avec cette toile et de plonger en confiance : il ne lui arrivera rien de mal. Ulysse hésite, il se demande – mets-toi à sa place – si ce n'est pas encore une ruse, une nouvelle astuce de Poséidon pour le perdre. Mais, après tout, comme il n'a vraiment plus d'autre recours, il y va. De toute façon, c'est se noyer ou tenter le coup.

Bien lui en prend : il finit par aborder sans trop d'encombre sur une île magnifique où vit un peuple, les Phéaciens, dont le roi, Alcinoos, et la reine, Arété, sont des gens profondément accueillants et bons. Il faut dire au passage que, pendant tout cet épisode,

Athéna veille et fait tout ce qu'il faut pour qu'Ulysse s'en sorte sans dommage. Alcinoos et Arété ont une fille, la ravissante Nausicaa, qui doit avoir quinze ou seize ans. Elle recueille Ulysse, qui est dans un état épouvantable de saleté et de fatigue. Les cheveux en bataille, le visage tuméfié, couvert de crasse et de sel, il ressemble plus à un épouvantail qu'à un héros. Mais Athéna, là encore, veille. Elle fait en sorte que Nausicaa ne soit pas effrayée, qu'elle voie Ulysse comme il est « en vrai », par-delà les apparences désastreuses. Nausicaa le fait laver, habiller décemment, oindre d'une bonne huile qui lui redonne figure humaine... Puis elle le conduit au palais de sa mère. Il y est reçu en ami. Alcinoos comprend aussitôt qu'il a affaire à un être d'exception. Il lui propose même la main de sa fille, Nausicaa, qu'Ulysse refuse poliment en disant simplement la vérité : sa femme, Pénélope, sa cité et son fils l'attendent. Mais là encore, la tentation est grande et le piège de l'oubli aurait presque pu fonctionner...

On lui fait des cadeaux somptueux, on organise des jeux, des dîners grandioses, une fête magnifique au cours de laquelle un aède, cette espèce de troubadour dont je t'ai déjà parlé et sans lequel une fête grecque ne serait pas digne de ce nom, raconte justement la guerre de Troie. Ulysse n'y tient plus. Il se met à pleurer, et, bien qu'il s'en cache, Alcinoos s'en aperçoit et ne peut s'empêcher de lui demander la raison de ces larmes. C'est en ce point du récit qu'Ulysse dévoile sa véritable identité : il est en réalité Ulysse, le héros de la guerre de Troie dont l'aède vient à l'instant de chanter les exploits. Bien entendu, l'assemblée tout entière retient son souffle. Le malheureux aède se tait, bien obligé devant pareille concurrence. Et l'on prie Ulysse de continuer lui-même le récit : qui d'autre serait mieux placé que lui pour évoquer ses aventures ?

C'est ici que le fameux flash-back commence, que le retour en arrière va nous permettre de combler les trous, de savoir ce qui s'est vraiment passé depuis la fin de la guerre de Troie jusqu'à l'arrivée chez Calypso (après, on sait, mais avant, on ne sait encore rien…). Ulysse se met donc à tout raconter, devant le roi, la reine et leurs convives fascinés par le récit qui va suivre…

Il commence par rappeler la situation originelle, la scène primitive en quelque sorte : la guerre de Troie vient de s'achever. L'affreux pillage est terminé et, à cause de lui, les Olympiens sont fâchés contre les Grecs. Zeus leur envoie, comme je te l'ai dit, une tempête et sème la discorde entre eux. Le retour d'Ulysse commence d'emblée sous de bien mauvais augures. D'autant qu'immédiatement ou presque après son départ, il aborde avec ses compagnons dans une contrée hostile, le pays des Cicones, un peuple de guerriers avec lesquels toute entente semble impossible. C'est à nouveau la guerre. Ulysse et ses amis pillent la ville – comme ils ont pillé Troie –, ils tuent et massacrent à tour de bras leurs nouveaux ennemis, n'épargnant pratiquement qu'un seul homme, avec sa famille : un certain Maron, un prêtre d'Apollon. En guise de remerciement, Maron offre à Ulysse plusieurs outres d'un vin délicieux, tout à fait hors du commun, à la fois doux et fort, qui va plus tard s'avérer bien utile… Mais n'anticipons pas. Pour l'instant, Ulysse et ses soldats font la fête sur la plage. C'est le repos des guerriers, mais ce n'est guère prudent. Les quelques Cicones qui ont échappé à la mort vont chercher de l'aide, à l'intérieur du pays, et en pleine nuit, ils reviennent et fondent comme des aigles sur les Grecs. Ils en massacrent à leur tour une bonne quantité. Les survivants prennent la fuite aussi vite qu'ils le peuvent. Ils remontent sur leurs bateaux et s'empressent de quitter ce pays qui, décidément, hors le vin de Maron, ne leur vaut rien de bon. Nous sommes toujours dans l'époque des conflits et des chaos.

Pourtant, jusque-là, tout est encore, si l'on peut dire, normal : nous avons affaire à une vraie ville, Troie, à un vrai pays, celui des Cicones, à de vrais bateaux, à des êtres humains, hostiles, néanmoins « mangeurs de pain » comme Ulysse et ses amis... Il y a du chaos partout, certes, mais rien encore de magique. Avec la prochaine étape, Ulysse va sortir du monde réel et entrer dans celui de l'imaginaire. Il va y affronter des obstacles qui ne sont plus tout à fait humains, ni même naturels, mais à proprement parler « surnaturels » : leur sens ne se laissera plus cerner en termes de géographie, ni de stratégie politique ou militaire, mais de mythologie et de philosophie...

Ulysse et ses compagnons viennent de reprendre la mer, comme dit Homère, « l'âme navrée et pleurant leurs amis, mais soulagés malgré tout d'avoir échappé à la mort... ». Toujours pour les mêmes raisons, Zeus n'est pas content : les Grecs ajoutent un pillage à l'autre, un désordre à l'autre, et il faut que cela cesse. Il déclenche à nouveau une terrifiante tempête. Les voiles des navires explosent tant la force du vent est extrême. Il faut continuer à la rame – les bateaux de cette époque utilisaient les deux moyens de propulsion. Jour et nuit, Ulysse et ses hommes souquent de toutes leurs forces... jusqu'à ce qu'ils abordent à nouveau une étendue de terre ferme. Là, accablés de fatigue, ils restent deux jours et deux nuits sur le sable, sans pouvoir faire autre chose que dormir et tâcher tant bien que mal de récupérer. Puis, le troisième jour, ils reprennent leur route, mais les vagues, les courants et le vent qui s'est relevé les égarent. Ils n'ont plus la moindre idée de l'endroit où ils sont. Ils sont totalement perdus, sans aucun moyen de s'orienter, et pour cause : Zeus vient de les conduire dans des parages qui sortent du monde. C'est là ce que va nous faire comprendre la nature de l'île sur laquelle, au bout de dix jours, ils finissent, de nouveau exténués, par aborder.

Il s'agit d'une île dont les habitants sont de bien étranges personnes. Ils ne mangent pas du pain, ni de la viande, comme les humains normaux, mais ne se nourrissent que d'un seul mets, une fleur : le loto. On les nomme pour cette raison les « Lotophages », ce qui, en grec, veut tout simplement dire les « mangeurs de loto ». Ne cherche pas dans un dictionnaire pour voir de quel végétal il s'agit : tu ne le trouveras pas. C'est une fleur imaginaire, merveilleuse, une espèce de datte qui possède, elle aussi, une particularité très remarquable : celui qui en goûte perd aussitôt la mémoire. Totalement. Il devient parfaitement amnésique, ne se souvient rigoureusement plus de rien. Ni d'où il vient, ni ce qu'il fait là, encore moins où il va. Il est heureux comme ça, et voilà tout. Cela lui suffit. Bien entendu, le contraste est total entre cette fleur, qui est aussi jolie que délicieuse, et la menace terrible qu'elle représente pour Ulysse. Si jamais il a le malheur d'en absorber ne fût-ce qu'une bouchée, c'est tout son destin qui bascule : il ne voudra plus rentrer chez lui, il n'en aura même plus l'idée, et c'est ainsi jusqu'à la possibilité d'une vie bonne qui lui glissera entre les mains. D'ailleurs, trois de ses compagnons ont déjà tenté l'expérience, et le résultat est calamiteux. Ils sont quasiment irrécupérables. En permanence, ils sourient d'un air niais, comme de grands nigauds. Tout heureux de vivre enfin au présent, ils ne veulent plus entendre parler de rentrer chez eux. Comme le dit joliment Ulysse :

> « Sitôt que l'un d'eux goûte à ces fruits de miel, il ne veut plus rentrer ni donner des nouvelles ; tous voudraient se fixer chez ces mangeurs de dattes et, gorgés de ces fruits, remettre à tout jamais la date du retour… Je dus les ramener de force, tout en pleurs, et les mettre aux fers, allongés sous les bancs, au fond de leurs vaisseaux. Puis je fis rembarquer mes gens restés fidèles, pas de retard ! À bord, et voguent les navires ! J'avais peur qu'à manger de ces dattes, les autres n'oubliassent aussi la date du retour. » (chant IX.)

Ces Lotophages sont, certes, des gens charmants, doux et gentils comme leur fleur, mais Ulysse, lui, sait très bien qu'il vient d'en réchapper de justesse et que la pire des menaces n'est pas forcément celle qu'on croit : elle peut avoir un visage aimable et la douceur du miel. Il a donc repris la mer, soulagé de s'en être aussi bien tiré. La prochaine étape lui réserve pourtant une bien terrible épreuve. Après quelques jours de navigation à la rame, Ulysse et ses compagnons abordent l'île des « Yeux ronds », ceux qu'on appelle aussi les « Cyclopes ».

Là encore, comme les Lotophages, mais en infiniment moins sympathiques, il s'agit d'êtres à part. Ni hommes, ni dieux, ils sont inclassables. Voici comment Ulysse les décrit dans le récit qu'il fait devant Alcinoos et Arété :

> « Ce sont des brutes sans foi ni loi, qui dans les Immortels ont tant de confiance qu'ils ne font de leurs mains ni plantations ni labourage. Sans travaux ni semailles, le sol leur fournit tout, orges, froments, vignobles et vin, des grosses grappes que les ondées de Zeus viennent gonfler pour eux. Chez eux, pas d'assemblée qui juge ou délibère ; mais, au haut des grands monts, au creux de sa caverne, chacun sans s'occuper d'autrui, dicte sa loi à ses enfants et femmes. » (chant IX.)

En clair, ces gens-là, comme les Lotophages, ne sont pas vraiment des humains. La preuve ? Ils ne cultivent pas la terre et ils n'ont pas de loi. Pour autant, ils ne sont pas non plus des dieux, mais on apprend au passage qu'ils sont protégés par eux et, selon toute vraisemblance, de manière fort efficace puisqu'ils n'ont pas à travailler pour vivre... Nous sommes dans ce monde de l'entre-deux, intermédiaire entre celui des hommes et celui des bienheureux, qui va caractériser tout le voyage d'Ulysse depuis sa sortie du réel, après la querelle sanglante avec les Cicones, jusqu'à son retour à Ithaque. L'île des « Yeux ronds » regorge de nourriture. Les compagnons d'Ulysse partent pour la chasse et rapportent des vivres à foison, dont ils emplissent maintenant les cales des bateaux. Tout le monde s'apprête à repartir, mais Ulysse, c'est là un trait essentiel de son caractère, est un homme curieux des autres. Il n'est pas seulement rusé, il est intelligent, et il veut tout connaître, s'enrichir sans cesse de savoirs et d'expériences nouvelles qui viennent élargir son horizon intellectuel. Il s'adresse donc à ses compagnons en ces termes :

> « Fidèle équipage, le gros de notre flotte va demeurer ici ; mais je vais prendre avec moi mon navire et mes hommes ; je veux tâter ces gens et savoir ce qu'ils sont, des bandits sans justice, un peuple de sauvages, ou des gens accueillants qui respectent les dieux. » (chant IX.)

Comme tu vois, l'expédition qu'il met en place n'a pas d'autre finalité que la connaissance – où l'on perçoit une autre facette de la sagesse grecque : un imbécile ne saurait parvenir à la vie bonne et, si le but final est bien de trouver sa place dans l'ordre cosmique, sa réalisation ne va pas sans un parcours qui offre à l'être humain l'occasion d'élargir et d'étoffer sa vision du monde et sa compréhension des êtres qui le peuplent. Cette saine curiosité n'est cependant pas sans danger, comme la rencontre d'Ulysse avec le Cyclope Polyphème va malheureusement le démontrer. Avec douze hommes d'équipage triés sur le volet, Ulysse visite l'île. Et là, il découvre une haute caverne, ombragée de lauriers : c'est à la fois la demeure du Cyclope et l'étable où ses troupeaux de chèvres et de moutons viennent s'abriter avec lui pendant la nuit :

> « C'est là que notre monstre humain avait son gîte. C'est là qu'il vivait seul, à paître ses troupeaux, ne fré-

quentant personne, mais toujours à l'écart et ne pensant qu'au crime. Ah ! le monstre étonnant ! Il n'avait rien d'un bon mangeur de pain, d'un homme : on aurait dit plutôt quelque pic forestier qu'on voit se détacher sur le sommet des monts... »

Polyphème, en effet, est haut comme une montagne. Avec son œil unique au milieu du front, sa force titanesque, il est tout simplement terrifiant et Ulysse commence à se demander si la curiosité, au final, n'est pas un vilain défaut... Mais il veut en avoir le cœur net. Voyant que Polyphème n'est pas chez lui, que sa demeure est vide – le Cyclope est en train de faire paître ses troupeaux dans les champs voisins –, il entre avec ses compagnons dans l'antre du monstre. Précision importante : il a pris soin d'emporter avec lui les douze amphores du vin délicieux que Maron, le prêtre d'Apollon, lui a offertes en cadeau pour avoir eu la bonté de lui laisser la vie ainsi qu'à sa famille. La caverne regorge de nourriture : des claies sont chargées de fromages délicieux, les enclos sont pleins à craquer de petits agneaux, des vases en métal débordent de lait ou de terrines... Les compagnons d'Ulysse n'ont qu'une idée en tête : s'emparer de toutes ces victuailles et prendre aussitôt la fuite sans demander leur reste. Mais Ulysse, lui, veut savoir qui sont ces créatures étranges. Il ne quittera pas la caverne sans avoir vu Polyphème. Pour son plus grand malheur et surtout, pour celui de ses compagnons qui vont y laisser leur vie dans des conditions atroces. Car Polyphème est bel et bien un monstre.

Ulysse et ses amis s'installent pour attendre. Comme le soir tombe, ils ont fait un grand feu. Ils se réchauffent et mangent quelques fromages, pour faire passer le temps. Lorsqu'il rentre chez lui et qu'il voit ce spectacle, Polyphème commence par enfreindre toutes les lois de l'hospitalité. Chez les Grecs, du moins chez ceux qui « mangent du pain et respectent les dieux » comme de vrais humains, l'usage veut qu'on offre d'abord à ses hôtes à boire et à manger, avant de leur poser la moindre question. Polyphème, lui, leur fait subir un interrogatoire : il veut savoir leurs noms, apprendre qui ils sont, d'où ils viennent. Ulysse sent que la rencontre se présente mal. Au lieu de lui répondre, il demande l'hospitalité à Polyphème. Il lui rappelle au passage, un peu comme une menace voilée, le respect dû aux dieux. Le Cyclope éclate de rire : des dieux, et même de Zeus, le plus éminent entre tous, il n'a rigoureusement que faire ! Lui et ses semblables sont, selon lui, autrement plus forts. Et comme pour joindre le geste à la parole, il saisit par les jambes deux compagnons d'Ulysse et il les écrase, tête la première, sur le sol. Avant que leurs cervelles n'achèvent de se répandre, il les déchiquette membre par membre et en fait son dîner... Puis il s'endort tranquillement.

Écœuré, l'âme brisée par le chagrin et le sentiment de culpabilité – c'est sa curiosité qui a entraîné la mort de ses compagnons –, Ulysse pense d'abord à tuer Polyphème avec son épée. Mais il se ravise : le Cyclope, qui est, comme je te l'ai dit, d'une force inimaginable, a bouché l'entrée de la caverne avec un énorme bloc de pierre et, même avec toutes leurs forces réunies, Ulysse et ses amis seraient incapables de le faire bouger d'un centimètre. S'il parvient à tuer le Cyclope, Ulysse restera à jamais prisonnier de son antre. Il faut donc trouver autre chose. La nuit passe, atroce, à attendre un lendemain qui s'annonce effroyable. Et il l'est, en effet. Pour le petit déjeuner, Polyphème dévore encore, selon le même rituel sanguinaire, deux autres hommes d'Ulysse. Puis, tranquillement, il sort avec ses moutons, sans oublier de refermer soigneusement la porte de la grotte avec l'énorme bloc de pierre. Impossible de s'enfuir. Ulysse réfléchit. Et il trouve une idée. Avisant une grande poutre de bois qui traîne auprès d'une des étables, une espèce de massue en olivier qui fait la taille d'un des mâts de son bateau, il s'en empare avec ses hommes. Ils la taillent, en pointe, comme un énorme crayon, avec leurs épées. Une fois le pieu bien affûté, ils le plongent dans le feu, pour le durcir et le chauffer au maximum...

Polyphème finit par rentrer et, comme d'habitude, il sacrifie deux nouveaux membres de l'équipage pour son dîner. Ulysse, c'est la deuxième partie de son plan, lui offre alors du vin, ce nectar délicieux mais très alcoolisé que lui a donné Maron et dont je t'ai dit qu'il allait un jour lui être bien utile. Le Cyclope, qui n'a jamais rien bu de meilleur, en avale coup sur coup trois ou quatre cratères bien remplis. Ce qui fait qu'il est maintenant fin soûl. Il demande son nom à Ulysse, lui promettant que, s'il répond, il lui fera un somptueux cadeau. Ulysse invente aussitôt, c'est le troisième et dernier volet de son stratagème, une histoire : il s'appelle « Personne », *outis*, mot qui évoque inévitablement en grec le terme *métis*, la ruse, dont il est très voisin... Cynique, le Cyclope lui annonce le présent auquel il songe : puisque Ulysse lui a dit son nom, « Personne », il lui fera une faveur insigne : c'est lui qu'il mangera en dernier ! Et dans un gros rire gras, le Cyclope s'allonge et s'endort aussitôt pour cuver le vin et la chair humaine qu'il vient d'absorber...

Ulysse et ses compagnons remettent le pieu à chauffer. Il est maintenant dur comme de l'airain et pointu comme une lance. Le bois devient rouge, il est temps d'agir. Aidé de ses compagnons, Ulysse se saisit de sa nouvelle arme et la plonge en tournant dans l'œil du monstre. La scène vire à l'horreur : le sang jaillit et bouillonne, les cils se carbonisent, le Cyclope hurle. Il arrache le pieu et cherche désespérément les coupables pour les exterminer... sans les trouver, car il est maintenant tout à fait aveugle, et tu penses bien que les autres se font tout petits, terrés qu'ils sont en silence dans les recoins les mieux cachés de la caverne. Polyphème a beau faire, il ne parvient à mettre la main sur aucun d'entre eux. Alors il pousse son rocher, et

ouvre sa porte pour appeler du secours. Il hurle de toutes ses forces. Ses frères se précipitent et lui demandent
ce qu'il a : a-t-il été blessé par ruse ou par force ? Et
par qui ? Polyphème répond bien sûr qu'il a été blessé
par ruse... et par « Personne », qu'il croit être le nom
d'Ulysse. Les autres le prennent au mot. Ils ne comprennent pas : « Si tu n'as été blessé par personne, lui
disent-ils, alors nous ne pouvons rien faire pour toi.
Débrouille-toi tout seul ! »...

Abandonné de tous, Polyphème se poste devant
l'entrée de sa grotte, bien décidé à ne laisser sortir personne, justement, et à se venger de la plus terrible
façon. Mais Ulysse a pensé à tout. Il a tressé des cordes
et attaché trois par trois des moutons. Les hommes se
glissent dessous, ils s'agrippent solidement à leurs ven-
tres, et franchissent ainsi la sortie sans éveiller l'attention du géant... Tous se précipitent alors aussi vite que
possible vers le bateau qui les attend au pied de la montagne.

Ulysse, pourtant, ne veut pas en rester là. Il ne peut
pas s'empêcher de crier sa haine à Polyphème : s'il ne
lui dit pas qui il est, le châtiment ne sera pas parfait.
Il faut que le Cyclope sache par qui il a été vaincu.
Ulysse, dans sa course vers le salut, se retourne, s'arrête
et hurle en direction de Polyphème : « Sache-le, pauvre
imbécile, c'est moi Ulysse, et non "Personne", qui t'ai
puni comme tu le méritais en t'aveuglant »... C'est une
erreur. Ulysse n'aurait pas dû céder à cette forme insi-
dieuse d'*hybris* qu'est la vantardise. Il aurait mieux fait
de se taire, de partir sans demander son reste, comme
ses compagnons le suppliaient d'ailleurs de le faire.
Mais il faut dire qu'il tient à son identité comme à la
prunelle de ses yeux : c'est elle, après tout, qui est en
jeu tout au long de ce voyage. Le monstre arrache le
sommet d'une montagne et il le jette en direction de la
voix qu'il vient d'entendre... Le bateau manque de justesse d'être détruit. Mais bien pis, il invoque son père,
Poséidon. Il le supplie de châtier à son tour l'impudent

qui a osé s'en prendre à un de ses fils. Voici en quels termes – que je t'indique parce qu'ils marquent bien les contours des obstacles qui attendent désormais Ulysse :

« Ô maître de la terre (*Poséidon est le dieu de la mer, mais il règne également sur la terre parce que tous les cours d'eau lui appartiennent et qu'il peut aussi déclencher avec son trident des séismes*), ô dieu coiffé d'azur, ô Poséidon, écoute ! S'il est vrai que je suis ton fils, si tu prétends à ce titre de père, fais pour moi que jamais il ne rentre au logis, ce pilleur d'Ilion (*c'est le nom grec de la ville de Troie*), cet Ulysse, lui, ce fils de Laërte qui demeure en Ithaque ! Ou du moins, si le sort lui permet de retrouver les siens et sa haute maison, au pays de ses pères, fais qu'après de longs maux, sur un vaisseau d'emprunt, il n'y rentre, privé de tous ses compagnons, que pour trouver encore le malheur au logis. » (chant IX.)

Et tel est bien, en effet, l'avenir qui attend Ulysse. Il rentrera chez lui, certes, mais après avoir subi mille malheurs. Tous ses compagnons vont trouver la mort, sans exception. Son bateau fera naufrage et c'est sur un bateau prêté par les Phéaciens qu'il regagnera Ithaque pour y trouver, là encore le souhait de Polyphème va se réaliser, le désordre le plus total... Selon la formule désormais canonique, Ulysse et les siens reprennent la mer, « l'âme navrée, contents d'échapper à la mort, mais pleurant leurs amis... ».

Je te résume rapidement les quatre étapes suivantes, que tu pourras lire toi-même très facilement.

Ulysse arrive d'abord chez Éole, le dieu des vents, qui lui fait bon accueil. Bienveillant au possible, il lui offre même un cadeau des plus précieux : un sac en peau, bien hermétique, qui contient en lui tous les vents défavorables à son voyage. En clair, Ulysse n'a plus qu'à se laisser porter par les vents qui subsistent encore au-dessus de l'eau : comme ils sont doux et qu'ils vont tous dans le bon sens, il est sûr et certain de parvenir sain et sauf à Ithaque. On ne peut pas être plus gentil. Ulysse remercie avec des larmes dans la voix, et il reprend la mer, serrant toujours contre lui le magnifique présent. Mais ses marins, qui ne sont pas très fins, s'imaginent qu'il s'agit d'un trésor qu'Ulysse veut garder pour lui tout seul. Rongés par la curiosité, ils profitent d'un moment d'inattention du héros – Ulysse a été gagné par le sommeil – pour ouvrir le sac, juste au moment où les côtes d'Ithaque sont en vue. Dommage ! Les vents contraires s'envolent et le bateau, irrésistiblement, perd son chemin et repart vers le large. Ulysse est fou de rage, terriblement déçu, surtout. Il s'en veut, il n'aurait jamais dû s'endormir, cesser de veiller : céder au sommeil, c'est une forme d'oubli, oubli de soi et du monde, momentané, certes, mais suffisant pour que tout tourne à nouveau au drame. Ulysse a beau supplier Éole, quand il revient en arrière sur son île, le dieu des vents ne veut rien entendre : si Ulysse a si peu de chance, c'est à coup sûr qu'un dieu puissant lui en veut et, contre cela, on ne peut rien faire...

C'est ainsi qu'Ulysse et ses compagnons sont à nouveau perdus, totalement égarés. Au hasard de leur route, au bout de six jours harassants, ils abordent une autre terre, le pays des Lestrygons. À cette époque de son voyage, Ulysse est encore à la tête d'une flotte importante, de plusieurs vaisseaux, qui vont se ranger dans l'anse abritée qui forme un petit port naturel où tout semble parfaitement calme. Prudent, Ulysse prend soin néanmoins de laisser son propre bateau à l'écart, dans une crique, attaché aux rochers par des amarres solides. Il envoie trois hommes en reconnaissance. En approchant du village, ils aperçoivent une jeune fille, à vrai dire une espèce de géante, qui vient puiser de l'eau à une source. Bien que toute jeune, elle est haute comme un platane adulte. C'est la fille du roi de ces lieux, Antiphatès le Lestrygon, et elle propose de conduire les hommes dans la demeure de son père. Là, les malheureux rencontrent les parents, deux êtres monstrueux, grands comme des montagnes. Antiphatès ne se perd pas en discours inutiles. Il attrape un des marins et lui fait subir le même sort qu'avait réservé Polyphème aux amis d'Ulysse : il lui éclate la tête par terre et il le dévore tout cru. Ces géants, comme dit Homère, ne sont pas des « mangeurs de pain ». En clair, ce ne sont pas des humains, mais des monstres, et il faut prendre la fuite de toute urgence. Mais il est déjà trop tard. Tous les géants du village qui surplombe le port où sont ancrés les bateaux ont accouru et ils réclament, eux aussi, leur part de chair fraîche. S'emparant d'énormes blocs de pierre, ils les lancent en direction des navires, écrasant les hommes, brisant les mâts et les coques. Le carnage est épouvantable. Tous les bateaux sont détruits en quelques instants et les marins qui s'y trouvaient sont dévorés sur-le-champ. Ulysse, seul, en réchappe avec son bateau et les quelques hommes qui survivent. Voyant l'horrible spectacle, il coupe les amarres d'un coup d'épée et prend le large à toute vitesse, l'âme navrée, content d'échapper à la mort, mais pleurant ses amis, selon la formule d'Homère qui, décidément, devient répétitive...

Encore quelques jours de navigation et c'est une autre île qui se pointe à l'horizon. Ulysse ne sait toujours pas où il est, mais il faut bien des vivres, de l'eau et de la nourriture. Décision est prise d'aborder. Deux jours et deux nuits, Ulysse et ses marins, terrassés par la fatigue, reprennent des forces. Ils restent sur la plage, sans visiter l'île. Le troisième, Ulysse le curieux n'y tient pas : il envoie quelques marins en reconnaissance. De la fumée, au loin, sort de la cheminée d'une maison. En s'approchant, ils rencontrent au bord du chemin des lions et des loups en liberté. D'abord terrifiés, ils portent la main à l'épée et se préparent à une attaque, mais rien de tel ne leur arrive. D'ailleurs, ces animaux d'ordinaire sauvages ont des yeux, on pourrait presque dire des regards, fort étranges : profonds et suppliants, ils ont l'air humain. Doux comme des petits chiens, ils viennent se frotter contre les jambes des amis d'Ulysse qui n'en croient pas leurs yeux. Ils continuent leur chemin et entendent une voix magnifique, magique, qui sort de la maison.

C'est la voix de Circé, la magicienne, la tante de Médée, une autre magicienne que nous retrouverons plus tard dans d'autres histoires. Circé s'ennuie un peu, seule sur son île. Elle voudrait bien avoir de la compagnie et surtout parvenir à la garder. Elle invite les marins à s'asseoir, leur offre à boire. Mal leur en prend. Il s'agit d'une potion magique qui transforme aussitôt ceux qui la boivent en animaux. Un coup de baguette magique et voici les amis d'Ulysse changés en cochons. Gentiment, Circé les conduit vers la porcherie où elle leur donne de la nourriture de cochon : de l'eau et quelques glands. Ils sont absolument semblables à des porcs, à ceci près qu'à l'intérieur ils restent des humains. Ils conservent leur esprit et c'est pour eux une véritable horreur de se voir ainsi réduits à leur nouvel état. En même temps, ils comprennent tout d'un coup la raison de la douceur des loups et des lions qu'ils ont croisés sur leur route : il s'agit évidemment d'êtres humains que Circé a changés en animaux de compagnie.

Heureusement, un des marins, Euryloque, a flairé le piège. Il a refusé de boire la mixture que lui tendait Circé. Il lui échappe et court à toutes jambes retrouver Ulysse auquel il fait le récit de tout ce qu'il a vu. Ulysse prend sa lance et son épée, et se met aussitôt en route pour délivrer ses compagnons. C'est courageux, mais, à vrai dire, il n'a pas la moindre idée de la façon dont il va pouvoir s'y prendre. Comme toujours quand la difficulté est insurmontable, l'Olympe se réveille. Hermès, le messager de Zeus, intervient. Il offre à Ulysse un contrepoison, une petite herbe qui, s'il l'absorbe dès maintenant, le rendra invulnérable au charme de Circé. Il lui donne en outre quelques conseils : quand il verra

Circé, il faut qu'il boive la potion. Rien ne lui arrivera. Alors Circé comprendra qui il est. Il devra se lever, la menacer de son épée comme s'il voulait la tuer. Elle libérera ses compagnons, leur rendra figure humaine, mais en échange, elle invitera Ulysse à partager sa couche pour faire l'amour avec elle. Il devra accepter, mais à une condition : qu'elle jure par le Styx qu'elle ne cherchera plus jamais à lui nuire.

Tout se passe comme prévu, et comme Circé est sublime – c'est une espèce de divinité, comme Calypso –, Ulysse y prend goût. Moyennant quoi, il reste toute une année dans ses bras, à faire l'amour, à boire, à dormir, à manger... et à recommencer chaque jour le même scénario. Ce qui le guette à nouveau, tu l'as déjà sans doute compris, c'est la tentation de l'oubli. Circé fait tout pour qu'il ne pense plus à rien, pour qu'il ne songe surtout pas à Pénélope ni à Ithaque, pour qu'il reste avec elle, bien au chaud dans son lit. Une fois encore, Ulysse frise la catastrophe – une catastrophe très douce, certes, mais néanmoins calamiteuse. Pour une fois, ce sont ses marins qui le tirent d'affaire. Ils commencent à en avoir assez, à s'impatienter, eux qui n'ont pas Circé avec eux tous les soirs pour s'occuper... Ils vont voir Ulysse et le somment de se remettre en route.

Contre toute attente, Circé prend plutôt bien la chose. Après tout, on ne peut pas garder un amant de force et si Ulysse veut à tout prix rentrer, qu'il rentre ! Voilà à peu près ce qu'elle se dit. Ulysse organise les préparatifs du départ, mais il ne sait toujours pas où il est, et il n'a pas la moindre idée de la façon dont il pourrait s'y prendre pour rejoindre son île. Circé va l'aider, mais le conseil qu'elle lui donne fait frémir : il va falloir trouver l'entrée du royaume d'Hadès, le royaume des morts, et s'y rendre pour consulter Tirésias, le plus fameux de tous les devins. Lui seul pourra dire à Ulysse ce qui l'attend dans la suite de son voyage et comment reprendre sa route... C'est peu de dire qu'Ulysse n'est pas enthousiasmé par la perspective sinistre que lui ouvre la magicienne. Mais il n'y a rien d'autre à faire et il faut y aller.

C'est donc ici que se situe le fameux séjour d'Ulysse dans l'Hadès, ce qu'on nomme habituellement la « Nekyia ». Je ne reviens pas sur l'angoisse qui saisit Ulysse à la vue de ce peuple d'ombres d'où monte un brouhaha permanent, aussi confus que sinistre. Encore une fois, ce qui caractérise les morts – et c'est cela qui terrifie le héros –, c'est qu'ils ont perdu leur individualité. Pour leur redonner un peu de vie, pour qu'ils reprennent des couleurs et se mettent à parler, il n'est qu'un moyen : après avoir sacrifié un bélier, il faut leur faire avaler un verre de sang frais. C'est ainsi qu'Ulysse parvient à avoir une conversation avec Tirésias, puis avec sa mère, Anticlée, qu'il essaie en vain d'embrasser : dès qu'il tente de l'enserrer dans ses bras, il ne brasse que du vide. Les morts ne sont que des ombres qui n'ont plus rien de réel. C'est là aussi qu'Achille lui fait ce terrible aveu, réduisant à néant les mirages de l'héroïsme guerrier : il préférerait mille fois être l'esclave vivant d'un petit paysan plutôt qu'un héros glorieux au royaume des morts. Comme je te l'ai dit, Tirésias lui apprend qu'il finira bien par rentrer chez lui, mais après avoir vu périr tous ses compagnons et sombrer son navire. Le terme du voyage est assuré, mais le trajet s'annonce décidément très mal, tout cela à cause de Poséidon qui veut venger l'œil crevé de son fils...

Les épisodes qui suivent sont si connus, si souvent racontés, qu'il ne servirait plus à rien de les résumer encore. Il faut les lire, surtout dans le texte original plutôt que dans les innombrables versions édulcorées qu'on trouve dans les livres pour enfants. C'est un immense plaisir.

Ulysse et ses compagnons affrontent d'abord les Sirènes, ces femmes-oiseaux (et non poissons, comme on le croit souvent) dont le chant est si séduisant qu'il devient mortel : inéluctablement, son charme irrésistible attire les marins vers les récifs où ils font naufrage. Sous les dehors les plus attirants, elles sont redoutables, comme en témoigne d'ailleurs le fait qu'elles sont en permanence entourées de rochers peuplés d'os qui blanchissent et de chairs qui pourrissent. Un détail retient l'attention : pour protéger ses marins, Ulysse leur bouche les oreilles avec de la cire. Comme cela, ils ne risquent pas de céder à l'attrait sulfureux des femmes-oiseaux. Mais lui, en revanche, comme avec Polyphème ou Circé, veut savoir, quel qu'en soit le prix : sa volonté de tout connaître, de tout expérimenter est intacte. Alors il se fait attacher au mât et donne ordre à ses hommes de resserrer ses liens si jamais il lui prenait l'idée folle de se laisser séduire. Bien entendu, le chant des Sirènes ne le laisse pas indifférent. Au bout de quelques minutes, il donnerait tout pour les rejoindre, mais ses hommes, cette fois-ci, ont compris. Comme promis, ils affermissent encore les cordes qui retiennent leur chef à son mât et tout se passe, finalement, sans encombre. Ulysse est désormais le seul homme qui connaisse le chant des Sirènes et soit cependant toujours en vie, comme il est un des très rares à avoir visité l'Hadès une première fois, avant d'y retourner un jour.

Après un deuxième séjour, très bref, chez Circé, qui complète les propos de Tirésias et lui donne encore quelques conseils, Ulysse reprend la mer. Vient alors l'épisode des « Planctes », ces roches mobiles qui écrasent les bateaux qui s'y aventurent, d'autant plus dangereuses que deux êtres terrifiants se cachent dans les environs : Charybde, un monstre féminin dont la bouche est si énorme et si vorace qu'elle engloutit tout ce qui se trouve dans les parages, provoquant en permanence un gigantesque tourbillon. On peut, certes, l'éviter, en prenant le large, mais là, on tombe sur Scylla, un autre monstre féminin, dont le corps affreux est surmonté de six effroyables têtes de chien. De là vient bien sûr l'expression commune, « tomber de Charybde en Scylla ». Six marins d'Ulysse sont happés par les têtes et trouvent une mort abominable dans les gueules de Scylla. La prédiction de Tirésias commence à s'accomplir et Ulysse comprend qu'il risque bien, en effet, de rentrer seul au bercail.

Il aborde, pour reprendre des forces, sur l'île du dieu Hélios, le soleil. Elle est peuplée de bœufs magnifiques. Mais ce sont des animaux sacrés, qui appartiennent à Hélios, et auxquels il est absolument interdit de toucher. Leur nombre possède en effet une valeur cosmique : il est égal au nombre de jours qui composent une année. Et comme Hélios voit tout, il serait absurde de se laisser aller. Circé leur a donné des vivres, qu'ils s'en contentent ! Mais un vent du sud empêche l'équipage de reprendre la route pendant plus d'un mois. Les marins, à court de nourriture, n'y tiennent plus. Un soir qu'Ulysse s'est laissé aller à dormir tandis qu'ils sont en veille – et ce sommeil, à nouveau, symbolise la tentation de l'oubli –, ses hommes commettent l'irréparable : ils font rôtir une belle vache, puis une autre, et font un festin. Réveillé par l'odeur de fumée, Ulysse accourt. Trop tard, il ne peut que constater le désastre. Il ordonne que l'on reprenne la mer, mais, bien entendu, Zeus punit les coupables. Il déclenche à nouveau une terrible tempête. Tous les amis d'Ulysse y trouvent la mort. Lui seul survit, accroché à un morceau de bois. Il dérive jusqu'à l'île de Calypso, la ravissante nymphe qui va le garder prisonnier pendant des années.

La boucle est ainsi bouclée : nous retrouvons le point de départ du récit. De chez Calypso, Ulysse finira par partir, pour atterrir chez les Phéaciens dans les conditions que l'on sait, et pour repartir enfin vers Ithaque où Athéna l'aidera jusqu'au bout à massacrer les Prétendants, à retrouver son fils, sa femme et son père, ainsi qu'à remettre en ordre son *oikos*, sa maison et son royaume... Arrivés à ce point, nous quittons les épisodes du voyage lui-même que je voulais te raconter.

Encore deux remarques, en guise de conclusion, pour souligner la portée philosophique de ce périple initiatique, l'une sur la « nostalgie » réelle ou supposée de l'œuvre d'Homère, l'autre sur la séduction qu'Ulysse exerce sur son entourage, et notamment sur les femmes.

Peut-on parler de « nostalgie » ?
Et si oui, en quel sens ?

Peut-on, comme on l'a fait si souvent à propos de l'*Odyssée*, parler de « nostalgie » pour caractériser les motivations d'Ulysse ? À première vue, on pourrait être tenté de le faire. Le mot lui-même possède une consonance grecque puisqu'il est formé à partir de *nostos*, qui vient de *nesthai*, « revenir », « rentrer chez soi » – mot d'où provient le prénom Nestor, « celui qui rentre victorieusement chez lui » – et de *algos*, la « souffrance » : la nostalgie, c'est le désir douloureux de rentrer chez soi. N'est-ce pas là, très exactement, ce qui anime Ulysse ? Une volonté forcenée, mais contrariée, de revenir à son point de départ, « au pays », ou pour parler comme les romantiques allemands, les maîtres par excellence de la nostalgie, *bei sich selbst*, auprès de soi-même ?

Il vaut mieux, pourtant, être ici très prudent et ne pas se laisser leurrer par la magie des mots. D'abord, parce que le terme n'appartient pas au vocabulaire des Grecs. On ne le trouvera nulle part dans l'*Odyssée*, ni d'ailleurs dans aucun texte ancien. Et pour cause : il n'a été forgé que tardivement, en 1678, par un médecin suisse du nom de Harder, pour traduire un terme destiné à prendre une importance croissante au fil des siècles, et notamment au XIXe : *Heimweh*, dont l'équivalent en français contemporain est le « mal du pays » (la formule n'apparaît qu'au XIXe siècle, mais au XVIIIe, on parle déjà de « maladie du pays »). Si nous quittons la sphère de la philologie et de l'histoire pour nous élever à celle de la philosophie, nous voyons qu'il existe en vérité trois formes bien différentes de nostalgie, que le beau livre de Milan Kundera qui porte ce titre ne distingue pas toujours. Il y a d'abord la nostalgie purement sentimentale, celle qui regrette tous les bonheurs perdus, quels qu'ils soient, le cocon familial, les vacances de l'enfance, les amours mortes... Nous la ressentons tous un jour ou l'autre. Il y a ensuite la nostalgie historico-politique, celle, au sens propre du terme, « réactionnaire », qui anime toutes les « Restaurations » et s'exprime volontiers dans une langue morte, par exemple dans cette formule latine, *laudator temporis acti* qui sert, elle aussi, de titre à un joli petit livre[1] et qu'on pourrait traduire : « éloge des temps révolus » ou, plus simplement : « c'était mieux avant », du temps de l'Atlantide, avant la civilisation moderne, l'industrie, les grandes villes, l'individualisme, la pollution, le capitalisme, etc. C'est déjà dans cette optique qu'en Allemagne et en Suisse au XIXᵉ siècle les romantiques construisaient des ruines antiques au fond des jardins plutôt que des allées géométriques à la Versailles. Ils aimaient par là évoquer l'idée qu'avant, c'était le bon temps, celui des civilisations où les humains étaient plus et mieux qu'aujourd'hui : plus nobles, mieux élevés, plus grandioses, plus courageux, etc. Enfin, même si le terme est impropre, anachronique en tout cas, il y a la nostalgie des Grecs, celle d'Ulysse, qui est avant tout cosmologique et qui tient en une formule que j'emprunte pour le coup à un grand philosophe, Aristote : *phusis archè kinéséos*, « la nature est le principe du mouvement », c'est-à-dire qu'on se meut, comme dans l'*Odyssée*, pour rejoindre le lieu naturel d'où l'on a été injustement déplacé (Ithaque), le but du

---

1. Celui de Lucien Jerphagnon, un philosophe dont il faut lire les ouvrages.

voyage étant pour le héros de retrouver son accord perdu avec l'ordre cosmique.

Ce n'est pas l'amour qui meut Ulysse – il n'a jamais vu Télémaque et largement oublié Pénélope qu'il ne cesse d'ailleurs de tromper dès que l'occasion s'en présente. C'est encore moins un projet de restauration politique qui l'anime : s'il veut remettre de l'ordre dans sa maison, ce n'est pas pour combattre je ne sais quel déclin qu'une révolution ou une vision moderne du monde aurait instauré. Non, ce qui meut Ulysse en profondeur, c'est le désir de rentrer chez lui, d'être en harmonie avec le cosmos, car cette harmonie vaut plus et mieux que l'immortalité même que lui promet Calypso. En d'autres termes, s'il accepte sa condition de mortel, ce n'est pas comme s'il s'agissait d'un pis-aller, mais au contraire pour vivre mieux. Comme je te l'ai dit, le choix de l'immortalité qui lui fut proposée l'aurait dépersonnalisé en le coupant des autres, du monde, et finalement de lui-même. Car il n'est pas cela, pas un amant de Calypso qui trahit les siens, pas un être qui oublie sa patrie, qui accepte de vivre n'importe où, au milieu de nulle part, avec une femme qu'il n'aime pas vraiment... Non, cela, ce n'est pas Ulysse ! Et pour être ce qu'il est réellement, il lui faut accepter la mort, non sous la forme d'une résignation, mais au contraire comme un moteur : celui qui le pousse coûte que coûte à retrouver son point de départ. Telle est la façon dont le sage doit vivre la construction cosmologique que nous n'avions jusqu'à présent envisagée que du point de vue des dieux. Et tel est bien, du coup, le premier visage de la sagesse pour les mortels, de la spiritualité laïque que la mythologie grecque va pour ainsi dire léguer à la philosophie. Et cette sagesse qu'Ulysse, le premier sans doute dans la littérature, parvient à incarner parfaitement, possède, il faut bien l'avouer, un très grand charme.

On le sait, il est rusé. On l'a compris aussi : il est vigoureux, habile, courageux. Tout cela est épatant. Mais il y a plus, beaucoup plus : Ulysse est un homme, « un vrai », comme on dit dans les romans à l'eau de rose, qui n'est ni immortel, ni oublieux de son monde, néanmoins sage, rempli d'expérience et, pour cette raison, incroyablement séduisant. Ulysse, je te l'ai déjà signalé, est d'un naturel curieux. Il aime comprendre, savoir, connaître, découvrir des pays, des cultures, des êtres différents de lui. Dès les premières lignes de l'*Odyssée*, on apprend qu'il n'est pas seulement « l'homme aux mille tours », comme dit Homère, ni le « pilleur de Troie ». Il possède au plus au degré ce que Kant nommera la « pensée élargie » : la curiosité pour autrui, cette volonté constante d'élargir l'horizon qui le conduit au désastre chez le Cyclope Polyphème, mais qui, au final, fait de lui un véritable humain, un homme auquel aucune femme ne résiste parce qu'il est solide et qu'il a mille choses à raconter.

Un jour, une journaliste brésilienne m'a posé une question qui, sur le coup, m'a semblé étrange. Comme je parlais de cette fameuse « pensée élargie », en évoquant Ulysse et Hugo, elle m'a demandé pourquoi, après tout, il était à mes yeux si important d'« élargir la pensée ». Elle m'a fait observer que, sur la plage, à Copacabana, à côté de l'endroit où nous parlions, il y avait plein de jeunes gens, insouciants et musclés, bronzés et heureux de vivre leur vie comme un jeu innocent et incessant : pourquoi les détourner de leurs divertissements si agréables ? Et surtout, en admettant même que je trouve par impossible une réponse, comment les convaincre de quitter la plage et les jeux pour se plonger dans la lecture d'Homère ou élargir l'horizon par quelque voyage, fût-il autre qu'intellectuel ? J'ai aussitôt pensé à la réponse qu'auraient sans doute pu faire Ulysse aussi bien qu'Hugo : aucune femme ne peut vivre bien longtemps avec un enfant gâté, qui ne connaît rien, qui n'a rien à raconter. S'il est très jeune et très beau, elle peut aimer le mettre dans son lit, comme les nymphes le font avec les compagnons d'Ulysse. Mais avec une déesse comme Circé ou Calypso, avec une femme de tête comme Pénélope, il ne fait pas le poids. Voilà aussi pourquoi Ulysse supplante tous les Prétendants, tous ces jeunes gens riches et, sans doute, eux aussi, forts et beaux, non seulement par la ruse et la vigueur – qui lui viennent des dieux –, mais par la séduction de l'homme accompli, qui vient de lui, de son voyage et de ses épreuves, de ce qu'il a su en faire, et de nulle part ailleurs. Ulysse aurait pu être éternellement jeune, beau et fort. N'oublie pas que c'est en pleine connaissance de cause, après avoir vu la mort en face, qu'il choisit de vieillir parce que, à tout prendre, ce sort, quoique calamiteux en lui-même, est la condition de l'accès à cette humanité qui, seule, peut faire d'un homme un être réellement singulier et, par là même, charmant.

Reste que le choix d'Ulysse, même s'il est le plus avisé, est au plus haut point courageux. Tous n'en sont pas capables et la sagesse, comme on l'a vu à travers les épreuves qu'il subit tout au long de son voyage, n'est pas non plus donnée d'emblée. De là, sans doute, la tentation de l'*hybris*, le penchant pour la démesure et l'orgueil qui nous fait croire qu'il serait possible de s'élever au rang d'un dieu sans l'avoir en rien mérité. Et comme tu vas le voir dans un instant, ce défaut-là, chez les Grecs, ne pardonne pas...

CHAPITRE 4

Hybris : le cosmos
menacé d'un retour au chaos

*ou comment le manque de sagesse
gâche l'existence des mortels*

J'ai déjà eu l'occasion de t'indiquer qu'au fronton du temple de Delphes, un des plus fameux monuments élevés à la gloire d'Apollon, étaient gravés dans la pierre des proverbes livrant des messages fondamentaux de la sagesse grecque. Deux d'entre eux, au moins, sont restés célèbres jusqu'à nos jours : « Connais-toi toi-même ! » qui figure en bonne place, à côté de son double, en apparence plus énigmatique, mais qui signifie en vérité la même chose : « Rien de trop ! » Comme je te l'ai dit aussi au passage, le sens de ces messages s'est obscurci au fil des ans et, de nos jours, on se trompe souvent sur leur signification véritable. Nos contemporains ont toujours tendance à « psychologiser » la mythologie, à interpréter les leçons de sagesse antique en un sens moderne, à l'aide des schémas psychanalytiques. C'est, tout simplement, une erreur. Le fameux « Connais-toi toi-même » notamment, cette sentence que l'un des principaux pères fondateurs de la philosophie, Socrate[1], a lui aussi adoptée pour devise

---

1. Chez Socrate, la formule, qui n'a aucun caractère « psychologique », prend déjà une autre signification que dans la culture de

maîtresse de sa pensée, passe pour signifier qu'on a tout intérêt à savoir qui l'on est ou, comme on dit dans le jargon des psys, à « tirer au clair son inconscient si l'on veut avancer dans la vie sans craindre le retour du refoulé ». En fait, dans le monde grec, cette sentence n'a aucun rapport avec ce thème contemporain. Et il est important de rétablir sa signification authentique, originelle, non par cuistrerie, mais parce qu'elle fournit, comme tu vas le percevoir dans un instant, un fil conducteur très précieux, à vrai dire indispensable pour comprendre toute une série de grands mythes antiques que je vais te raconter maintenant.

À l'origine, dans la culture grecque, la formule possède une portée évidente, même pour les humbles citoyens : il faut savoir rester à sa place, ne pas « se croire » comme on dit encore de nos jours dans les campagnes pour parler de quelqu'un d'orgueilleux, d'arrogant, qui se prend pour ce qu'il n'est pas. D'ailleurs, une autre locution française lui correspond parfaitement, qui file elle aussi la métaphore spatiale : on « remet quelqu'un à sa place », quand on lui donne une « bonne leçon », lorsqu'on lui « rabat le caquet ». Comme « rien de trop », la formule invite les humains à trouver leur juste mesure dans l'ordre cosmi-

---

la Grèce archaïque : elle est liée à une théorie bien particulière de la vérité que Platon développera jusque dans ses multiples et profondes conséquences, une doctrine selon laquelle nous aurions autrefois connu le vrai, puis nous l'aurions oublié de sorte que la connaissance viendrait dans un troisième temps comme une « anamnèse », une remémoration de quelque chose qui est déjà en nous sans que nous le sachions. C'est par cette théorie de la vérité comme « re-connaissance » que Socrate répond au fameux paradoxe sophistique selon lequel celui qui cherche la vérité ne pourra jamais la trouver : en effet, s'il la cherche, c'est qu'il ne l'a pas. Il lui faudrait, donc, pour reconnaître l'opinion vraie des opinions fausses qui traînent un peu partout, un critère... qui soit lui-même un critère vrai ! Il devrait donc, en ce sens un peu particulier, déjà posséder le vrai pour le reconnaître du faux. Or c'est justement ce que la théorie de la réminiscence permet d'affirmer : oui, nous avons déjà le vrai en nous ! Simplement, nous l'avons oublié, de sorte que la connaissance est reconnaissance, remémoration. Cette vision de la vérité parcourra toute l'histoire de la philosophie.

que afin de se garder de l'*hybris*, cet archétype du manque de sagesse, cette vanité ou cette démesure qui défie les dieux et, à travers eux, car c'est tout un, l'ordre cosmique. Pour les mortels, l'*hybris* conduit toujours à la catastrophe et c'est cette catastrophe annoncée que mettent en scène les mythes qui vont maintenant nous intéresser.

Le premier modèle de l'*hybris*, le premier exemple d'un comportement qui perd la mesure, nous l'avons déjà vu ensemble : c'est l'histoire de Prométhée qui nous le fournit. C'est en quelque sorte le prototype de tous les récits qui nous rapportent de manière édifiante les désastres causés par ce défaut suprême aux yeux des Grecs – mais qui laissent entrevoir aussi les tentations qu'il suscite. Car, bien entendu, si les mortels pèchent par *hybris*, c'est qu'il y a là pour eux quelque chose de tentant... Prométhée est le premier à être puni pour cause d'arrogance et d'orgueil, et les hommes avec lui. Nous avons vu comment – par Pandore, la femme « qui veut toujours plus qu'assez » – et pourquoi : parce que avec les armes que leur a données Prométhée en les volant à Héphaïstos et Athéna, le feu, les arts et les techniques, les êtres humains risquent fort de ne plus être à leur juste place, de se prendre un jour pour les égaux des dieux. Là est, déjà pour les Grecs, la différence entre l'homme et l'animal. Comme tu t'en souviens, lorsque Épiméthée met en ordre les espèces vivantes, lorsqu'il distribue les qualités et les attributs qui leur permettront de survivre, on voit que les bêtes ont chacune une place bien précise dans l'ordre du monde. Chez les animaux, il n'est pas d'*hybris* possible, car ils sont guidés par l'instinct commun à leur espèce, et il n'y a aucun risque qu'ils ne soient pas à leur place. On n'imagine pas qu'un lapin ou une huître se révolte contre son destin et entreprenne d'aller voler le feu ou les arts chez les dieux ! Au contraire, les hommes sont doués d'une sorte de liberté, d'une capacité d'excès qui les rend sans doute plus intéressants que les animaux – ils sont capables de tant de tours et de ruses... – mais aussi capables de tout, y compris de l'*hybris* la plus démentielle.

215

Bien des siècles plus tard, on retrouvera dans l'humanisme moderne cette même conviction que l'homme, contrairement aux animaux qui ont chacun un mode de vie bien précis dont il leur est impossible de s'évader, n'est rien de déterminé au départ, qu'il est potentiellement tout, qu'il peut devenir et faire n'importe quoi. C'est par excellence l'être des possibles – ce que symbolise le fait que, dans le mythe d'Épiméthée justement, à la différence des animaux, il est pour ainsi dire « tout nu » au départ : il n'a ni fourrure comme l'ours ou le chien pour se protéger du froid, ni carapace comme la tortue ou le tatou pour s'abriter des rayons du soleil ; il n'est pas non plus rapide et agile à la course comme le lapin, ni armé de griffes et de dents comme le lion. Bref, le fait qu'il soit démuni au départ signifie qu'il va devoir tout inventer par lui-même s'il veut survivre dans un univers aussi hostile, malgré tout, qu'est le monde d'après l'âge d'or. Le mythe suppose, même s'il n'en parle pas explicitement, un pouvoir d'invention, une certaine forme de *liberté* si l'on veut dire par là que l'homme n'est pas emprisonné comme l'animal dans un rôle qu'Épiméthée a prescrit d'entrée de jeu et pour toujours à chaque espèce. Or, c'est bel et bien cette liberté qui est à la racine de l'*hybris* : sans elle, l'homme ne pourrait pas sortir de sa place, du statut qui lui aurait été prescrit. Il ne pourrait pas commettre de fautes et c'est justement l'histoire de ces fautes et des « remises en place » qu'elles vont susciter de la part des dieux que racontent les grands mythes de l'*hybris*.

L'être humain est donc par excellence celui qui peut aller trop loin. Il peut être fou ou sage. Il a le choix. Il est ouvert à une infinie diversité de modes de vie : rien ne dit au départ s'il doit être médecin, charpentier, maçon ou philosophe, héros ou esclave. C'est à lui, au moins pour une part, d'en décider – et c'est d'ailleurs ce type de choix qui fait souvent de la jeunesse un moment crucial, mais difficile. Et c'est évidemment aussi cette liberté qui l'expose au risque de défier les dieux, voire de menacer le cosmos tout entier. C'est d'ailleurs ce que lui reprocheront encore les écologistes, bien longtemps après que les philosophes et les poètes grecs eurent stigmatisé les méfaits de l'*hybris* : l'humanité est la seule espèce qui puisse dévaster la terre, car elle est la seule à disposer de capacités d'invention et de révolte contre la nature susceptibles de bouleverser réellement l'univers. À nouveau ici, on imagine mal les lapins ou les huîtres dévaster la planète, encore moins inventer les moyens de la bouleverser. Mais l'humanité, en revanche, du moins depuis que Prométhée lui a donné les sciences et les arts, est bel et bien en mesure, ou plutôt en démesure, de le faire. D'où la menace qu'elle fait peser en permanence sur l'ordre cosmique garanti par les dieux.

Péché d'orgueil, au sens chrétien du terme ? Sans doute, mais pas seulement. L'*hybris* va à certains égards beaucoup plus loin : elle ne se limite pas à un défaut subjectif, un travers personnel qui affecterait telle personne et la rendrait mauvaise. Elle possède, bien au-delà du simple péché d'orgueil ou de concupiscence dont nous entretient le christianisme, cette dimension cosmique que je viens d'évoquer : toujours, elle risque de bouleverser le bel et juste ordre du monde construit si péniblement par Zeus dans sa guerre contre les forces du chaos. Et c'est avant tout de cela qu'il s'agit, lorsque les dieux punissent l'*hybris* : ils cherchent, tout simplement, à préserver l'harmonie de l'univers contre la folie des hommes. De certains d'entre eux en tout cas. Voilà pourquoi la mythologie grecque regorge d'histoires qui nous content les terribles châtiments dont sont victimes les mortels qui ont l'audace de défier les préceptes de sagesse que les dieux leur ont enseignés. Pas seulement affaire d'obéissance, comme dans le discours clérical ordinaire[1], mais de respect ou de souci du monde.

---

1. Il y a bien entendu aussi, dans les grandes religions, un souci du monde, mais le péché apparaît presque toujours avant tout comme une faute « personnelle ».

Une dernière remarque, avant d'entrer dans le vif du sujet. Sans doute parce que, au temps des Grecs anciens, tout le monde devait en percer d'entrée de jeu le sens véritable, ces histoires d'*hybris* s'enchaînent parfois un peu sèchement, sans fioritures ni efforts d'imagination littéraire particuliers. Comme si elles allaient de soi et que tout lecteur ou tout auditeur en percevait immédiatement la signification sans qu'il soit besoin d'y insister. Chaque fois, le scénario est le même : un mortel, parfois un monstre ou même une divinité secondaire, se croit assez fort pour sortir de son rôle et se mesurer avec l'Olympe et, chaque fois, il est remis à sa place avec une brutalité sans faille, totalement dissuasive pour tous ceux qui auraient la bêtise de vouloir se risquer à commettre une telle faute. Sans faille parce que c'est le cosmos qui, à travers la punition divine, reprend ses droits. Ces récits sont donc souvent, du moins dans les versions écrites qui nous sont parvenues, squelettiques. Ils s'en tiennent à une trame assez basique : on y met en scène la révolte de l'*hybris* contre le cosmos, puis la victoire écrasante de ce dernier à l'état, pour ainsi dire, chimiquement pur, sans ornements. C'est le cas des mythes d'Ixion[1],

---

1. Lors de son mariage avec Dia, la fille de Déionée, Ixion fait promesse à son beau-père de lui offrir de magnifiques cadeaux. En guise de présent, il l'emmène se promener dans un jardin où il a fait creuser une profonde fosse remplie de charbons ardents. Il se débarrasse ainsi du beau-père et le crime est si atroce que personne ne veut le purifier... sauf Zeus, qui le prend en pitié et décide de lui donner une seconde chance. Invité sur l'Olympe, Ixion ne trouve rien de mieux, en guise de remerciement envers son sauveteur, que de faire la cour à sa femme, Héra, qui va se plaindre à son mari, lequel, pour en avoir le cœur net, fabrique une nuée, un hologramme d'Héra. Ixion tombe dans le panneau et tente de coucher avec ce qu'il croit être la sublime déesse. C'en est trop et Zeus le précipite aux Enfers où il est attaché pour l'éternité par des serpents à une roue de feu qui tourne éternellement dans le Tartare...

Salmonéus[1], Phaéton[2], Otos et Elphate[3], Niobé[4],

---

1. Voici le récit d'Apollodore, bon exemple de sécheresse dans le fond comme dans la forme : « Salmonéus s'établit tout d'abord en Thessalie, puis il se rendit en Élide où il fonda une cité. Plein d'*hybris*, il voulait s'égaler à Zeus et il fut châtié pour son impiété. Il disait qu'il était lui-même Zeus. Il retira au dieu ses sacrifices et ordonna qu'ils lui soient offerts à lui. Il traînait derrière son char des outres de peau séchée et des chaudrons de bronze en disant que c'était le tonnerre. Il lançait dans le ciel des torches enflammées en disant que c'étaient les éclairs. Zeus le foudroya et anéantit la cité qu'il avait fondée et tous ses habitants. » Point final !

2. L'histoire de Phaéton est notamment racontée par Ovide dans ses *Métamorphoses*, avec force détails. Mais, malgré tous les efforts du poète, la trame reste d'une simplicité désarmante : Phaéton est le fils du soleil, Hélios. Il s'en vante, mais ses camarades refusent de le croire. Alors il obtient de sa mère de rencontrer son père et il lui demande, par vanité, de leur prouver qu'il est bien son père. Hélios lui promet de lui accorder tout ce qu'il demandera. Phaéton demande alors à conduire pendant une journée entière le fameux char de son père, celui qui va chaque jour d'est en ouest, du levant au couchant. Hélios est consterné car il sait combien ce char est difficile à maîtriser et combien il représente un danger potentiel pour l'ordre cosmique tout entier. L'inévitable se produit : les chevaux divins échappent au jeune orgueilleux et s'approchent trop près de la terre : les cultures sont brûlées, les fleuves asséchés, les animaux carbonisés chaque fois qu'il rase le sol. Devant la menace de destruction du cosmos, Zeus, comme toujours, intervient et foudroie l'impudent qui deviendra la constellation de l'Aurige.

3. Voici le récit que nous donne Homère dans l'*Odyssée* de la courte vie de ces deux hommes gigantesques : « Jamais la terre aux blés n'avait encore nourri des hommes aussi grands et seul Orion eut plus noble beauté. À neuf ans, ils avaient jusqu'à neuf coudées de largeur et, de haut, ils atteignaient neuf brasses. Ils menaçaient les dieux de porter leur assaut et leurs cris dans l'Olympe : pour monter jusqu'au ciel, ils voulaient entasser sur l'Olympe l'Ossa et, sur l'Ossa, le Pélion aux bois tremblants. Ils auraient peut-être réussi s'ils avaient atteint leur âge d'homme ; mais avant qu'eût fleuri leur barbe sous leurs tempes et qu'un duvet de fleur eût ombragé leurs joues, ils tombèrent tous deux sous les flèches du fils que Léto aux beaux cheveux avait donné à Zeus », c'est-à-dire Apollon.

4. Niobé est la fille de Tantale, et la sœur de Pélops. Comme son père, elle est pleine d'*hybris*. Elle ne cesse de se vanter de mériter bien davantage que Léto, la mère des deux jumeaux divins, Apollon et Artémis, les sacrifices qui sont offerts à ces divinités olympiennes. Elle ordonne que ce soit désormais à elle qu'on rende un culte ! Elle fait notamment valoir qu'elle a beaucoup plus d'enfants que la

Bellérophon[1], Cassiopée[2] et tant d'autres du même modèle. À titre d'illustration – et parce que certaines sont très célèbres et qu'il est bon que tu les connaisses –, je t'indique en note la trame de ces histoires et, le cas échéant, les œuvres où tu les retrouveras le plus facilement. Mais il faut aussi garder à l'esprit que, comme pour nos contes de fées, dans les foyers, le soir, des conteurs, professionnels ou amateurs, devaient y ajouter leur grain de sel, donner du souffle et de l'émotion en ajoutant des détails, en faisant

---

déesse, six filles et six garçons (selon les différentes variantes, cela peut aller jusqu'à dix filles et dix garçons, ce qui ne change évidemment rien au fond de l'affaire). Léto demande aux deux archers divins de régler la question. Apollon et Artémis s'en donnent à cœur joie : leurs flèches transpercent impitoyablement les douze enfants de Niobé. Ils meurent sous ses yeux dans d'atroces souffrances. Zeus transformera Niobé en rocher, un rocher dont on dit que des larmes continuent de couler...

1. Petit-fils de Sisyphe, Bellérophon est au départ un jeune homme sympathique et courageux. Mais, comme son grand-père, il va finir gagné par l'*hybris*. Et il va, lui aussi le payer cher. Après avoir tué le tyran de Corinthe, Bellérophon trouve asile chez Proétos, un autre roi, de la ville de Tirynthe, et il devient son ami. Malheureusement pour lui, la reine tombe amoureuse de lui. Il refuse ses avances, par loyauté, mais la reine vexée l'accuse faussement auprès de son mari d'avoir voulu la séduire. Bêtement, Proétos croit sa femme, mais comme il se refuse à tuer lui-même Bellérophon, il l'envoie chez un roi ami, en Lycie, en lui demandant de le tuer pour lui. Mais le roi de Lycie, voyant la bonne mine de Bellérophon, ne veut pas non plus commettre lui-même un crime. Il préfère confier au jeune héros une tâche impossible, où il perdra à coup sûr la vie. Il lui demande de tuer la Chimère. Pour cela, il faut d'abord que Bellérophon parvienne à dompter Pégase, le cheval ailé qui est sorti du cou de Méduse quand elle fut tuée par Persée. Athéna aide Bellérophon et il parvient à tuer la Chimère. Au passage, il livre un combat victorieux contre des pirates... et, fort de ses succès, qu'en vérité il doit à l'aide des dieux plus qu'à lui-même, il commence à « se croire ». Il est saisi par l'*hybris*. Le voilà qui veut monter sur l'Olympe, siéger aux côtés des dieux, et devenir, pourquoi pas, immortel. Zeus envoie un taon piquer Pégase et l'arrogant Bellérophon, jeté à terre, meurt en tombant...

2. Qui sera punie pour s'être vantée qu'elle et sa fille étaient plus belles encore que les filles de Poséidon, les Néréides...

rebondir l'action – comme le firent à leur manière, évidemment grandiose, les tragédiens qui se sont attachés à donner à quelques-uns de ces mythes leurs titres de noblesse.

Fort heureusement toutefois, d'autres récits, forgés sur ce même thème de l'*hybris*, nous ont été transmis dans des versions déjà développées, qui vont beaucoup plus loin d'un point de vue littéraire et philosophique. Ils forment de véritables drames, assortis de leçons de sagesse riches et profondes, comiques ou tragiques, qui se sont d'ailleurs enrichies, elles aussi, au fil des temps. Nous avons déjà pu en voir un échantillon avec le mythe de Midas. Je vais t'en raconter quelques autres qui en valent la peine et qui sont souvent mal compris, recouverts qu'ils sont la plupart du temps de nos jours, sans même que nos mythographes modernes s'en rendent compte, sous les oripeaux de la morale chrétienne, ou tout simplement bourgeoise, voire de la psychologie contemporaine, qui leur font perdre leur saveur originelle et leur signification authentique. Il est bon de les replacer dans le cadre cosmologique et philosophique originel qui est véritablement le leur et que tu commences maintenant à bien connaître. D'autant que les plus riches ont trait tout à fait directement à la question du rapport des mortels à ce qui les attend à coup sûr, à savoir, justement, la mort.

I. Histoires d'*hybris* :
le cas des « trompe-la-mort »,
Asclépios (Esculape) et Sisyphe

Dans ce lot d'anecdotes qui nous content les déboires auxquels s'exposent les mortels qui pèchent par démesure, celles qui mettent en scène les « trompe-la-mort », à savoir ceux qui, comme Sisyphe et Esculape, cherchent à échapper à la finitude humaine en recourant à leur intelligence – à la ruse ou aux arts –, occupent en effet une place singulière, qui mérite toute notre attention. Non seulement la valeur littéraire de ces mythes est en général supérieure, mais leur dimension cosmique et leur postérité sont considérables. Car à nouveau, comme avec Midas, nous avons affaire à des êtres qui ne se contentent pas d'être arrogants, comme si seuls leurs travers personnels étaient en jeu, mais qui menacent réellement l'ordonnancement du cosmos. Commençons par le fondateur de la médecine, Asclépios (l'Esculape des Latins). Parfois très divergents, les récits du mythe nous incitent à privilégier les versions qui sont compatibles entre elles. En l'occurrence, je vais suivre, pour l'essentiel, les récits de Pindare et d'Apollodore : à quelques variantes près, mais peu importantes sur le fond, ils se complètent de manière assez cohérente pour qu'on puisse penser qu'ils appartiennent à une tradition commune.

Aux origines du mythe de Frankenstein :
Asclépios (Esculape),
le médecin qui rend la vie aux morts

La vie du petit Asclépios commence de façon singulièrement violente. Il est l'un des fils d'Apollon, dont je te rappelle qu'il n'est pas seulement le dieu de la musique, mais aussi celui de la médecine. Apollon est tombé, comme cela arrive si souvent aux dieux, amoureux d'une ravissante mortelle, prénommée Coronis. Tu noteras, au passage, que les dieux aiment particulièrement les mortelles. Non qu'elles soient plus belles que les déesses. C'est même tout l'inverse : la beauté de ces dernières est infiniment supérieure à celle des humains, quels qu'ils soient. Mais justement, les dieux sont sensibles, notamment lorsqu'il s'agit de féminité, aux imperfections liées à la finitude, sensibles au fait que la beauté des femmes est éphémère. Paradoxalement, c'est ce qui leur donne un charme fou, quelque chose de précieux, d'infiniment touchant, une fragilité qu'on ne rencontre jamais chez les Immortelles et qui vous fait tomber amoureux. Voilà pourquoi Apollon tombe raide fou de Coronis.

L'a-t-il séduite ou forcée, on ne sait. Toujours est-il que rien ne résiste aux dieux et qu'il parvient à partager le lit de sa belle. Et de leurs amours naît le petit Asclépios. Jusque-là, rien d'inhabituel à signaler. Mais les choses vont bientôt se gâter. Coronis, semble-t-il, n'est pas, elle, amoureuse d'Apollon. Elle lui préfère, audace suprême que son père lui-même désavoue, un simple mortel, un certain Ischys dont elle devient la femme. Ce mariage est, comme tu t'en doutes, ressenti par Apollon comme une véritable insulte : comment sa maîtresse ose-t-elle avoir l'outrecuidance de préférer un vulgaire humain à un dieu ? D'autant qu'Apollon passe pour être le plus beau de tous les Olympiens...

Comment Apollon a-t-il su qu'il était trompé, « cocu », il faut bien le dire, comme le premier venu ? Ici, les histoires varient. Selon certains, c'est grâce à son art bien connu de la divination qu'il découvre le pot aux roses. Mais selon Apollodore, Apollon a envoyé un corbeau, ou, plus exactement même, une corneille (en grec, *coroné*, nom qui ressemble fort à celui de son amoureuse...) pour surveiller la belle Coronis, et l'oiseau vient rapporter à son maître ce qu'il a vu : Ischys et Coronis faisant l'amour avec fougue. Égaré par la jalousie, Apollon commence par punir le messager en le rendant tout noir – selon ce mythe, les corbeaux et les corneilles étaient blancs comme des colombes avant cet épisode fâcheux. Je te conseille d'ailleurs de méditer cette leçon qui vaut encore aujourd'hui : cela peut paraître injuste, mais c'est souvent à celui qui apporte une mauvaise nouvelle qu'on en veut, même s'il n'y est pour rien. D'abord, parce qu'on ne peut s'empêcher de le soupçonner d'être en secret plus ou moins content du mal qui vous frappe. Et puis, après tout, sans cet oiseau de malheur, Apollon aurait pu continuer à être heureux, ou du moins tranquille, car on ne souffre jamais, surtout en matière d'amour, que de ce que l'on sait et ce que l'on ignore ne fait guère de mal... Garde-toi bien d'être le premier ou la première à colporter les mauvaises nouvelles. C'est là quelque chose qui ne se pardonne pas !

Quoi qu'il en soit, Apollon ne se satisfait évidemment pas de châtier la malheureuse corneille. Il prend son arc et ses flèches – et tu sais que, de tous les dieux, c'est lui et sa sœur jumelle, Artémis, la déesse de la chasse, qui sont les plus habiles archers – et il transperce Ischys et Coronis, qui expirent bientôt dans d'atroces souffrances. Mais Apollon se souvient que son amante est enceinte de lui, elle porte son bébé. Selon le rite funéraire grec, on doit brûler le corps des défunts après les avoir veillés et leur avoir déposé des pièces d'argent sur les yeux ou dans la bouche pour payer le passeur des Enfers, Charon. C'est au moment où Coronis est déposée sur le bûcher, lorsque le feu commence à prendre et les flammes à lécher son corps, qu'Apollon se réveille. Vite, il arrache le bébé au ventre de Coronis – selon certains c'est Hermès qui se serait chargé de cette tâche ingrate – et il le confie au plus grand éducateur de tous les temps : le Centaure Chiron, un fils de Cronos, un cousin germain de Zeus, un sage entre les sages qui a déjà élevé des gens aussi fameux qu'Achille, le héros de la guerre de Troie, ou Jason, celui qui mènera l'expédition des Argonautes en quête de la Toison d'or. Une référence incomparable en matière d'éducation. On prétend même que c'est Chiron qui a enseigné la médecine à Apollon. En tout cas, c'est lui qui l'apprendra à celui qui va devenir le père de cet art et, si l'on en croit la légende, le plus grand médecin de tous les temps.

Tu remarqueras déjà, c'est important pour bien comprendre la suite de l'histoire, qu'il y a une espèce de similitude entre la naissance d'Asclépios et celle de Dionysos : tous deux sont arrachés du ventre de leur mère alors que cette dernière est déjà morte, consumée dans les deux cas par le feu. C'est dire qu'Asclépios est, sinon deux fois né, à l'image de Dionysos qui sortira de la cuisse où Zeus l'a niché pour continuer sa gestation, du moins sauvé de la mort *in extremis*. D'entrée de jeu, son existence est placée sous le signe de la renaissance, de la victoire quasi miraculeuse de la vie sur le trépas.

Et c'est bien cela qui va marquer l'art d'Asclépios en tant que médecin. Non seulement il devient un chirurgien hors pair, mais, à l'image d'un dieu, il va devenir un véritable sauveur. On dit qu'il a reçu d'Athéna un présent qui lui permettra de réaliser le rêve secret de tout médecin : le don de ressusciter les morts. Athéna est la déesse qui a aidé, avec Hermès, Persée à combattre Méduse, l'affreuse et terrifiante Gorgone qui peut, en une fraction de seconde, pétrifier – au sens propre : transformer en pierre – tous ceux dont le regard croise celui de ses yeux magiques. Persée vient de trancher la tête de Méduse et de son cou s'échappe, au moment où elle rend son dernier soupir, Pégase, le cheval ailé, tandis que deux liquides s'écoulent de ses veines ouvertes. De la veine gauche sort un poison violent, qui fait mourir tout humain en quelques secondes ; de la droite, au contraire, un remède miraculeux qui possède tout simplement la faculté de ressusciter les morts. Muni de ce précieux viatique, Asclépios se met à guérir les vivants, mais aussi les défunts, à tour de bras. Au point qu'Hadès, le maître des Enfers qui règne sur le royaume des morts, se plaint à Zeus de voir le nombre de ses clients diminuer de façon préoccupante. Comme dans le cas de Prométhée, qui a volé le feu et les arts à Athéna, Zeus commence à s'inquiéter à l'idée que les hommes puissent devenir les égaux des dieux : quelle différence entre eux, en effet, si les premiers se dotent par eux-mêmes des moyens de devenir immortels comme les seconds ? Si on les laisse faire, c'est l'ordre cosmique tout entier, à commencer par la distinction cardinale entre mortels et Immortels, qui se trouvera bouleversé dans son principe même.

Nous sommes en présence de la première version d'un mythe que j'ai déjà évoqué avec toi, celui de Frankenstein. Comme le docteur Frankenstein, Asclépios a réussi, avec l'aide d'Athéna il est vrai – qui joue ici un rôle analogue à celui de Prométhée –, à se rendre maître de la vie et de la mort. Il est pour ainsi dire l'égal d'un dieu, arrogance suprême aux yeux d'un chrétien pour lequel la vie est l'apanage du seul Être suprême, mais *hybris* absolue pour un Grec, dans la mesure où ce ne sont pas seulement les dieux, avec tout le respect et l'obéissance qui leur sont dus, qui sont menacés, mais bel et bien l'ordre de l'univers tout entier. Essaie un peu d'imaginer ce que deviendrait la vie sur terre si plus personne ne mourait. Bientôt, il n'y aurait plus assez de place pour loger et nourrir tout le monde. Pis encore, ce sont toutes les relations familiales qui seraient bouleversées : les enfants seraient à égalité avec les parents, le sens des générations s'estomperait et tout serait finalement sens dessus dessous...

Préoccupé par cette perspective, Zeus recourt, comme à son habitude, aux grands moyens : il foudroie tout simplement Asclépios – dont Pindare prétend, mais nul ne sait s'il faut le croire, qu'il était en réalité vénal, animé par l'appât du gain, et qu'il se faisait payer des fortunes pour ranimer les morts. Mais c'est un détail. L'essentiel, c'est que Zeus sonne l'heure du retour à l'ordre. Comme toujours, il intervient pour garantir la pérennité du cosmos, car c'est bien évidemment de cela qu'il s'agit avant tout dans ce mythe d'Esculape trompe-la-mort. Apollon, qui aimait son fils comme en témoigne le soin qu'il a pris de son éducation en le confiant à Chiron, est tout à la fois fou de tristesse et de colère quand il apprend la réaction de Zeus. Apollodore raconte que, pour se venger, il tue les Cyclopes, c'est-à-dire, tu t'en souviens, ceux qui ont donné la foudre à Zeus pour l'aider à gagner son combat contre les Titans et parvenir à établir l'ordre cosmique. D'autres prétendent que ce ne sont pas les Cyclopes qu'Apollon met à mort, puisqu'ils sont immortels, mais leurs enfants... Quoi qu'il en soit, Zeus apprécie peu les révoltes successives d'Apollon. Il décide de le remettre au pas et projette de l'enfermer, comme les Titans justement, dans le Tartare. Mais Léto, la mère des jumeaux divins, Apollon et Artémis, intervient. Elle supplie Zeus de se montrer clément, et Zeus commue sa peine en une année d'esclavage : Apollon, lui aussi, a péché par *hybris*, par arrogance et par orgueil. Il faut donc lui réapprendre l'humilité et le respect dus au roi des dieux. Pour cela, rien de tel qu'une bonne année à faire le gardien de troupeau chez un simple humain, un dénommé Admète, auquel il rendra d'ailleurs de grands services...

Pour autant, Zeus, qui se doit d'être juste, veut rendre hommage aux talents d'Asclépios : après tout, ce dernier n'a cherché qu'à faire le bien aux humains ; il n'a pas commis de grande faute, du moins pas de manière intentionnelle. Zeus va donc l'immortaliser lui aussi en le transformant en une constellation, celle du Serpentaire – ce qui veut dire, à l'origine, « celui qui porte le serpent ». Note bien qu'en ce sens Asclépios a quand même réussi à voir se réaliser pour lui-même ce qu'il lui sera désormais interdit d'apporter aux autres. Il connaît ce que les Grecs nomment une « apothéose » – terme qui, littéralement, veut dire une « divinisation », une transformation en dieu (*apo* = « vers », et *théos* = « dieu »). Voilà pourquoi on le considère non pas seulement comme le fondateur de la médecine, mais bel et bien comme le dieu des médecins. Et aujourd'hui encore, on représente presque toujours Esculape avec un serpent à la main, et son sceptre, formé d'un serpent enroulé autour d'un bâton, que l'on appelle aussi le « caducée », sert toujours de symbole à ceux qui exercent cet art difficile.

Tu te demanderas peut-être : pourquoi un serpent et quelle est l'histoire de ce fameux caducée, que tu peux voir encore sur tous les pare-brise des voitures de médecin et, bien qu'un petit peu différent, je te dirai dans un instant pourquoi, aux devantures des pharmacies ? Il n'est pas inutile que je t'en dise encore un mot, car ce symbole fut l'objet de tant de confusions qu'un peu de clarté n'y fera pas de mal.

En vérité il y a dans la mythologie grecque deux caducées différents, dont l'un seulement se rapporte à la médecine, mais que l'on a parfois confondus au fil des temps.

Le mot « caducée » vient du grec *kérukeion*, qui signifie le « sceptre du héraut », non pas au sens du héros qui gagne les batailles et fait des exploits, mais du héraut qui annonce les nouvelles, comme Hermès, le messager des dieux. Le premier caducée porte bien son nom puisqu'il est l'emblème du dieu Hermès. Il est constitué de deux serpents qui s'enroulent autour d'un bâton, lui-même surmonté d'une paire de petites ailes. Les mythes, ici, divergent entre eux. Selon certains, Apollon aurait échangé son sceptre d'or avec Hermès contre une flûte que ce dernier aurait inventée après la lyre. Selon d'autres, Hermès voyant un jour deux serpents en train de se battre – ou de faire l'amour ? – aurait jeté un bâton (la baguette magique d'Apollon ?) entre les deux reptiles afin de les séparer. Les serpents se seraient alors enroulés autour de cette baguette et Hermès aurait seulement ajouté les petites ailes, qui sont sa marque propre puisqu'elles lui permettent de traverser le monde à toute vitesse. C'est, étrangement, ce même caducée d'Hermès qui sert le plus souvent, encore aujourd'hui, d'emblème de la médecine aux États-Unis. En réalité pourtant, il n'a aucun lien avec cette discipline. Il semblerait bien que nos amis américains aient tout simplement confondu ce caducée avec un autre, celui d'Asclépios, probablement parce que la médecine ancienne (et bien souvent même celle d'aujourd'hui) est un art « hermétique », qui utilise, comme dans Molière, des mots savants, un jargon obscur, et surtout parce que les premières facultés de médecine furent d'abord proches de sociétés secrètes. Erreur explicable, donc, mais erreur quand même.

Car le second caducée, celui qui symbolise réellement la médecine, n'est pas celui d'Hermès mais bel et bien celui d'Asclépios. Là encore, les mythes sont assez obscurs et multiples. Deux lignes de récit principales sont en concurrence : selon la première, Asclépios, au moment où il est élevé par Chiron, qui lui enseigne la médecine comme le lui a demandé Apollon, aurait fait une bien étrange expérience : croisant un serpent sur son chemin, il le tue... et constate avec surprise qu'un autre serpent vient au secours du premier, portant dans sa bouche une petite herbe qu'il lui fait ingérer et qui le réveille de la mort. C'est de là qu'Asclépios aurait tiré sa vocation pour la résurrection des défunts. Selon l'autre, Asclépios aurait pris pour symbole de son art le serpent pour une raison beaucoup plus simple : parce que cet animal semble commencer une nouvelle vie lorsqu'il mue et change de peau. Il suffit de se promener dans les terres rocailleuses de la Grèce pour voir un peu partout ces peaux de serpent abandonnées. De là à en conclure que l'animal mort connaît une renaissance, il n'y a qu'un pas qu'Asclépios aurait franchi. Comme tu vois, les deux histoires, au fond, se rejoignent : dans les deux cas, en effet, le serpent symbolise la renaissance, l'espérance d'une seconde vie. Voilà pourquoi aussi, lorsqu'il foudroie Asclépios, Zeus le transforme en cette constellation du Serpentaire, de celui qui porte le serpent, ce qui est une façon de rendre Asclépios immortel, de lui offrir une apothéose. Les médecins européens, à la différence des américains, ont à juste titre adopté le caducée d'Asclépios comme symbole de leur art. Ils y ont simplement ajouté un miroir, pour symboliser la prudence qui est nécessaire à l'exercice de leur métier.

On a depuis lors inventé un troisième caducée, celui des pharmaciens. À vrai dire, ce n'est qu'une variante de celui d'Asclépios. Il est lui aussi constitué d'un serpent qui entoure un bâton, avec cette différence qu'ici la tête de l'animal surplombe une coupe dans laquelle il crache son venin. Cette coupe est celle d'Hygie, l'une des filles d'Asclépios (dont le nom a donné le mot hygiène), la sœur de Panacée (le remède universel), et le venin déposé dans la coupe symbolise les préparations de médicaments dont les pharmaciens connaissent seuls les secrets...

Dernière précision pour conclure cette histoire : le plus grand médecin grec, Hippocrate, se réclamera d'Asclépios et se dira son descendant direct. Aujourd'hui encore, tous les médecins doivent, avant d'exercer, prêter un serment de bonne conduite qu'on nomme le « serment d'Hippocrate »... Malheureusement, ils ne sont toujours pas capables de rendre la vie à ceux qui sont morts et que nous aimerions revoir. Mais ils savent désormais que, lorsqu'un humain se prend pour un dieu, lorsqu'il prétend s'arroger le pouvoir de maîtriser la vie et la mort et menace ainsi l'ordre cosmique tout entier, il faut qu'une puissance intervienne pour le remettre à sa place.

C'est là ce que démontre aussi l'histoire d'un autre trompe-la-mort, le rusé Sisyphe.

Les deux ruses de Sisyphe

L'attitude de Sisyphe est à première vue toute différente de celle d'Asclépios. D'abord, Sisyphe joue pour son propre compte : ce ne sont pas les autres qu'il tente de sauver, comme son compère médecin, mais lui-même ; ensuite il ne recourt pas à la science, mais à la ruse. Pourtant, dans les deux cas, nous avons bien affaire à une forme extrême de l'*hybris* en ce sens que Sisyphe, tout comme Asclépios, met potentiellement en danger l'ordre de l'univers. Là encore, je vais suivre le récit que nous donne Apollodore, en le complétant seulement, sur un point ou deux, avec celui de Phérécyde d'Athènes, un mythographe du Vᵉ siècle avant Jésus-Christ.

On a beaucoup commenté le châtiment que connaîtra Sisyphe : il sera condamné par Zeus à rouler aux Enfers une énorme pierre jusqu'en haut d'une colline d'où, chaque fois, le rocher redégringole, de sorte qu'il lui faut tout recommencer, indéfiniment, sans que jamais cette tâche pénible puisse prendre fin. En revanche, on ne sait pas toujours très bien ce qui a motivé au juste cette terrible punition. Un grand écrivain français, Albert Camus, a consacré un livre à ce mythe qui symbolise à ses yeux l'absurdité de l'existence humaine. Tu vas voir que, dans la mythologie grecque, cette histoire possède une tout autre signification qui n'a rien à voir, ni de près ni de loin, avec l'absurdité réelle ou supposée de la vie des mortels.

Toute l'affaire commence lorsque Sisyphe joue un bien mauvais tour à Zeus. Il faut que tu saches que notre héros est, un peu comme Ulysse, un homme aux mille ruses. Certains prétendent d'ailleurs que Sisyphe est en réalité le véritable père d'Ulysse : le jour du mariage de Laërte avec la ravissante Anticlée (qui est bien, là on en est sûr, la mère d'Ulysse), Sisyphe aurait réussi par une de ces facéties dont il est coutumier à prendre la place du marié dans le lit nuptial, et il aurait tout bonnement couché avec Anticlée avant Laërte, le produit de ces amours clandestines étant Ulysse. On ne prête qu'aux riches : vraie ou fausse, l'anecdote te situe assez bien le personnage, qui n'est pas très recommandable sur le plan moral et prêt à tous les tours pour se jouer de son prochain.

Même quand il s'agit de Zeus. En l'occurrence, ce dernier, comme à son habitude, vient d'enlever une ravissante jeune fille, Égine, la fille du fleuve Asopos, une divinité secondaire. Le dieu du fleuve, partagé entre l'inquiétude et la colère, cherche fébrilement sa fille chérie : il voit bien qu'elle a disparu, mais il ignore que c'est Zeus qui a fait le coup. Il faut que tu saches encore, pour bien saisir le tableau, que Sisyphe est le fondateur d'une des villes grecques les plus prestigieuses : Corinthe. Et pour sa ville, il a besoin d'eau, comme tous les maires de toutes les époques. Il propose alors un marché à Asopos : « Si tu fais jaillir une source d'eau claire pour ma cité, je te dirai qui a enlevé ta fille. » Accord conclu, et c'est ainsi que Sisyphe commet l'imprudence insigne de dénoncer Zeus... qui, tu t'en doutes, n'apprécie pas.

Pour commencer, il fait rentrer le fleuve Asopos dans son lit par la force, en utilisant son arme favorite, la foudre. On prétend que, depuis lors, le fleuve, dont les rives ont été calcinées, charrie encore de gros morceaux de charbon noir... Quoi qu'il en soit, Zeus ne se laisse pas impressionner par la fureur du père, et il emporte la fille sur une île déserte où il s'unit avec elle. De leurs amours naît même un petit garçon, Éaque, et comme il s'ennuie tout seul, puisque l'île est déserte, Zeus transforme les fourmis en habitants afin de lui faire de la compagnie. Mais évidemment, il n'en reste pas là. Il va maintenant s'occuper de Sisyphe pour le châtier comme il convient. Et là, nous trouvons deux versions, une courte et une longue. Selon la courte, Zeus foudroie tout simplement Sisyphe, l'envoie, une fois mort, aux Enfers où il le condamne pour l'éternité au châtiment que l'on sait.

La version longue, celle que rapporte Phérécyde, est bien plus intéressante. Sisyphe séjourne tranquillement dans son magnifique palais, dans sa ville de Corinthe, à contempler l'eau qu'Asopos lui a fournie. Alors Zeus lui envoie la mort, cette divinité qu'on appelle Thanatos, pour le conduire aux Enfers. Mais Sisyphe a plus d'un tour dans son sac. Il voit Thanatos venir de loin, il l'attend au tournant. Il lui tend un de ces jolis pièges dont il a le secret. Thanatos tombe dans le panneau et, se jetant sur lui, Sisyphe le ligote avec des cordes bien solides et le cache dans un placard de son immense demeure. Comme dans le mythe d'Asclépios, le monde commence alors à se détraquer. Thanatos emprisonné, plus personne ne meurt. Hadès, le plus riche de tous les dieux, cesse de s'enrichir : il n'a pas son content de défunts et si Zeus n'y met pas bon ordre, il va y avoir un bel encombrement sur la planète qui deviendra invivable. C'est Arès, le dieu de la guerre, qui se colle à la tâche. Tu devines aisément pourquoi : si plus personne ne meurt, à quoi bon faire la guerre ? Il retrouve Thanatos, le libère et lui livre le malheureux Sisyphe qui est bien forcé de descendre aux Enfers... On pourrait croire que c'en est fini pour lui, mais pas du tout : encore une fois, il a plus d'un tour dans son sac.

Avant de mourir et de quitter son palais pour descendre dans le royaume d'Hadès, Sisyphe a pris soin de faire une bien étrange recommandation à sa femme : « Surtout, lui dit-il, sois gentille, ne me rends en aucun cas les honneurs funèbres, comme toute bonne épouse doit pourtant le faire le jour de la mort de son mari... Ne me demande pas pourquoi, je t'expliquerai plus tard. » Et Mérope, sa charmante femme, fait comme son mari lui a dit : elle ne veille pas son défunt époux, elle n'accomplit aucun des rites dont elle aurait dû normalement s'acquitter. De sorte qu'arrivé dans les profondeurs des Enfers, Sisyphe se précipite chez Hadès pour se plaindre amèrement d'avoir une si mauvaise compagne. Profondément choqué par un tel manque de manières, Hadès laisse Sisyphe rentrer chez lui pour châtier comme il convient l'indigne épouse, à condition bien entendu qu'il lui promette de revenir dès que possible. Comme tu t'en doutes, Sisyphe retourne chez lui... mais se garde bien de tenir sa promesse et de rentrer aux Enfers. Au contraire, il remercie sa femme, lui fait de nombreux enfants, et finit tout simplement, très âgé, par mourir de vieillesse. C'est alors et alors seulement, qu'il est bien obligé de réintégrer le sous-sol de la terre où Hadès l'oblige à rouler sa fameuse pierre, supplice qu'il lui impose pour être cer-

tain de ne pas se faire leurrer une seconde fois. Quant
au sens du supplice, comme toujours, il est en rapport
direct avec la faute : la vie, pour l'espèce des mortels,
est un perpétuel recommencement ; ce n'est pas un itinéraire infini, elle a un début et une fin, et celui qui a
tenté de repousser artificieusement les limites prévues
par l'ordre cosmique va apprendre à ses dépens qu'une
fois arrivé à son terme le processus doit recommencer
à zéro. En d'autres termes, qui rejoignent la leçon
d'Ulysse, nul ne saurait échapper à la finitude essentielle à la condition humaine.

II. Résurrections ratées,
résurrections réussies : Orphée, Déméter
et les mystères d'Éleusis

Avec Orphée et Déméter, nous n'avons plus réellement affaire à des histoires d'*hybris*. Pourtant, je t'en
parle maintenant parce que leurs aventures extraordinaires se rattachent sur un point essentiel au thème
évoqué dans les mythes de Sisyphe et d'Asclépios : en
effet, il s'agit ici encore d'échapper à la mort ou tout
au moins de revenir des Enfers vers la vie et la lumière.
Comme tu vas voir, ce trajet, impossible pour les mortels (il n'y a guère, à ma connaissance, qu'une seule
véritable exception dans la mythologie grecque[1]), n'est

---

1. Celle d'Alceste, une jeune femme qui accepta de mourir à la place
de son mari, Admète, ce qui toucha si profondément Perséphone, la
femme d'Hadès, qu'elle décida de la laisser repartir vers l'existence
terrestre. Héraclès, Orphée ou Ulysse, bien sûr, reviendront eux aussi
de leur séjour aux Enfers, mais ils y passent comme vivants, non
comme morts. Il y a bien sûr aussi le cas de Sémélé, la mère de
Dionysos, qui meurt à la naissance de son fils puis est récupérée par
lui aux Enfers afin d'être divinisée à son tour. Mais Sémélé est déjà
fille d'une déesse, Harmonie, et, mère d'un Olympien, elle est appelée
à devenir elle-même une Immortelle : son cas est donc moins désespéré au départ que celui d'Alceste...

jamais facile non plus pour des dieux qui, bien qu'immortels, se sont laissé emprisonner dans le royaume des morts. Et à travers ce thème de la résurrection, c'est aussi la question de la nature exacte de l'ordre cosmique au sein duquel cohabitent les dieux et les mortels qui est posée : il est dans l'ordre des choses que les hommes meurent, et nul ne saurait y échapper sans causer un désordre qui, au final, bouleverserait le cours de l'univers tout entier. Il faut donc accepter la mort, et c'est dans ce cadre-là que nous devons néanmoins chercher une vie bonne.

Orphée aux Enfers, ou pourquoi la mort est plus forte que l'amour

Commençons par Orphée, dont le mythe est l'un des rares à avoir marqué la religion chrétienne. Peut-être parce qu'il raconte une histoire centrée sur une question qui occupera le cœur des Évangiles : celle de la contradiction inéluctable et insoluble entre l'amour et la mort[1], contradiction qui donne toujours aux humains l'idée, puis le désir ardent de la résurrection. Qui d'entre nous ne voudrait pas de toute son âme faire revivre les êtres qu'il a passionnément aimés ? C'est ainsi que, dans l'Évangile, Jésus, lorsqu'il apprend la mort de son ami Lazare, se met à pleurer : bien que divin, il fait, comme toi ou moi, l'expérience de la douleur infinie que cause toujours la disparition de l'être

---

1. Encore une précision avant d'entrer dans le vif du sujet : bien que très ancien, le mythe d'Orphée aux Enfers ne se trouve ni chez Homère, ni chez Hésiode. On sait qu'il est connu dès le VIᵉ siècle avant Jésus-Christ mais ce sont surtout les Romains, au Iᵉʳ siècle, avec Virgile et Ovide, qui vont nous en léguer les versions les plus cohérentes et les plus détaillées. Pour l'essentiel, ce sont elles que je suis ici, même s'il faut parfois, pour les compléter, aller chercher du côté des auteurs grecs plus anciens, et notamment vers l'*Alceste* d'Euripide et les œuvres d'Apollonios de Rhodes, Diodore et même Platon... Comme toujours, la *Bibliothèque* d'Apollodore s'avère être aussi un instrument précieux.

aimé. Mais, évidemment, le Christ est bien placé pour savoir – c'est du moins le fond de la croyance chrétienne – que, selon sa propre formule, « l'amour est plus fort que la mort ». Et il le prouve en redonnant vie à son ami, pourtant décédé depuis assez longtemps pour que, comme le précise le texte de l'Évangile, ses chairs soient déjà entrées en décomposition. Qu'importe, puisque l'amour triomphe de tout, et que le miracle de la résurrection s'accomplit...

Mais avec le mythe d'Orphée, nous sommes chez les Grecs, pas chez les chrétiens, et cette résurrection semble totalement hors de portée des mortels. Lorsque le malheureux perd sa femme, qui meurt sous ses yeux mordue par un serpent venimeux, il est inconsolable. Mais n'anticipons pas et, avant d'entrer dans le vif de notre histoire, voyons d'un peu plus près à qui nous avons affaire.

Orphée est d'abord et avant tout un musicien. Il est même selon les Grecs le plus grand de tous les temps, supérieur encore à Apollon qui le trouve d'ailleurs si admirable, si exceptionnel dans son art, qu'il lui aurait fait présent de la fameuse lyre inventée par son petit frère, Hermès. La lyre est un instrument à sept cordes, et Orphée, jugeant que ce n'est pas tout à fait suffisant pour sortir de beaux accords, ajoute deux cordes supplémentaires... ce qui « accorde » du même coup son instrument au nombre des Muses, ces neuf divinités, filles de Zeus, qui sont censées avoir inventé les arts principaux et inspirer les artistes. Il faut préciser que Calliope, la reine des Muses, n'est autre que la mère d'Orphée. Il a donc de qui tenir. On prétend que lorsqu'il chante accompagné de son instrument, les bêtes sauvages, les lions et les tigres, se taisent et deviennent doux comme de petits agneaux ; les poissons sautent hors de l'eau au rythme de la lyre divine, et les rochers eux-mêmes qui pourtant, c'est bien connu, ont un cœur de pierre, se mettent à verser des larmes d'émotion... C'est dire que sa musique est magique et qu'avec ses neuf cordes qui augmentent encore l'harmonie de son chant, rien ne lui résiste. Lorsqu'il participe à l'expédition des Argonautes qui, sous la conduite de Jason, partent en quête de la Toison d'or sur un bateau construit par Argos (d'où leur nom), c'est Orphée qui les sauve des Sirènes, ces femmes-oiseaux dont les chants attirent les malheureux marins qui tombent sous leur charme vers d'impitoyables récifs où ils font à coup sûr naufrage... Orphée est le seul être au monde qui parvienne à couvrir leurs voix maléfiques.

Mais revenons à ce qui va l'amener aux Enfers.

Orphée est tombé fou amoureux d'Eurydice, une nymphe sublime, peut-être même, à ce que prétendent certains, une fille d'Apollon. Sa beauté est incomparable, mais en plus, c'est un véritable amour et Orphée ne peut tout simplement plus se passer d'elle. Hors de sa présence, la vie n'a pour lui plus aucun sens. Selon Virgile, qui dans son poème les *Géorgiques* évoque longuement leur histoire, un jour qu'elle se promenait au bord d'une jolie rivière, Eurydice est poursuivie par les assauts violents d'un certain Aristée. Pour lui échapper, elle se met à courir, en regardant de temps à autre derrière elle pour voir si Aristée la rattrape, de sorte qu'elle ne voit pas la vipère sur laquelle elle pose son pied délicat. La mort est presque instantanée et Orphée est, au sens propre du terme, inconsolable : rien ne peut l'empêcher de pleurer et de pleurer encore. Au point qu'il finit par se résoudre à tenter l'impossible : aller chercher lui-même Eurydice aux Enfers où il s'efforcera de convaincre Hadès et sa femme, Perséphone, de le laisser repartir avec sa bien-aimée.

La description que nous donnent Virgile et Ovide de la traversée des Enfers par Orphée vaut le détour. Elle inspire encore de nos jours les peintres, les musiciens, les écrivains. Il faut d'abord trouver l'entrée du souterrain, ce qui n'est pas si facile. Orphée y parvient en se repérant par rapport à la source qui jaillit du sol à l'endroit où l'un des quatre fleuves infernaux sort des profondeurs. Il faut les traverser ou les longer tous les quatre. Il y a d'abord l'Achéron, ce cours d'eau que les morts doivent tous franchir pour entrer dans le séjour d'Hadès. C'est là que l'affreux Charon, le passeur, un vieillard répugnant et crasseux, demande une obole pour faire passer les âmes mortes d'une rive à l'autre – ce pourquoi, comme je te l'ai dit, les Anciens mettaient une pièce de monnaie sur les yeux ou dans la bouche des morts pour qu'ils puissent payer le vieillard, faute de quoi ils restaient cent ans à errer sur les rives en attendant leur tour... Après, il faut longer le Cocyte, rivière glaciale qui charrie des blocs de glace, puis le terrifiant Pyriphlégeton, un gigantesque torrent de feu et de lave en fusion, et enfin le Styx, par l'eau duquel les dieux prêtent serment.

Mais ce paysage effrayant est peuplé d'êtres plus effroyables encore. Il y a d'abord tous ces morts, ces fantômes pitoyables, dénués de visage, méconnaissables, qui ne laissent pas d'inquiéter le visiteur. Pis si possible, Orphée se heurte aux monstres infernaux : Cerbère, l'horrible chien à trois têtes, les Centaures, les Cent-Bras, des hydres abominables, dont les sifflements suffisent à glacer le sang, les Harpyes, qui torturent à tout-va, la Chimère, les Cyclopes... Bref, la descente aux Enfers dépasse en horreur tout ce qu'un humain peut imaginer de plus atroce. Par amour pour Eurydice, Orphée est prêt à tout. Rien ne l'arrête. D'ailleurs, il s'accompagne de sa lyre tout au long de son affreux périple et, ici comme ailleurs, sa musique produit le meilleur effet. Sous la douceur de son chant, les suppliciés eux-mêmes recouvrent un peu, sinon de bonheur, ce serait trop dire, du moins de répit. Tantale cesse un instant d'avoir faim et soif, la roue d'Ixion s'arrête de tourner, le rocher de Sisyphe suspend sa course rétrograde. Cerbère lui-même se couche comme un gentil petit caniche. Pour un peu, il se laisserait caresser... Les Érinyes stoppent un moment leur sale besogne et le tumulte qui anime habituellement ce lieu infernal s'apaise. Les maîtres du lieu, Hadès et Perséphone, sont eux aussi sous le charme. Ils écoutent Orphée avec attention, peut-être même avec bienveillance. Son courage impressionne, son amour pour Eurydice, si authentique, si incontestable, fascine ces deux divinités pourtant réputées pour être d'ordinaire inaccessibles au moindre sentiment humain.

C'est Perséphone qui, semble-t-il, se laisse convaincre la première. Orphée pourra repartir vers la vie et la lumière avec Eurydice... mais à une condition : que celle-ci le suive en silence et que surtout, surtout, lui ne se retourne pas pour la regarder avant d'être tout à fait sorti des Enfers. Orphée, fou de joie, accepte. Il emmène Eurydice, qui le suit docilement, comme convenu, quelques pas en retrait. Mais sans qu'on sache au juste pourquoi – Virgile suppose qu'il est saisi d'une espèce de folie, d'une bouffée d'amour qui ne peut plus attendre, Ovide penche pour une sourde angoisse qui le fait douter de la promesse des dieux –, toujours est-il qu'Orphée commet l'irréparable erreur : il ne peut s'empêcher de se retourner pour regarder Eurydice et, cette fois-ci, les dieux sont inflexibles. Eurydice restera à jamais dans le royaume des morts. Il n'y a plus rien à faire, plus rien à discuter, et la malheureuse meurt une deuxième fois, désormais définitive et sans appel.

Comme tu t'en doutes, Orphée est de nouveau inconsolable. Désespéré, il rentre chez lui et s'enferme dans sa maison. Il refuse de voir d'autres femmes : à quoi bon, il est l'homme d'un seul amour, celui d'Eurydice. Jamais plus il ne pourra aimer comme avant. Mais à ce que racontent nos poètes latins, Orphée vexe ainsi toutes les dames de sa ville. Elles ne comprennent pas qu'un homme si charmant, dont le chant est si séduisant, les délaisse. D'autant que, à en croire certains, non seulement Orphée se détourne du beau sexe, mais il ne s'intéresse plus qu'aux jeunes hommes. Il attire même dans sa demeure les maris de la région auxquels il fait partager sa nouvelle attirance pour les garçons.

Là, c'en est trop, plus que ce que ces femmes peuvent supporter. Selon cette version du mythe, Orphée meurt littéralement mis en pièces par les épouses jalouses : s'armant de pierres, de bâtons, de quelques outils agraires que les paysans ont laissés dans leurs champs, elles se précipitent sur lui et le déchiquettent vivant, puis elles jettent ses membres, les différents morceaux de son corps et sa tête coupée dans le fleuve le plus proche, qui les charrie jusqu'à la mer. La tête et la lyre d'Orphée parviennent ainsi, en suivant le fil de l'eau, jusqu'à l'île de Lesbos où les habitants lui feront une tombe. Selon certains mythographes, la lyre d'Orphée sera transformée (par Zeus ?) en constellation et son âme sera transportée aux champs Élysées, qui est un peu l'équivalent grec du paradis ou, pour mieux dire, une sorte de retour à l'âge d'or.

Ce détail n'est pas sans importance car il permet de mieux comprendre comment et pourquoi le mythe d'Orphée allait donner lieu à un culte, pour ne pas dire une religion, qu'on appelle justement l'« orphisme ». La théologie orphique prétend s'inspirer des secrets qu'Orphée aurait découverts au cours de son voyage et qui lui auraient permis, malgré son sort funeste sur cette terre, de trouver enfin le salut dans le séjour béni des dieux... Comme tu verras dans un instant, c'est là un trait qui relie l'histoire d'Orphée et celle que je vais te raconter à propos de Déméter et de ce qu'on appelle les « mystères d'Éleusis », la ville où Déméter fit établir son temple et son culte.

Mais auparavant, il faut nous interroger davantage sur le sens exact de ce combat mené par Orphée contre la mort. Comment comprendre en particulier cette étrange prescription faite par Perséphone à Orphée de ne pas regarder en arrière ? Et, plus étrange encore, comment Orphée a-t-il pu être assez stupide pour se retourner alors qu'il touchait enfin au but après tant d'épreuves pénibles ? Étrangement, aucun des textes consacrés à ce mythe ne donne la moindre explication plausible. Virgile met toute l'affaire sur le compte de l'amour, impatient et aveugle, mais, en admettant même que cela explique l'erreur d'Orphée, l'hypothèse ne jette aucune lumière sur le sens de l'exigence imposée par les dieux : pourquoi, en effet, le regard en arrière doit-il être fatal aux deux amants ?

On a donné toutes sortes de réponses à cette question, et il serait trop long, et surtout très fastidieux, de les rapporter ici. D'autant qu'à vrai dire aucune ne m'a paru vraiment convaincante. On a souvent plaqué un regard chrétien sur ce mythe, expliquant qu'Orphée se retourne parce qu'il doute de la parole divine et que celui qui perd la foi est perdu car seule la foi sauve... Je crois, au final, qu'il faut s'en tenir, tout simplement, à l'axe principal du mythe : une contradiction entre l'amour et la mort insurmontable par les mortels, malgré tout l'espoir mis dans la tentative d'Orphée. Si Orphée perd Eurydice une deuxième fois en se *retournant*, si elle doit absolument rester *derrière* lui, et surtout pas *devant*, si, de toute évidence, les dieux ont imposé ce cahier des charges en sachant pertinemment qu'il ne serait pas rempli (sinon pourquoi cette épreuve ?), c'est tout simplement qu'en regardant en arrière Orphée doit enfin comprendre que ce qui est derrière est derrière, que le passé est passé, que le temps révolu est irréversible, et qu'un mortel doit accepter, comme Ulysse le fait avec Calypso, la condition qui est la sienne, celle d'une humanité qui, comme le rocher de Sisyphe, voit sa vie se dérouler entre un point de départ et un point d'arrivée que nul ne peut changer d'une virgule.

Notre naissance et notre mort ne nous appartiennent pas et, pour nous mortels, le temps est résolument irréversible. L'irrémédiable est notre lot commun et le malheur ne s'arrange pas : dans le meilleur des cas, il se calme, il s'apaise et s'adoucit assez pour nous permettre de reprendre le cours de notre existence, pas de le changer en repartant d'un point situé en arrière, derrière nous. Comme souvent, malgré la proximité avec le christianisme dans la position du problème – l'amour voudrait à tout prix se montrer plus fort que la mort –, l'attitude grecque va à l'inverse : c'est toujours la mort qui l'emporte sur l'amour et nous avons tout intérêt à le savoir d'entrée de jeu si nous voulons parvenir à la sagesse qui seule permettra peut-être d'accéder à une vie bonne. Rien ne peut changer quoi que ce soit à cette donne initiale qui constitue le pilier le plus solide de l'ordre cosmique – celui autour duquel la différence entre mortels et Immortels, entre les hommes et les dieux, se construit. Quant aux mystères que prétendent dévoiler à leurs ouailles les prêtres qui se réclameront de l'orphisme, je crains bien qu'ils ne restent à jamais, comme toujours en pareil cas, ce qu'ils étaient au départ... à savoir des mystères.

Ce qui me conduit directement à ceux d'Éleusis, c'est-à-dire au mythe de Déméter, la déesse des moissons et des saisons. Où tu vas voir comment le fait d'être immortel change toute la donne : pour les dieux bienheureux, à la différence des malheureux humains mortels, il est toujours possible de quitter le royaume d'Hadès, même quand ce dernier est bien décidé à vous y garder auprès de lui...

Déméter, ou comment le retour des Enfers
devient possible quand on est immortel...

Bien qu'elle nous mette de nouveau aux prises avec les Enfers, l'histoire de Déméter et de sa fille Perséphone est bien différente de celle d'Orphée[1]. En

---

1. Elle nous est contée pour l'essentiel dans les *Hymnes homériques*, un recueil de poèmes longtemps attribué à Homère lui-même mais dont nous ignorons aujourd'hui, comme je te l'ai indiqué, les véritables auteurs. C'est en tout cas, pour l'essentiel, le texte que je suis ici car c'est sans nul doute non seulement l'un des plus anciens, mais aussi le plus riche et le plus intéressant.

effet, les principaux protagonistes sont des dieux immortels, non de simples mortels qui essaient désespérément d'échapper à la mort. C'est dire que leur rapport aux Enfers n'est pas le même. Pour autant, le mythe n'en établit pas moins lui aussi, bien que sur un mode différent, un lien entre le royaume d'Hadès et l'ordre du monde. C'est notamment avec lui que les Grecs vont s'expliquer un élément fondamental dans l'organisation du cosmos, à savoir la naissance des saisons : la fin de l'automne et de l'hiver, où tout meurt, puis l'arrivée du printemps et de l'été, où tout revit et refleurit. Et cette alternance, comme tu vas le voir dans un instant, est liée directement à la descente aux Enfers de la fille de Déméter, dont je vais maintenant te raconter l'histoire.

Déméter est elle-même fille de Cronos et de Rhéa : elle est par conséquent la sœur de Zeus, mais aussi celle d'Hadès. En tant que déesse des saisons et des moissons, c'est elle qui fait pousser les blés, ce pourquoi les Romains lui donnent le nom de Cérès, d'où vient le mot céréales – avec lesquelles les hommes fabriquent le pain et bien d'autres aliments encore. D'ailleurs, c'est également elle qui leur a appris l'art de cultiver la terre, l'agriculture. C'est une déesse très puissante, puisqu'elle donne la vie – du moins aux plantes, aux légumes, aux fruits, aux fleurs et aux arbres –, et qui peut aussi, si elle le souhaite, la reprendre : faire en sorte que plus rien ne pousse dans les champs et dans les vergers. Dans la mesure où l'existence des humains mortels, à la différence de celle des dieux, dépend de la nourriture, Déméter possède d'entrée de jeu un lien particulièrement fort avec la mort.

Or, Déméter a eu avec son frère, Zeus, une fille, à laquelle elle a donné le nom de Perséphone. On la nomme parfois aussi Coré, ce qui, en grec, signifie « la jeune fille », et les Romains lui donneront encore un autre nom, Proserpine. À l'époque, il est courant que frères et sœurs, du moins parmi les dieux, aient des enfants ensemble – du reste, au commencement, il n'y a guère d'autres possibilités : comme les Titans, les Olympiens sont bien obligés de s'unir entre eux puisqu'il n'y a encore personne d'autre avec qui former un couple. Donc, Déméter a une fille divine, et elle l'aime comme tu ne peux pas imaginer. Elle est tout simplement folle de son enfant. Il faut dire que la petite Perséphone est, à ce qu'on raconte, adorable. Comme toutes les déesses, elle est bien sûr d'une beauté parfaite, mais c'est en plus la jeune fille par excellence : fraîche, innocente, douce et jolie à croquer. Pendant que sa mère parcourt le monde pour surveiller les moissons et veiller au grain, Perséphone joue gentiment dans une prairie avec de charmantes nymphes. Elle cueille des fleurs pour faire un beau bouquet. Mais Zeus a en tête un projet dont il s'est bien gardé de dire mot à sa sœur Déméter : il veut que sa fille, Perséphone, devienne l'épouse du plus riche de tous les Immortels : Hadès, le maître des Enfers. On l'appelle aussi « Plouton », ce qui veut dire « le riche », et qui donnera chez les Romains « Pluton » : il règne sur les morts, c'est-à-dire sur le peuple, et de loin, le plus nombreux qui soit tant il est vrai que l'humanité se compose de beaucoup plus de morts que de vivants. Si l'on mesure la richesse d'un roi au nombre de ses sujets, alors, à coup sûr, le maître des Enfers est le souverain le plus opulent de l'univers.

Pour parvenir à ses fins, Zeus a demandé à Gaïa, sa grand-mère, de faire pousser une fleur magique, singulière, admirable entre toutes : de sa tige unique sortent cent têtes éblouissantes, et le parfum qui s'en dégage est si délicieux que tout le ciel sourit. Ceux qui la voient, mortels ou Immortels, tombent aussitôt sous le charme. Bien entendu, Perséphone se précipite vers cette fleur miraculeuse qui, à elle seule, fera le plus beau des bouquets. Mais au moment où elle s'apprête à la cueillir, la terre s'ouvre (ce qui confirme le fait que Gaïa est bel et bien dans le coup), et le seigneur des morts en surgit sur un char d'or – n'oublie pas qu'il est vraiment très riche ! – tiré par quatre chevaux immortels. Il saisit Perséphone dans ses bras puissants et enlève la jeune fille. Cette dernière pousse un cri déchirant, un hurlement strident qui résonne dans tout le cosmos, une plainte d'autant plus émouvante qu'elle est animée par le désespoir que ressent Perséphone à l'idée de ne plus revoir sa mère. Car elle l'adore, elle aussi, littéralement. Il n'y a au monde que trois personnes pour entendre ce râle terrifiant : Hécate, une divinité dont les attributions sont assez mystérieuses, mais qui sait souvent se montrer bienveillante envers ceux qui souffrent, Hélios, le soleil qui voit tout et auquel rien ne peut échapper et, bien entendu, Déméter elle-même, qui est saisie d'effroi en entendant la voix apeurée de sa fille.

Pendant neuf jours et neuf nuits, Déméter parcourt la terre entière, d'est en ouest, du levant au couchant, à la recherche de son enfant bien-aimé. La nuit, elle porte à bout de bras des torches immenses afin de s'éclairer. Pendant neuf jours et neuf nuits, elle ne touche ni à l'eau ni à la nourriture, elle ne se baigne pas, ne se change pas : elle est tétanisée d'angoisse. Personne, ni parmi les mortels ni parmi les dieux, ne veut lui dire la vérité et nul ne lui vient en aide. Sauf, justement, la bienveillante Hécate, qui l'emmène voir Hélios, le soleil qui voit tout. Et ce dernier, compatissant, se résout à lui apprendre la vérité : Perséphone a bel et bien été enlevée par son oncle, Hadès, le prince des ténèbres. Bien entendu, Déméter comprend aussitôt que cette opération ne peut pas avoir été menée sans l'assentiment, voire la complicité de son frère, Zeus. Par mesure de rétorsion, elle quitte aussitôt l'Olympe. Elle refuse de siéger plus longtemps dans l'assemblée des dieux et elle descend vers la terre des hommes. Elle perd volontairement sa beauté de déesse et prend, comme dans les contes de fées, l'apparence d'une très vieille femme, laide et pauvre. Puis elle se rend dans la ville d'Éleusis où elle rencontre, au bord d'une fontaine où elles sont venues puiser de l'eau fraîche, les quatre filles du roi de cette cité, un certain Célée. Elles entament la conversation et Déméter, qui continue à leur cacher son identité, leur déclare qu'elle cherche du travail, par exemple comme nourrice. Cela tombe bien, les quatre jeunes filles ont justement un tout jeune frère : elles courent demander à leur mère, Métanire, si elle veut bien de cette vieille dame comme nounou. L'affaire est aussitôt conclue et Déméter se retrouve dans le palais du roi Célée. Là, elle fait la connaissance de Métanire, la reine, et d'une dame de compagnie, Iambé, qui, voyant la tristesse plaquée sur le visage de Déméter, entreprend de la distraire. Elle lui raconte des blagues, des histoires drôles. À force de plaisanteries, elle parvient à dérider un peu Déméter, à la faire sourire, et même rire ! – ce qui ne lui était pas arrivé depuis des lustres. Elle reprend un peu de goût à la vie, assez en tout cas pour s'occuper du petit garçon dont elle a désormais la charge.

Ici se situe un épisode qui ne manque pas d'intérêt, car il est, lui aussi, lié au thème de la mort qui traverse tout ce mythe. À nouveau dans un rôle de mère, Déméter décide de rendre immortel ce petit d'homme qu'on vient de lui confier, de lui faire, par conséquent, le plus beau cadeau qu'un dieu puisse faire à un humain. Elle le frotte avec la nourriture des dieux, celle qui permet d'échapper à la finitude, l'ambroisie, de sorte que le petit grandit et embellit à toute vitesse, à l'immense surprise de ses parents, car il ne mange rien. Les Immortels se contentent de l'ambroisie et du nectar, jamais ils ne touchent au pain et à la viande dont se nourrissent les hommes, et le garçonnet est déjà presque un dieu. Chaque nuit, Déméter le plonge dans le feu divin qu'elle a pris soin d'allumer dans la cheminée. Ces flammes peuvent, elles aussi, contribuer à rendre les mortels semblables aux dieux. Mais, inquiète, la mère, Métanire, s'est cachée derrière la porte pour espionner Déméter et découvrir ce qu'elle peut bien traficoter avec son fils, pendant la nuit. Quand elle voit la déesse le plonger dans le feu, elle se met à hurler.

Mal lui en a pris ! Déméter laisse tomber l'enfant par terre, et il redevient aussitôt mortel. Symboliquement, cela signifie qu'elle est de nouveau déchue de son rôle de mère. Sa deuxième maternité a pour ainsi dire échoué. Elle va donc reprendre son apparence divine. Déméter retrouve tout son éclat et sa beauté de déesse. Elle révèle à Métanire et à ses filles sa véritable identité. Elle leur fait comprendre l'ampleur de l'erreur commise par Métanire : sans son intervention inopinée, le petit garçon aurait fait partie des dieux immortels. Maintenant, c'est trop tard, tant pis pour lui et pour elles. Puis elle leur intime l'ordre de faire élever par le peuple d'Éleusis un temple digne d'elle, afin qu'on lui rende un culte et qu'elle puisse, quand elle le jugera bon, leur révéler les mystères qu'elle détient (sur la vie et la mort). C'est de là que naîtra le fameux culte qui entoure ce qu'on appelle les « mystères d'Éleusis » : les adeptes de cette nouvelle religion, liée au souvenir de Déméter, espéraient, en perçant les mystères de la vie et de la mort, gagner leur salut et, pourquoi pas, parvenir à l'immortalité. En quoi, comme tu vois, le mythe de Déméter rejoint celui d'Orphée qui, lui aussi, conduira à un culte (l'orphisme), également lié à l'espoir de percer les secrets de la vie éternelle grâce à l'enseignement de ceux qui ont traversé les Enfers...

Mais revenons à Déméter. Privée d'enfant pour la deuxième fois, elle devient dure, pour ne pas dire méchante. Elle trouve que la plaisanterie a assez duré, qu'il est temps de lui rendre sa fille. Elle va donc faire ce qu'il faut pour. Et comme elle détient, elle aussi, les secrets de la vie et de la mort, du moins ceux qui régissent le monde végétal – lequel relève directement et exclusivement de ses pouvoirs –, elle décide que plus rien ne poussera ni ne fleurira sur terre tant que Zeus ne lui aura pas rendu justice. Aussitôt dit, aussitôt fait.

Tout dépérit sur terre et c'est bientôt le cosmos tout entier, y compris dans ses sphères les plus divines, qui se trouve menacé.

Voici comment l'*Hymne homérique*, le poème qui, dès le VIᵉ siècle, nous rapporte ce mythe, nous décrit la chose :

« Ce fut une année affreuse entre toutes que Déméter donna aux hommes qui vivent sur le sol nourricier, une année vraiment cruelle. La terre ne faisait plus lever le grain, car Déméter couronnée l'y tenait caché. Bien des fois, les bœufs traînèrent en vain dans les labours le soc courbe des charrues ; bien des fois l'orge pâle tomba sans effet sur la terre. Elle aurait sans doute anéanti dans une triste famine la race tout entière des hommes qui ont un langage et frustré les habitants de l'Olympe de l'hommage glorieux des offrandes et des sacrifices, si Zeus n'y avait songé et réfléchi dans son esprit... »

En effet, comme toujours quand l'ordre cosmique est vraiment en danger, c'est à Zeus qu'il revient d'intervenir pour proposer, à l'image du jugement originel au cours duquel il a partagé et organisé le monde, une solution équitable, c'est-à-dire juste et stable. Note au passage comment l'existence du genre humain est justifiée dans ce poème : la disparition éventuelle de l'humanité n'y est pas tant présentée comme une catastrophe en soi que comme une frustration pour les dieux. En d'autres termes, c'est avant tout pour eux que l'humanité existe, afin de les distraire et de les honorer. Sans la vie et l'histoire qu'elle introduit dans l'ordre cosmique, ce dernier serait figé à jamais, immuable pour l'éternité et, par conséquent aussi, à périr d'ennui... Quoi qu'il en soit, Zeus dépêche un à un les Olympiens auprès de Déméter, pour tenter de la convaincre d'arrêter le désastre. Mais rien n'y fait. Déméter reste de marbre, inflexible : tant qu'on ne lui aura pas rendu sa fille, rien ne poussera sur cette terre jusqu'à ce que toute vie disparaisse s'il le faut. Ce qui, bien entendu, consterne les autres dieux. Encore une fois, sans les hommes pour les distraire, les honorer et leur faire de beaux sacrifices, les Immortels s'ennuient… à mourir. Sans la vie, c'est-à-dire l'histoire et le temps que symbolisent la naissance et la mort des hommes, sans la succession des générations humaines, le cosmos serait tout à fait dépourvu d'intérêt. Zeus envoie donc son arme ultime, Hermès, comme il l'a fait avec Calypso pour qu'elle libère Ulysse. À Hermès, tout le monde est obligé d'obéir car chacun sait que c'est le messager personnel de Zeus et qu'il parle en son nom. Hermès intime l'ordre à Hadès de laisser Perséphone rejoindre la lumière et sa mère. Précisons au passage qu'hormis l'épisode de l'enlèvement, où Hadès a bien dû faire usage de la force, il se montre le reste du temps très prévenant avec Perséphone. Il fait tout ce qui est en son pouvoir pour être aimable et doux avec elle.

Hadès doit exécuter l'ordre de Zeus. Il est inutile de tenter quoi que ce soit pour s'y soustraire, encore moins de recourir à la force, mais en revanche, une petite ruse ne fait de mal à personne : subrepticement, sans avoir l'air d'y toucher, il se débrouille pour faire grignoter à Perséphone, avant qu'elle ne reparte avec Hermès, un pépin de grenade, un fruit délicieux qu'elle mange presque sans y penser. Elle ignore que ce malheureux pépin de rien du tout va la lier définitivement à Hadès : car il signifie qu'elle a absorbé quelque chose qui provient de la terre d'en bas, des Enfers, et que par cet aliment, si modeste soit-il, elle est liée à ce territoire auquel elle appartient désormais pour toujours.

Zeus doit dès lors trouver une solution équitable, une solution qui préserve tout à la fois sa décision de donner sa fille à Hadès, et le droit de sa mère à l'avoir aussi avec elle. Il faut, si l'on ose dire, couper la poire en deux pour rétablir un ordre juste. Voici comment, toujours selon l'*Hymne homérique* :

« Zeus, dont la vaste voix gronde sourdement, leur envoya pour messagère Rhéa aux beaux cheveux, afin de ramener Déméter voilée de noir vers la race des dieux ; il promit aussi de lui donner les privilèges qu'elle choisirait parmi ceux des Immortels. Il voulut bien que, du cycle de l'année, la fille passât un tiers dans l'obscurité brumeuse, et les deux autres auprès de sa mère et des Immortels. Il parla ainsi et la déesse se garda bien de désobéir au message de Zeus… »

En effet, on ne saurait désobéir au roi des dieux. Mais surtout, la solution qu'il met en place possède une signification très profonde en termes de justice. Comme tu vois, elle relie entre eux deux thèmes « cosmiques », à proprement parler cruciaux : d'un côté celui de la vie et de la mort, de l'autre le partage du monde en saisons. Lorsque Perséphone est avec Hadès, chez les morts, pendant un tiers de l'année, plus rien ne pousse sur la terre : ni fleurs, ni feuilles, ni fruits ni légumes. C'est l'hiver, le froid glacé qui enferme les hommes comme les plantes. C'est la mort qui règne alors sur le monde végétal, à l'image de ce qui se passe en dessous, quand Perséphone est prisonnière du royaume des ombres. Lorsqu'elle revient vers la lumière pour retrouver sa mère, c'est le printemps, puis l'été, jusqu'à la belle saison de l'automne… Alors tout refleurit, tout repousse, et la vie reprend le dessus.

Le partage du monde, de l'ordre cosmique tout entier, est ainsi garanti : la mort et la vie alternent à un rythme qui correspond à ce qui se passe en haut et en bas, sur le sol comme au sous-sol. Pas de vie sans mort, ni de mort sans vie. Autrement dit, de même que le cosmos stable ne peut se passer des générations qu'incarnent les hommes mortels – sans quoi, cette stabilité figée, sans vie et sans mouvement, s'apparenterait tout simplement à la mort –, de même, il n'est pas de cosmos parfait sans l'alternance des saisons, sans l'alternance de l'hiver et du printemps, de la mort et de la renaissance. Il en va de même qu'entre Apollon et Dionysos : l'un ne va pas sans l'autre. Il faut, pour faire un univers riche et vivant, de la stabilité et de la vie, du calme et de la fête, de la raison et de la folie. *Il faut des hommes pour que le monde des personnes, mortels et Immortels ensemble, puisse entrer dans le mouvement de l'histoire ; il faut des saisons pour que celui de la nature connaisse lui aussi une vie et une diversité : voilà le sens profond de ce mythe.* Comme tu vois, il n'appartient pas, à proprement parler, aux histoires d'*hybris*, comme ceux que je t'ai racontés jusque-là. Pourtant, je le relie quand même aux mythes précédents, parce qu'il établit lui aussi un lien fort entre le désordre cosmique qui menace lorsque l'injustice entre les dieux prend le dessus (et Hadès a été injuste). Et c'est à nouveau Zeus qui doit intervenir pour mettre un terme au désordre, par un jugement cosmique qui établit un nouvel ordre du monde : pendant la saison de l'absence, rien ne pousse, pendant celle de la présence, tout renaît. Ainsi va la vie sur cette terre des mortels en l'absence desquels les dieux eux-mêmes finiraient par dépérir...

CHAPITRE 5

Dikè et cosmos

*La mission première des héros :
garantir l'ordre du cosmos
contre le retour du chaos*

Je t'ai déjà dit combien l'héroïsme, la quête des hauts faits qui valent une gloire éternelle à ceux qui les ont accomplis, occupe une place centrale dans l'univers mental des Grecs. Il s'agit, justement par les actions glorieuses, de gagner contre la mortalité qui caractérise le monde humain une certaine forme d'éternité. Et c'est par l'écriture que la pérennité du héros prend forme : s'il parvient à devenir l'objet d'un mythe, d'une légende que les mythographes et les historiens en viennent à transcrire noir sur blanc, alors, au contraire des autres humains que la mort finit par effacer tout à fait des mémoires, on se souviendra longtemps de lui, peut-être même à jamais. Le héros restera ainsi un être singulier, à la différence du commun des mortels que la mort finit par désingulariser, par rendre totalement anonymes. Les ombres qui hantent le royaume d'Hadès sont sans nom et sans visage. Elles ont perdu toute individualité. Pour rester à jamais une personne, ne fût-ce que dans la mémoire des autres, il faut le mériter : la gloire ne s'obtient pas facilement. On peut y parvenir par la guerre, comme Achille, le combattant le plus valeureux que la Grèce ait connu. Par le courage, la ruse et l'intelligence, comme Ulysse, qui parvient à se sortir des innombrables embûches que Poséidon a semées sur son parcours. Mais plus grande encore est la gloire qui s'attache aux héros qui ont combattu au nom d'une mission divine, au nom de la justice, *dikè*, pour défendre l'ordre cosmique contre les menaces que la résurgence toujours possible des anciennes forces du chaos fait peser sur lui. C'est de cet héroïsme-là que je vais maintenant te parler en évoquant les mythes des plus grands héros de la mythologie : Héraclès, Thésée, Persée et Jason. Comme tu vas voir, leurs aventures cosmiques valent vraiment le détour.

I. Héraclès : comment le demi-dieu poursuit la tâche de Zeus en éliminant les êtres monstrueux qui troublent l'harmonie du monde

La légende d'Héraclès – qui deviendra Hercule chez les Romains – est l'une des plus anciennes de toute la mythologie grecque. Homère et Hésiode nous en parlent déjà, ce qui nous prouve qu'elle était, dès les VIIIe/VIIe siècles avant Jésus-Christ, certainement bien connue de leur public. Héraclès est aussi, et de loin, le héros grec le plus célèbre – pour sa force légendaire, pour son courage sans faille, pour ses exploits fabuleux, pour son sens de la justice, *dikè*. Des centaines de milliers de pages ont été écrites sur son compte. Des tableaux, des statues, des poèmes, des livres, des films, en nombre presque infini, lui ont été consacrés. Dès l'Antiquité, tous les mythographes, poètes, tragédiens et même philosophes évoquent, chacun à leur façon, des épisodes de sa vie… Au point que les événements qui scandent le cours de son histoire font tous, sans la moindre exception, l'objet d'une variété impressionnante de versions différentes. Pas un seul exploit de notre héros, pas un moment de son existence, jusqu'à l'origine même de son nom, qui ne fasse l'objet de récits multiples – l'imaginaire grec étant à son sujet pratiquement sans limites.

Voilà pourquoi il ne faut pas te fier aux livres ou aux films qui racontent tranquillement sa vie, de manière linéaire, comme s'il s'agissait d'un récit unique admis par tous. On frise ici l'imposture. Il n'y a guère qu'à propos de trois événements clefs que les multiples variantes convergent – et encore, très approximativement : sa naissance, les fameux « douze travaux » et sa mort, précédant son « apothéose », c'est-à-dire, au sens étymologique du terme, sa divinisation, son passage du statut d'être humain mortel à celui de dieu immortel. Ce sont ces trois moments que je voudrais te raconter de façon aussi cohérente que possible, mais sans te cacher non plus les variantes et en t'indiquant au passage les textes qui me servent de source, afin que tu puisses un jour les retrouver. J'essaierai de suivre les récits les plus profonds et les plus riches, ceux qui semblent avoir donné lieu à une culture commune au sein du monde grec. Car c'est cela qui importe si l'on veut comprendre comment la légende d'Héraclès a pu, à plus d'un titre, fournir un modèle de sagesse que la philosophie, en particulier le stoïcisme, reprendra pour une bonne part à son compte en lui donnant une forme rationnelle.

La naissance d'Héraclès
et l'origine de son nom

C'est un poème très ancien – écrit probablement vers le VIᵉ siècle avant Jésus-Christ –, un poème longtemps attribué (à tort, mais peu importe ici) à Hésiode, qui le premier nous raconte en détail le mythe fabuleux de la naissance d'Héraclès. Ce poème s'intitule *Le Bouclier* parce que la majeure partie en est consacrée à décrire cet élément de l'équipement guerrier du héros. Dès les premiers vers, on y apprend par quelle ruse, il faut bien l'avouer assez tordue, Zeus a réussi à séduire la ravissante Alcmène, une mortelle mariée avec un certain Amphitryon, afin de devenir le père d'Héraclès. L'enfant sera un « demi-dieu », au sens que les Grecs donnent à cette expression : un fils d'Immortel par son père et d'humain par sa mère. Surtout, le poème nous fait une confidence importante sur les intentions de Zeus. Une fois n'est pas coutume, il ne s'agit pas (seulement) pour lui de se divertir en faisant l'amour avec une jolie fille, mais, comme le précise Hésiode :

« le père des dieux et des hommes tramait un autre dessein : il voulait, pour les dieux autant que pour les hommes, créer un défenseur contre le danger ».

Un « défenseur contre le danger » : voilà bien, en effet, le rôle principal de notre héros. Cela dit, de quel danger s'agit-il au juste ? Et pourquoi Zeus veut-il, comme le shérif dans les westerns, un « auxiliaire » ? Avec Héraclès, en effet, c'est, au sens propre, un « lieutenant » que Zeus veut créer, quelqu'un qui soit capable de « tenir lieu » de roi des dieux sur la terre, et non seulement dans le ciel, de le seconder ici-bas dans sa lutte contre la résurgence incessante des forces du chaos, lointaines héritières des Titans. C'est, bien sûr, de ce danger-là qu'il va être constamment question dans la légende d'Héraclès. Tu me demanderas peut-être à quoi l'on reconnaît de telles forces ? N'est-il pas un peu simpliste de parler ainsi, à l'instar de ces hommes politiques qui séparent à la hache les « forces du mal », le « grand Satan » d'un côté, et de l'autre, celles du bien, c'est-à-dire, heureuse coïncidence, eux-mêmes ? En vérité, on est loin de cette caricature. Car il faut bien voir qu'à cette époque, évidemment légendaire, où les dieux ne sont pas encore séparés des mortels – la preuve : ils couchent avec eux et leur font des enfants… –, nous sommes encore tout proches des origines du monde, du chaos initial et des grands combats

« titanesques » qui ont conduit à l'édification du cosmos. Zeus vient à peine de vaincre Typhon, le dernier monstre destructeur de monde, mais sur notre planète, on voit sans cesse renaître des « mini-Typhons » qui menacent de prendre, ici ou là, le pouvoir, et qu'il faut remettre à leur place. Ce qui, étant donné leur force et l'horreur qu'ils inspirent d'ordinaire aux humains, est loin d'être facile…

Voilà, justement, la tâche essentielle que Zeus veut confier à Héraclès : il va, de ce point de vue, continuer dans le monde sublunaire le travail accompli par le roi des dieux à une autre échelle, celle du cosmos tout entier. Toute sa vie sera consacrée à lutter, au nom de *dikè*, de l'ordre juste, contre l'injustice, contre des entités magiques et maléfiques, souvent directement issues de Typhon lui-même, qui, bien que sur des modes divers, incarnent toujours la renaissance possible du désordre. Ce thème appelle une mise au point tout à fait cruciale. Ce serait une erreur d'entendre ici le mot « désordre » en un sens moderne, presque « policier », comme on parle des « forces de l'ordre » pour désigner les gendarmes ou des « troubles à l'ordre public » lorsqu'on réprime une manifestation. Ce n'est pas en l'occurrence de cela qu'il s'agit, mais d'un ordre entendu au sens cosmologique du terme. C'est de l'harmonie du Grand Tout qu'il est question, et les forces du désordre ne sont pas des manifestants mais des êtres magiques, souvent engendrés par des divinités, qui menacent l'ordonnancement de l'univers et la justice instaurés par Zeus au moment du fameux partage originaire de l'univers. Du reste, il faut bien voir que la préservation de l'ordre est d'autant moins affaire de simple police qu'elle met en jeu la finalité même de la vie des hommes mortels. En effet, si la vie bonne, pour nous, consiste à trouver notre place dans l'ordre cosmique et, sur le modèle d'Ulysse, à la rejoindre coûte que coûte, encore faut-il que cet ordre, tout simplement, existe, et qu'il soit préservé. Faute de quoi, c'est le sens de la vie humaine qui tout entier s'effondre et, avec lui, toute possibilité d'une quête de sagesse.

Voilà pourquoi la philosophie stoïcienne, qui représente un sommet de la pensée grecque, a vu dans le personnage d'Héraclès une figure tutélaire, une sorte de parrain. L'idée fondamentale qui anime le stoïcisme, c'est que le monde, le cosmos, est divin, en ce sens qu'il est harmonieux, beau, juste et bon[1]. Rien n'est mieux fait que l'ordre naturel et notre mission sur terre, à nous petits humains, est de le préserver, d'y trouver notre place, et de nous y ajuster. C'est dans cette optique que les pères fondateurs du stoïcisme se réfèrent à Héraclès comme à un de leurs ancêtres. Cléanthe, l'un des tout premiers directeurs de l'École, aimait qu'on dise de lui qu'il était un « second Héraclès », et Épictète, à plusieurs reprises dans son œuvre, souligne qu'Héraclès est un dieu vivant sur terre, un de ces êtres qui ont participé à l'élaboration et à la préservation de l'ordre divin du monde. L'enjeu philosophique des aventures d'Héraclès paraît ainsi considérable. Rien d'étonnant, dans ces conditions, à ce que ses exploits aient alimenté tant de récits différents, une telle richesse d'imagination. C'est pourquoi je tâcherai de te donner une idée de cette diversité extraordinaire, même si cela rend parfois le récit un peu moins simple et linéaire.

Mais revenons pour l'instant au début de cette histoire, au fameux stratagème employé par Zeus pour concevoir Héraclès. Car cette scène primitive, déjà évoquée à plusieurs reprises par Homère, n'est pas anecdotique. Elle possède de nombreuses et considérables conséquences sur le futur parcours du héros.

Alcmène, la femme mortelle qui va devenir sa mère, vient d'épouser Amphitryon. Ils sont cousins germains. Leurs pères sont frères, et ils sont tous les deux des fils

---

1. Pour une présentation plus complète de cette philosophie, cf. *Apprendre à vivre – 1*.

d'un autre fameux héros grec, Persée. Persée est donc l'arrière-grand-père d'Héraclès, et lui aussi était déjà un célèbre tueur de monstres, puisqu'il a, comme tu sais, affronté victorieusement la terrible Gorgone, Méduse, au cours d'une série d'aventures sur lesquelles nous reviendrons encore tout à l'heure. Or, il se trouve que les frères d'Alcmène ont été tués lors d'une guerre contre des peuples qu'on appelle à l'époque les Taphiens et les Téléboéens. Passons sur les détails : Alcmène aime Amphitryon, son mari et cousin, néanmoins elle lui interdit de partager son lit tant qu'il n'aura pas vengé ses frères. Voilà pourquoi Amphitryon part faire la guerre contre ces fameux Taphiens et Téléboéens. Pendant ce temps-là, Zeus observe les événements du haut de l'Olympe. Il voit Amphitryon se conduire en guerrier courageux dans les combats, remporter la victoire et s'apprêter à retourner chez lui pour raconter ses exploits à sa femme. Amphitryon espère bien ainsi entrer enfin dans son lit. C'est à ce moment-là que Zeus a l'idée d'Héraclès. Figure-toi qu'il se change en Amphitryon. Tout simplement, il devient son sosie, son double parfait, et il pénètre dans la demeure d'Alcmène comme s'il était son mari. Il a même le toupet de lui raconter ses exploits, comme si c'était lui qui les avait accomplis. Il va jusqu'à lui offrir, si l'on en croit certaines variantes du mythe, les bijoux et autres trophées qu'il a arrachés pour elle à l'ennemi. Et bien entendu, tout à la fois satisfaite du travail accompli par son mari pour elle – pour venger ses frères – et séduite par un homme manifestement aussi brave, Alcmène accepte enfin de coucher avec lui – c'est-à-dire, en vérité, avec Zeus qui lui fait aussitôt un enfant, le petit Héraclès justement.

La scène donnera lieu dans la littérature à un nombre impressionnant de représentations diverses, mais la trame de base, chez tous les mythographes, est à peu près la même, et c'est celle que je viens de t'indiquer. Il faut préciser aussi qu'une fois rentré chez lui, le vrai

Amphitryon couche, lui aussi, avec sa femme et qu'il lui fait également un enfant, Iphiclès, qui sera donc le frère jumeau d'Héraclès, bien que n'ayant pas le même père que lui. Certaines variantes du mythe prétendent que Zeus a allongé le temps, fait en sorte que la nuit dure trois fois plus longtemps qu'une nuit normale, sans doute pour mieux profiter d'Alcmène qui est, comme je t'ai dit, ravissante, mais aussi pour retarder le retour du vrai Amphitryon. On a également décrit à l'envi l'étonnement du mari lorsque, de retour chez lui, il constate que sa femme sait déjà tout de ses exploits avant qu'il ne les lui raconte, qu'elle est même, ce qui semble évidemment incompréhensible à Amphitryon, en possession des trophées qu'il lui rapporte... et qu'il ne lui a pourtant pas encore offerts ! Peu importent au fond ces détails. Ce qui compte, c'est qu'Héraclès est né, et qu'il n'est pas né de la femme légitime de Zeus, Héra – ce qui fait que cette dernière est folle de rage quand elle découvre qu'Alcmène est enceinte de son mari.

Peut-être as-tu d'ailleurs déjà remarqué par toi-même que les deux noms – Héra, Héraclès – se ressemblent, ou plutôt, que l'un est un morceau de l'autre : c'est qu'en effet ils ont un lien entre eux. Étymologiquement, Héraclès est un mot qui veut dire « la gloire d'Héra » et, là encore, il faut que je te dise pourquoi : cette partie du mythe possède elle aussi une signification qui sert de fil conducteur aux principales aventures du héros.

Au départ, et sur ce point tout le monde est d'accord, Héraclès s'appelait Alcide – ce qui veut dire le « fils d'Alcée » – en souvenir de son grand-père qui portait ce nom qui signifie « le fort ». Mais à partir de là, comme sur tous les sujets concernant la vie d'Héraclès, plusieurs histoires entrent en concurrence pour expliquer son changement de nom. En gros, deux explications principales sont avancées – ce qui est assez amusant, car on en parle comme s'il s'agissait d'un personnage historique alors que, je te le rappelle, il s'agit bien entendu d'un être tout à fait mythique et légendaire, qui n'a jamais existé. Ce qui donne à penser que les Grecs adhéraient certainement à ces histoires, qu'ils les prenaient à coup sûr très au sérieux, sinon en un sens factuel, du moins du point de vue de la signification qu'elles possédaient à leurs yeux en termes de sagesse de vie. La première explication, due au poète Pindare[1], prétend que c'est Héra elle-même qui aurait ainsi baptisé notre héros, et ce pour une raison bien compréhensible : comme elle est tétanisée par la jalousie, qu'elle déteste être une fois encore trompée par Zeus, elle se prend d'une véritable haine pour le nouveau-né. C'est elle qui va inventer les fameux douze travaux, dans l'espoir de faire périr Héraclès au plus vite en l'envoyant combattre des monstres dont aucun humain n'a jamais réussi à triompher. Or il se trouve qu'Héraclès va en sortir, non seulement victorieux, mais auréolé d'une gloire à nulle autre pareille. Au reste, le demi-dieu et la déesse finiront par se réconcilier, après la mort d'Héraclès, lorsqu'il sera transformé en véritable dieu et accueilli sur l'Olympe. C'est donc, si l'on peut dire, « grâce » à Héra qu'Héraclès va devenir célèbre dans le monde entier. Et ce en deux sens : sa gloire est tout entière dédiée à la femme de Zeus et c'est aussi, bien que cela puisse sembler un peu paradoxal, à elle qu'il la doit. D'où son nom : « Hérakleios », la gloire d'Héra.

On trouve, notamment chez Apollodore, une explication un peu différente, mais qui au fond rejoint quand même celle de Pindare. Avant même de commencer ses fameux travaux, Héraclès avait eu l'occasion de rendre un grand service à Créon, le roi de Thèbes qui avait succédé à un autre personnage célèbre de la mythologie, Œdipe. En échange, ou du moins en signe de recon-

---

1. C'est du moins lui qui, semble-t-il, est le premier à nous la rapporter.

naissance et d'amitié, Créon lui offre en mariage sa fille, Mégara. Héraclès l'épouse, et il a trois enfants avec elle. Ils vivent apparemment heureux jusqu'à ce qu'Héra, par jalousie, jette un sort à Héraclès pour le rendre fou furieux. Le sortilège marche et, pris d'une crise de délire épouvantable, un coup de folie dont il est totalement irresponsable, Héraclès jette ses trois enfants dans le feu et, pour faire bonne mesure, il tue au passage aussi deux de ses neveux, les enfants de son « demi-frère jumeau », Iphiclès. Revenu à lui, il perçoit toute l'horreur de la situation et il se condamne lui-même à l'exil. Il se rend dans une ville voisine, pour y être, selon la coutume, « purifié » : au cours d'une cérémonie, un prêtre ou un dieu pouvaient, en effet, « purifier », c'est-à-dire laver de leur faute – un peu comme Midas dans son Pactole –, ceux qui avaient commis un crime grave, par exemple un meurtre. Une fois le rituel accompli, Héraclès se rend à Delphes, pour consulter la pythie : c'est elle qui lui donne alors le nom prémonitoire d'Héraclès – la gloire d'Héra – parce qu'elle lui recommande de se mettre au service de la déesse pour accomplir les douze exploits que représentent les travaux impossibles qu'elle va lui imposer par l'intermédiaire de son cousin, l'affreux Eurysthée (dont je te parlerai dans un instant). La pythie ajoute encore qu'Héraclès, après l'accomplissement de ces travaux, sera immortel – pas seulement par sa gloire, mais parce qu'il sera transformé réellement en dieu.

Quoi qu'il en soit, ces deux versions ne sont en fait pas aussi éloignées qu'on a pu le penser à première vue. Dans les deux cas, en effet, Héraclès travaille pour la gloire d'Héra, et sa gloire tiendra aux tâches invraisemblables qu'elle va lui infliger par jalousie, pour se venger de sa simple existence, parce qu'elle témoigne par elle seule et en permanence de l'infidélité de Zeus.

Deux petites remarques subsidiaires encore, avant d'en venir aux premiers hauts faits d'Héraclès, ceux qui précèdent les douze travaux et qu'il accomplit de façon quasi miraculeuse dès sa plus jeune enfance.

D'abord, c'est anecdotique mais cela en dit long sur l'intrication de toutes ces histoires, tu noteras qu'Héraclès, si étrange que cela puisse paraître à première vue, est tout à la fois l'arrière-petit-fils et le petit frère de son arrière-grand-père, Persée ! En effet, bien qu'à plusieurs générations de distance, ils ont tous les deux le même père, à savoir Zeus : l'immortalité rend possible aux dieux ce qui est inconcevable pour les humains. Symboliquement, elle permet aussi de relier entre eux les mythes, d'associer, comme dans le jeu des sept familles, des personnages, en l'occurrence Persée et Héraclès, qui ont des profils analogues : tous deux sont des pourfendeurs de monstres et des continuateurs, à leur niveau bien sûr, de l'œuvre paternelle.

La seconde remarque concerne l'origine « herculéenne » de la Voie lactée[1]. Comme toujours, il y a plusieurs façons de raconter cette légende fameuse concernant les premiers mois de la vie du héros. L'une d'entre elles, qui semble s'imposer le plus souvent, consiste à rappeler que pour devenir un jour immortel – et tel est bien le destin d'Héraclès, comme la pythie le lui confirme à Delphes –, il faut absorber la nourriture des dieux, notamment l'ambroisie. D'ailleurs, je te signale qu'en grec le mot « ambroisie » signifie tout simplement « non-mortels », *a-(m) brotoi*. C'est dans cette perspective qu'Hermès aurait été chargé par Zeus de mettre le petit Héraclès au sein d'Héra pendant son sommeil. Mais Héra, ouvrant l'œil à demi, est saisie d'horreur à la vue de ce bébé qui lui rappelle encore et toujours l'infidélité de Zeus. Elle le repousse violemment, et ce sont les gouttes de lait perdues dans le ciel qui auraient donné naissance à la Voie lactée. Diodore

---

1. Cette légende apparaît très tôt, sous forme fragmentaire, mais on en trouve des versions plus développées chez Pausanias, Diodore et Hygin.

raconte une version un peu différente : Héraclès aurait été mis au sein d'Héra par Athéna mais, déjà trop vigoureux, il aurait mordu la déesse un peu trop goulûment ! C'est alors qu'elle l'aurait rejeté avec violence, donnant ainsi naissance à cette fameuse Voie lactée. Ces variantes reviennent un peu au même et le résultat final, la création de cette espèce d'autoroute des étoiles, est identique dans les deux cas. Je te les indique simplement pour que tu aies l'idée qu'on devait, dès l'Antiquité, présenter ces récits mythiques, selon les époques, les auteurs et les régions, de manière très variée. Pourtant, de cette diversité naît malgré tout, au moins dans les grandes lignes, une culture commune qui fait sens et que les mythographes transmettront aux philosophes – un peu comme, dans notre tradition à nous, les contes de fées connaîtront eux aussi des variations sur fond d'un terreau commun : après tout, entre l'histoire de Cendrillon racontée par les frères Grimm et la même racontée par Perrault, il y a aussi plus que des nuances. La trame n'en reste pas moins fondamentalement la même.

Voyons maintenant les exploits qui scandent les premières années de notre héros, avant même que l'accomplissement des douze travaux pour la gloire d'Héra ne le rende célèbre pour l'éternité.

Les premiers exploits du demi-dieu

On en dénombre en général cinq. Les voici, résumés à l'essentiel[1].

Il y a d'abord l'histoire fameuse des deux serpents. Elle est destinée à montrer à la fois l'origine divine d'Héraclès – qui seule explique son incroyable précocité – mais aussi le sens de sa mission sur terre : éliminer les entités maléfiques, en particulier celles qui

---

1. Je suis ici le récit qu'en fait Apollodore et qui semble le plus « consensuel ».

évoquent dans l'imaginaire grec le souvenir de Typhon. Voici comment Apollodore raconte l'affaire, en donnant lui-même les deux versions les plus courantes du mythe – ce qui prouve, cela dit, au passage que les mythographes anciens savaient déjà combien les variantes de ces légendes étaient importantes, parce qu'elles apportaient des éclairages différents sur une même histoire et permettaient ainsi de mieux en comprendre le sens et la portée :

« Lorsque Héraclès eut huit mois, Héra, qui voulait faire périr le nourrisson, envoya vers son berceau deux énormes serpents. Alcmène appela Amphitryon à grands cris, mais Héraclès se dressa et tua les serpents en les étouffant dans ses deux mains. Phérécyde dit que c'est Amphitryon qui mit lui-même les serpents dans le berceau parce qu'il voulait savoir lequel des deux enfants était de lui : en voyant Iphiclès s'enfuir et Héraclès faire face, il comprit qu'Iphiclès était son fils... »

Ce qui est sûr, là encore, c'est que le petit est bien parti pour une carrière de héros. Les peintures antiques représentent d'ailleurs la scène de manière impressionnante : on y voit Héraclès, tout bébé, serrant dans chaque main un serpent qu'il étouffe... Tu m'accorderas qu'à huit mois cela annonce bel et bien une force surhumaine.

Les deux exploits suivants tournent autour d'une histoire de lion.

Il était une fois, dans une région proche de Thèbes, la ville où Héraclès est né, un lion terrifiant qui décimait littéralement les troupeaux d'Amphitryon, le père humain d'Héraclès, mais aussi ceux d'un certain Thespios, un voisin et ami de la famille. J'ai oublié de te dire qu'Amphitryon était un fort brave homme, dans tous les sens du terme : courageux et gentil. Il avait, comme il est habituel à l'époque, digéré la mauvaise nouvelle de la paternité divine du fils de sa femme : après tout, Alcmène ne l'avait pas trompé volontairement et Zeus ayant tous les droits, il était de règle qu'on tienne ses décisions, quelles qu'elles fussent, pour indiscutables et sacrées. Ce pourquoi Amphitryon élevait le petit Héraclès comme son fils. Et ce dernier lui rendait son affection. Voyant les troupeaux de son père et de Thespios décimés, Héraclès, qui a maintenant dix-huit ans et qui possède une stature et une force prodigieuses, ne fait ni une ni deux : il prend ses armes et se lance à la poursuite du lion. Pour être au plus près de la bête qu'il traque, il se rend auprès de Thespios, qui n'est que trop heureux de lui offrir l'hospitalité. Pendant cinquante jours, Héraclès poursuit inlassablement l'animal. Chaque nuit, il rentre dans la demeure de Thespios... qui s'arrange chaque soir pour glisser une de ses filles dans la couche du héros. Un peu fatigué par ses courses dans la montagne, Héraclès ne fait pas trop attention : il croit, chaque nuit, coucher avec la même jeune fille. Erreur, Thespios a cinquante filles. Ce qui tombe bien : c'est juste le nombre de nuits qu'Héraclès va passer chez lui, juste le temps qu'il lui faudra aussi pour retrouver et finalement tuer le lion au cours d'un combat terrible. Et de ses cinquante unions nocturnes naîtront cinquante fils !

Ce qui fait donc déjà, tu me l'accorderas aussi, trois exploits : tuer un serpent à huit mois, un lion à dix-huit ans, et, au même âge, se retrouver père de cinquante enfants en seulement cinquante nuits : quel homme !

Les deux autres exploits ne sont pas, à vrai dire, des exploits au sens positif du terme. Ils témoignent plutôt de la face obscure d'Héraclès, de son côté titanesque, pas seulement fort, mais aussi terriblement violent. C'est un point important, qu'on retrouve chez tous les dieux, chez tous les héros, et que Dionysos incarne pour ainsi dire à l'état chimiquement pur : il n'est pas de combat pour l'ordre sans brutalité, pas de lutte pour le cosmos sans violence aveugle. Les accès de folie d'Héraclès en témoignent, mais aussi son goût du sang, sa capacité à tuer et tuer encore sans crainte, mais aussi sans honte ni retenue.

En rentrant de sa chasse au lion, Héraclès croise des messagers d'un roi de Béotie, un certain Erginos qui, après avoir remporté la victoire au cours d'une guerre contre les habitants de Thèbes, exigeait d'eux qu'ils paient pendant vingt ans, chaque année, en guise de réparations, un tribut de cent bœufs. Pas de chance pour eux, Héraclès est né à Thèbes et, en tant que Thébain, il juge évidemment ce tribut injuste. Comme toujours, il ne s'embarrasse pas de discours inutiles : il attrape les messagers d'Erginos par la peau du dos et, en guise de discussion, il leur coupe le nez, les oreilles et les mains. Puis il en fait un collier, l'attache autour de leur cou et les renvoie tout sanguinolents à Erginos, avec pour seule instruction de lui dire que ce sera désormais le seul et unique tribut que lui paieront les Thébains ! Comme tu t'en doutes, Erginos n'est pas vraiment ravi. Il rassemble ses troupes et part à nouveau livrer bataille contre les Thébains. Seulement voilà, maintenant, ils ont Héraclès avec eux et, du coup, ils laminent littéralement l'armée d'Erginos. Malheureusement, au cours des combats, Amphitryon est tué. Mais c'est aussi à ce moment que se situe l'épisode dont je t'ai déjà dit un mot : en guise de récompense, Créon, le roi de Thèbes, propose à Héraclès d'épouser sa fille, Mégara…

Ce quatrième exploit laisse un peu songeur : bien sûr, selon toute vraisemblance, Héraclès a agi au nom d'une certaine justice en défendant sa ville et son roi. Mais on voit aussi que c'est un être terriblement violent, pour ne pas dire sanguinaire : toute sa vie sera marquée par des meurtres et des tueries sans fin.

Quant au dernier « exploit », il inquiète davantage encore, tant il confirme l'existence de cette part d'ombre. Pendant son enfance, Héraclès reçoit une éducation très complète. Amphitryon lui montre comment conduire un char. Castor, l'illustre frère de Pollux, lui apprend le maniement des armes, et toutes sortes d'admirables soldats lui enseignent le tir à l'arc, la lutte à mains nues et autres arts de la guerre... Quant à ce qu'on appellerait aujourd'hui les « humanités », c'est-à-dire les lettres et les arts, Héraclès n'est pas très doué. Il a un professeur de musique, Linos, qui n'est autre que le frère d'Orphée, le plus grand musicien de tous les temps. Mais un jour que Linos lui fait des remontrances un peu trop vives, le petit Héraclès se met en colère et, tout simplement, tue le malheureux d'un coup de cithare bien appliqué ! Il est traduit en justice mais, plaidant la légitime défense – Linos, exaspéré par le peu de talent de son élève, lui avait collé une gifle –, il sera finalement acquitté... Héraclès est fort, très fort, peut-être même un peu trop. En un certain sens, il est aussi toujours juste et il possède un courage à toute épreuve. Mais ce n'est ni un tendre, ni un poète... C'est vraiment un soldat de Zeus, comme il va le prouver de manière éclatante au cours des douze travaux qu'Héra va lui imposer.

Les douze travaux

Quelques mots, d'abord, sur l'origine exacte, le sens et le nombre de ces fameux travaux qui constituent sans nul doute, à eux seuls, le mythe le plus célèbre de toute la mythologie grecque.

En premier lieu, on raconte que, pour s'assurer de son pouvoir sur Héraclès et lui imposer des tâches au cours desquelles elle escompte bien qu'il va trouver la mort, Héra recourt, elle aussi, à un stratagème qui n'a rien à envier à celui de son mari. Zeus, qui voit poindre pour bientôt la naissance de son fils, déclare un peu vite devant l'assemblée des dieux que le premier descendant de Persée à voir le jour deviendra roi de Mycènes, une des cités les plus considérables du Péloponnèse dont la légende veut qu'elle ait été fondée, justement, par Persée. En disant cela, Zeus pense évidemment à Héraclès pour lequel il a prévu un destin royal. Mais Héra le prend au mot. Par jalousie, elle retarde la délivrance d'Alcmène et elle accélère en revanche la naissance d'un certain Eurysthée, un cousin germain d'Héraclès, qui se trouve être, lui aussi, un descendant de Persée. Du coup, Eurysthée naît à sept mois, tandis qu'Héraclès reste jusqu'à dix dans le ventre de sa mère. C'est ainsi son cousin qui devient à sa place le roi de Mycènes. Selon la coutume, Héraclès lui doit obéissance. Héra va en faire son bras armé : c'est Eurysthée qui va désormais passer commande à Héraclès, lui qui va chaque fois l'envoyer parcourir le monde pour affronter les pires dangers en espérant bien qu'à un moment ou un autre il y succombera. Eurysthée est toujours décrit dans cette légende comme un personnage insignifiant et lâche, un pauvre type sans envergure, tout le contraire de son cousin. Il tient clairement le rôle du méchant et du poltron.

En second lieu, le sens « cosmique » des « travaux d'Hercule » va être doublement attesté, à la fois par les armes qu'il utilise dans ses combats, mais aussi par les cibles que l'ignoble Eurysthée va chaque fois lui désigner. Comme y insistent la plupart des mythographes, ce sont les dieux eux-mêmes – et pas n'importe lesquels : des Olympiens – qui offrent à Héraclès son équipement militaire. Selon Apollodore, c'est Athéna qui lui fait les premiers dons, c'est Hermès qui lui enseigne l'art du tir à l'arc et qui lui fait présent de ce qui va avec, l'arc, bien sûr, mais aussi le carquois et les flèches, tandis qu'Héphaïstos se fend de son côté d'un somptueux cadeau : une cuirasse d'or qu'il a lui-même confectionnée avec le génie de forgeron qu'on lui connaît. Pour faire bonne mesure, Athéna ajoute encore un magnifique manteau et notre héros se trouve ainsi paré pour ses nouvelles aventures. Le point n'est pas négligeable : il signifie qu'Héraclès, clairement, est bel et bien un représentant des dieux sur cette terre. De toute évidence, sa mission est divine ou, ce qui revient au même dans l'univers mental des Grecs, cosmique : ce n'est pas seulement son père, Zeus, mais l'Olympe tout entier qui est derrière et avec lui[1].

Quant aux cibles qu'on va lui désigner, tu verras dans un instant qu'elles appartiennent presque toutes à un univers qui n'est pas normal, à un monde à proprement parler surnaturel – ce qui montre, là encore, que le combat d'Héraclès va porter d'abord et avant tout contre des forces de destruction qui n'ont rien d'ordinaire, mais qui sont des résurgences de Chaos, des Titans, voire de Typhon, bref des forces originelles que Zeus a dû contrecarrer...

Enfin, quant au nombre des travaux, c'est seulement au Ier siècle avant Jésus-Christ que le chiffre de douze va devenir canonique, partagé enfin par tous les mythographes. Dans la Grèce archaïque, il n'en est pas de même et le nombre des épreuves est variable. Chez Apollodore, il n'y a au départ que dix travaux, mais Eurysthée, qui est aussi mauvais joueur que mauvais perdant, en refuse deux à Héraclès – l'hydre de Lerne et les écuries d'Augias – au motif qu'il a été aidé ou rétribué pour ces deux exploits-là. Du coup, il rajoute deux travaux, ce qui nous permet de retrouver quand même le chiffre de douze dont plus personne ne s'écartera par la suite.

Entrons maintenant dans le vif du sujet[2].

---

1. Cela dit, dernier petit détail sur son équipement militaire, Héraclès se fabriquera lui-même son arme favorite, celle avec laquelle on le représente si souvent sur les vases grecs : la fameuse massue en olivier avec laquelle il va massacrer tant de monstres.

2. Pour l'essentiel, et à quelques détails près, je suis ici, pour éviter que l'on ne se perde par trop dans les variantes, les récits, assez convergents, de Diodore – qui est le premier historien à donner, dès le Ier siècle avant Jésus-Christ, un récit complet, cohérent et lié des douze travaux – et d'Apollodore, qui en est, au final, très proche (même si l'ordre des travaux n'est pas toujours le même chez les deux auteurs).

Il y a d'abord, et c'est sans doute le plus connu de tous les travaux avec les écuries d'Augias, le fameux combat contre le lion de Némée, une ville située dans la région d'Argos. Eurysthée, le pantin d'Héra qui est maintenant roi de Mycènes, a demandé à son illustre cousin de lui rapporter sa peau. Ce qui mérite notre attention dans cette histoire, c'est d'abord la nature de l'animal contre lequel Héraclès va devoir lutter. Bien entendu, il est terrifiant. Il ravage littéralement la région qu'on nomme l'Argolide, décimant les troupeaux, mais dévorant aussi tous les humains qu'il rencontre sur son chemin. Là n'est pourtant pas l'essentiel. Le plus important, en effet, c'est que cette bête... n'en est pas vraiment une ! Ce n'est pas un lion ordinaire auquel Héraclès a affaire, mais bel et bien un monstre, dont les parents ne sont nullement des lions. Son père n'est autre que Typhon lui-même, et sa mère, selon certains, est Échidna, la terrifiante femme/vipère qui lui sert d'épouse. Le point est évidemment décisif : il témoigne avec force de la nature réelle du combat herculéen, qui n'a rien à voir avec une chasse ordinaire contre un animal, fût-il terriblement sauvage et dangereux. Héraclès est un Zeus miniature : si ce dernier a dû affronter Typhon, c'est maintenant au tour du premier d'affronter sa progéniture. Ce qui prouve la nature monstrueuse et surnaturelle du lion de Némée, c'est sa peau – à laquelle Eurysthée tient tant. Elle possède une particularité remarquable, une caractéristique qu'aucun animal issu du monde normal ne possède : rien ne peut la percer, ni flèche, ni épée, ni poignard, si aiguisés et pointus soient-ils, ce qui rend le monstre plus redoutable encore, car invulnérable pour les chasseurs.

Malgré tout son talent d'archer, Héraclès doit donc renoncer à utiliser ses armes habituelles : les flèches rebondissent sur la peau de la bête et les coups d'épée qu'il lui inflige glissent sur son corps comme l'eau sur les plumes d'un canard. Alors Héraclès va devoir puiser au plus profond de ses ressources les plus exceptionnelles : dans sa force et son courage, eux aussi surnaturels et quasi divins. Le lion habite une caverne qui possède deux entrées communiquant par un long couloir. Notre héros bouche avec une énorme pierre un des orifices, et il n'hésite pas une seconde à entrer par l'autre. Dans le noir le plus complet, il s'avance à la rencontre du monstre. Lorsque ce dernier se jette sur lui, Héraclès le saisit à la gorge et il le serre si fort et si longtemps dans ses bras que le lion finit par rendre son dernier soupir. Alors, Héraclès le traîne hors de sa grotte en le tirant par la queue. Et là, une fois mort, il parvient à l'écorcher, puis il se confectionne avec sa peau une espèce de manteau qui lui servira d'armure et, avec la tête, il se fait un casque de combat.

Lorsque Eurysthée voit Héraclès revenir victorieux dans cet accoutrement, il manque s'évanouir. Il est littéralement terrorisé : si Héraclès est capable de venir à bout du lion de Némée, il est clair qu'il vaut mieux se méfier de lui. Tétanisé par l'angoisse, ce roi de pacotille lui interdit pour toujours d'entrer dans la ville : désormais, Héraclès devra déposer les trophées qu'il lui rapportera – s'il y parvient : n'oublie pas qu'il espère bien s'en débarrasser un jour ou l'autre – au pied des remparts, à l'extérieur des portes de la ville. Apollodore précise même que, sous le coup de la peur, Eurysthée se fait construire puis installer sous terre une espèce de grande jarre en bronze dans laquelle il envisage de se cacher si jamais les choses devaient tourner mal pour lui[1].

S'il veut venir à bout d'Héraclès, il faut trouver autre chose, une seconde épreuve, plus redoutable encore que la première. Eurysthée demande alors à Héraclès d'aller tuer une hydre qui vit dans la région de Lerne. Là encore, cette hydre n'a rien de naturel.

---

1. Eurysthée finira par être tué au cours d'une guerre contre les Athéniens. On raconte qu'après sa mort on rapporta sa tête à Alcmène, la mère d'Héraclès, qui lui arracha les yeux.

En vrai, ce qu'on appelle aujourd'hui encore une hydre, c'est un petit polype d'eau douce – d'environ un centimètre et demi –, un peu comme les anémones de mer, doté d'une dizaine de tentacules urticants qui repoussent quand on les coupe. Rien de bien méchant. Mais cette hydre-là n'a pas grand-chose à voir avec ce qu'on rencontre dans la nature « normale ». C'est un véritable monstre, gigantesque, armé de neuf têtes qui repoussent dès qu'on les tranche – ce sont même deux têtes qui réapparaissent si on a le malheur d'en couper une ! Lui aussi dévaste littéralement le pays, tuant tout ce qui passe, animal ou homme, à sa portée. Hésiode, dans la *Théogonie*, nous donne deux informations précieuses à son sujet. D'abord, il s'agit à nouveau, tout comme avec le lion, d'un monstre né des amours d'Échidna et de Typhon : là encore, le lien avec les travaux de Zeus est évident. Ensuite, c'est Héra qui, dans sa colère contre Héraclès, a fait élever la bête pour la lui opposer le jour venu.

Voici la façon dont Apollodore raconte la victoire d'Héraclès contre l'hydre :

« Comme second travail, Eurysthée commanda à Héraclès de tuer l'hydre de Lerne. Cette hydre, nourrie dans les marais de Lerne, sortait dans la plaine pour ravager les troupeaux et le pays. Elle avait un corps gigantesque et neuf têtes, dont huit étaient mortelles et la dernière, celle du milieu, immortelle. Héraclès monta donc sur un char, avec Iolaos (*son neveu*) pour cocher, et il se rendit à Lerne. Il fit arrêter les chevaux, trouva l'hydre sur une sorte de colline, près des sources d'Amymonè où elle avait son repaire. En lui lançant des traits enflammés, il l'obligea à sortir et, quand elle fut dehors, il la saisit et la tint solidement. Mais elle enlaça l'une de ses jambes et s'attacha à lui. Il avait beau abattre ses têtes à coups de massue, il n'arrivait à rien, car pour chaque tête abattue, il en repoussait deux. Un crabe géant vint au secours de l'hydre et lui mordit le pied. Aussi, après avoir tué le crabe, appela-t-il à son tour Iolaos, qui mit le feu à une partie de la forêt voisine et, avec des brandons, brûla les têtes à la racine pour les empêcher de repousser. Quand, de cette façon, il fut venu à bout des têtes toujours renaissantes, il trancha la tête immortelle, l'enfouit sous la terre et plaça dessus un lourd rocher, en bordure de la route qui va de Lerne à Éléonte. Quant au corps de l'hydre, il le fendit pour tremper ses flèches dans son venin. Mais Eurysthée déclara qu'on ne devait pas compter cette épreuve au nombre des dix travaux parce que Héraclès n'était pas venu à bout de l'hydre tout seul, mais avec l'aide d'Iolaos... »

Après ces deux exploits, qui lui valurent, malgré la mauvaise foi d'Eurysthée, une grande réputation dans toute la Grèce, Héraclès terrassera ou du moins maîtrisera sur le même modèle une série de monstres déguisés en animaux. Je ne te raconte pas toutes ces histoires, dont la trame est tout à fait répétitive et que tu trouveras d'ailleurs à peu près partout. Il y a la biche de Cérynie, le sanglier d'Érymanthe, les oiseaux du lac Stymphale, le taureau de Crète, les juments de Diomède, le chien Cerbère (celui d'Hadès, à trois têtes et à queue de serpent, qui garde les Enfers), etc. Ce qu'il faut noter dans ces récits, ce n'est pas tant l'intrigue, qui est à peu de chose près toujours la même – une bête monstrueuse qui dévaste le pays et dont Héraclès parvient toujours à venir à bout – mais la nature, surnaturelle et maléfique, des êtres qu'affronte le héros : hors le sanglier d'Érymanthe, qui n'a de particulier qu'une force exceptionnelle et un caractère agressif inconnu dans le monde réel – les textes archaïques, ceux d'avant le Ve siècle, n'en parlent d'ailleurs pratiquement pas –, les monstres sont à la fois maléfiques et magiques : la biche est gigantesque, elle a des cornes d'or ; les plumes des oiseaux sont en airain, piquantes et tranchantes comme des lames de rasoir, quant au taureau, les différents mythographes anciens l'assimilent tantôt à celui que Poséidon fait sortir de l'eau pour permettre à Minos de devenir roi, tantôt à celui qui a servi à enlever Europe, la jolie nymphe dont Zeus veut devenir l'amant, tantôt au taureau dont Pasiphaé, la femme de Minos, tombe amoureuse, ou même encore à celui de Marathon : dans tous les cas, il s'agit d'êtres surnaturels, dont les parents ne sont pas une vache ni un autre taureau, comme il arrive toujours dans la nature réelle, mais des dieux qui veulent s'amuser avec les hommes. Les juments de Diomède sont pires encore : ce sont des chevaux qui mangent de la chair humaine, parce qu'on leur a jeté un sort – ce qu'aucun cheval appartenant à l'ordre de la nature ne fait jamais puisqu'il est nécessairement herbivore. Le chien Cerbère n'appartient pas non plus au monde d'ici-bas. Les bœufs de Géryon n'ont rien de monstrueux, mais leur propriétaire, qu'Héraclès doit affronter pour prendre les animaux, est en revanche le fils de Poséidon et de la terrible Méduse. Quant au chien, Orthros, qui garde ses troupeaux et qu'Héraclès doit bien entendu terrasser lui aussi, c'est de nouveau un être monstrueux, qui n'a rien de commun avec un vrai chien puisqu'il a deux têtes et qu'il est, lui aussi – décidément le thème qui relie Héraclès à la tâche de Zeus est omniprésent – un fils de Typhon et d'Échidna.

En d'autres termes, les forces qu'Héraclès combat sont bel et bien surnaturelles, voire divines, à l'image de celles que Zeus a dû lui-même affronter avant le partage du monde et la création définitive du cosmos. Divin ne veut pas dire bon : il y a de mauvais dieux, comme Chaos, comme les Titans, comme Typhon. D'ailleurs, l'hydre de Lerne, dont l'une des têtes est, elle aussi, immortelle, est maîtrisée très exactement selon le schéma utilisé par Zeus pour terrasser Typhon : de même que Zeus parvient à anéantir Typhon, non pas en le tuant, ce qui est impossible, mais en l'enterrant sous un énorme volcan, l'Etna, c'est aussi en plaçant un lourd rocher sur la tête non mortelle de l'hydre qu'Héraclès réussit à en débarrasser le cosmos. Ajoutons qu'Héra est parfois mentionnée de manière explicite comme celle qui a, sinon fabriqué l'« animal », du moins fait en sorte qu'il croise le chemin du héros dont elle veut à tout prix la mort.

Lion de Némée, hydre de Lerne, sanglier d'Érymanthe, biche de Cérynie, oiseaux de Stymphale, chien Cerbère, juments de Diomède, taureau de Crète, bœufs de Géryon gardés par l'affreux Orthros : nous sommes déjà à neuf travaux.

Les trois restants, ceux dont je ne t'ai pas encore parlé – la ceinture de la reine des Amazones, Hippolytè, les pommes d'or des Hespérides et les écuries d'Augias – ont une allure différente. Il ne s'agit plus de venir à bout de monstres déguisés en animaux nuisibles, mais, plus simplement, si l'on ose dire, d'accomplir une tâche réputée impossible. Au fond, c'est ici plus que dans les autres exploits que la notion de « travaux » trouve véritablement à s'appliquer : c'est bien d'un labeur qu'il s'agit avant tout, d'une mission impossible et dangereuse, certes, mais dans laquelle le monstrueux n'est pas le premier ni le seul élément caractéristique. On sort du schéma habituel de la lutte victorieuse contre une entité maléfique, héritière directe ou indirecte de Typhon.

Pour autant, les forces violentes du chaos restent toujours présentes en arrière-fond. C'est le cas, bien sûr, avec les Amazones, ces guerrières intraitables qui se compriment le sein droit depuis l'enfance pour ne pas être gênées plus tard dans le maniement de l'arc et du javelot. Cette fois-ci, ce n'est pas directement Eurysthée qui inflige un nouveau pensum à Héraclès, mais Admètè, sa fille, qui fait un caprice : elle veut absolument, de toute urgence, qu'on lui rapporte la superbe ceinture de la reine des Amazones, Hippolytè. Or il se trouve que cet ornement lui a été offert des mains mêmes d'Arès, le dieu de la guerre, de sorte que tout laisse supposer qu'Héraclès aura bien du mal à l'arracher à sa propriétaire. Contre toute attente, lorsqu'il parvient aux pieds de la reine, après bien des aventures que je te passe, c'est très volontiers qu'elle lui fait don de la ceinture. Mais Héra ne l'entend pas de cette oreille. Elle prend l'apparence d'une Amazone – les dieux sont capables de toutes les métamorphoses – et elle répand parmi les guerrières le bruit qu'Héraclès est venu en ennemi, pour enlever la reine, ce qui, bien entendu, est tout à fait faux. Du coup, un combat très violent éclate entre Héraclès et ses compagnons d'armes d'un côté, et de l'autre, les Amazones, combat au cours duquel Hippolytè est tuée par Héraclès.

Quant aux fameuses pommes d'or des Hespérides – et c'est une de ces pommes, tu t'en souviens peut-être, qu'Éris a jetée sur la table du mariage de Thétis et de Pélée –, il s'agit, là encore, de fruits magiques, d'êtres qu'on ne rencontre pas dans le monde naturel. Ce sont des pommes très spéciales, qui poussent directement sur leur arbre en métal précieux, et pour cause : c'est le présent que Gaïa a offert à Héra le jour de son mariage avec Zeus. La reine des dieux les a trouvées si sublimes qu'elle a fait planter le pommier qui les produit dans un jardin situé lui-même aux confins du monde réel, sur l'Atlas, cette montagne qui est aussi un dieu, le fameux Titan Atlas, frère d'Épiméthée et de Prométhée, sur les épaules duquel repose le monde. Héra craint toujours qu'on ne vienne lui voler ses pommes. Elle place donc deux sortes de gardiens à l'entrée du jardin. Il y a d'abord trois nymphes, qu'on appelle les Hespérides. Hespéride veut dire, en grec, les « filles d'Hespéris », qui est elle-même la fille d'Hespéros, le soir. Ces divinités portent d'ailleurs des noms qui évoquent les couleurs de la fin du jour : la « Brillante », la « Rouge », l'« Aréthuse du couchant »... Mais comme

Héra, à ce qu'on raconte, n'est pas très sûre de ses nymphes, elle ajoute un second gardien : un dragon immortel qui est, bien entendu, de nouveau un fils de Typhon et d'Échidna, décidément toujours en travers du chemin d'Héraclès ! D'ailleurs, c'est aussi au cours de cette expédition à la recherche des pommes d'or qu'Héraclès va libérer Prométhée de ses chaînes : il tue à coups de flèche le fameux aigle qui lui dévore le foie et qui est, lui aussi, un fils de Typhon et d'Échidna. Curieusement, ce n'est pas par la force mais par la ruse qu'Hercule parviendra à voler les pommes d'Héra – preuve qu'il est bel et bien un fils de Zeus.

Voici comment. Prométhée ayant été libéré par Héraclès, il ne fait pas de difficulté pour lui indiquer ce qu'il cherche depuis plus d'un an maintenant : l'emplacement exact du fameux jardin des Hespérides. C'est facile, puisqu'il est là où est son frère, Atlas. Prométhée lui conseille de ne pas aller voler les pommes lui-même – ce serait un larcin peu pardonnable – mais d'envoyer Atlas les chercher pour lui. Lorsqu'il arrive chez Atlas, Héraclès lui propose un marché : il tiendra le monde sur ses épaules à la place du Titan, le temps que ce dernier aille récupérer les pommes. Atlas accepte, mais, à son retour, il se sent tout léger. Il découvre à quel point il est agréable de vivre sans fardeau, à quel point il en a assez de porter le monde. On le comprend ! Et il déclare à Héraclès qu'il va, tout bien pesé, apporter lui-même les pommes à Eurysthée. N'oublie pas que, pendant ce temps, Héraclès a la voûte céleste tout entière sur les épaules. Il faut qu'il trouve une solution pour la remettre d'urgence sur celles d'Atlas. Tout gentiment, pour ne pas attirer son attention, il lui dit que c'est d'accord. Simplement, si Atlas avait la bonté de reprendre le fardeau une seconde, cela lui permettrait de se saisir d'un petit coussin qu'il mettra sous sa tête pour être un peu plus à l'aise. Atlas est fort mais bête : il se laisse leurrer, reprend la voûte et, bien évidemment, Héraclès lui tire sa révérence et s'en retourne chez Eurysthée avec les pommes, en laissant le pauvre Atlas à son funeste destin.

La fin de l'histoire est assez significative : dès qu'il les a en main, Eurysthée regarde à peine les pommes et les rend aussitôt à Héraclès. Ce qui prouve, s'il en était besoin, que le but des travaux est juste de faire tuer le héros et que ce qu'il rapporte n'a en soi aucun intérêt. D'ailleurs, il est absolument interdit de voler ces pommes, qui doivent impérativement rester dans leur jardin cosmique. Héraclès les donne à Athéna qui les remettra aussitôt en place, en harmonie avec le reste du monde...

J'ai gardé les écuries d'Augias pour la fin, bien qu'Apollodore en fasse le cinquième défi, parce que cette aventure-là ne ressemble pas aux autres. Pas de monstre, pas d'enfant de Typhon et d'Échidna, pas d'être surnaturel... et pourtant, le combat de l'ordre contre le désordre n'y est pas moins, là encore, omniprésent.

D'abord par le personnage d'Augias lui-même, qui est un roi d'une région qu'on nomme l'Élide et qui s'avère être un maître, non seulement de désordre, mais aussi d'injustice. Il possède d'immenses troupeaux que lui a donnés son père – Hélios, le dieu du soleil. Mais depuis qu'il en est propriétaire, il ne s'est jamais donné la peine de nettoyer ses écuries. Elles sont maintenant d'une saleté infecte, à peine imaginable, au point qu'elles menacent de pollution la région tout entière. Le fumier n'est jamais enlevé et comme il se dépose en couches épaisses sur les terres avoisinantes, il les rend stériles. On a donc bel et bien affaire à un désordre naturel d'une ampleur considérable. Héraclès s'abstient de dire à Augias qu'il est envoyé par son cousin pour tout nettoyer. Il veut, en effet, lui demander un salaire pour ce travail dont il commence à comprendre qu'il ne lui a pas été imposé, une fois n'est pas coutume, pour tenter de le tuer – en l'occurrence, la vie du héros n'est pas menacée comme dans les autres aventures –

mais pour l'humilier, le rabaisser au rang d'un esclave qui doit mettre les mains dans la fange. Héraclès veut donc être payé – il demande, selon Apollodore, un dixième du bétail d'Augias s'il parvient à enlever tout le fumier en une journée – ce qu'Augias accepte, non parce qu'il aime la propreté et veut assainir la région, mais parce qu'il prend Héraclès pour un farfelu et ne croit pas un mot de ses promesses. Il a envie de voir ce qui va se passer, voilà tout. Ajoutons qu'en plus de la rétribution qu'il vient d'obtenir, Héraclès ne veut pas se salir les mains. Il n'est pas un esclave, mais un demi-dieu, le fils de Zeus. Là encore, la ruse va s'ajouter à la force. Il pratique une belle brèche en amont, dans le mur principal qui borde les écuries, et il n'omet pas non plus de pratiquer une seconde brèche dans l'enclos qui les ferme en aval. Puis il détourne le cours des deux fleuves qui passent à proximité, l'Alphée et le Pénée, et il fait entrer l'eau bondissante par la première brèche. En sortant par la seconde, elle emporte tout sur son passage de sorte qu'en quelques heures les écuries sont propres comme un sou neuf !

Mais comme je te l'ai dit, Augias n'est pas seulement un malpropre, c'est aussi un menteur : lorsqu'il apprend qu'Héraclès est envoyé par Eurysthée, il refuse de le payer bien qu'il ait rempli son contrat. Et pour se justifier, il élabore une argumentation tordue : il prétend qu'étant donné qu'Héraclès devait de toute façon faire le travail, il n'a pas à être payé pour. De fait, Augias ne l'aurait pas payé si Héraclès ne lui avait pas caché le sens et l'origine de la corvée que, de toute façon, payé ou non, il était obligé d'accomplir. L'argument est si spécieux qu'Augias est, devant le tribunal qui est maintenant réuni pour trancher l'affaire, obligé de mentir : il jure, ce qui est un pur mensonge, qu'il n'a promis aucun salaire d'aucune sorte à Héraclès. Pas de chance : son propre fils, qui a été témoin de toute la scène, témoigne contre son père et prend la défense d'Héraclès. Mauvais perdant, Augias, sans attendre la sentence rendue par les juges, s'empresse de chasser Héraclès et son fils de sa demeure. Mal lui en prendra. Héraclès n'oubliera pas. Il finira par retrouver Augias et par le tuer. Ainsi Héraclès peut-il rentrer tout à fait victorieux dans la ville de son cousin qui doit bien renoncer à accumuler encore d'autres épreuves, puisque toutes se montrent inutiles, du moins au regard du dessein funeste qui est le sien...

Les aventures qui suivent alors les douze travaux sont innombrables. Les récits que nous en avons conservés sont si divers, si divergents même, qu'il serait absurde de prétendre les raconter comme s'ils formaient une trajectoire linéaire et une biographie cohérente. Je préfère en venir directement à ce sur quoi la plupart des mythographes s'accordent de nouveau : le dernier mariage du héros, avec Déjanire, ses ultimes instants et son apothéose.

Mort et résurrection
– « apothéose » – d'Héraclès

Pour ce qui concerne la fin de la vie d'Héraclès, la source la plus ancienne et la plus développée nous est fournie par la tragédie de Sophocle intitulée *Les Trachiniennes*, c'est-à-dire les femmes de Trachis, la ville où se trouvent finalement réunies de manière tragique Déjanire, la dernière épouse du héros, et Iolè, sa dernière maîtresse. Bien que très confuse, la succession d'événements qui conduisent à la mort affreuse d'Héraclès est à peu près cohérente – et chez les mythographes tardifs, Diodore, Apollodore ou Hygin par exemple, elle restera pour l'essentiel identique. Si l'on s'en tient à la trame fondamentale, on peut la décomposer en six actes principaux.

Premier acte : dans des circonstances qu'on laissera de côté, Héraclès rencontre Déjanire dans la ville de Calydon. Il en tombe amoureux et veut bien entendu aussitôt l'épouser. Mais elle a un prétendant, un certain

Achéloos. Achéloos est à la fois un dieu et un fleuve, un peu comme Atlas est, lui, montagne et Titan. Il possède en outre une caractéristique bien étrange, qui lui vient sans doute de sa fluidité : il est capable de se métamorphoser en différents êtres, tous plus difficiles à combattre les uns que les autres. Tantôt il a sa forme initiale, celle d'un fleuve, tantôt il se transforme en taureau, ou encore en dragon. Héraclès doit le combattre pour lui arracher Déjanire. C'est au moment où Achéloos a pris l'apparence d'un taureau qu'il remporte la victoire en lui arrachant une de ses cornes. Achéloos, qui veut absolument la récupérer, se déclare vaincu : il demande alors à Héraclès de lui rendre sa corne. Une des nombreuses variantes du mythe raconte qu'en échange Achéloos fit don à Héraclès de la fameuse corne de la chèvre Amalthée, la première nourrice de Zeus, lorsqu'il était tout bébé, dans la caverne fabriquée par Gaïa, sa grand-mère, pour le soustraire à Cronos, son père, dont tu te souviens qu'il voulait l'avaler. La corne d'Amalthée est celle qu'on appelle aussi « corne d'abondance », parce qu'elle avait la propriété magique d'offrir à qui la possédait tout ce qu'on pouvait désirer en matière de nourriture... Je te rappelle au passage que c'est la peau de cette chèvre, impossible à percer, qui servira à fabriquer l'« égide » (mot qui veut dire « en chèvre »), le fameux bouclier d'Athéna...

Mais revenons à notre histoire. Après sa victoire sur Achéloos, Héraclès séjourne un temps à Calydon, avec sa nouvelle conquête, Déjanire, qu'il vient d'épouser. Malheureusement, au cours d'un dîner offert par Œnée, le roi de cette cité, il tue malencontreusement, « sans le faire exprès » comme disent les enfants, un de ses serviteurs qui se trouve être aussi un des parents du roi. Décidément, Héraclès est vraiment trop fort pour rester dans le monde des humains où il commence à faire plus de dégâts que de bienfaits. On comprend déjà, avec cet épisode, qu'il est peut-être temps qu'il rejoigne un autre monde, un monde divin, mieux adapté à sa stature. Comme il s'agit d'un accident, Héraclès est malgré tout pardonné par Œnée. Pourtant, il n'est pas fier de lui. Il se sent coupable, et, avec son sens rigoureux de la justice, il décide de s'appliquer à lui-même la dure loi de l'exil. Il quitte donc Calydon, avec Déjanire, pour rejoindre une autre ville, Trachis justement, où il compte s'installer.

En chemin – troisième acte –, il est conduit au bord d'un fleuve, l'Événos, qu'il lui faut traverser. Là, il y a un passeur, un Centaure du nom de Nessos, être mi-homme mi-cheval, qui fait payer les gens pour traverser le cours d'eau sur son espèce de barque. Héraclès traverse le fleuve par ses propres moyens, mais il confie en revanche Déjanire au passeur. Ce dernier ne trouve rien de mieux à faire que d'essayer de la violer durant le trajet. Déjanire se met à hurler, Héraclès entend ses cris, il sort son arc et ses flèches. D'un coup d'un seul, il transperce le cœur de Nessos avec l'une d'entre elles – une de ces flèches dont je te rappelle qu'elles sont empoisonnées depuis qu'Héraclès a trempé leurs pointes dans le sang venimeux de l'hydre de Lerne. Détail qui va s'avérer important par la suite. En effet, au moment où il rend son dernier souffle, Nessos, qui espère ainsi se venger d'Héraclès après sa mort, raconte à Déjanire une histoire à dormir debout : il parvient à lui faire croire qu'elle peut, avec le sang qui coule de sa plaie, fabriquer un philtre d'amour, une potion magique qui lui permettra, si jamais Héraclès lui échappait, de le ramener à elle et de le rendre à nouveau amoureux. Déjanire croit Nessos : elle pense sans doute que quelqu'un qui est en train de mourir ne ment pas. En quoi l'histoire va, hélas, lui donner tout à fait tort...

Quatrième acte : Héraclès et Déjanire parviennent enfin à Trachis où le héros installe sa femme chez le roi de la cité, Céyx, qui est à la fois un ami et un parent (c'est un neveu de son père terrestre, Amphitryon). Incapable de rester en place, il repart aussitôt pour une nouvelle série d'aventures, de combats, de guerres diverses au cours desquels il tue encore nombre de méchants et pille des villes à foison. Je te passe les détails. Disons seulement qu'au cours d'un de ces pillages dont il est coutumier – à l'époque, tout le monde en faisait autant et les guerres se terminaient presque toujours, comme la guerre de Troie, par le saccage en règle de la ville vaincue –, il fait prisonnière la ravissante Iolè, dont il envisage semble-t-il, de faire sa maîtresse. Il la fait conduire sous bonne garde, avec d'autres captives, vers Trachis, où elle devra loger dans la demeure de Céyx, avec Déjanire. Lui-même rentrera un peu plus tard. Pour le moment, il souhaite s'arrêter quelque temps sur les hauteurs du cap Cénéen, pour y faire des sacrifices à Zeus... Il fait demander au passage à Déjanire – par l'intermédiaire du messager qui accompagne Iolè et les autres captives – qu'elle lui envoie une tunique neuve pour pouvoir procéder à ces sacrifices rituels avec des vêtements propres, dignes de l'acte purificateur qu'il veut accomplir.

Dès qu'elle aperçoit Iolè, Déjanire prend conscience de la menace : cette jeune fille est décidément ravissante. Sophocle, dans *Les Trachiniennes*, raconte la scène et on y voit comment, en un éclair, Déjanire comprend que son mari risque de lui échapper. Elle se souvient alors de Nessos et de sa potion. Vite, elle va la chercher, et elle la répand soigneusement sur la tunique que le messager doit apporter à son mari. Elle espère ainsi le ramener à elle, le rendre à nouveau amoureux, comme Nessos le lui a promis. Bien entendu, c'est un piège : cette potion est bien magique, certes, mais elle tue de manière abominable quiconque en est enduit. Héraclès passe la tunique que Déjanire lui a fait porter. Dès qu'elle est chauffée par son corps, elle se met à le brûler. Il essaie bien sûr de l'enlever, mais elle colle atrocement à sa peau. Quand on la retire, des lambeaux de chair calcinée viennent avec le tissu. La douleur est atroce et il n'est aucun moyen de sauver celui qui a été pris au piège. Un oracle avait d'ailleurs prévenu Héraclès qu'il serait tué par un mort, et Héraclès comprend que le mort en question n'est autre que Nessos, le Centaure qu'il a tué de sa flèche empoisonnée.

Alors Héraclès demande à l'un de ses fils de faire dresser pour lui un grand bûcher, afin qu'il puisse en finir par le feu purificateur. Son fils, horrifié, refuse. Un serviteur accepte – en échange, Héraclès lui donne son arc et ses flèches. Il monte sur le bûcher. Le serviteur allume le brasier… et c'est ainsi qu'Héraclès termine sa vie terrestre. Il fallait bien, comme tout homme, qu'il meure, mais l'histoire n'est pas tout à fait finie. Selon Apollodore, qui exprime là l'opinion la plus courante chez les différents mythographes, une nuée descend du ciel. Elle se place délicatement sous le corps brûlant d'Héraclès, et elle l'élève lentement vers le ciel. C'est là, sur l'Olympe, qu'il sera transformé en dieu. Là aussi qu'Héra lui pardonnera et qu'ils se réconcilieront. C'est son apothéose – *apo/théos* : sa transformation en dieu –, qui vient récompenser son travail, en effet divin, de lutte incessante contre les forces du chaos.

II. THÉSÉE, OU COMMENT POURSUIVRE LA TÂCHE D'HÉRACLÈS EN LUTTANT CONTRE LA SURVIVANCE DES FORCES CHAOTIQUES

Thésée est un cousin, un admirateur et un continuateur d'Hercule. C'est, lui aussi, un fabuleux tueur de monstres et, d'ailleurs, ses premiers exploits sont explicitement présentés par la plupart des mythographes comme une continuation directe des travaux d'un Héraclès rendu quelque temps indisponible par sa condamnation à l'esclavage auprès de la reine Omphale… On peut dire que, à l'égal d'Héraclès dans le Péloponnèse et la région d'Argos, l'Argolide,

Thésée est le plus grand héros de tous les temps, du moins dans ce qu'on appelle l'« Attique », c'est-à-dire la contrée qui entoure Athènes. Thésée, comme Héraclès, n'est bien entendu qu'un être de légende. Il n'a jamais existé. Pourtant, nous connaissons là encore ses aventures par des « biographies » qui le dépeignent et racontent sa vie comme s'il s'agissait d'un personnage historique bien réel[1], qui aurait vécu une génération avant la guerre de Troie – ce qui serait prouvé par le fait que deux de ses fils auraient pris part au conflit. Thésée serait ainsi, quoique plus jeune que lui, un contemporain d'Héraclès et d'ailleurs, selon plusieurs légendes, ils auront l'occasion de se rencontrer. Malheureusement – ou peut-être par bonheur : après tout, c'est aussi cette diversité qui fait le charme de la mythologie –, ces biographies mythiques sont souvent très divergentes entre elles. Et ces divergences commencent dès la naissance de Thésée.

Selon certains, notamment Plutarque – qui est en ce qui concerne ce héros la source, bien que tardive, la plus importante –, Thésée est le fils d'Aethra, une princesse, fille du roi de la ville de Trézène, Pitthée, et son père serait Égée – ce roi d'Athènes qui régna sur toute

---

1. La première, du moins parmi celles que nous avons conservées, est celle d'un grand poète grec, du Ve siècle avant Jésus-Christ, Bacchylide, qu'on a heureusement redécouvert au XIXe siècle, lorsque le British Museum, l'un des plus grands musées du monde, fit presque par hasard l'acquisition de deux rouleaux de papyrus qui contenaient une vingtaine de poèmes parfaitement conservés. Parmi ces poèmes, figuraient ce qu'on appelle des « dithyrambes », c'est-à-dire des odes consacrées à la gloire du dieu Dionysos qu'un chœur chantait dans de grands amphithéâtres, en plein air, lors de concours de poésies dont les Grecs étaient très friands à cette époque. Et parmi ces dithyrambes, on trouve un récit des premiers exploits du jeune Thésée (du moins de cinq d'entre eux). Pour le reste de sa vie, il faut, comme souvent, se référer surtout à notre mythographe habituel, Apollodore, ainsi qu'à deux autres auteurs, eux aussi tardifs, Plutarque (Ier siècle après Jésus-Christ) et Diodore de Sicile (Ier siècle avant Jésus-Christ).

l'Attique. Il est donc, comme on dit, « de haute naissance ». D'après cette tradition, on raconte qu'Égée n'ayant pas réussi à avoir d'enfants avec ses différentes femmes, il se serait décidé à faire le voyage de Delphes, afin d'y consulter la pythie, le fameux oracle d'Apollon. Avec des propos, comme toujours, sibyllins, c'est-à-dire pas très compréhensibles, elle lui aurait dit de ne pas ouvrir son outre de vin avant d'être rentré chez lui, à Athènes. Voici, selon Plutarque, les propos exacts qu'elle aurait tenus au futur héros :

> « Ne va pas délier le pied qui sort de l'outre,
> Ô grand prince, avant d'être arrivé dans Athènes. »

J'en profite pour te dire au passage d'où vient l'expression « paroles sibyllines » et ce que signifie à l'origine le mot « sibyllin ». Sibylle était tout simplement une pythie, une prêtresse chargée de faire connaître les oracles d'Apollon. Comme elle était très réputée, on décida après sa mort de transformer son nom propre en nom commun et de dire « une » sibylle pour désigner les prêtresses qui prendront sa succession à Delphes ou ailleurs pour délivrer des paroles oraculaires. Or, les oracles avaient une caractéristique constante : ils étaient toujours équivoques, ambigus, d'une signification jamais immédiate, mais au contraire difficile à interpréter pour les mortels. D'où le fait qu'on dit « paroles sibyllines » pour désigner des propos peu clairs ou ambigus.

Égée, ne comprenant donc à peu près rien aux paroles de la pythie, décide de passer en chemin voir un de ses amis, Pitthée, le roi de Trézène, pour lui demander conseil. Ce dernier n'a en revanche aucun mal à saisir ce que signifie l'oracle, à savoir qu'il faut soûler Égée, mettre sa fille, Aethra, dans son lit pour qu'il lui fasse un enfant. Ce comportement, surtout de la part d'un père, te semblera sûrement bizarre : on imagine mal de nos jours des parents soûlant volontairement leur hôte pour qu'il couche avec leur fille ! On ferait plutôt tout pour éviter ce genre de catastrophe ! Sans doute, mais à l'époque de Pitthée, on ne voit pas les choses comme aujourd'hui : aux yeux du roi de Trézène, son collègue, le roi d'Athènes, est un excellent parti pour sa fille. Un enfant de lui serait un honneur pour sa famille et peut-être même la chance, voire la garantie, d'avoir un petit-fils extraordinaire. C'est ainsi, en tout cas, que Thésée aurait vu le jour. Selon d'autres sources (Bacchylide et, semble-t-il, Apollodore), il serait, certes, le fils d'Aethra – la mère n'est jamais douteuse en ces matières –, le père véritable n'étant pas Égée, mais Poséidon lui-même qui se serait glissé, lui aussi, justement la même nuit qu'Égée, dans la couche d'Aethra ! Naissance encore plus haute, donc, puisque divine.

Peu importe au fond. Ce qui est certain, c'est que Thésée possède d'entrée de jeu l'étoffe d'un héros, du moins si l'on en juge, comme on le fait à l'époque dans cet univers aristocratique, ses ascendants prestigieux. Pourtant, durant son enfance, il va tout ignorer de son père. En effet, sa mère refuse de lui révéler son identité. De toute façon, lorsqu'un dieu couche avec une mortelle, son mari (ou, en l'occurrence, son compagnon) ne doit pas, en général, se sentir vexé. Il doit élever ou faire élever l'enfant comme si c'était le sien. Égée, le lendemain de cette nuit où il se soûle et couche avec Aethra, se dit que si jamais il devait avoir un fils, il serait bon que, devenu jeune homme, il puisse le reconnaître. À cette fin, il cache sous un énorme rocher, très difficile à déplacer, une paire de sandales et une épée, et, avant de reprendre son chemin vers Athènes, il dit à la jeune princesse que si elle avait par chance un fils de ses œuvres, elle attende qu'il soit assez grand et assez fort pour lui révéler cette cachette et le nom de son père. Alors, et alors seulement, il pourra soulever le rocher et découvrir les présents qu'il lui a laissés. Qu'il se rende après à Athènes pour se faire reconnaître, grâce à eux, par son père. Aethra et Pitthée élèvent le petit Thésée avec le plus grand soin.

Tu te demanderas peut-être pourquoi Égée n'emmène pas plutôt Aethra et son futur fils avec lui. Est-ce un mauvais père, qui ne se soucie pas des enfants qu'il sème en chemin ? Pas du tout. La vérité est tout autre et il faut se méfier des apparences. En fait, Égée ne désire qu'une chose dans la vie, ce pourquoi d'ailleurs il a fait le voyage vers Delphes, pour consulter l'oracle : avoir un fils. Mais il veut que ce fils parvienne à l'âge d'homme avant de se faire connaître et reconnaître, faute de quoi il risque tout simplement de se faire tuer par ses cousins germains, les Pallantides, c'est-à-dire les fils de Pallas, le frère d'Égée. Tu vas tout de suite comprendre pourquoi : tout le monde sait, à Athènes, qu'Égée n'a pas d'enfant. Du coup, ses neveux, les fils de son frère Pallas, se disent : chic, c'est nous qui allons hériter du trône d'Athènes ! Et comme tu t'en doutes, si par malheur ils apprenaient qu'Égée a un fils, à coup sûr, ils tenteraient de s'en débarrasser pour éviter qu'il ne leur prenne ce qu'ils considèrent désormais comme un dû : à savoir la succession du trône d'Athènes. Et comme ils sont cinquante et sans scrupules – eh oui, le frère d'Égée n'a pas eu moins de cinquante fils ! – le petit garçon n'aura aucune chance d'en réchapper. Voilà pourquoi Égée recommande à Aethra de rester silencieuse, de ne rien dire à Thésée de ses origines avant qu'il ne soit assez grand et fort pour soulever le rocher et se servir aussi de l'arme qui est cachée dessous.

Thésée grandit très vite… et très bien ! Dès l'âge de seize ans, il est fort, non seulement comme un adulte, mais bien davantage que tous ceux de sa région. Il est même d'une force herculéenne – et l'on dit que, dès son enfance, Héraclès, auquel il est d'ailleurs apparenté de façon lointaine, est son modèle, son héros. Aethra décide alors de lui révéler le double secret qu'elle garde depuis si longtemps : premièrement, son père (en tout cas celui qui compte sur cette terre, son père humain...) est Égée, le roi d'Athènes, et, deuxièmement, il a laissé quelque chose pour lui, son fils, caché sous une lourde pierre auprès de laquelle elle le conduit, pour voir s'il est maintenant assez vigoureux pour la soulever. Comme tu t'en doutes déjà, il ne faut pas plus de trois secondes pour que Thésée vienne à bout du rocher qu'il déplace comme s'il était en plumes. Il se saisit de l'épée, chausse les sandales, et déclare à sa mère qu'il va partir aussitôt retrouver son père à Athènes. Là encore, tu te demanderas peut-être à quoi peuvent bien servir ces fichues sandales : qu'un père laisse une belle arme à son fils, pour qu'il puisse se défendre, aussi comme symbole de l'entrée dans l'âge adulte, soit, on peut le comprendre. Mais enfin, pourquoi un objet aussi banal et sans intérêt que des sandales alors que d'évidence, sa mère et son grand-père ont déjà dû lui donner tout ce qu'il fallait en guise de chaussures ? En fait, elles ont un sens bien précis : elles signifient que Thésée doit faire le voyage de Trézène jusqu'à Athènes... à pied, et non par la mer. Pourquoi est-ce un élément important du mythe ?

Parce que, tu t'en souviens, la vie de Thésée est plus que jamais menacée par les méchants Pallantides qui veulent prendre sa place. Aethra et Pitthée sont d'ailleurs très inquiets pour lui. Ils l'exhortent à éviter à tout prix de rejoindre Athènes par la route : c'est beaucoup trop dangereux. Non seulement il y a la menace des fils de Pallas, mais en plus, la région est infestée de brigands, et même, pour tout dire, d'êtres proprement monstrueux depuis qu'Héraclès, réduit en esclavage, ne peut plus s'acquitter correctement de son travail de tueur de monstres. Or ceux qui peuplent la route qui conduit à Athènes sont justement d'une cruauté et d'une violence telles qu'ils ne sont pas de simples bandits, mais des entités quasiment démoniaques auxquelles il serait tout à fait imprudent qu'un jeune homme encore sans expérience prétende se mesurer. Oui, bien entendu, c'est la voix de la sagesse, en tout cas de la prudence. Mais voilà : il y a ces sandales, qui sont là, c'est indéniable, et que son père a bien dû lui laisser pour un motif valable. Si Égée a caché des chaussures, c'est pour qu'on s'en serve : c'est donc de toute évidence à pied qu'il faut se rendre à Athènes, et si les monstres barrent la route à Thésée, ils trouveront à qui parler puisqu'il est désormais presque aussi fort qu'Héraclès et doté d'une redoutable épée.

En d'autres termes, plus symboliques, il s'agit d'un voyage initiatique, d'un voyage au cours duquel Thésée doit découvrir sa véritable vocation : celle d'un héros, exceptionnel non seulement par sa force et son courage, mais aussi par sa capacité à débarrasser le monde, le cosmos, du désordre insupportable qu'y font régner les monstres. De deux choses l'une : ou bien Thésée échoue ou bien il réussit. S'il échoue, c'est qu'il n'avait pas l'étoffe des héros. Mais s'il réussit, il deviendra, comme son cousin Héraclès, l'un des grands continuateurs de l'œuvre entreprise par Zeus lorsqu'il a terrassé les Titans, puis remporté la victoire contre Typhon : un homme, certes, mais un homme divin en ce qu'il contribue, à son niveau bien sûr, mais à l'instar d'un dieu, à la mise en harmonie de l'univers, à la victoire du cosmos contre les forces du chaos.

Et pour ce qui est des forces du chaos, justement, Thésée va être servi. Au cours de son trajet vers Athènes, il va croiser le chemin de six êtres littéralement abominables, qui terrorisent d'ailleurs toute la région de l'isthme de Corinthe. Comme dans les travaux d'Héraclès, tous ces monstres, ou presque, ont une ascendance terrifiante ou bizarre. Tous présentent en tout cas des traits de caractère qui sortent totalement du commun. Tous sont au plus haut point dangereux et terrifiants.

À commencer par Périphétès, le premier, si l'on en croit Apollodore, dont je suis ici pour l'essentiel le récit[1], que le jeune Thésée croise sur son chemin, aux abords de la ville d'Épidaure. Périphétès est vraiment une sale crapule. C'est, dit-on, un fils d'Héphaïstos, le dieu boiteux, le seul Olympien qui soit laid. Son fils possède, à l'image de son père, des jambes toutes courtes et tordues. Comme elles sont en plus faiblardes, il fait semblant de s'appuyer sur une canne, en vérité une espèce de massue ou de gourdin en fer, afin que des voyageurs, pris de pitié, s'approchent de lui pour lui proposer de l'aide. Ce que fait gentiment Thésée. Moyennant quoi, en guise de remerciement, l'affreux Périphétès s'empare de son arme redoutable pour le tuer. Thésée, bien plus vif et habile, le transperce de son épée et le tue, puis il s'empare de la massue dont on dit qu'il ne se séparera plus jamais…

Deuxième acte : Thésée croise sur son chemin l'ignoble Sinis, celui qu'on surnomme, tu vas voir pourquoi, « Pityiocampès » – ce qui veut dire en grec : « le courbeur de pins ». Sinis est un géant d'une force inimaginable, au sens propre, inhumaine – où l'on voit déjà un signe de sa monstruosité. Selon Apollodore, il est le fils d'un certain Polypémon, mais on prétend parfois, sans doute pour expliquer la monstruosité de sa vigueur, qu'il possède une ascendance divine, qu'il serait un fils de Poséidon. Pour bien comprendre le petit jeu atroce auquel se livre Sinis, il faut se reporter à l'iconographie de l'époque – aux images peintes, notamment sur des vases, qui décrivent la scène et qui sont parfois plus explicites que les textes écrits. Sinis attrape les voyageurs qui ont le malheur de passer à sa portée. Il leur demande de l'aider à plier deux pins voisins l'un de l'autre, à les courber jusqu'au sol. Au moment où le malheureux retient du mieux qu'il peut les cimes des deux arbres, Sinis attache chacun de ses pieds et de ses bras à chacune des deux cimes et il lâche le tout, de

---

1. Curieusement, cet épisode est le seul parmi les six à ne pas figurer dans le dithyrambe de Bacchylide.

sorte que le voyageur est littéralement déchiré en deux, écartelé au moment où les pins se détendent et se redressent avec violence. Et Sinis ricane, c'est son passe-temps favori, ça l'amuse vraiment. Jusqu'au jour où Thésée croise son chemin. Notre héros fait semblant d'entrer dans son jeu, mais au lieu de se laisser attacher, ce sont les pieds du monstre qu'il fixe aux deux arbres de sorte que lorsqu'ils se détendent, c'est Sinis qui est coupé en morceaux et qui subit ainsi le sort qu'il infligeait si volontiers aux autres !

Troisième acte, pire encore si possible : la truie de Crommyon, ou plutôt la laie, car il s'agit sûrement d'une femelle de sanglier. Cette laie-là n'est pas ordinaire. Elle n'a rien de commun avec les autres sangliers connus jusqu'à ce jour. Elle est la fille de Typhon et d'Échidna, elle-même fille de Tartare et mère, entre autres, de Cerbère, le chien des Enfers, un monstre au visage de femme dont le corps se termine, non par des jambes, mais par une queue de serpent... Comme tu vois, ce cochon-là a de qui tenir. Et lui aussi a pour passe-temps l'assassinat : il terrorise la région, tue tout ce qui passe à sa portée... jusqu'à ce que Thésée en débarrasse à coups d'épée la surface de la terre. Décidément, le jeune homme est aussi courageux qu'habile au combat.

Le quatrième monstre, Thésée le rencontre dans les environs de la ville de Mégare. Il a figure humaine, mais il ne faut pas s'y fier. Il s'agit d'un certain Sciron et, de nouveau, certains disent qu'il a une ascendance divine et qu'il serait même un fils de Poséidon. D'autres assurent qu'il est le fils de Pélops, lui-même fils du fameux Tantale qui meurt de faim dans les Enfers. Quoi qu'il en soit, c'est bien un être inhumain. Il a établi son territoire au bord de la route qui longe la mer, près d'un cap qu'on appelle justement les « roches scironiennes ». Là, il attend patiemment les voyageurs, et figure-toi que lorsqu'il en attrape un, il le force à lui laver les pieds. Il a toujours sa bassine à la main, mais quand le malheureux se penche pour exécuter le pensum que l'autre lui inflige, il le jette dans l'abîme où il devient la proie d'une tortue gigantesque, elle aussi monstrueuse, qui le dévore encore vivant... Thésée, comme tu t'en doutes, ne se laisse pas démonter. Selon certaines peintures, il attrape la bassine de Sciron, lui en met un bon coup sur la tête, et l'envoie rejoindre sa tortue au fond de la mer. *Exit* Sciron !

Et Thésée reprend son périlleux chemin. Comme de bien entendu, il tombe encore sur une véritable peste. Cette fois-ci, la scène se passe à Éleusis, la ville, tu t'en souviens, de Déméter et de ses mystères. Un étrange personnage barre la route à Thésée. Il s'agit d'un certain Cercyon qui, lui non plus, n'est pas tout à fait humain puisqu'on dit à nouveau qu'il est un fils de Poséidon, ou bien peut-être d'Héphaïstos, comme l'affreux Périphétès. Toujours est-il qu'il est doté d'une force surhumaine et que son passe-temps favori est de faire le mal pour le mal, de nuire à autrui pour le plaisir de nuire à autrui. Il arrête les voyageurs et les oblige à se battre avec lui. Bien évidemment, à cause de son origine divine et de sa force surhumaine, il gagne à tous les coups. Mais il ne se contente pas de gagner. Une fois son adversaire à terre, il prend plaisir à le tuer. Quand il arrête Thésée, Cercyon est sûr de son coup. Tu penses, un tout jeune homme d'à peine seize ans ! Il n'en fera qu'une bouchée. Sauf que Thésée est hors du commun et qu'avec ses seize ans, il est vif comme une panthère. Il attrape Cercyon par un bras et par une jambe, il l'élève au-dessus de sa tête et, tout simplement, il le jette au sol de toute sa vigueur. L'autre épouvantail a trouvé son maître : il s'écrase par terre de tout son poids... et meurt sur-le-champ !

Comme dans toutes les bonnes histoires, on a gardé le pire pour la fin. Et le pire, c'est un certain Procruste (auquel on a donné plusieurs noms ou surnoms : on l'appelle aussi Damastès, Polypémon, ou encore Procuste, terme qui semble signifier dans ce contexte « celui qui martèle », tu vas voir pourquoi dans un instant). Là encore, certains trouvent à cet homme une origine non humaine : Hygin, notamment, fait de Procuste un fils de Poséidon – auquel on prête comme tu vois un tas d'enfants fort peu sympathiques. Procuste possède deux lits, l'un grand et l'autre petit, dans sa maison située, elle aussi, au bord de cette route qui va toujours de Trézène à Athènes. Fort aimablement, mine de rien, Procuste offre l'hospitalité aux voyageurs qui passent près de chez lui. Mais il prend toujours soin d'offrir le grand lit aux petits, et le petit lit aux grands, de sorte que les premiers sont très au large dans leur couche, et les seconds, en revanche, ont la tête et les pieds qui dépassent. Dès qu'ils s'endorment, l'affreux les attache solidement sur leur lit... et, pour les grands, il coupe tout ce qui dépasse, tandis que pour les petits, il se saisit d'un lourd marteau et il brise leurs jambes, les réduit littéralement en bouillie pour pouvoir plus aisément allonger ce qu'il en reste aux dimensions du grand lit ! Mais là encore, Thésée n'est pas dupe. Il a vu venir la mauvaise manœuvre de son hôte en qui, d'entrée de jeu, il n'a pas confiance. Et s'emparant de lui, il lui fait subir à son tour le supplice qu'il réserve d'ordinaire à ses invités...

Lorsqu'il parvient enfin, sain et sauf, à Athènes, Thésée est déjà précédé d'une réputation extraordinaire de tueur de monstres. Tout le monde l'acclame, lui témoigne une infinie reconnaissance pour avoir débarrassé cette route de ces êtres démoniaques, voués au mal pour le mal, que personne, il faut bien l'avouer, n'avait jamais osé affronter. Seul Héraclès peut être comparé à notre nouveau héros. Thésée va maintenant chercher à retrouver son père, Égée, le roi d'Athènes. Mais deux obstacles l'attendent encore en chemin. Il y a, tu t'en souviens, les Pallantides, ses cousins germains, les fils de son oncle Pallas, qui veulent le tuer pour éviter qu'il ne monte, à leur place, sur le trône. Mais il y a aussi, plus redoutable si possible, Médée, la magicienne, qui est devenue la femme d'Égée. Médée est, sous des apparences pleines de charme – elle est d'une beauté absolue –, un être terrifiant. C'est d'abord la nièce d'une autre magicienne, Circé, celle qui transforme les compagnons d'Ulysse en cochons. Mais c'est aussi la fille d'Aeétès, le roi de Colchide, celui qui possède la Toison d'or que Jason, dont je te raconterai tout à l'heure les aventures, vient lui enlever. Et dans cette autre histoire, elle n'a pas hésité à tuer son propre frère, à le découper en morceaux, pour aider son amant, Jason, à s'enfuir de Colchide avec la Toison d'or – cela précisé pour te situer le personnage et te dire de quoi elle est capable... D'ailleurs, le jour où Jason finira par l'abandonner, après lui avoir fait deux enfants, de rage, juste pour se venger, elle poignardera elle-même ses deux fils. Autant dire qu'il vaut mieux se méfier d'elle.

Elle sait bien sûr que Thésée est le fils d'Égée, et elle se dit qu'avec tous ses dons, il ne peut que représenter des embêtements pour elle. Elle monte le bourrichon à Égée. Elle lui explique que ce Thésée est dangereux, qu'il faut s'en débarrasser. Et je te rappelle que, bien entendu, à ce moment-là encore, Égée ignore totalement que Thésée est son fils : il ne le connaît que par sa réputation de tueur de bandits et de monstres. Comme la plupart des maris, il se laisse convaincre par sa femme et, si l'on en croit Apollodore, il tente d'abord de se débarrasser du héros en l'envoyant combattre un terrible taureau, le taureau de Marathon, un tueur d'hommes qui sème la terreur dans cette ville. Bien entendu, Thésée revient victorieux après avoir anéanti la bête. Égée, sur les conseils de Médée, tente alors d'empoisonner celui dont il ignore toujours qu'il est son fils. La magicienne a préparé une potion de son cru, une de ses spécialités d'empoisonneuse. Égée donne une fête dans son palais royal, où il invite Thésée. Il lui tend alors la coupe pleine de poison, mais au moment où Thésée s'en saisit et s'apprête à la boire, Égée aperçoit sur son flanc l'épée royale qu'il avait lui-même mise sous le rocher comme signe de reconnaissance. Il regarde les pieds du jeune homme et reconnaît aussi ses sandales. D'un revers de la main, il balaye la coupe empoisonnée. Le liquide venimeux se répand sur le sol. Il embrasse son fils, les larmes aux yeux. Thésée est sauvé, et Égée chasse sur-le-champ la terrible Médée de son royaume. Restent les Pallantides : disons tout de suite que, le jour venu, après la mort de son père, Thésée n'aura aucun mal à les exterminer un à un, jusqu'au dernier, de sorte qu'enfin, pour lui, la voie sera libre : il pourra devenir le nouveau roi d'Athènes.

Mais nous n'en sommes pas encore là. Car une épreuve, la plus terrible entre toutes, l'attend sur le chemin de son accession au trône royal. Il va lui falloir d'abord affronter un monstre à côté duquel ceux dont je viens de te parler ne sont que de gentils amuse-gueule : il s'agit du Minotaure, un être mi-homme, mi-taureau, que le roi Minos a fait enfermer dans le Labyrinthe construit à cet effet par le plus fameux des architectes de l'époque : Dédale. Et cette fois-ci, c'est peu de dire que la partie n'est pas gagnée d'avance : personne n'a jamais réussi à triompher du monstre, réellement terrifiant, qui habite ce fameux Labyrinthe, et personne n'a jamais non plus réussi, une fois entré dans ce jardin maléfique, à en trouver la sortie.

Pour bien comprendre la suite de cette aventure, il faut d'abord que je te raconte les origines et l'histoire peu commune de ce monstre.

Thésée face au Minotaure, dans le Labyrinthe construit par Dédale

Cette affaire de taureau remonte loin, très loin en amont. Commençons par le personnage de Minos. Ce roi de Crète n'est pas un être bien sympathique. Il passe pour être l'un des nombreux fils de Zeus, un fils qu'il aurait eu lorsqu'il s'était lui-même transformé... en taureau, justement, pour enlever la ravissante Europe, une jeune fille sublime dont il est, comme d'habitude, tombé amoureux. Je t'indique au passage, juste pour que tu voies combien toutes ces histoires s'entremêlent, qu'Europe est la sœur de Cadmos, celui qui, tu t'en souviens, a aidé Zeus à vaincre Typhon et auquel le roi des dieux a donné pour femme Harmonie, une des filles d'Aphrodite et d'Arès.

Mais revenons à nos moutons, ou plutôt à nos taureaux. Pour séduire Europe sans se faire voir par sa femme, Héra, Zeus a pris l'apparence d'un sublime taureau, d'une blancheur immaculée et qui plus est doté de cornes semblables à un croissant de lune. Bien que travesti en animal, il est magnifique. Europe joue sur la plage, avec d'autres jeunes filles. Elle est la seule, à ce qu'on raconte, à ne pas se sauver devant l'apparition de la bête. Le taureau s'approche d'elle. Bien sûr, elle est un peu effrayée quand même, mais il a l'air si gentil, si peu féroce – tu penses bien que Zeus fait ce qu'il faut pour avoir l'air aimable ! – qu'elle commence à le caresser. Il lui fait les yeux doux. Il s'agenouille devant elle, tout mignon. Elle ne peut résister, elle monte sur son dos... et hop, Zeus/le taureau se relève et l'enlève en quatrième vitesse à travers les flots, jusqu'en Crète où il reprend forme humaine pour faire coup sur coup trois enfants à la belle : Minos, Sarpédon et Rhadamanthe.

Celui qui nous intéresse ici, c'est Minos. Si l'on en croit le récit d'Apollodore – qu'à nouveau je suis ici pour l'essentiel –, Minos rédige des lois pour la Crète, le pays dans lequel il a vu le jour. Car il veut y devenir roi. Il épouse alors une jeune femme, Pasiphaé, elle aussi de haute naissance, puisqu'on prétend qu'elle est une des filles d'Hélios, le dieu du soleil. Il aura avec elle plusieurs enfants, dont deux filles qui vont devenir elles aussi célèbres – je t'en parlerai mieux tout à l'heure : Ariane et Phèdre. À la mort du roi de Crète, qui n'a pas d'enfant, Minos décide de prendre la place laissée vide et il prétend à qui veut l'entendre qu'il a l'appui des dieux. La preuve ? Si on la lui demande, c'est facile : il affirme être capable d'obtenir de Poséidon qu'il fasse sortir des flots un magnifique taureau. Pour obtenir les faveurs du dieu de la mer, Minos a dû évidemment lui sacrifier plusieurs bêtes et, surtout, il lui a promis que si jamais il accédait à sa demande, s'il faisait, le jour venu, sortir un taureau de la mer, il lui sacrifierait aussitôt l'animal. Or, les dieux n'aiment rien tant que les sacrifices. Ils adorent la dévotion des hommes, les cultes et les honneurs qu'ils leur rendent, mais aussi, il n'y a pas de petits profits, la délicieuse odeur que dégagent les bonnes grosses cuisses de taureau quand elles rôtissent sur la braise… Poséidon fait donc comme Minos lui a demandé : sous les yeux ébahis du peuple de Crète rassemblé pour l'occasion, un magnifique taureau sort lentement des eaux et s'élève dans le ciel !

Aussitôt le miracle accompli, Minos devient roi. Le peuple, en effet, ne saurait refuser quoi que ce soit à un homme qui possède à ce point la faveur des Olympiens. Mais, comme je te l'ai déjà suggéré, Minos n'est pas vraiment ce qu'on appelle un type bien. Entre autres défauts, il n'a pas de parole. Et il trouve le taureau de Poséidon si beau, si puissant, qu'il décide de le garder comme reproducteur, pour ses propres troupeaux, au lieu de le sacrifier au dieu comme promis. Grave erreur, qui confine à vrai dire à l'*hybris*. On ne se paie pas impunément la tête de Poséidon et le dieu, courroucé comme rarement, décide de châtier l'impudent.

Voici comment Apollodore raconte l'épisode :

« Poséidon, irrité contre Minos parce qu'il n'avait pas sacrifié le taureau, rendit l'animal furieux et fit en sorte que Pasiphaé (*la femme de Minos*) éprouvât pour lui du désir. Tombée amoureuse du taureau, elle prend pour complice Dédale, un architecte qui avait été banni d'Athènes à la suite d'un meurtre. Celui-ci fabriqua une vache en bois, la monta sur des roues, l'évida à l'intérieur, cousit sur elle la peau d'une vache qu'il avait au préalable écorchée et, après l'avoir placée dans le pré où le taureau avait l'habitude de paître, il y fit monter Pasiphaé. Le taureau vint et s'accoupla avec elle comme avec une vraie vache. C'est ainsi que Pasiphaé enfanta Astérios, appelé le Minotaure, qui avait la face d'un taureau et, pour le reste, un corps d'homme. Minos, conformément à des oracles, le fit enfermer et garder dans le Labyrinthe. Ce Labyrinthe, que Dédale avait construit, était une demeure aux détours tortueux, telle qu'on y errait sans jamais pouvoir en sortir. »

Commentons un peu ce passage.

D'abord, la vengeance de Poséidon. Avoue qu'elle est assez tordue. Il décide, tout simplement, de rendre Minos cocu, et pas n'importe comment : avec le taureau qu'il aurait dû lui sacrifier ! Comme toujours, le châtiment est en proportion du crime : Minos a trompé par le taureau, il sera trompé par lui. Poséidon jette ainsi un sort à sa femme, Pasiphaé, pour qu'elle tombe amoureuse de l'animal et qu'elle enfante avec lui le Minotaure – ce qui, littéralement, veut dire : « le taureau de Minos », lequel, malgré ce nom, est tout sauf le père…

Voyons ensuite le rôle de cet étrange et génial personnage qu'est Dédale. Apollodore nous dit au passage qu'il a été chassé d'Athènes pour y avoir commis un crime. Sans doute t'es-tu demandé de quoi il s'agissait. Voici la réponse, qui fait de Dédale un être, lui aussi, peu sympathique, bien que d'une intelligence à nulle autre pareille. Dédale n'est pas seulement un architecte, il est ce qu'on appellerait aujourd'hui un « inventeur ». C'est le « Géo trouve-tout » de la mythologie grecque, doublé d'une sorte de Léonard de Vinci : on peut lui demander de résoudre n'importe quel problème, il trouve la solution, d'inventer n'importe quelle machine, il la fabrique aussitôt. Rien ne lui résiste et il est d'une intelligence diabolique. Seulement, il a plein de défauts. Notamment, il est jaloux. Il ne supporte pas que quelqu'un soit plus intelligent que lui. À Athènes, il a son atelier. Un jour, il y prend comme apprenti, si l'on en croit Diodore de Sicile, qui raconte en détail cette anecdote à laquelle Apollodore se contente de faire allusion, son neveu, un certain Talos. Malheureusement pour lui, Talos est très doué. Incroyablement talentueux, il menace même de surpasser son maître lorsqu'il invente tout seul, sans aucune aide extérieure, le tour du potier – cette machine si utile avec laquelle on fabrique des vases magnifiques, mais aussi des bols, des assiettes, des jarres, etc. –, et qui plus est, pour faire bonne mesure, la scie métallique. Dédale est jaloux à en crever, et ça le rend méchant, au point que dans un accès de haine, il tue son jeune neveu (selon Apollodore, en le jetant du haut de l'Acropole, une des hauteurs d'Athènes). Il sera jugé par un tribunal célèbre, qu'on appelle l'Aréopage parce qu'il avait déjà servi dans d'autres circonstances à juger le dieu de la guerre, Arès. Par ce prestigieux tribunal qui le reconnaît coupable, Dédale est condamné à l'exil.

Cette condamnation pourra peut-être te sembler bien légère : être chassé de sa ville pour avoir commis un meurtre aussi abominable, cela peut nous paraître, à nous Modernes, un châtiment bien mince. Mais à l'époque, il est considéré par beaucoup comme pire que la peine de mort – et cela est cohérent avec la vision grecque qui se dégage de tout ce que je te dis de ces mythes depuis le début de ce livre. Si la vie bonne, comme l'histoire d'Ulysse en témoigne, c'est la vie en harmonie avec son « lieu naturel », avec sa place dans l'ordre cosmique établi par Zeus, alors, oui, en être chassé, c'est être condamné à vie au malheur. La preuve ? Ulysse, tu t'en souviens, refuse l'offre de Calypso lorsque, pour le garder, elle lui propose l'immortalité et la jeunesse... Dédale est donc chassé d'Athènes et, certainement, il sait qu'il est désormais une âme damnée, vouée pour toujours à la nostalgie.

Il part alors pour la Crète, et là, qui se ressemble s'assemble, il reprend du service auprès de Minos, qui l'a recueilli. Et, comme tu vois, il n'hésite pas à tromper son maître en fabriquant la vache artificielle qui permet à Pasiphaé de s'accoupler avec le taureau de Poséidon. Et comme tu le verras aussi dans un instant, il le trompera une nouvelle fois en aidant Thésée à sortir du Labyrinthe qu'il a lui-même conçu et fabriqué pour y loger le Minotaure. Mais n'anticipons pas. Pour l'instant, nous savons simplement que Minos a été cruellement châtié par Poséidon. Mais il a encore bien d'autres soucis. L'un de ses fils, Androgée, s'est rendu à Athènes pour participer à une gigantesque fête qu'on nomme la fête des « Panathénées » : il s'agit, un peu comme dans les jeux Olympiques, de compétitions au cours desquelles les jeunes gens de diverses régions sont invités à se mesurer entre eux dans plusieurs domaines : javelot, lancer de disque, course à pied, à cheval, lutte, etc. Et pour une raison sur laquelle il y a plusieurs hypothèses, Androgée, le fils de Minos, est tué. Selon Diodore, c'est Égée qui le fait assassiner parce qu'il est devenu l'ami des Pallantides et devient une menace pour Thésée. Selon Apollodore, Égée envoie Androgée combattre le taureau de Marathon et il se fait tuer. Peu importe, d'ailleurs. L'essentiel, c'est que le fils de Minos trouve la mort à l'occasion de son séjour à Athènes et que son père tient, à tort ou à raison, Égée pour responsable. Il déclare donc la guerre aux Athéniens et il s'ensuit, si l'on en croit Diodore (Apollodore est sur ce point peu disert), une période de sécheresse qui menace Athènes. Égée demande alors à Apollon ce qu'il faut faire, et le dieu lui répond qu'il faut, pour sortir de l'impasse, se soumettre aux conditions qu'imposera Minos.

Je t'ai dit qu'il n'est vraiment pas sympathique. Pour arrêter le siège d'Athènes, il demande qu'on lui envoie chaque année sept jeunes hommes et sept jeunes filles qu'il introduit dans le Labyrinthe afin qu'ils soient dévorés par le Minotaure. Autant te dire que c'est une fin atroce. Les malheureux font tout pour échapper aux griffes du monstre, mais il est réellement impossible de trouver la moindre issue dans son antre et, un à un, ils se font massacrer par la créature. Selon certains, Thésée est tiré au sort pour faire partie de la prochaine expédition. Mais selon la plupart des autres versions, c'est bien entendu lui, avec son habituel courage, qui se porte volontaire. Toujours est-il qu'il se retrouve embarqué sur le navire qui emmène les quatorze jeunes gens vers la Crète où un sort terrifiant les attend et, sur la suite de l'histoire, la plupart des versions concordent. Voici l'une des plus anciennes, celle de Phérécyde[1], qui a servi de matrice et de modèle à la plupart des mythographes :

« Lorsqu'il y arrive (*en Crète*), Ariane, fille de Minos, amoureusement disposée à son égard, lui donne une pelote de fil qu'elle avait reçue de Dédale, l'architecte, et elle lui recommande d'attacher, après être entré, le début de la pelote au verrou du haut de la porte, d'avancer en la déroulant jusqu'à ce qu'il arrive au fond et, lorsqu'il aurait saisi le Minotaure endormi et l'aurait vaincu, de sacrifier à Poséidon des cheveux de sa tête, puis de revenir en réenroulant la pelote... Après avoir tué le Minotaure, Thésée prend Ariane et embarque aussi les jeunes gens et les jeunes filles pour qui le moment d'être livrés au Minotaure n'était pas encore venu. Cela fait, il part au milieu de la nuit. Il aborde à l'île de Dia, débarque et se couche sur la plage. Athéna se dresse près de lui et lui ordonne de laisser Ariane et de partir pour Athènes. À l'instant, il se relève et s'exécute. À Ariane qui se lamente,

---

1. Je cite ici la traduction fidèle qu'en donnent Jean-Claude Carrière et Bertrand Massonie dans leur si précieuse édition annotée de la *Bibliothèque* d'Apollodore.

Aphrodite apparaît et elle l'exhorte à reprendre courage : elle va être l'épouse de Dionysos et devenir célèbre. Puis le dieu lui apparaît et lui donne une couronne d'or que, par la suite, les dieux changèrent en constellation pour faire plaisir à Dionysos... »

Là encore, quelques commentaires.

D'abord, tu vois qu'une fois de plus, comme avec Pasiphaé, Dédale n'hésite pas à trahir Minos, qui est pourtant son roi et son protecteur : dès qu'Ariane lui demande un moyen d'aider Thésée, dont elle est tombée amoureuse au premier regard – un véritable coup de foudre ! –, Dédale n'a aucun scrupule à lui fournir le moyen de sortir son amoureux d'affaire : grâce à la pelote de fil, Thésée pourra retrouver son chemin et être ainsi le premier à se montrer capable de sortir de ce fichu Labyrinthe (et c'est bien sûr de là que vient l'expression courante, suivre le « fil d'Ariane », qu'on utilise notamment pour désigner le fil conducteur principal d'une histoire compliquée). En échange de ce service rendu, Thésée promet à Ariane que s'il parvient à tuer le Minotaure, il l'emmènera avec lui et il l'épousera. Bien entendu, Thésée parvient à ses fins. Il entre dans le Labyrinthe et c'est à la seule force de ses poings nus qu'il parvient à assommer le Minotaure.

Tu noteras aussi que, contrairement à d'autres mythographes, qui prétendent que Thésée aurait « oublié » Ariane sur l'île où il fait escale, Phérécyde, suivi en cela par Apollodore, nous invite à penser qu'il n'en est rien. Thésée n'est pas un ingrat. Il est même amoureux d'Ariane. Simplement, il obéit à Athéna et cède sa place à un dieu auquel il est vain de vouloir résister : Dionysos. Je préfère évidemment cette version qui cadre beaucoup mieux avec le reste du personnage de Thésée : un homme courageux et fidèle, qui obéit aux dieux, et dont on imagine mal qu'il se conduise comme un goujat avec une femme qui vient de lui sauver la vie. C'est donc le cœur gros, privé de celle en laquelle il voyait déjà sa future femme, qu'il rentre à Athènes.

Ce qui explique le drame qui va entraîner la mort de son père. En effet, au moment de quitter Athènes pour partir vers la Crète combattre le Minotaure, Thésée a pris place sur un navire qui arbore des voiles noires. Égée lui offre alors un jeu de voiles blanches et lui fait une prière d'une importance capitale : s'il revient en vie, après avoir triomphé du monstre, surtout qu'il n'oublie pas de changer les voiles, de mettre les blanches à la place des noires. Comme cela, son vieux père sera rassuré au plus tôt : ses veilleurs, qui guettent en permanence les navires en approche, le préviendront que les voiles sont blanches et que son fils est en bonne santé. Tout à son vague à l'âme causé par l'absence d'Ariane, Thésée oublie de changer les voiles. Désespéré, Égée se précipite du haut du rocher qui surplombe le port dans la mer qu'on appelle, depuis lors, la « mer Égée »...

La mort de Minos et le mythe d'Icare, le fils de Dédale

Encore un mot sur Dédale et Minos, avant de revenir à la suite des aventures de Thésée. D'abord à propos de Dédale. En apprenant la mort du Minotaure et la fuite des jeunes Athéniens, en constatant en plus la disparition de sa fille Ariane, Minos commence à en avoir un peu assez de Dédale et de ses trahisons. Pour dire les choses simplement, il est fou de rage et prêt à tout pour se venger. Car il n'a aucun doute : seul Dédale a pu aider Ariane et Thésée à sortir du Labyrinthe. Lui seul était assez intelligent pour leur donner le moyen de trouver une issue. À défaut de pouvoir livrer son architecte au Minotaure, il le fait enfermer avec son fils, Icare, dans le Labyrinthe en se jurant bien qu'il ne le laissera plus jamais sortir de cette terrible prison. C'est bien sûr compter sans le génie de Dédale, auquel aucun problème ne résiste. Tu penses peut-être qu'étant l'auteur du Labyrinthe il va savoir s'y retrouver. Détrompe-toi. Bien qu'il ait conçu lui-même ce jardin tortueux, Dédale, qui n'a pas les plans sur lui, n'a pas plus qu'un autre la moindre idée de la façon d'en sortir. Il lui faut donc trouver une de ces inventions dont il a le secret. Et bien entendu, notre « Géo trouve-tout » découvre une solution géniale. Avec de la cire et des plumes, il fabrique deux magnifiques paires d'ailes, une pour lui et une autre pour son fils. Le père et l'enfant s'envolent dans les airs, échappant ainsi à leur prison.

Dédale, avant de décoller, a bien sermonné son fils : surtout, lui a-t-il dit, tu ne t'approches pas trop près du soleil, sinon la cire fondra et tes ailes se décolleront ; ne t'approche pas non plus trop près de la mer, car l'humidité descellera les plumes fichées dans la cire et tu risques à nouveau de tomber. Icare dit oui à son père, mais une fois dans le ciel, il perd toute mesure. Il cède à l'*hybris*. Grisé par ses nouveaux pouvoirs, il se prend pour un oiseau, peut-être même pour un dieu. Il néglige toutes les recommandations de son père. Il ne peut résister au plaisir de s'élever dans les cieux aussi haut qu'il peut. Mais le soleil brille et, à force de s'en approcher, la cire qui maintient les ailes du garçon se met à fondre. Tout d'un coup, elles se détachent et tombent dans la mer. Lui aussi, et il s'y noie sous les yeux de son père qui ne peut rien faire d'autre que pleurer la mort de son enfant. Depuis lors, cette mer-là prendra, comme dans le cas d'Égée, le nom du disparu : on l'appelle la mer Icarienne.

Comme tu t'en doutes, en découvrant l'évasion de Dédale, Minos explose à nouveau de colère. La coupe, cette fois-ci, est vraiment pleine. Il va tout faire pour retrouver celui qui l'a si souvent et si lourdement trahi, le responsable de l'infidélité de sa femme, le complice de la fuite de Thésée et de sa fille Ariane, le responsable de la mort de son monstre. De son côté, Dédale a réussi à s'en tirer sain et sauf et il s'est réfugié en Sicile, à Camicos. Minos le poursuit partout : s'il le faut, il ira le chercher jusqu'aux confins du monde. Pour retrouver le traître, Minos a mis au point une ruse de son cru : partout où il passe, il apporte avec lui un petit coquillage, une sorte d'escargot de mer dont la coquille possède la forme d'une spirale, et il propose une forte somme à quiconque se montrera capable de faire passer un fil à l'intérieur de ce qui n'est au fond qu'un mini-labyrinthe. Minos est convaincu que seul Dédale est assez intelligent pour trouver la solution, persuadé aussi que, vaniteux comme il l'est, l'inventeur ne résistera pas au plaisir de montrer qu'aucune énigme ne lui résiste.

Ce qui ne manque pas de se produire. Dédale habite en Sicile chez un certain Cocalos. Un jour, Minos passe chez lui, par hasard, et lui expose le petit problème à résoudre. Cocalos se fait fort de lui donner la solution. Il propose à Minos de revenir le lendemain, et, dans l'intervalle, il demande bien entendu à son ami Dédale de trouver la réponse pour lui. Ce que Dédale ne manque pas de faire. Il attrape une petite fourmi, lui attache un fil à une patte, et il la fait entrer dans le coquillage après en avoir percé le sommet. La fourmi ressort bientôt par le trou, tirant le fil avec elle. En voyant Cocalos lui apporter la solution, Minos n'a plus aucun doute : Dédale doit être chez lui. Il demande aussitôt qu'on le lui livre pour le châtier comme il convient. Cocalos fait semblant d'obtempérer et il invite Minos à dîner dans sa demeure. Avant le repas, il lui propose un bon bain... et le fait tout bonnement ébouillanter par ses filles. Mort atroce, pour un personnage peu aimable. La légende veut qu'il soit devenu par la suite, aux côtés de son frère Rhadamanthe, l'un des juges des morts, dans le royaume d'Hadès...

Dernières aventures. Hippolyte,
Phèdre et la mort de Thésée

Quant à Thésée, depuis la mort de son père, il est devenu le nouveau roi d'Athènes. Comme je te l'ai dit, il s'est débarrassé des Pallantides et, n'ayant plus d'obstacles à franchir ni de monstres à combattre, il exerce le pouvoir avec une très grande sagesse. Il passe même pour l'un des principaux fondateurs de la démocratie athénienne, pour l'un des premiers à s'occuper des plus faibles et des plus pauvres. Mais soyons franc : il est presque impossible de raconter de façon cohérente ses dernières aventures tant les anecdotes foisonnent et les versions divergent. Si l'on en croit la vie de Thésée racontée par Plutarque, notre héros participe encore à une guerre contre les Amazones, où il combat les fameuses guerrières au côté d'Héraclès. Puis il livre un autre combat, cette fois en compagnie de son meilleur ami, Pirithoos, contre les Centaures, après quoi, comme Ulysse, il fait une descente aux Enfers, pour tenter d'enlever Perséphone – tentative qui se solde évidemment par un échec cuisant. Il se livre à un autre enlèvement, celui de la belle Hélène, alors âgée de douze ans, et connaît quelques autres aventures encore…

Mais dans le cours de cette vie extraordinaire, c'est surtout un autre épisode qui mérite d'être encore raconté : le mariage de Thésée avec Phèdre et sa querelle avec son fils Hippolyte.

Pendant la guerre contre les Amazones, Thésée, vainqueur, enlève leur reine ou, du moins, une de leurs chefs, qu'il ramène avec lui à Athènes. Avec elle, il a un fils, Hippolyte, qu'il aime passionnément. Mais un peu plus tard, il se marie avec la sœur d'Ariane, une des filles de Minos, Phèdre. C'est à la fois une histoire d'amour, mais aussi un signe de réconciliation avec la famille de son ancien adversaire désormais hors de combat. Thésée aime Phèdre, mais cette dernière, bien qu'elle respecte son mari et éprouve pour lui des sentiments forts, n'en tombe pas moins folle amoureuse d'Hippolyte, le fils que Thésée a eu avec l'Amazone. Hippolyte refuse évidemment les avances de sa belle-mère, et ce pour deux raisons. D'abord, il n'aime pas les femmes. Ses seuls passe-temps sont la chasse et les jeux de guerre. Tout ce qui est féminin lui fait horreur. Mais en outre, Hippolyte adore littéralement son père et pour rien au monde il ne lui viendrait à l'idée de le trahir en couchant avec sa femme. Phèdre prend fort mal le fait que le jeune homme refuse ses avances. En plus, elle commence à craindre d'être dénoncée et accusée par lui auprès de son père. Alors elle anticipe le drame, elle prend les devants. Un beau jour qu'Hippolyte est justement dans les parages, elle casse volontairement la porte de sa chambre, déchire exprès ses vêtements, puis elle se met à hurler et prétend que le jeune homme a tenté de la violer. Hippolyte est anéanti d'horreur. Il essaie de se défendre auprès de son père, mais, comme souvent, Thésée fait confiance à sa femme et, le cœur brisé, il chasse son fils de sa maison. Sous le coup de la colère, il commet l'erreur fatale d'implorer Poséidon, ce dieu qui est peut-être bien son père, de faire mourir Hippolyte. Le jeune homme est déjà en chemin. Il fuit la maison à toute vitesse, sur son char, tiré par des chevaux rapides. Au moment où la route longe la mer, Poséidon fait sortir de l'onde, pour une seconde fois depuis le début de cette histoire, un taureau. Effrayés, les chevaux s'affolent, quittent la route et le char se brise en mille morceaux. Dans l'accident, Hippolyte trouve la mort. Phèdre ne supporte pas le drame. Elle finit par avouer la vérité à Thésée et elle se suicide par pendaison.

Cette tragédie a inspiré une pléiade de dramaturges et l'histoire, une des plus tristes de toute la mythologie, est restée gravée dans les mémoires. Thésée n'est plus que l'ombre de lui-même. Pour de multiples raisons que je ne te raconte pas ici, il ne parvient plus à régner sur Athènes et quitte le trône pour se réfugier chez un vague cousin éloigné, un certain Lycomède. Selon certains, Lycomède assassine Thésée pour des raisons obscures, peut-être par jalousie ou par crainte qu'il ne lui demande des terres. Selon d'autres, Thésée meurt tout simplement d'un accident en se promenant dans les montagnes de l'île. Quoi qu'il en soit, sa fin est un peu misérable. Comme souvent dans ces histoires héroïques, elle n'a rien de grandiose et elle paraît peu digne du héros. C'est qu'il reste, au final, un homme comme les autres, un simple mortel, et que la mort est toujours quelque chose de très bête. Plus tard, néanmoins, les Athéniens redécouvriront sa tombe, récupéreront ses restes, et lui rendront un culte semblable à celui qu'on réserve aux dieux...

III. Persée, ou le cosmos débarrassé de la Gorgone Méduse

Avec Persée, nous avons encore affaire à un de ces héros grecs animés par la justice et soucieux de chasser hors du monde des vivants les êtres susceptibles de détruire le bel ordre cosmique instauré par Zeus. Le premier récit cohérent des aventures de Persée nous vient de Phérécyde. Apollodore, selon toute vraisemblance, le suit à quelques détails près, et c'est sur cette matrice que les autres mythographes ont pris l'habitude de broder quelques variantes. Je vais te raconter l'histoire en suivant, pour l'essentiel, cette version originelle.

Il était une fois deux frères jumeaux, qui s'appelaient Acrisios et Proitos et dont on dit qu'ils s'entendaient si mal entre eux qu'ils se disputaient déjà dans le ventre de leur mère ! Pour éviter de continuer à se quereller une fois devenus adultes, ils se résolurent à partager le pouvoir. Proitos devint le roi d'une ville nommée Tirynthe, et Acrisios, celui qui va nous intéresser ici, régna lui sur la belle ville d'Argos – à ne pas confondre avec trois autres Argos, personnages de la mythologie qui portent le même nom que la ville d'Acrisios : il y a d'abord un Argos qui est le chien d'Ulysse ; c'est également le nom du monstre aux cent yeux qui sera tué par Hermès alors qu'Héra l'a envoyé surveiller Io, la jolie nymphe transformée en vache par Zeus, et dont les yeux, selon la légende, se retrouveront imprimés sur les plumes du paon ; et enfin, Argos l'architecte naval, celui qui construit le bateau de Jason et des Argonautes...

Mais revenons à Acrisios, le roi de la jolie ville du nom d'Argos. Il a une fille ravissante, Danaé, mais pas de fils et, à cette époque lointaine, un roi se doit d'avoir un fils pour prendre sa suite sur le trône. Acrisios se rend donc, comme c'est la coutume, à Delphes, pour consulter l'oracle et savoir si, un jour, il aura oui ou non un garçon. Comme d'habitude aussi, l'oracle répond à côté de la question. Il lui dit seulement qu'il aura un petit-fils, mais que ce petit-fils, une fois devenu grand, le tuera. Acrisios est consterné et même terrorisé : l'oracle de Delphes ne se trompe jamais et c'est son arrêt de mort qu'il vient d'entendre de sa bouche. Il n'y a rien à faire contre le destin, mais, malgré tout, les humains ne peuvent pas s'empêcher de tout essayer. Bien qu'il aime sa fille, Acrisios décide de l'enfermer avec une dame de compagnie, une servante, dans une espèce de prison de bronze qu'il fait construire dans les sous-sols de la cour de son palais. En fait, ce type de prison est imité des tombes qu'on construisait autrefois à Mycènes, dans les profondeurs de la terre, et dont on recouvrait les murs de métal doré. Il demande seulement à son architecte de laisser une petite fente sur le toit, afin qu'un peu d'air puisse passer et que Danaé ne meure quand même pas asphyxiée... Une fois le travail achevé, il y enferme sa fille avec la servante et il se sent un peu moins angoissé.

310

C'est compter sans la concupiscence de Zeus qui, du haut de l'Olympe, a repéré la jolie Danaé. Et, comme d'habitude là encore, il a décidé de coucher avec elle. Pour parvenir à ses fins, il se métamorphose en une pluie d'or fin qui tombe du ciel et s'infiltre délicatement dans la prison par l'espace ajouré qui se situe à son sommet. Cette pluie dorée tombe sur le corps de Danaé et de ce seul contact naît bientôt un petit garçon, Persée. À moins que les choses ne se soient passées autrement et que Zeus, une fois introduit dans la tombe, ne se soit métamorphosé de nouveau en être humain pour mieux faire l'amour avec Danaé. Quoi qu'il en soit, le résultat est là et le petit Persée est né. Il grandit gentiment, dans sa cage dorée, jusqu'au jour où Acrisios a l'oreille attirée par les gazouillis de l'enfant. Saisi d'effroi, il fait aussitôt ouvrir la prison et découvre avec horreur la réalité : il a bel et bien, malgré toutes ses précautions, un petit-fils, et l'oracle commence lentement mais sûrement à se réaliser. Que faire ? Il commence par tuer la malheureuse servante, qui pourtant n'y est rigoureusement pour rien, mais dont il s'imagine à tort qu'elle est complice de cette funeste naissance. Il l'égorge de sa main sur l'autel privé qui est, dans son palais, consacré à Zeus, espérant par là obtenir la protection du roi des dieux... Puis il interroge sa fille : comment a-t-elle fait pour fabriquer ce bébé ? Qui est le père ? Danaé raconte la vérité : c'est Zeus le papa, il est descendu du ciel transformé en pluie d'or, etc. C'est ça, et puis quoi encore ! s'exclame le roi. Mets-toi un peu à la place d'Acrisios : il ne croit pas un mot de toute cette histoire et pense que sa fille lui raconte des carabistouilles. Mais il ne peut quand même pas lui faire subir le même sort qu'à sa servante. Pas plus qu'à Persée : il s'agit tout de même de sa fille et son petit-fils, et les Érinyes, qui punissent toujours les meurtres familiaux, pourraient bien venir le tourmenter...

Alors, il fait appel à un habile menuisier. Il lui demande de construire un grand coffre, si bien fait qu'il puisse voguer sur la mer. Il y fait entrer sa fille et son petit-fils. On ferme le tout hermétiquement, et hop, vogue la galère ! Les voici abandonnés, livrés à eux-mêmes au gré des flots. Plus tard, les peintres et les poètes s'exerceront à décrire à leur façon la scène. On dit que Danaé est une mère formidable : dans ces circonstances terribles, elle continue de s'occuper à merveille de son petit garçon. Le coffre, comme il se doit, finit par atterrir quelque part. En l'occurrence sur une île, l'île de Sériphos, où les deux naufragés sont recueillis par un pêcheur du nom de Dictys. C'est un homme bon, d'une réelle générosité. Il traite Danaé avec le respect dû à une princesse et il élève le petit Persée comme si c'était son propre fils. Mais Dictys a un frère, Polydectès, qui est beaucoup moins délicat et respectueux que lui. Polydectès est le roi de Sériphos et il tombe amoureux de Danaé dès qu'il l'aperçoit. Pour tout dire, il donnerait tout pour coucher avec elle. Le seul problème, c'est que Danaé ne veut pas et que Persée a grandi : c'est déjà un jeune homme. Il protège sa mère et il n'est pas si aisé que cela de s'en débarrasser. Polydectès a une idée, sans doute pour détourner l'attention de Persée, peut-être pour le faire tomber dans un piège, on ne sait trop. En tout cas, il s'agit de l'écarter et il annonce à grand renfort de publicité qu'il va donner une fête où il invitera tous les jeunes gens de l'île. Il leur dira alors qu'il veut épouser une jeune femme, Hippodamie, qui adore les chevaux. Comme le veut la coutume, tous ces jeunes devront lui apporter un présent. Chacun apporte donc un cheval, le plus beau qu'il a pu trouver pour faire plaisir à son roi. Mais Persée, lui, n'a rien. Naturellement, il est pauvre comme un naufragé qu'il est. Pour compenser, ou peut-être tout simplement par esprit de bravade, il dit que, lui, il se fait fort de donner à Polydectès n'importe quoi d'autre, même, s'il y tient, la tête de Méduse, la terrible Gorgone ! Peut-être a-t-il dit cela pour faire l'intéressant, peut-être aussi parce qu'il sent déjà en lui une vocation de héros. Sur ce point, les récits ne sont pas très clairs.

Toujours est-il que Polydectès le prend évidemment au mot, trop content de trouver là une excellente occasion de se débarrasser définitivement de cet empêcheur de tourner en rond. Personne, en effet, n'a jamais réussi à approcher la Gorgone et à revenir vivant. La voie sera donc libre pour épouser (ou prendre de force...) Danaé.

Je t'ai déjà parlé des trois Gorgones et de leur aspect monstrueux, absolument terrifiant. Il faut maintenant que je t'en dise un peu plus sur leur compte. Ce sont trois sœurs et, selon certains, notamment Apollodore, elles étaient autrefois ravissantes, mais elles auraient commis l'impudence de prétendre qu'elles étaient plus belles encore qu'Athéna. Ce genre d'*hybris*, tu le sais maintenant, ne pardonne pas. Pour se venger, ou, plus exactement, pour les remettre à leur place, Athéna les a littéralement défigurées. Elles sont maintenant affublées d'épouvantables yeux exorbités ; en permanence une horrible langue, semblable à celle d'un porc ou d'un mouton, jaillit de leur bouche dont sortent en plus des défenses de sanglier qui leur donnent un rictus effrayant. Elles ont des bras et des mains en bronze et des ailes d'or sur le dos. Et, pis que tout, de leurs yeux globuleux perce un regard qui transforme tous les êtres vivants, animaux, plantes ou humains, en pierre aussitôt qu'ils le croisent. On retrouve ici une caractéristique tout à fait analogue, mais en pis encore, à ce qu'on avait vu avec le fameux toucher d'or de Midas : dans les deux cas, le don magique qui permet de transformer l'organique en inorganique, le vivant en pierre ou en métal, représente une menace directe pour l'harmonie et la préservation de l'ordre cosmique tout entier. À la limite, de tels êtres pourraient anéantir s'ils le voulaient, ou si on les laissait faire, le travail de Zeus. Il est donc vital pour le cosmos de les remettre, chaque fois que nécessaire, à leur place. Or il se trouve que, sur les trois Gorgones, deux sont immortelles et une mortelle. Il est temps de se débarrasser au moins de celle qu'on peut anéantir et c'est Persée qui va s'en charger.

Le problème, c'est que le malheureux, qui a manifestement parlé un peu vite, n'a pas la moindre idée de la façon de procéder. Pour commencer, il faudrait déjà savoir où se cache Méduse, or Persée n'en sait rigoureusement rien. On dit même que les Gorgones, êtres mystérieux et magiques, n'habitent pas vraiment sur notre terre, mais séjournent quelque part aux confins de l'univers. Où au juste ? Nul ne semble le savoir, en tout cas pas Persée. Ensuite, en admettant même qu'on les trouve, comment tuer Méduse sans se faire transformer en statue de pierre pour l'éternité ? Imagine-toi bien qu'elle vole comme un oiseau, que ses yeux globuleux tournent dans tous les sens et à toute vitesse, et qu'il suffit d'un seul regard pour que tout soit fini ! C'est peu de dire que le défi n'est pas commode à relever et Persée doit commencer à penser qu'il aurait peut-être mieux fait d'apporter un cheval à Polydectès comme tout le monde… Mais c'est un héros, et c'est aussi, ne l'oublie pas, tout de même un fils de Zeus. Comme Héraclès. Et la preuve que sa tâche sur terre est bien divine, c'est qu'Hermès et Athéna, les Olympiens les plus puissants et les plus proches de son père, vont venir à son secours.

La première étape à franchir consiste pour Persée à aller voir celles qu'on appelle les « Grées ». Il s'agit de trois sœurs qui se trouvent être aussi les sœurs des Gorgones. Elles ont les mêmes parents, également épouvantables, deux monstres marins gigantesques, Phorcys et Céto. Les Grées ont pour mission de garder le chemin qui mène aux Gorgones et, si elles ignorent peut-être le lieu où elles habitent, elles connaissent à tout le moins des nymphes qui, elles, sont au courant. Si Persée parvient à faire parler les Grées, il pourra ensuite, lors d'une deuxième étape de son périple, aller consulter ces nymphes. Mais les Grées, c'est le moins qu'on puisse dire, ne sont pas commodes. Ce sont, elles aussi à leur façon, de véritables monstres dont il faut se méfier : elles ont la réputation de dévorer les jeunes gens quand l'envie leur en prend. Du reste, toutes ces divinités, qu'il s'agisse des Gorgones immortelles, de leurs parents monstrueux ou de leurs épouvantables sœurs, appartiennent à l'univers pré-olympien : ce sont des êtres du chaos et non du cosmos, de ces forces premières et archaïques dont il faut toujours se méfier et qu'il faut savoir mater si l'on veut échapper à la destruction.

À preuve, le fait que les Grées sont dotées de deux caractéristiques effrayantes. La première, c'est qu'elles sont nées vieilles. Figure-toi qu'elles n'ont jamais été jeunes, encore moins enfant, ni bébé. Dès leur naissance, ce sont des vieilles femmes à la peau toute ridée, de vieilles sorcières dès l'origine. La seconde caractéristique, c'est qu'elles n'ont qu'un seul œil et une seule dent à elles trois ! Imagine-toi un peu la scène : sans cesse, de manière continue, elles se repassent l'œil et la dent, qui tournent dans une ronde infernale en permanence. De sorte qu'un peu comme Argos, le monstre aux cent yeux, bien qu'elles n'aient qu'un seul organe visuel, il est perpétuellement en veille, puisqu'elles ne dorment jamais toutes les trois en même temps. De même, leur dent unique est toujours prête à trancher, découper, déchirer quiconque les approche de trop près. Il faut donc s'en méfier comme de la peste.

Jean-Pierre Vernant compare la course de l'œil et de la dent des Grées à celle du furet dans le jeu qui porte ce nom. L'image est excellente, mais je ne sais pourquoi, l'histoire me fait plutôt penser au jeu de bonneteau. Connais-tu ce jeu ? Trois petits bols sont posés à l'envers sur une table. Le maître du jeu, à vrai dire une espèce de prestidigitateur, cache une pièce de monnaie (ou un billet, une bague, etc.) sous un des bols. Puis il la fait passer habilement d'un bol à l'autre, en les soulevant et les reposant à toute vitesse, de sorte qu'à la fin tu finis par ne plus savoir sous quel bol est cachée la pièce. Tu dois deviner, et la plupart du temps, sinon toujours, tu te trompes et le maître du jeu empoche ton argent. C'est un peu pareil, pour Persée, avec les Grées. Il faudrait qu'il se saisisse de la dent et de l'œil juste au moment où ils passent, non pas d'un bol à l'autre, mais d'une vieille à l'autre ! C'est presque impossible tant elles sont vigilantes et rapides. Mais Persée est un héros, et, comme tu t'en doutes, il réussit ce premier exploit. Rapide comme l'éclair, il parvient à subtiliser les deux organes, et ce sont maintenant les trois vieilles qui sont terrorisées et qui se mettent à hurler : elles sont, certes, immortelles, mais, privées d'œil et de dent, leur vie serait un enfer. Appelons un chat un chat. Persée, ce n'est pas très joli, mais il n'a guère d'autre moyen, exerce sur elles ce qu'il faut bien nommer un chantage : si elles lui disent où trouver les nymphes qui savent où sont les Gorgones, il leur rendra leurs biens. Sinon, elles passeront le reste de l'éternité sans voir ni manger. Le marché est simple et clair, sans appel. En maugréant, les vieilles obtempèrent. Elles indiquent le chemin des nymphes qu'elles étaient censées garder. Honnête, Persée leur rend l'œil et la dent... et s'empresse de poursuivre son chemin.

À la différence des trois sorcières, les nymphes sont aussi ravissantes qu'accueillantes. Elles reçoivent Persée avec la plus grande gentillesse. Elles ne font aucune difficulté pour lui dire où trouver les Gorgones. Bien plus, elles vont lui faire des cadeaux d'une valeur inestimable, des présents dotés de pouvoirs magiques sans lesquels Persée n'aurait à vrai dire aucune chance de réussir. D'abord, elles lui offrent les mêmes sandales ailées que celles d'Hermès, des chaussures qui permettent de voler dans le ciel à toute vitesse, comme un oiseau, et même beaucoup plus vite encore. Elles lui donnent ensuite le fameux casque d'Hadès, un bonnet en peau de chien qui rend celui qui le porte invisible – ce qui permettra à Persée d'échapper à la poursuite des deux Gorgones immortelles, lorsqu'elles chercheront à venger leur sœur. Enfin, elles lui font présent d'une espèce de gibecière, ce sac dans lequel les chasseurs mettent le gibier qu'ils ont tué, afin que Persée puisse y enfermer soigneusement la tête de la Gorgone une fois qu'il l'aura tranchée. Il faut en effet savoir que ses yeux, même quand elle est morte, continuent éternellement à pétrifier tout ce qu'ils croisent : il est donc prudent, pour ne pas dire vital, de les tenir bien à l'abri. À ces trois cadeaux, Hermès ajoute un couteau, une espèce de petite serpe comme celle avec laquelle Cronos a coupé le sexe de son père Ouranos, en tout cas un instrument tranchant qui, lui aussi, est magique : si dur et résistant que cela soit, il coupe tout ce qui tombe sous sa lame.

Muni de ces accessoires, Persée reprend sa course et finit par atteindre le pays des Gorgones. Mais là encore, la tâche n'est pas aisée et il va lui falloir l'aide d'Athéna. Comment, en effet, trancher la tête de l'horrible Méduse sans risquer de croiser son regard ? Pour effectuer un tel travail, il faut bien soi-même regarder ce que l'on fait. Or c'est là, justement, ce qui vous expose à une mort certaine ! Heureusement, Athéna a pensé a tout. Elle a pris son fameux bouclier. Poli et rutilant, il va servir de miroir. Elle se place derrière Méduse, qui est endormie, tandis que Persée s'approche d'elle, silencieux comme un chat. Il voit dans le bouclier le reflet du visage de Méduse : même si elle le regarde, aucun danger, ce n'est qu'une image, pas la réalité. Rien n'est plus facile, dès lors, que de trancher l'affreuse tête et de la glisser dans la gibecière. Mais les deux autres Gorgones se sont réveillées. Elles poussent des cris abominables, ces cris qui, tu t'en souviens, vont donner à Athéna l'idée de la flûte qu'elle léguera de façon funeste au malheureux Marsyas après avoir été moquée par Héra et Aphrodite – cela dit pour te montrer une fois encore combien toutes ces histoires sont liées entre elles... Aussitôt, Persée enfile le bonnet d'Hadès, qui le rend invisible, et les chaussures d'Hermès, qui lui permettent de filer comme le vent. Les Gorgones ont beau écarquiller leurs yeux, déployer leurs ailes d'or et regarder de tous côtés, Persée reste introuvable et s'éloigne sans encombre, à la vitesse du vent...

Sur le chemin du retour vers Sériphos où il va rejoindre sa mère, Danaé, et remettre la tête de Méduse à Polydectès, alors qu'il est dans les airs, en plein ciel, il aperçoit celle qui va devenir sa femme : la belle Andromède. Elle est en bien mauvaise posture.

Et c'est même peu dire ! Au moment où Persée passe au-dessus d'elle, Andromède est, en effet, attachée par des chaînes sur le flanc d'une falaise, au-dessus d'un abîme qui surplombe la mer où la guette un monstre abominable ! On ne peut pas imaginer pire... Pourquoi cette situation ? Sa mère, Cassiopée, qui est la femme de Céphée, le roi d'Éthiopie, a eu la mauvaise idée, comme Méduse avec Athéna, de défier des divinités non négligeables, en l'occurrence les Néréides, les filles de Nérée, l'un des plus anciens dieux de la mer, avant même Poséidon. Elle les a même carrément insultées en prétendant les surpasser largement en beauté – ce qui est, comme tu sais maintenant, commettre par excellence le péché d'*hybris*... Les Néréides ont pour meilleur ami Poséidon, qui lui aussi s'est irrité de cette stupide prétention. Pour punir l'insolente, il envoie un raz de marée ainsi qu'un monstre marin qui terrorise la région. Pour l'apaiser, il n'y a qu'un seul moyen : lui donner en pâture la fille du roi, la belle Andromède. Ce que Céphée, la mort dans l'âme, vient de se résoudre à faire. Voilà pourquoi Andromède est ficelée comme un saucisson à son rocher, attendant une fin effroyable dès que le monstre voudra bien s'emparer d'elle. Persée n'hésite pas une seconde : il promet à Céphée de délivrer la belle. Il demande simplement, en échange, qu'il accepte de la lui donner pour femme. Marché conclu. Avec sa serpe, ses sandales ailées et son casque qui rend invisible, Persée n'a aucun mal à tuer la bête, à délivrer la belle, puis à la ramener à terre. Tout le monde est ravi, sauf un certain Phinée, son oncle, qui devait justement épouser Andromède. Il essaie de se débarrasser de Persée, mais ce dernier sort la tête de la Gorgone de sa besace et il le transforme aussitôt en statue de pierre.

Voici maintenant la fin de l'histoire de Persée. Je laisse Apollodore te la raconter, à sa manière toute laconique (je mets mes commentaires entre parenthèses) :

« Revenu à Sériphos, Persée y retrouva sa mère qui, avec Dictys, avait cherché refuge dans un temple pour se soustraire à la violence de Polydectès. Il pénétra dans le palais, au moment où Polydectès y avait convié ses amis et, détournant les yeux (*pour ne pas être lui-même pétrifié*), il leur montra à tous la tête de la Gorgone. Les convives (*y compris bien entendu Polydectès*) furent aussitôt changés en pierre, chacun dans la posture exacte où il se trouvait (*imagine un peu le tableau : les uns buvant leur vin, les autres tout étonnés de voir entrer Persée, Polydectès sûrement plein de curiosité et d'appréhension, etc.*). Après avoir établi Dictys comme roi de Sériphos (*Polydectès est mort, changé en statue, et c'est donc son frère, juste et bon, qui lui succède sur le trône*), Persée rendit les sandales, la besace et le casque à Hermès et il donna à Athéna la tête de la Gorgone. Hermès rendit les objets en question aux nymphes et Athéna plaça la tête de la Gorgone au centre de son bouclier (*n'oublie pas qu'elle est aussi la déesse de la guerre et qu'avec la tête de Méduse elle peut littéralement "pétrifier" de peur tous ses ennemis...*). »

Dernier rebondissement, inévitable : il faut maintenant que l'oracle s'accomplisse et qu'Acrisios soit puni de sa méchanceté et de son égoïsme. Accompagné d'Andromède, qui est désormais sa femme, et de sa mère, Persée décide de regagner Argos. Lui, bon prince, a pardonné à son grand-père : il ne lui en veut pas parce qu'il sait qu'au fond Acrisios a fait tout ce qu'il a fait par crainte de voir l'oracle se réaliser. Il veut lui donner son pardon. Mais Acrisios apprend que Persée est en chemin, et il est terrorisé à l'idée que l'oracle s'accomplisse. Il s'enfuit au plus vite vers une autre ville, Larissa, où il demande protection au roi de la cité, un certain Teutamidès. Or ce dernier vient justement d'organiser des jeux athlétiques, ces espèces de joutes, comme les Grecs en raffolent à l'époque, où de jeunes gens s'affrontent dans toutes sortes de compétitions. Acrisios est invité par son ami à la tribune, pour jouir du spectacle. Apprenant que des jeux ont lieu tout près d'Argos, comme c'est justement sur son chemin, Persée ne peut résister au plaisir d'y prendre part. Il est excellent au lancer de disque. Par malchance, le premier disque qu'il lance s'écrase sur le pied d'Acrisios, qui meurt sur-le-champ.

Ne me demande pas comment un disque qui vous tombe sur le pied peut vous tuer net. C'est sans importance. Ce qui compte, c'est que justice est faite et que le destin – qui n'est qu'une autre façon de désigner l'ordre cosmique – a repris ses droits. Tout est rentré dans l'ordre, et Persée pourra poursuivre tranquillement le cours de sa vie, entre sa mère et sa femme, ainsi qu'avec les enfants qu'elle ne manquera pas de lui donner. À sa mort, Zeus, son père, lui fera une faveur insigne pour un mortel : pour récompenser son courage et sa contribution au maintien de l'ordre cosmique, il l'inscrit pour l'éternité dans la voûte céleste, sous la forme d'une constellation dont on dit qu'elle dessine encore les contours de son visage...

IV. Encore un combat au nom de *DIKÈ* : Jason, la Toison d'or et le merveilleux voyage des Argonautes

Avec Jason, nous quittons la catégorie des héros tueurs de monstres. Bien entendu, Jason en rencontrera encore quelques-uns sur son chemin – un taureau qui crache le feu, des guerriers terribles sortis directement de la terre, les Harpyes, un dragon, etc. – dont il lui faudra venir à bout lui aussi, mais là n'est pas, comme avec Héraclès, Thésée ou même Persée, l'essentiel dans son histoire. Jason est d'abord là pour réparer une injustice commise par un roi scélérat, Pélias, envers les dieux autant qu'envers les hommes. Et pour remettre les choses en place, pour rétablir un ordre juste face aux méfaits de ce souverain maléfique, Jason va devoir partir à la conquête d'un objet mythique, la Toison d'or, dont il faut que je te dise quelques mots en guise d'introduction aux aventures qui vont suivre.

Qu'est-ce donc que la Toison d'or ? Son histoire – du moins dans la version la plus courante, celle que raconte Apollodore – commence avec celle d'un roi, Athamas, qui régnait sur la Béotie, une région de paysans d'où Hésiode est originaire. Athamas vient d'épouser une jeune femme, Néphélé, avec laquelle il a deux enfants, un garçon, Phrixos et une fille, Hellé. Mais bientôt, il fait un second mariage, avec Ino, la fille de Cadmos, le roi de Thèbes et le mari d'Harmonie, elle-même fille d'Arès et d'Aphrodite. Ino deviendra plus tard une divinité de la mer, mais, pour l'instant, elle n'est encore qu'une simple femme. Et une femme jalouse, pour tout dire : elle ne supporte pas les enfants d'Athamas, au point qu'elle conçoit un affreux stratagème pour s'en débarrasser. Comme je te l'ai dit, la Béotie est une région de petits agriculteurs que ceux de la ville affectent de mépriser, parce qu'ils leur paraissent incultes, pas très civilisés. D'ailleurs, on dit encore aujourd'hui un « Béotien » pour désigner quelqu'un d'un peu naïf et mal dégrossi. Ino n'a donc aucun mal à inventer toute une histoire qui lui permet de persuader les femmes de la région de griller en cachette de leurs maris les semailles de blé avant qu'on ne les mette en terre, ce qui, bien évidemment, les rend stériles.

L'année suivante, les récoltes sont nulles, rien ne sort de terre. Athamas, très inquiet – il ignore évidemment tout des agissements de sa nouvelle épouse –, envoie des messagers à Delphes, pour consulter le fameux oracle. Mais Ino parvient, toujours avec de grosses ficelles, à les convaincre de raconter à Athamas qu'il faut, pour rendre à nouveau la terre fertile et apaiser je ne sais quelle colère des dieux, sacrifier ses enfants, Phrixos et Hellé, à Zeus. Athamas, horrifié, résiste, mais le peuple de paysans crédules croit l'oracle et menace de se révolter contre son roi : on réclame partout à cor et à cri le sacrifice des deux enfants. Athamas est contraint de céder, et, la mort dans l'âme, il mène les deux malheureux vers l'autel où doit avoir lieu le sacrifice. Mais là, Néphélé, leur mère, intervient, avec l'aide de Zeus qui n'a pas apprécié la ruse d'Ino et qui a dépêché son fidèle messager, Hermès, pour apporter de l'aide à Phrixos et Hellé. Or, cette aide des dieux prend la forme d'un bélier magique qu'Hermès donne à Néphélé. Ce bélier n'a rien d'ordinaire. Au lieu de la laine qu'ont normalement tous les béliers du monde, il arbore une magnifique fourrure, une « toison » tout en or fin, et des ailes sur le dos. Vite, Néphélé fait monter Phrixos et Hellé sur l'animal qui s'envole aussitôt et les emmène vers une région moins hostile, la Colchide. Hélas, en cours de route, la petite Hellé tombe dans la mer et se noie : c'est depuis lors qu'on nomme l'endroit où elle s'est noyée l'« Hellespont » – aujourd'hui le détroit des Dardanelles, qui sépare l'Europe et l'Asie.

En revanche, son frère, Phrixos, parvient sans encombre à destination. Là, il est accueilli avec bienveillance par Aeétès, le roi de Colchide, et, pour le remercier, Phrixos sacrifie le bélier – une variante du mythe, qui te plaira sûrement plus, dit que c'est le bélier lui-même qui a demandé à être sacrifié pour pouvoir se débarrasser de sa forme mortelle et retourner dans les cieux divins. Quoi qu'il en soit, Phrixos fait don à Aeétès de la Toison d'or, dont certains prétendent qu'elle protégera sa région et que, en revanche, il lui arrivera malheur s'il se la fait reprendre et la laisse repartir. Aeétès fait clouer la peau d'or à un arbre et il poste un dragon terrifiant, qui ne dort jamais, pour la garder jour et nuit… C'est cette Toison que Jason va devoir récupérer. Pour qui et pourquoi ? Pour répondre à ces deux questions, il faut revenir à l'enfance de Jason. Là encore, notre source, pour l'essentiel, est le récit d'Apollodore, qu'on doit compléter ici ou là à l'aide d'un autre ouvrage, fondamental sur ce sujet : celui d'un poète qui vivait au IIIᵉ siècle avant Jésus-Christ, Apollonios de Rhodes, à qui l'on doit un très gros livre, comparable à ceux d'Homère, sur l'expédition de Jason en Colchide, *Les Argonautiques*.

L'histoire commence comme un conte de fées. Il était une fois un homme nommé Aéson, qui était le demi-frère du roi de la ville d'Iolcos, le fameux Pélias dont je viens de te dire que c'était un fort méchant homme. Le trône d'Iolcos aurait dû revenir à Aéson puis à son fils Jason, mais Pélias s'en était emparé par la force, de manière illégitime. Jason avait bien l'intention de faire valoir un jour les droits de son père et, le moment venu, les siens propres, auprès de son oncle injuste, afin de récupérer le trône qui leur était dû.

Je précise d'entrée de jeu, afin que tu cernes mieux la vilenie du personnage, que Pélias, pour être sûr de ne pas être dépossédé par son demi-frère du trône de la ville d'Iolcos, finit par le tuer. À vrai dire, il ne le fait pas lui-même, mais c'est presque pire : Aéson apprend que Pélias a l'intention de le faire assassiner, et, prenant les devants, il lui demande la permission d'en finir lui-même, de se suicider. Pélias, trop content de ne pas avoir à se salir les mains, accepte, et c'est ainsi que meurt le malheureux père de Jason. Pour faire bonne mesure, et être tout à fait tranquille, Pélias fait supprimer aussi la mère du héros, ainsi que son petit frère… Le moins qu'on puisse dire, c'est que cet homme n'est pas bon.

Mais, à ce qu'on raconte aussi, Pélias n'est pas seulement injuste envers les hommes : il a aussi offensé plusieurs dieux de l'Olympe, notamment Héra, en tuant une femme dans le temple même de la déesse. En outre, il refuse absolument de rendre les honneurs à Héra et il interdit son culte dans sa ville, imposant que l'on réserve tous les sacrifices à son père, Poséidon – lequel a décidément enfanté avec les mortelles une quantité impressionnante de monstres et de voyous ! Voilà pourquoi les Olympiens décident finalement d'envoyer Jason en Colchide, pour ramener, non pas tellement la Toison d'or, qui n'est qu'un prétexte, mais Médée, la magicienne fille d'Aeétès, et nièce de Circé, afin qu'à son arrivée à Iolcos elle puisse punir Pélias comme il convient – tu verras de quelle façon atroce, à la fin de l'histoire. Cette interprétation du sens du voyage de Jason est déjà celle d'Hésiode, dans la *Théogonie*, qui décrit Pélias comme *hybristès*, c'est-à-dire comme un être au plus au point égaré par l'*hybris*, à quoi il ajoute que ce roi est « terrible, insolent, furieux et brutal », précisant au passage que les dieux sont à l'origine du voyage de Jason dont le but principal est bel et bien de ramener Médée : c'est en effet, selon Hésiode, « par la volonté des dieux » que Médée va être enlevée à son père, Aeétès (il est vrai avec son consentement puisqu'elle tombe folle amoureuse de Jason, peut-être bien d'ailleurs, si l'on en croit certains mythographes, par les œuvres d'Aphrodite qui aurait envoyé le petit Éros transpercer le cœur de la magicienne au moment où elle posait les yeux sur notre héros...).

Quoi qu'il en soit, Pélias est un être odieux, qui vit dans l'*hybris*, l'injustice envers les siens comme envers les dieux, et c'est en effet Médée, *via* Jason – puisque c'est lui qui la ramènera de Colchide –, qui va rendre la justice. Mais nous n'en sommes pas là, toute cette aventure ne fait pour l'instant que commencer et tu vas voir qu'il n'est facile ni de trouver la Toison d'or, ni de la subtiliser à son propriétaire, le roi de Colchide, le puissant Aeétès.

Revenons donc à Jason.

S'il a l'étoffe d'un héros, ce n'est pas seulement par sa naissance. Cela lui vient aussi de son éducation, qui a été confiée à celui dont je t'ai déjà dit un mot, celui qui a la réputation d'être le plus grand pédagogue de tous les temps, le fameux Chiron, un des fils de Cronos. Chiron est un Centaure, le plus sage et le plus savant de tous, et il enseigne à Jason non seulement la médecine, comme il l'a fait avec Asclépios, mais aussi les arts, les sciences ainsi que le maniement des armes qu'il a d'ailleurs appris à Achille. Le jeune Jason vit, avec ses parents, hors de la ville d'Iolcos. Un beau jour, il apprend que son oncle, Pélias, l'invite à venir assister à un grand sacrifice qu'il va faire au bord de la mer, en l'honneur, comme d'habitude, de son père, Poséidon. À vrai dire, Pélias n'invite pas spécialement Jason : il ne le connaît pas, il ne l'a même jamais vu, car Aéson se méfie de son demi-frère et il cache soigneusement son fils pour le protéger d'une éventuelle tentative d'assassinat. Pélias a fait une invitation groupée à tous les jeunes gens de la région. Et c'est dans ce contexte que Jason se rend à la ville, désireux au passage d'avoir enfin une explication avec son usurpateur d'oncle. Afin de comprendre l'histoire qui va suivre, il faut encore savoir que l'oracle de Delphes, un jour consulté par Pélias pour savoir comment se passerait l'avenir de son règne, lui a dit, comme toujours de manière incompréhensible, de se méfier comme de la peste d'un « homme qui ne porterait qu'une seule sandale ». Pélias ne sait pas trop ce que cela signifie. Mais ce jour-là, il va enfin comprendre.

En effet, sur son chemin vers la ville d'Iolcos, Jason doit traverser une rivière. Et sur la rive, au bord de l'eau, il rencontre une vieille dame qui, elle aussi, voudrait traverser, mais qui, trop vieille pour y parvenir seule, a besoin d'aide. Jason, bien élevé et déjà très fort, prend la vieille dans ses bras et il commence à franchir le fleuve. Ses pieds butent ici et là sur des cailloux qui roulent dans les eaux, ils s'enfoncent dans la vase, glissent dans l'eau, mais, au final, il parvient sans trop d'encombre de l'autre côté. La vieille dame, tu l'as peut-être déjà deviné, n'est autre qu'Héra, la reine des dieux, qui s'est déguisée pour voir un peu comment était fait notre jeune héros, s'il avait ou non la dimension nécessaire pour partir vers de terribles aventures et ramener avec lui la magicienne, Médée, qui pourra châtier son ennemi. Apparemment, elle a toutes les raisons d'être contente de ce premier contact avec son futur protégé. Comme tu l'as sans doute aussi deviné, Jason a perdu dans le fleuve… une de ses sandales ! Et quand Pélias voit arriver le jeune homme à la sandale unique, l'oracle qu'il avait un peu oublié lui revient aussitôt en mémoire. Il questionne Jason, lui demande qui il est, ce qu'il veut, ce qu'il vient faire ici, etc. Et il comprend qu'il a affaire à son neveu.

Si l'on en croit Apollodore, c'est ici que Pélias demande à Jason, devant toute l'assemblée des gens venus assister au sacrifice, ce qu'il ferait, lui Jason, à sa place, s'il apprenait qu'un jeune homme veut le destituer et prendre son royaume. Inspiré par Héra, et sans trop savoir pourquoi, Jason lui répond : « Je l'enverrais chercher et me rapporter la Toison d'or ! » Pélias, sans doute encore plus surpris que Jason, est ravi de la réponse : rapporter la Toison d'or, pense-t-il, est chose impossible. Le voyage pour y parvenir est déjà en soi d'un risque insensé, quant à l'enlever à Aeétès, le roi de Colchide, il ne faut pas y penser. D'autant que la Toison est gardée par un dragon et qu'il faut accomplir des épreuves épouvantables pour la lui dérober. En d'autres termes, Pélias est certain que Jason vient de commettre une erreur on ne peut plus funeste : ce jeune imbécile lui offre le plus sûr moyen de se débarrasser définitivement de lui. Bien entendu, il prend Jason au mot, et toute l'assemblée avec lui peut témoigner que le jeune homme s'est engagé lui-même. Il lui faut donc relever le défi.

Pour aller en Colchide, il faut d'abord et avant tout un bon bateau et un équipage courageux, pour ne pas dire hors catégorie. C'est là ce dont Jason se met sur-le-champ en quête. Pour le bateau, il demande à Argos, le fils de Phrixos – le garçon qui est venu en Colchide à dos de bélier pour échapper au sacrifice commandé à son père, Athamas. Argos est un excellent architecte naval, mais, pour plus de sûreté, il va recevoir l'aide précieuse d'Athéna. La déesse le conseille dans la construction du navire, puis, à la fin, elle ajuste elle-même à l'avant du bateau une figure de proue qui parle et qui pourra, si besoin, donner quelques directives utiles pour la navigation. Quant à l'équipage, il est composé d'êtres tout à fait hors du commun. On les nomme « Argonautes », ce qui, en grec, veut dire « les marins de l'Argo », *Argo* étant désormais le nom que porte le bateau, en hommage à celui qui l'a fabriqué. Au nombre des Argonautes – qui sont une cinquantaine, car c'est un bateau à cinquante rames –, on compte des héros célèbres, à commencer par Héraclès, Thésée, Orphée, les jumeaux Castor et Pollux, Atalante, la femme la plus rapide du monde à la course et seule présence féminine sur le bateau. Mais il en est d'autres, moins connus peut-être, dont les dons sont cependant tout aussi précieux que ceux des célébrités : Euphémos, qui peut marcher sur les eaux, Périklyménos, qui parvient à prendre n'importe quelle forme, Lyncée, qui voit à travers les murs, deux fils du dieu du vent, les Boréades, qui volent comme des oiseaux – ce qui leur permettra, comme tu verras, de chasser les Harpyes quand il le faudra, etc. C'est avec des compagnons exceptionnels que Jason s'apprête à embarquer. Et c'est aussi, avec l'aide des dieux, au moins d'Héra et d'Athéna, ce qui n'est pas rien, qu'il prend la mer pour un long et dangereux périple.

Il va se dérouler en trois temps. Il y a d'abord le voyage vers la Colchide où se trouve la Toison d'or. Il y a ensuite les épreuves qu'il faut subir une fois sur place pour s'en emparer – car le roi Aeétès n'est pas du tout disposé à s'en séparer. Puis vient enfin le voyage de retour, qui sera lui aussi semé d'embûches.

Mais commençons déjà par l'aller. La traversée des Argonautes débute de manière assez insolite. Leur première escale a lieu sur l'île de Lemnos, qui possède une particularité remarquable : elle ne compte que des femmes. Pas un seul homme dans les environs, ce qui, évidemment, ne manque pas de paraître étrange à nos aventuriers. Pourquoi cette absence masculine ? À force de questionner ces dames, les Argonautes finissent par apprendre la vérité, aussi surprenante qu'inquiétante. Les Lemniennes refusaient jadis d'honorer Aphrodite comme il convenait. Vexée, la déesse décide de leur donner une leçon. Elle les affecte d'une odeur épouvantable, un vrai repoussoir, qui éloigne aussitôt leurs maris et, d'une manière générale, tous les hommes qui passent à proximité. Une bien curieuse affection ! Moyennant quoi, ces messieurs ne trouvent rien de mieux à faire que d'aller voir ailleurs, en Thrace, la région voisine, où ils trompent allègrement leurs épouses. Ces dernières le prennent mal et, à la première occasion, elles les assassinent. Depuis, elles sont seules. Et c'est avec avidité qu'elles accueillent les Argonautes. Selon certains, elles ne les auraient laissés débarquer qu'à condition qu'ils promettent de coucher avec elles.

Que l'odeur se soit évaporée, ou que les Argonautes n'en soient pas gênés, toujours est-il qu'ils s'exécutent, apparemment même sans difficulté, puisque Jason aura deux enfants avec la reine des Lemniennes, une certaine Hypsipyle. Ce qui, au passage, nous indique aussi que nos héros restent pas mal de temps sur l'île, sans doute un peu plus de deux années. Que font-ils dans l'intervalle ? Selon Pindare, ils se livrent à toutes sortes de jeux athlétiques, à des combats, des concours : c'est dire que cette période passée sur l'île en compagnie des femmes est une période de préparation aux difficultés qu'ils vont bientôt rencontrer sur leur route.

Et les épreuves commencent dès la deuxième étape, là encore de manière insolite, et même tout à fait fâcheuse. Les Argonautes ont enfin repris la mer. Ils s'arrêtent bientôt au pays des Dolions, un peuple dont le roi est un certain Cyzicos. C'est un homme bon, très bienveillant, qui accueille nos Argonautes avec chaleur et humanité. Au point qu'ils deviennent rapidement les meilleurs amis du monde. Ils dînent ensemble, font la fête, échangent des cadeaux, puis le temps de repartir finit par arriver. On se sépare avec effusion et tristesse. L'*Argo* reprend la mer. Malheureusement, pendant la nuit, une forte brise marine se lève, qui vient du large et rabat irrépressiblement le navire vers la côte du pays qu'il vient de quitter. Rien à faire. En pleine nuit, l'*Argo* est contraint d'aborder de nouveau chez les Dolions. Mais il fait noir, et Cyzicos, qui n'y voit rien, croit que ce sont des pirates d'une région voisine qui l'attaquent. Il réveille ses soldats et tombe à bras raccourcis sur ceux qu'il prend pour des ennemis – et qui ne sont en fait que les Argonautes, ses nouveaux amis. Ces derniers, qui n'y voient pas plus clair, croient eux aussi à une attaque de pirates. Les deux groupes se battent à mort et, à l'aube, lorsque le soleil éclaire le champ de bataille, c'est l'horreur. Les morts et les blessés jonchent le sol et Jason s'aperçoit aussitôt de la terrible bévue : il vient lui-même de tuer son ami, le roi Cyzicos, et le peuple des gentils Dolions est littéralement décimé. Les sanglots et les cris de désespoir ont remplacé la fureur des combats. On enterre les morts, on soigne les blessés, mais rien n'y fait : rien ne peut donner le moindre sens positif à cet épisode absurde – qui joue le rôle d'une terrible mise en garde : au cours du voyage, il faudra désormais se garder comme de la peste des apparences et tâcher d'être au plus haut point lucides. Mais la leçon est cher payée...

Malgré tout, le voyage continue, à travers diverses autres étapes, jusqu'au pays des Brébyces, où règne un certain Amycos. C'est tout sauf un ami et au moins, avec lui, les Argonautes ne risquent pas de s'y tromper. Fils d'une nymphe et de Poséidon – lequel a décidément une descendance dont on se passerait bien… –, Amycos, qui est doué d'une force colossale, a pour passe-temps favori la boxe. Mais, avec lui, ce n'est pas un sport, encore moins un jeu : il s'agit d'une lutte à mort et rien ne lui plaît tant que de tuer les malheureux qui n'ont pu se soustraire à des défis qu'il est toujours certain de gagner. Sauf que cette fois-ci, il tombe sur Pollux, que les Argonautes ont délégué pour régler le problème. Et Pollux n'est pas n'importe qui. Comme Hercule et Persée, c'est un des nombreux fils de Zeus, le frère jumeau de Castor, un des « Dioscures », et à la boxe, il a toutes les qualités de son père. Amycos l'apprend à ses dépens : Pollux le tue en le frappant au coude (ne me demande pas comment un coup au coude peut tuer quelqu'un : il y a comme cela des bizarreries dans la mythologie qu'il faut accepter sans trop discuter…). Cet épisode donne aussi un avant-goût de ce qui attend nos héros : même si ce n'est pas l'essentiel, il va quand même leur falloir, dans leur quête de la Toison, se montrer capables, comme presque tous les héros grecs, d'affronter quelques monstres et de surmonter des épreuves où l'on risque sa vie.

L'étape suivante est sans doute la plus étrange de toutes. Mais, par certains aspects, elle prête franchement à rire. Après avoir quitté le pays des Brébyces – et massacré pas mal de ses guerriers qui avaient le mauvais goût de vouloir venger la mort de leur roi, Amycos –, les Argonautes finissent par toucher terre dans un endroit désert. À vrai dire, pas tout à fait désert. Il y a là un homme qui va leur être bien utile, un devin qui est, à ce qu'on dit, un des meilleurs pour déchiffrer l'avenir. C'est un ancien roi de Thrace qui s'appelle Phinée, et il est aveugle. Certains prétendent que Zeus l'a privé de la vue parce qu'il révélait trop bien aux hommes les secrets de l'avenir, qui sont en principe réservés aux dieux. Pour faire bonne mesure, Hélios lui a aussi envoyé les terribles Harpyes, deux êtres effrayants et tyranniques, avec des corps d'oiseaux et des têtes de femmes. Phinée est tout maigre, on dirait qu'il meurt littéralement de faim. Les Argonautes, qui ont appris que ce devin était digne de foi, le pressent de leur indiquer l'avenir, de leur dire ce qui les attend, quelles épreuves ils auront encore à surmonter et comment s'en tirer. Phinée leur répond qu'il veut bien leur dire tout cela, mais qu'il a trop faim, qu'il ne peut pas faire son travail de devin correctement avec le ventre à ce point vide.

D'abord, les Argonautes ne comprennent pas : « Mais tu n'as qu'à manger, lui disent-ils, nous allons te préparer un bon repas. » Aussitôt, ils dressent une table, avec des mets délicieux, appétissants, qu'ils offrent au vieux devin. Ils ne vont pas tarder à comprendre la terrible malédiction qui pèse sur lui. Dès que les victuailles sont sur la table, les Harpyes fondent littéralement dessus : en un clin d'œil, elles ont presque tout dévoré ou emporté dans leurs griffes. Toutefois, il reste encore un peu de nourriture sur la table. Les Argonautes invitent alors Phinée à profiter au moins de ces quelques reliefs. Mais figure-toi que ces immondes femmes-oiseaux lâchent du haut du ciel d'énormes crottes, qui tombent sur la table, souillent et empuantissent les plats qui subsistaient – lesquels deviennent aussitôt immangeables ! Drôle d'histoire, non ? Mais pas pour Phinée qui subit ce sort atroce, un peu comparable au supplice de Tantale, depuis des années qu'il a été puni par les dieux.

Fort heureusement pour lui, il y a dans la vaillante équipe de l'*Argo* des gens vraiment très doués. En particulier les deux fils du dieu du vent, Borée, qui possèdent la capacité de voler comme des oiseaux. Dès qu'ils ont compris leur manège, ils se lancent à toute vitesse à la poursuite des Harpyes. Bientôt, l'une d'entre elles, épuisée, finit par tomber dans un fleuve, qui désormais porte le nom de Harpys en souvenir de ce démon. Un peu plus tard, la seconde tombe aussi d'épuisement. Les génies du vent lui font alors promettre, sous peine de mort, qu'elle cessera d'embêter le malheureux devin. Phinée va enfin pouvoir manger. Et, qui plus est, ce qui intéresse davantage nos héros, il va aussi pouvoir parler. Ce qu'il leur apprend n'est pas très rassurant : ils vont devoir, pour parvenir jusqu'en Colchide, passer – si du moins ils y parviennent – à travers de bien étranges roches bleues. On les appelle les « roches qui se cognent » parce que, dès qu'on essaie de passer entre elles, elles se referment à toute vitesse et elles écrasent tout ce qui se trouve au milieu. Une épaisse vapeur s'élève au-dessus d'elles, qui achève de terrifier les marins, de les empêcher aussi de bien voir le danger qui les attend et quand elles se referment, c'est dans un fracas absolument épouvantable. Phinée leur donne alors un conseil, qui va tout simplement leur sauver la vie : qu'ils lâchent d'abord, avant de s'engager entre ces récifs, une colombe depuis la proue. Si elle parvient à passer, c'est que les rochers sont en train de se refermer mais n'ont pas réussi à le faire assez vite pour l'écraser. Alors ils vont aussitôt se rouvrir : c'est à ce moment, en souquant ferme, que l'*Argo* pourra peut-être traverser l'écueil sans encombre.

Lorsqu'ils parviennent devant les roches bleues, Jason donne l'ordre qu'on fasse exactement comme Phinée a dit. Les marins qui sont à la proue lâchent une colombe. L'oiseau file à toute vitesse entre les rochers, et hop ! à un poil près, ou plutôt une plume, il réussit à passer : il a laissé la plume qu'on nomme la « rectrice », celle qui est placée tout à fait au bout de la queue de l'oiseau. Il était moins une. L'*Argo* attend quelques instants que les roches s'ouvrent de nouveau, puis, à toute vitesse, il s'engouffre à son tour dans le passage qui vient de se dégager. Pas pour longtemps.

Dès que la proue est engagée, les roches commencent à se refermer. Les hommes souquent de toutes leurs forces, les rames frappent l'eau en cadence, avec une force inimaginable. Et hop ! de nouveau, le bateau, comme la colombe, finit par passer. Mais comme elle aussi, il y laisse un petit bout de queue : c'est à vrai dire tout l'arrière du gouvernail qui reste coincé. Néanmoins on peut réparer et l'*Argo* continue sa route, cette fois-ci sans difficulté.

Encore une ou deux étapes, et le voici qui entre enfin dans le port de la ville de Colchide où demeure son roi, Aeétès.

Jason chez Aeétès : la conquête de la Toison d'or

Les ennuis, cependant, sont loin d'être terminés. Il faut encore s'emparer de la Toison. Jason est un jeune homme honnête, pas un voleur. Il commence par aller voir le roi pour lui demander poliment s'il peut lui donner la fameuse fourrure d'or. Sans doute pour éviter un conflit immédiat, Aeétès ne dit pas non. Simplement, il faudra remplir quelques conditions. Et, comme tu t'en doutes, ces conditions sont évidemment des épreuves terribles, des défis que Jason devra relever et au cours desquels Aeétès compte bien qu'il perdra la vie – ce qui lui permettra tout à la fois d'être débarrassé de ce jeune fou et de conserver son précieux trésor. Jason doit maintenant, un peu comme Héraclès pour Héra, accomplir deux travaux très dangereux.

Le premier consiste à atteler un couple de taureaux : il faut les soumettre à un joug et les faire labourer un champ dont Aeétès indique l'emplacement à Jason. À première vue, rien d'insurmontable. Sauf que ces taureaux n'ont rien d'ordinaire. En fait, ce sont des monstres qui ont des sabots d'airain et qui crachent le feu comme des dragons. Personne n'a jamais réussi à les approcher sans perdre la vie. Aeétès se sent tranquille :

il est convaincu que Jason va échouer comme tout le monde. C'est compter sans sa fille, Médée, la magicienne dont je t'ai déjà dit qu'elle tombe amoureuse de Jason – peut-être bien sous l'influence d'Héra – dès qu'elle l'aperçoit. Angoissée à l'idée que le jeune homme puisse se faire tuer, elle l'attire dans un coin et lui propose un marché : s'il accepte de l'emmener avec lui et de l'épouser, elle lui indiquera comment atteler les deux bêtes furieuses. Bien entendu, Jason accepte. Elle fabrique une potion magique : il devra enduire tout son corps, sa lance et son bouclier avec, et alors, il sera totalement invulnérable au feu et au fer. En outre, le meilleur moyen de maîtriser les taureaux est de les prendre directement par les cornes – ce qui, bien entendu, ne devient possible que si l'on est protégé contre les flammes qui jaillissent de leurs naseaux. Le lendemain, Jason entre dans l'arène et, à la surprise générale, malgré les torrents de feu qui coulent du museau des deux monstres, malgré les coups furieux de leurs sabots en fer, il passe le bât autour de leur cou sans difficulté et il se met à labourer tranquillement, comme s'il s'était agi de deux bœufs bien dociles.

Mais ce n'est pas fini. La deuxième épreuve semble pire encore : il faut semer maintenant les dents d'un dragon qui sont, elles aussi, des dents pas ordinaires du tout : dès qu'elles tombent sur la terre, on voit pousser aussitôt de terribles guerriers, qui sortent du sol tout armés et prêts à tuer quiconque les approche. Ces dents-là ne sont pas tombées par hasard dans les mains d'Aéétès. Elles ont toutes une histoire qui remonte au temps de Cadmos, le fondateur de la ville de Thèbes et son premier roi. Cadmos avait un jour décidé de fonder sa cité à l'emplacement d'une fontaine gardée par un dragon. Or, ce dragon appartenait à Arès, le dieu de la guerre. Cadmos avait d'ailleurs, je te le rappelle, épousé l'une des filles, Harmonie, qu'Arès avait eues avec Aphrodite, la femme d'Héphaïstos (lequel, ceci dit au passage, n'avait pas apprécié d'être cocu, mais c'est une autre histoire…). Pour pouvoir dégager l'accès à l'eau, vitale pour la ville, Cadmos est obligé de tuer le dragon. Athéna et Arès recueillent les dents du monstre – car ils savent qu'en les semant dans la terre elles donnent aussitôt naissance à de terribles guerriers. Ils font alors présent de ces semailles magiques, pour moitié à Cadmos, afin qu'il puisse peupler sa nouvelle ville, et pour l'autre moitié, justement à Aeétès, notre roi de Colchide, pour qu'il puisse si besoin s'en servir afin de protéger sa Toison d'or. Les guerriers qui sortent de la terre porteront le nom de « Spartiates » – *spartoi*, en grec, veut dire les « semés », ceux qui ont, comme des graines, été mis en terre pour que quelque chose pousse. Les semés ont un lien direct avec la terre (ce sont des « autochtones » terme qui, en grec, veut dire « venus de la terre »). La proximité avec le sol évoque ici (ce n'est pas toujours le cas, mais dans ce contexte c'est de cela qu'il s'agit) la violence des premiers dieux, ces enfants de Gaïa, la terre, qui existaient avant les Olympiens et qui étaient tous encore proches du chaos originaire et animés par lui. On retrouvera cette idée évoquée aussi avec la ville de Sparte, une cité tout entière vouée à la guerre, où les hommes sont des soldats élevés à la dure, des taiseux ou, comme on dit aussi, des « laconiques » – la Laconie étant le nom que porte, en grec, la région de Sparte.

Jason sème donc les dents du dragon et, aussitôt, des guerriers effrayants sortent de terre. Mais Médée, là encore, lui a donné une astuce – celle-là même que Cadmos avait déjà utilisée en son temps[1] : certes, ces hommes d'armes sont quasiment imbattables, ils sont

---

1. En effet, Cadmos sème lui aussi les dents du dragon et voit sortir de terre les terribles *spartoi*. Alors il jette une pierre entre eux et ils se battent comme des imbéciles… jusqu'à ce qu'il n'en reste plus que cinq en vie. Ce sont ces cinq-là qui serviront à peupler la ville de Thèbes – les compagnons de Cadmos ayant été décimés par le dragon qui gardait la fontaine d'Arès.

d'une force et d'une habileté au combat tout à fait redoutables ; en revanche, ils n'ont, comme on dit, pas inventé le fil à couper le beurre ni la glace à trois pans. Pour être franc, ce sont de parfaits crétins, des brutes épaisses qui ne pensent pas plus loin que le bout de leur nez. Il suffit de jeter un gros caillou au milieu d'eux, et, croyant que c'est leur voisin qui a fait le coup, ils commencent à se battre entre eux tant et si bien qu'ils s'exterminent jusqu'au dernier, sans que Jason ait besoin d'intervenir le moins du monde. La voie est maintenant presque libre. Mais le roi, mauvais joueur et mauvais perdant, refuse de tenir sa promesse. Il décide, en profitant de la nuit qui vient de tomber, de mettre le feu à l'*Argo* et de tuer tous ses occupants. Jason va donc s'emparer par la force de ce qu'on lui refuse injustement. Il faut seulement se débarrasser du dragon qui protège la Toison d'or, clouée sur son arbre. Médée l'endort avec une des potions dont elle a le secret et Jason n'a plus qu'à décrocher la précieuse fourrure avant de gagner son navire et de prendre le large.

Lorsqu'il apprend ce que sa fille a fait, le roi Aeétès est fou de rage. Il mobilise ses bateaux les plus rapides et part aussitôt à la poursuite de l'*Argo*. Alors Médée va commettre un crime atroce, un des plus terribles de toute la mythologie. Elle a emmené son frère sur le bateau des Argonautes. Voyant que son père les poursuit, elle n'hésite pas une seconde : elle assassine le jeune garçon et elle le coupe en morceaux qu'elle jette à la mer un à un, un bras ici, une jambe là, puis la tête... Les membres sanguinolents flottent à la surface et le malheureux Aeétès reconnaît son fils. Bien entendu, il ordonne de s'arrêter pour ramasser ces débris humains, afin de donner, autant que faire se pourra, une sépulture décente à son enfant. Du coup, il perd un temps précieux dont l'*Argo* profite pour prendre irréversiblement le large.

Le difficile retour des Argonautes à Iolchos
et le châtiment de Pélias

Pour autant, les épreuves des Argonautes ne sont pas terminées. Il faut encore regagner Iolchos, la ville de Pélias, pour lui rapporter comme promis la Toison d'or. Et le voyage de retour n'a rien d'une promenade de santé. En effet, Zeus ne peut pas décemment accepter la façon dont les Argonautes ont échappé à Aeétès : le meurtre du frère de Médée est intolérable et le roi des dieux déclenche une terrible tempête contre l'*Argo* – tempête qui va l'obliger à bien des détours. Il intime l'ordre à Jason et Médée d'aller se faire purifier chez Circé, la magicienne, la tante de Médée. Du coup, le voyage de Jason va ressembler sur plus d'un point à celui d'Ulysse : les deux héros vont passer par les mêmes épreuves.

D'abord, il faut atteindre l'île d'Aiaiè, où demeure Circé, et il faut lui obéir, accomplir tous les rituels qui permettent la purification du meurtre commis par Médée. C'est à cette seule condition que l'*Argo* peut reprendre sa route vers Iolchos. Comme Ulysse, il passe devant les Sirènes, les femmes-oiseaux dont le chant perd à coup sûr les marins qui l'écoutent et les conduit au naufrage, mais au lieu de se faire attacher au mât et de boucher les oreilles de l'équipage, Jason demande à Orphée de chanter. Sa voix puissante et douce couvre aussitôt celles des Sirènes dont le chant, une fois n'est pas coutume, reste totalement inefficace. Comme celui d'Ulysse toujours, le chemin des Argonautes croise les deux monstres terrifiants, Charybde et Scylla, le tourbillon qui avale tout ce qui passe à sa portée et la femme aux six têtes de chiens. Il passe également par les « Planctes », ces roches errantes entourées de flammes et de fumée, qui sont des récifs dont fort peu de bateaux réchappent. Enfin, toujours comme Ulysse, Jason croise au large de l'île où paissent les bœufs d'Hélios avant d'aborder sur celle des Phéaciens où le bon roi Alcinoos les reçoit avec bienveillance... C'est là que Jason épouse Médée avant de repartir vers Iolchos. L'*Argo* essuie encore une terrible tempête qu'Apollon calme en tirant une flèche dans les vagues, puis il tente d'aborder en Crète.

Mais sur cette île règne un terrible géant. On l'appelle Talos. Selon certains, il appartient à la race de bronze dont parle Hésiode, cette race terrible de guerriers en métal pratiquement invincibles. Selon d'autres, il a été construit par Héphaïstos lui-même, qui l'aurait offert à Minos pour garder son île. Quoi qu'il en soit, Talos est effrayant. Chaque jour, il fait trois fois le tour de son territoire et il tue tout ce qui passe à sa portée. Dès qu'il aperçoit l'*Argo*, il ramasse d'énormes rochers et commence à les lancer en direction du bateau. Talos a cependant une faiblesse : il n'a qu'une seule veine, qui part de son cou et qui se termine dans son talon. Médée parvient, avec ses drogues et ses incantations, à le rendre complètement fou, au point que, pris par une espèce de danse démentielle, il finit par s'écorcher le pied contre un rocher pointu, ce qui fait sauter le bouchon qui ferme sa veine unique. Le liquide vital – l'équivalent du sang – qui le remplit s'écoule par cette brèche et Talos s'écroule de tout son long sur place, raide mort.

Après cette dernière épreuve, les Argonautes arrivent enfin sans encombre à Iolchos.

Comme je te l'ai dit, Pélias, convaincu que Jason était mort, a contraint Aéson au suicide. Il a également, pour être à coup sûr débarrassé des gêneurs, fait assassiner sa mère et son petit frère. De retour à Iolchos, Jason lui remet malgré tout la Toison d'or. Il n'en a pas moins l'intention de rendre enfin la justice et de venger les siens. Comme prévu par les dieux dès l'origine du voyage, c'est Médée qui va se charger du châtiment. Elle persuade les filles de Pélias que, pour faire rajeunir leur père qui commence à se faire vieux, il faut le couper en morceaux et le mettre à bouillir dans une grande marmite. Évidemment, les filles n'en croient pas un mot. Mais n'oublie pas que Médée est une magicienne. Pour les convaincre, elle va faire un tour de magie. Elle fait venir un bélier et demande qu'on le coupe en morceaux devant les filles de Pélias. Toujours devant elles, elle fait jeter les morceaux dans une grande marmite et ordonne qu'on fasse bouillir le tout. Par un tour de passe-passe, elle sort quelques instants plus tard un superbe petit agneau du bouillon. Du coup, les filles de Pélias sont convaincues. Elles courent chercher leur père pour lui faire subir le même sort qu'au bélier… sauf que Pélias, lui, restera à jamais sous forme de morceaux bouillis ! En d'autres termes, le voici mort et bien mort et Jason ainsi qu'Héra sont enfin vengés par Médée.

Pendant dix longues années, Jason et Médée vivront heureux ensemble. Ils auront deux enfants. Plus tard, malheureusement délaissée par Jason, qui épouse une autre femme, Médée tuera ses deux enfants pour se venger. Elle enverra aussi à la fiancée de son mari une tunique empoisonnée, du même modèle que celle qui a fait mourir Héraclès. Puis elle partira pour Athènes où elle épousera Égée, le roi de cette ville et le père de Thésée dont je t'ai déjà raconté les aventures. Quant à Jason, il est lui, contrairement à Médée qui est une déesse, un mortel. Il lui faut bien quitter ce monde. On dit qu'un jour, alors qu'il s'était endormi sous les restes de son vieux bateau, l'*Argo*, la figure de proue qu'Athéna avait fixée à l'avant se détacha et s'écrasa sur lui, lui donnant la mort sur le coup. Ainsi, le navire et son capitaine finirent ensemble leur longue route…

Tu trouveras peut-être que la fin des héros n'est pas toujours grandiose, qu'elle n'est pas vraiment à la mesure de leurs exploits. C'est qu'ils ne sont en dernière instance, pour la plupart d'entre eux du moins, que de simples humains. Il leur faut bien mourir, comme tout le monde, un jour ou l'autre, et toutes les morts sont bêtes. Mais enfin, ils sont tout de même reconnus, honorés et admirés après leur disparition. Ce n'est pas une consolation, mais il y a là comme une sorte de logique, une espèce de proportion compréhensible.

Jusque-là, si je résume un peu brutalement ce que nous avons vu depuis le voyage d'Ulysse, tout se passe, en un certain sens, assez « normalement ». La trajectoire d'Ulysse est, certes, pleine d'embûches, mais au final, il retrouve son île, il y remet ordre et harmonie, puis il vit longtemps heureux auprès des siens… Si je considère les êtres animés par l'*hybris*, leur histoire, elle aussi, s'avère tout à fait explicable : ils commettent une faute, voire un crime, et le cosmos, incarné dans la personne des dieux, répare les choses et rétablit la justice, de manière sans doute brutale, mais à nouveau intelligible. Quant aux héros tueurs de monstres, même s'ils finissent leur vie comme tout le monde, le peuple leur élève au moins une sorte de culte quand ils ne sont pas, comme Héraclès, divinisés ou expédiés aux champs Élysées…

Reste une grave question, qui sort tout à fait, au moins en apparence, des schémas que nous venons de voir à l'œuvre : comment comprendre les malheurs qui adviennent aux pauvres humains lorsqu'ils n'ont rien fait de mal, ni quoi que ce soit d'extraordinaire ? Ni défié les dieux par *hybris*, ni cherché des aventures exceptionnelles, ni montré un courage hors du commun en allant combattre des entités maléfiques et magiques… Pourquoi toutes ces calamités qui s'abattent sur nous sans que nous y puissions rien, tous ces enfants nés malformés, ces morts précoces qui vous enlèvent un être cher, ces fléaux qui dévastent les récoltes et provoquent des famines, ces cyclones et autres catastrophes naturelles qui anéantissent tant de vies innocentes ? Il y a, là encore, un mystère dont les récits que nous avons analysés ne donnent pas la clef. Le mythe d'Œdipe, avec toute la suite qu'il implique pour sa descendance, en particulier pour sa fille Antigone, va nous permettre en revanche d'entrevoir une réponse à cette énigmatique question…

CHAPITRE 6

Les malheurs d'Œdipe
et de sa fille Antigone

ou pourquoi les mortels
sont souvent « punis » sans avoir péché...

C'est un fait peu douteux : les humains n'ont pas toujours mérité les calamités qui s'abattent sur eux et dévastent leurs vies. Les catastrophes naturelles, les accidents et les maladies mortelles touchent indifféremment les hommes de bien et les méchants. Ils ne choisissent pas et, sauf à sombrer dans la superstition religieuse la plus obscurantiste, le malheur ne peut ni ne doit être interprété comme un châtiment divin. Dès lors, la question ne peut être éludée : dans un monde que la justice et l'harmonie sont censées dominer, dans un univers au sein duquel les dieux sont omniprésents et se mêlent de tout, comment comprendre une telle injustice ? Quel sens donner à ce scandale qu'est le malheur humain quand il semble parfaitement injustifié ? Même s'il possède de nombreuses autres connotations – des « harmoniques » –, c'est d'abord et avant tout à cette question que répond le mythe d'Œdipe. Son étude apparaît ainsi comme un complément indispensable aux précédents chapitres : il précise la signification et surtout les limites de cette fameuse harmonie cosmique qui occupe le centre de la vision grecque du monde, du moins telle que la théogonie et la mythologie vont la léguer à la majeure partie de la philosophie antique.

La vie d'Œdipe tourne au cauchemar alors que, pour parler comme les enfants, s'il a peut-être mal agi, il ne l'a en tout cas « pas fait exprès ». C'est un homme d'une intelligence exceptionnelle, il possède un courage et un sens de la justice hors du commun. Loin d'en être récompensé, non seulement son existence va devenir un véritable enfer mais, malgré toute sa clairvoyance, il va être le jouet d'événements et de forces aveugles qui le dépassent et auxquels il ne comprendra jamais rien – du moins jusqu'à ce que sa fin tragique mette un terme à ses terribles souffrances. Comment un tel déni de justice est-il possible ? Comment contempler un destin aussi tragique qu'injuste sans juger que le monde, loin d'être un cosmos harmonieux, n'est qu'un tissu de folies ordonnées par des dieux méchants qui se jouent des hommes comme le feraient des enfants qui s'amusent à arracher les ailes des mouches ou écraser des fourmis ? Pour tenter d'apporter une réponse à cette question – dont tu comprends bien qu'elle devait inévitablement se poser à un moment ou à un autre dans le cadre de la cosmologie grecque –, je te propose de commencer par regarder d'un peu plus près l'histoire d'Œdipe et de sa fille, Antigone. Dans un second temps, nous pourrons essayer d'en comprendre le sens profond afin de compléter la vision du monde que les autres mythes nous ont permis progressivement de construire.

Je t'indique quand même d'entrée de jeu, avant qu'on y revienne plus en profondeur, le principe général de la solution : quand le cosmos a été une fois déréglé, il est impossible que l'ordre se rétablisse sans causer des dégâts collatéraux considérables. Voilà pourquoi, par exemple, lorsque le père a commis un crime atroce, il peut arriver que les générations suivantes paient pour lui, non pas parce qu'elles sont à proprement parler responsables ou coupables, mais parce que l'ordre ne peut pas revenir d'un seul coup. Bien entendu, nul n'est comptable de ce que ses parents ont fait, mais il n'en est pas moins vrai pour autant que leurs actions nous engagent et que la façon dont ils ont conduit leur vie peut avoir des répercussions considérables sur la nôtre, que nous le voulions ou non, que nous le sachions ou non. S'ils ont, par exemple, péché gravement par *hybris*, il est possible que l'ordre du monde s'en ressente et, quand le cosmos a été abîmé, il ne se répare pas en un clin d'œil. Cela prend du temps, et ce temps est très exactement celui du malheur des hommes, même de ceux qui sont innocents. Voilà pourquoi il faut, si l'on veut vraiment comprendre le mythe d'Œdipe et ne pas se borner aux clichés habituels de la psychanalyse ou de la philosophie moderne, remonter bien en amont d'Œdipe lui-même. C'est dans ce qui précède sa naissance que l'on trouvera l'origine de ses maux.

Cette conception du monde pourra te sembler bien dépassée. Elle peut, à juste titre, choquer au regard de nos critères moraux d'aujourd'hui. Nous avons, en effet, pris l'habitude de considérer qu'un châtiment ne doit jamais tomber sur quelqu'un qui n'a rien fait de mal : à part dans les pays totalitaires, on ne songe plus à punir les enfants pour le comportement de leurs parents. Pourtant, nous verrons qu'elle n'a rien d'absurde et l'on pourrait donner en nombre infini les exemples qui illustrent encore aujourd'hui le fait qu'un monde *déréglé*, sur le plan social comme naturel, anéantit des êtres qui n'ont rien à se reprocher de particulier. Chacun sait du reste, pour parler le langage familier des proverbes, que lorsque les parents boivent, les enfants trinquent...

Mais n'anticipons pas et voyons d'abord en quoi consiste, selon la légende, l'histoire du malheureux Œdipe et de sa fille Antigone – les deux mythes étant inséparables l'un de l'autre.

Œdipe et Antigone : l'archétype du destin tragique, ou comment le malheur peut frapper les mortels de manière aveugle

Comme toujours dans la mythologie, il existe plusieurs versions de ce récit et chaque épisode de la vie d'Œdipe fait l'objet de nombreuses variantes. Nous disposons toutefois d'une source archaïque principale, à savoir les tragédies grecques, surtout celles de Sophocle : *Antigone, Œdipe roi, Œdipe à Colone* (du nom de la ville où il va séjourner après la série de catastrophes que je vais te raconter). Il est bon, bien entendu, de tenir compte ici ou là d'autres versions qui peuvent apporter parfois des éclairages intéressants[1], mais c'est presque toujours à Sophocle que la littérature va se rapporter pour conter et interpréter ce mythe célèbre entre tous. C'est donc, pour l'essentiel, la trame de son récit que je vais suivre ici.

Quelques mots, d'abord, sur la période qui précède la naissance du petit Œdipe. Il est un descendant direct de ce fameux Cadmos, le roi de Thèbes dont je t'ai déjà parlé plusieurs fois – le frère d'Europe qui est elle-même la mère de Minos, le roi de Crète que Zeus a conçu avec elle... Après avoir épousé Harmonie, la fille d'Arès et d'Aphrodite, Cadmos a fondé cette ville où l'essentiel du drame va se dérouler. Le père d'Œdipe s'appelle Laïos, et sa mère, Jocaste. Au moment où commence notre histoire, ils viennent d'apprendre par un terrible oracle que si jamais ils avaient un fils, il tuerait son père et, selon certains, entraînerait même de surcroît la destruction de Thèbes. Comme il est fré-

---

1. Pour ce qui est de la période archaïque – Ve siècle et avant –, on trouve quelques précieuses mentions du mythe d'Œdipe chez Homère, Hésiode et Pindare. *Les Phéniciennes*, d'Euripide, apportent aussi sur certains points un éclairage très différent de celui de Sophocle. Plus tardivement, il faut se reporter bien sûr à nos deux mythographes « habituels », Apollodore et Hygin, ainsi qu'à Pausanias et Diodore de Sicile.

quent à l'époque dans ce genre de cas, les parents prennent la triste décision d'abandonner le petit – de l'« exposer », comme on dit alors, parce qu'on l'expose, en effet, le plus souvent en l'attachant à un arbre, à l'appétit des bêtes sauvages, mais aussi, parfois, à la clémence des dieux... Laïos et Jocaste confient le bébé à un de leurs serviteurs, un berger, pour qu'il aille l'abandonner. L'homme traite le malheureux comme on fait du gibier : il lui perce les chevilles pour y passer une cordelette afin de le transporter plus facilement sur son dos en vue de l'accrocher ensuite à l'arbre où il sera, comme je t'ai dit, « exposé ». C'est de cette expérience qu'Œdipe tirera son nom, qui signifie tout simplement en grec « pieds enflés » (*oidos*, qui donnera par exemple, en français, le mot « œdème », veut dire « gonflé », et *pous* signifie « pied »). En chemin, le serviteur de Laïos croise « par hasard » – mais le spectateur de la tragédie de Sophocle sait bien que ce prétendu hasard n'est qu'un autre nom de la volonté des dieux – ceux du roi d'une autre ville, Corinthe. Ce roi, du nom de Polybe, ne parvient justement pas à avoir d'enfant alors qu'il rêverait, lui, d'en avoir un. Comme le petit est tout mignon, les hommes de Polybe proposent de le prendre avec eux. Pourquoi pas ? Après tout, si Laïos a voulu l'exposer plutôt que le tuer, c'est qu'il entendait lui donner une chance. Ils le conduiront à leur maître et ce dernier voudra sûrement l'adopter. C'est ainsi que les choses se passent, et le bébé est sauvé *in extremis*...

Œdipe grandit dans la ville de Corinthe, loin de Thèbes, où il est né, à la cour du roi et de la reine dont il est évidemment convaincu qu'ils sont ses parents. Tout se passe bien pour lui. Mais un jour, lors d'un jeu d'enfants, il se dispute avec un camarade. Il s'agit d'une querelle tout à fait banale, comme tous les gamins en ont entre eux. Pourtant son petit adversaire lui dit quelque chose qui va résonner longtemps en lui et lui sembler terrible : il le traite de « bâtard », laissant entendre que ses parents ne sont pas ses « vrais » parents, qu'il n'est qu'un enfant trouvé auquel on a menti depuis toujours... Il rentre chez lui en courant et interroge Polybe, son père « officiel », mais ce dernier, embarrassé, dénie trop mollement pour qu'Œdipe ne conserve pas un sentiment mitigé, un vague soupçon de doute. Il décide alors d'en avoir le cœur net, et pour cela, il se rend à Delphes, afin d'y consulter, lui aussi, comme l'avaient fait ses parents « biologiques », Laïos et Jocaste, la célèbre pythie d'Apollon. Il lui demande qui il est, d'où il vient, qui sont ses parents... Comme à son habitude, la pythie répond à côté, non par des indications portant sur son passé, mais tout à l'inverse, par une prédiction touchant son avenir. Et la prédiction est terrible : selon l'oracle, Œdipe tuera son père et il épousera sa mère.

C'est de là, bien entendu, que Freud a tiré le nom de son fameux « complexe d'Œdipe », cette attitude infantile qui, selon lui, pousse invariablement les garçons à désirer inconsciemment leur mère et à rejeter violemment leur père à un moment ou à un autre de leur vie. Mais, comme tu verras plus loin, même si cette dimension est présente dans le mythe grec, elle est infiniment loin de nous en donner la clef. Quoi qu'il en soit, il est clair qu'en entendant l'oracle Œdipe est anéanti. Pour éviter que la prédiction ne s'accomplisse, il décide de quitter Corinthe à jamais. C'est la ville, pense-t-il toujours malgré ses doutes, où séjournent ses parents, Polybe et Périboea (c'est le nom de la reine) : en quittant ces lieux, il ne risquera ni de tuer son père, ni de coucher avec sa mère. Sauf que le roi Polybe n'est pas son père et que Périboea n'est pas non plus sa mère, du moins au sens biologique du terme, et qu'en s'éloignant de Corinthe, le malheureux Œdipe va inexorablement, de manière totalement aveugle, faire très exactement l'inverse de ce qu'il souhaitait : il va se rapprocher de l'accomplissement de la prédiction oraculaire. En d'autres termes, en croyant s'y soustraire, il en prépare inconsciemment la réalisation – contradiction qui fournit l'un des ressorts les plus sûrs de la tragédie de Sophocle. Et, bien entendu, dans ce contexte où tout est déjà prévu par les dieux, comme en témoignent les deux oracles qui ne sont jamais que la traduction de leurs desseins, Œdipe se dirige vers Thèbes, la ville de ses parents d'origine, Laïos et Jocaste. Or, il se trouve justement qu'à cette époque, comme pour corser l'affaire, la ville de Thèbes est victime d'une terrible épidémie qui décime la population. Là encore, le spectateur est obligé de supposer, même si ce n'est pas dit explicitement, que le fléau a été envoyé par les dieux : il faudra bien se demander pour quelle raison. Mais continuons encore : dans ce contexte catastrophique, Laïos a décidé lui aussi, tout comme Œdipe, de se rendre à Delphes pour consulter à nouveau l'oracle sur ce qu'il convient de faire pour sauver les habitants de sa ville.

Nous sommes ici au cœur du nœud tragique qui devait saisir d'émotion toute l'assistance : imagine le père, convaincu que son fils est mort, et le fils, convaincu que son père est à Corinthe, cheminant sans le savoir le moins du monde l'un vers l'autre ! Les destins se croisent, au propre comme au figuré : les chars de Laïos et d'Œdipe se trouvent nez à nez, au croisement de trois routes si étroites qu'ils sont forcés l'un et l'autre de faire stopper leurs équipages. Il faudrait que l'un d'eux fasse marche arrière et se range sur le bascôté pour laisser passer son vis-à-vis, mais les deux hommes sont orgueilleux, chacun étant convaincu de son bon droit, voire de sa préséance sur l'autre : le roi Laïos parce qu'il est roi de Thèbes, et Œdipe parce qu'il est prince de Corinthe. Le conflit s'envenime. Les serviteurs lancent des insultes et, à ce qu'il semble, le roi Laïos lui-même donne un violent coup de canne à Œdipe. Ils en viennent aux mains et, emporté par la colère, Œdipe tue son père ainsi que les cochers et les gardes qui l'accompagnent. Seul un des serviteurs en réchappe, qui s'enfuit en courant, mais qui, cela aura son importance pour la suite, a néanmoins vu toute la scène... Et voilà la première partie de l'oracle accomplie ! Sans qu'Œdipe, pas plus d'ailleurs que Laïos, ait encore pris la mesure réelle de ce qui vient de se passer, il a, de fait, tué son propre père...

Dans l'ignorance totale de son identité – la sienne comme celle de son adversaire –, Œdipe poursuit sa route vers Thèbes. Bien entendu, l'épisode violent qui vient d'avoir lieu est fâcheux, mais les torts étaient partagés et Œdipe se sentait en état de légitime défense. Après tout, ce n'est pas lui qui a donné les premiers coups. Il finit donc par oublier l'affaire et il parvient dans sa ville natale après un long et sinueux voyage. Apparemment, l'épidémie a pris fin, mais une autre calamité, dont l'origine est à coup sûr, elle aussi, divine, sévit sur la ville dont le nouveau roi, monté sur le trône à la suite de la mort de Laïos, est Créon, le frère de Jocaste et par conséquent l'oncle d'Œdipe. Cette nouvelle calamité porte un nom : le Sphinx, ou plutôt *la* Sphinx, car il s'agit d'une femme qui possède un corps de lion et des ailes de vautour. Et elle terrorise littéralement la ville en posant une énigme à tous les jeunes gens qui l'habitent. S'ils ne parviennent pas à répondre, elle les dévore, de sorte que la cité commence à être singulièrement désertée... Voici une des versions – il en est d'autres formulations, mais elles reviennent en gros au même – de l'énigme en question :

« Quel est l'animal qui marche le matin à quatre pattes, à midi à deux pattes, et le soir à trois pattes, et qui, contrairement à la loi générale, est d'autant plus faible qu'il a plus de pattes ? »

Œdipe entend parler de cette Sphinx et il n'a aucune hésitation : il se présente devant elle et lui demande de lui poser sa devinette mortelle. Dès qu'il entend l'énoncé du problème, il n'a aucun mal à le résoudre : il s'agit bien entendu de l'homme qui, au matin de sa vie, lorsqu'il est encore un bébé, marche à quatre pattes, puis à deux lorsqu'il est adulte, et enfin à trois, au soir de son existence, quand il est plus faible et qu'il doit s'appuyer sur une canne. Selon une prophétie ancienne, la Sphinx devait mourir si jamais un humain parvenait à résoudre l'une de ses devinettes. Face à Œdipe, elle se jette alors du haut des remparts et s'écrase au sol. Voici la ville débarrassée du monstre. Comme on peut s'en douter, Œdipe y fait son entrée en véritable héros. Tout le peuple de Thèbes lui fait fête, lui offre des présents somptueux. La foule applaudit sur son passage et comme il se trouve que la reine Jocaste est libre – elle est une toute jeune veuve, puisque Laïos vient d'être tué –, Créon, son frère, offre à Œdipe en guise de remerciement sa sœur en mariage et, avec elle, le trône de Thèbes. Il lui laisse la place qu'il n'assurait d'ailleurs que par intérim.

Ainsi s'accomplit la deuxième partie de l'oracle : Œdipe qui, toujours en totale ignorance de ce qui guide sa vie, a déjà tué son père, épouse maintenant sa mère. Il va lui faire quatre enfants : deux garçons qui se battront un jour à mort pour lui succéder au pouvoir, Étéocle et Polynice, et deux filles, Ismène et Antigone. Pendant près d'une vingtaine d'années, pourtant, tout se passe bien. Œdipe administre sagement la ville de Thèbes au côté de sa femme et mère, Jocaste, élevant ses enfants avec attention.

Malheureusement, lorsque ces derniers atteignent les parages de l'âge adulte, une terrible épidémie de peste recommence à ravager la ville. Rien ne peut l'arrêter. Pis encore, si possible, des accidents incompréhensibles se produisent en grand nombre, des femmes accouchent d'enfants mort-nés ou monstrueux, des morts subites et inexpliquées se multiplient, de sorte qu'Œdipe envoie à nouveau un messager consulter l'oracle de Delphes. Ce dernier répond, pour une fois assez clairement, que le fléau cessera de dévaster la ville dès qu'on aura capturé et châtié le meurtrier de

Laïos. Un tel crime, en effet, ne saurait rester sans dommage impuni – ce qui prouve à nouveau, cela dit au passage, que les dieux suivent toute l'affaire dans le détail depuis le début, comme l'indique de manière indubitable le fait que tous les rebondissements en sont annoncés par la bouche des représentants directs d'Apollon.

Œdipe n'a toujours pas la moindre idée que c'est lui le coupable et il entend bien obéir à l'oracle. Il diligente une enquête, fait appeler, sur les conseils de Créon, le devin le plus célèbre du royaume, le fameux Tirésias que nous avons déjà rencontré à plusieurs reprises dans d'autres mythes. Naturellement, Tirésias connaît toute la vérité – sinon il ne serait pas devin. Mais il est gêné, pour ne pas dire horrifié, par les secrets qu'il détient et il éprouve une réticence insurmontable à les divulguer en public, en présence d'un Œdipe qui est toujours dans l'ignorance la plus totale. Alors ce dernier se fâche, accuse Tirésias d'avoir monté toute l'affaire en complicité avec Créon, bref, il fait un tel ramdam que le devin finit par céder. Il lui déballe toute l'histoire : eh bien, oui, s'il veut vraiment le savoir, c'est lui, Œdipe, qui a tué Laïos, et ce dernier, conformément à l'oracle, était bel et bien son père, de sorte qu'au passage, si l'on peut dire, il a épousé sa propre mère ! Jocaste, anéantie, proteste, elle essaie de se persuader et de persuader Œdipe que le devin délire. Pour le convaincre, elle lui donne quelques précisions sur le meurtre de Laïos, sur le carrefour où le drame a eu lieu : ce n'est pas un homme seul qui l'a tué, mais une bande de brigands, ce ne peut donc pas être de lui qu'il s'agit ! Pour faire bonne mesure, elle lui révèle qu'elle a bien eu autrefois, en effet, un fils, mais que ce fils a été « exposé ». Œdipe n'est qu'à demi rassuré : la description du carrefour en question lui rappelle quelques souvenirs inquiétants, mais enfin, tout cela reste encore assez confus...

Sur ces entrefaites, un messager arrive de Corinthe : il annonce à Jocaste et Œdipe la mort de celui qu'il croit encore être son père, Polybe – ce qui attriste Œdipe, mais en même temps le soulage : au moins, il n'a pas tué son père ! Sauf que le messager ne peut s'empêcher d'ajouter une bien funeste précision : qu'Œdipe ne soit pas trop affligé, déclare-t-il, de toute façon, Polybe n'était pas vraiment son père. Il est un enfant exposé, trouvé par hasard, et adopté par les souverains de Corinthe. Patatras ! Tout le puzzle s'assemble d'un coup. Œdipe, pour en avoir le cœur net, convoque le berger qui avait jadis exposé l'enfant de Laïos et Jocaste. Il se trouve qu'en outre ce berger est justement le serviteur qui accompagnait Laïos au moment où il fut tué. Depuis, il s'est enfui dans la montagne et c'est lui qui a déclaré, pour avoir la paix, que le roi de Thèbes avait été tué par des bandits – ce qui faisait penser à Jocaste qu'Œdipe ne pouvait pas être le coupable. Mais c'était un mensonge, et maintenant, le berger serviteur avoue tout : oui, Tirésias et le messager de Corinthe disent la vérité ; l'enfant exposé n'est autre qu'Œdipe et c'est bien une seule personne qui a tué Laïos. Chacun peut maintenant mettre deux et deux ensemble et reconstituer toute l'histoire : le terrible oracle d'Apollon est enfin accompli et reconnu.

On est en pleine tragédie. Ne t'attends surtout pas que les choses s'arrangent. Elles ne vont faire au contraire qu'empirer. Jocaste se suicide aussitôt qu'elle apprend le fin mot de l'histoire. Quant à Œdipe, lorsqu'il la trouve pendue dans sa chambre, il s'empare de la broche qui ferme sa robe et, avec, il se laboure littéralement les yeux. Il se les crève avec rage et, comme toujours, son châtiment est directement lié à son « crime » – je mets le mot entre guillemets car il n'a, en réalité, jamais rien voulu de ce qui est arrivé. Mais justement, tout son drame est qu'il n'a rien *vu* venir. Malgré toute son intelligence, il a été de bout en bout *aveugle*. Et comme il a péché par manque total de vue, de clairvoyance, c'est aussi par là qu'il doit être puni. À son aveuglement mental répond maintenant son aveuglement physique...

La fin de sa vie est également triste. Si l'on suit, là encore, la version de Sophocle – il en est plusieurs autres, mais celle-ci est devenue canonique –, Œdipe quitte aussitôt le trône, qui est repris, à nouveau sous forme d'intérim, par Créon. Il s'enfuit à Colone où lui, le roi honoré de tous comme le sauveur de Thèbes pendant près de vingt ans, va vivre une existence misérable de vagabond. Sa fille, Antigone, qui est pleine de bonté et possède un sens aigu de la famille, l'accompagne et veille sur lui. Puis il se dirige vers Athènes, où règne alors un excellent roi, le bienveillant Thésée. En passant sur la route, près d'un petit bois, il reconnaît le lieu où il doit mourir : ce bois, en effet, appartient aux Érinyes, ces terribles divinités nées du sang d'Ouranos, répandu sur Gaïa, la terre, après la castration commise contre son père par Cronos. Les Érinyes, il faut ici s'en souvenir, ont reçu de leur origine la mission première de punir les crimes commis au sein des familles. De ce point de vue, le pauvre Œdipe, bien que sans l'avoir cherché ni voulu, se retrouve pour ainsi dire champion toutes catégories. Il est normal, dans ces conditions, que ce soit entre les mains de ces fameuses « Bienveillantes » qu'il termine sa malheureuse existence. Mais ce bois est sacré. Des serviteurs du roi d'Athènes croient bien faire en voulant chasser Œdipe de cet endroit maudit. Ce dernier leur ordonne alors d'aller chercher Thésée, lequel, toujours aussi bien intentionné, arrive sur-le-champ. Avec une réelle bonté, il va prendre en pitié Œdipe et l'accompagner dans la mort : la terre s'ouvre, les Érinyes l'emportent, mais nul ne saura jamais exactement où se trouve l'emplacement de sa disparition. Thésée rendra les honneurs funèbres à Œdipe, en signe d'amitié et de pardon de ses crimes involontaires...

Tel est, en gros, le scénario de base, la trame fondamentale du mythe. Il faut encore ajouter quelques mots sur ses dernières conséquences touchant les enfants du malheureux héros. On les trouve rapportées, pour une part dans l'*Antigone* de Sophocle, mais aussi dans la seule pièce d'Eschyle qui nous soit parvenue traitant de ce sujet (il y en avait plusieurs autres, hélas aujourd'hui perdues) : *Les Sept contre Thèbes*. Étéocle et Polynice, les deux fils d'Œdipe, se sont mal conduits avec leur père lorsqu'ils ont appris la vérité de son histoire. Ils l'ont humilié, maltraité, au point que ce dernier a fini par invoquer contre eux la colère des dieux. Avec succès : les deux frères vont devenir les pires ennemis du monde. Pour tenter de régler leur différend touchant le pouvoir, qui leur revient maintenant qu'Œdipe est mort, ils décident de régner à tour de rôle, d'une année sur l'autre : Étéocle occupera le trône de Thèbes la première année, Polynice la deuxième, Étéocle à nouveau la troisième et ainsi de suite... Seulement, une fois au pouvoir, Étéocle refuse de le rendre à son frère. Ce dernier lève alors une armée pour reprendre Thèbes et faire appliquer leur accord. Cette armée est dirigée par sept chefs, qui correspondent aux sept portes de la ville que Polynice veut assiéger – d'où le titre de la pièce d'Eschyle : *Les Sept contre Thèbes*.

Pour résumer la fin : Thèbes, bien gardée par ses remparts, résiste vaillamment aux assauts des sept et leur armée perd lamentablement la bataille. Les deux frères ennemis s'affrontent autour de la septième porte et, dans un combat singulier, ils s'entretuent. Créon, qui, du coup, est toujours au pouvoir, décrète qu'on enterrera avec les honneurs celui qui a défendu sa cité, à savoir Étéocle, tandis que Polynice, qui l'a combattue, sera, humiliation suprême, privé de sépulture : on l'abandonnera aux chiens et aux oiseaux. Et si jamais quelqu'un s'avise d'aller contre cet édit, il sera aussitôt mis à mort !

C'est en ce point que commence la tragédie d'Antigone. Bien que très brève, elle va faire couler beaucoup d'encre, donner lieu à une infinité de commentaires. L'intrigue est pourtant toute simple : Antigone déclare – si l'on suit la fin de la pièce d'Eschyle – qu'elle doit assumer sa place dans la communauté qui lui a donné naissance, à savoir sa famille, et ce quels que soient les malheurs qui ont pesé sur elle. La sphère privée doit à ses yeux l'emporter sur la loi de la cité. Elle brave alors les ordres de son oncle, Créon, et va enterrer son frère, Polynice. Bien entendu, elle est arrêtée et condamnée à mort. La pièce d'Eschyle s'arrête là. Si l'on continue l'histoire à partir de Sophocle, on apprend que Créon, dans un premier temps, est inflexible. Puis, sur les injonctions pressantes de ses proches, il revient sur sa décision et demande qu'on libère Antigone, qui vient d'être arrêtée et jetée en prison en attendant l'exécution de la sentence de mort. Trop tard ! Au moment où on vient la libérer, on découvre qu'elle s'est pendue. Pour ajouter à la gaieté générale, la femme de Créon se suicide aussi, laissant le vieux roi méditer seul sur les conséquences de mauvaises décisions... Plus tard, les fils des sept, ceux qu'on appellera les « Épigones », voudront venger leurs pères. Ils reprendront les armes et la ville de Thèbes sera détruite.

Ainsi s'achève le sinistre cycle des légendes thébaines. Du destin d'Œdipe et de la révolte d'Antigone, on a donné des dizaines d'interprétations. Le mythe a fasciné pendant des siècles et, aujourd'hui encore, il n'est pas une année qui passe sans que paraissent à son sujet de nouveaux ouvrages savants. Il est toujours, dans ces conditions, très présomptueux de se risquer à son tour au moindre commentaire... Il m'est pourtant impossible ici de ne pas le faire. C'est donc avec la plus grande prudence que je te propose, plutôt que d'ajouter encore une lecture moderne, de revenir à la façon dont les Grecs eux-mêmes devaient considérer le mythe – du moins si l'on en croit ce qu'en dit Eschyle lorsqu'il fait discrètement, mais clairement, allusion aux récits qui portent sur la naissance de Thèbes.

Que disent, au fond, ces différentes histoires ? D'abord, et de toute évidence, qu'Œdipe n'est pas « coupable », au sens où l'entendrait notre conception moderne de la justice. Œdipe, c'est clair, n'a rien su ni voulu de ce qui est arrivé. De toute évidence, comme le prouve la place cruciale occupée par les oracles, et avec eux, par les dieux, il est le jouet d'un destin supérieur qui lui échappe de toutes parts. Ajoutons, car on aurait tort d'oublier les « petits » dans cette affaire, que les Thébains ne sont pas non plus, ni de près ni de loin, responsables – en tout cas pas le peuple – des calamités et autres fléaux qui s'abattent invariablement sur eux jusqu'à la destruction finale de la ville par les Épigones.

La vérité, c'est qu'une malédiction ancienne pèse d'emblée sur toute la lignée des rois de Thèbes, et cette malédiction, liée à un dérèglement initial, ne peut prendre fin qu'après une remise en ordre de la famille et de la cité. Or, cette dernière passe, au final, un peu comme dans les mythes de Deucalion ou de Noé, par la destruction totale des protagonistes. Les malheureux n'y peuvent rien, et c'est cela qui est tragique. Ils sont englobés par un destin qui leur échappe et qui les broie quoi qu'ils fassent, car cette malédiction remonte fort loin dans le temps. Elle est d'abord liée, si l'on commence par la génération qui précède immédiatement Œdipe, celle de son père, au crime jadis commis par Laïos à l'encontre du fils de Pélops. Il faut savoir que Pélops a autrefois recueilli et élevé Laïos comme s'il s'agissait d'un membre de sa famille. Ce dernier a, pour des raisons dans lesquelles je n'entre pas ici, passé toute son enfance chez lui. Mais un jour, Laïos tombe amoureux du jeune Chrysippe, le fils de Pélops, et il tente de le violer. Le jeune homme, horrifié, se suicide, et Pélops, fou de colère et de douleur, lance alors une terrible invocation aux dieux : si jamais Laïos a un fils, que ce dernier le tue – toujours la même proportion entre la faute et la punition – et que la ville de Thèbes soit détruite. Selon certains mythographes, Héra et Apollon ne pardonneront jamais aux Thébains d'avoir placé Laïos à la tête de leur ville sans jamais penser un instant à punir son crime.

Tout le reste s'enchaîne alors de façon implacable : Apollon, *via* son oracle, prévient les époux, Laïos et Jocaste, que s'ils ont un fils, la catastrophe s'abattra sur eux. Du reste, Laïos n'aime pas beaucoup les femmes, il préfère de loin les garçons. C'est donc, selon la plupart des versions du mythe, sous l'emprise de la boisson, en état d'ébriété avancée, qu'il lui fait l'amour et conçoit le petit Œdipe.

Voici ce que dit le Chœur, à ce sujet, dans la tragédie d'Eschyle :

« Je pense, en effet, à la faute ancienne, sitôt punie, mais dont l'effet dure jusqu'à la troisième génération, à la faute de Laïos, sourd à la voix d'Apollon qui, par trois fois, dans son siège fatidique de Pythô, nombril du monde, avait déclaré qu'il devait mourir sans enfant s'il voulait sauver sa ville. Mais, cédant à un désir insensé (*Laïos est sous l'emprise de la boisson quand il fait l'amour à Jocaste…*), il engendra sa propre mort, Œdipe le parricide, qui, dans le sillon sacré d'une mère où il avait été nourri, osa planter une racine sanglante. Le délire avait uni ces époux en folie (*c'est toujours l'alcool qui explique l'oubli de la recommandation d'Apollon…*). Une mer de maux lance ses vagues sur nous. Quand l'une s'écroule, elle en soulève une autre trois fois plus forte, qui gronde en bouillonnant contre la poupe de notre cité… Car voici le terrible règlement des anciennes imprécations qui s'accomplit… »

Et, un peu plus loin, on apprend, tout à fait dans la même logique, que si Polynice, « l'auguste septième chef », est tué par son frère, c'est là un effet direct de la volonté d'Apollon. Le dieu s'est réservé le droit de s'occuper lui-même de la septième porte, celle où a lieu le combat mortel entre les deux frères,

> « afin d'accomplir sur la race d'Œdipe le châtiment de la faute ancienne de Laïos ».

On ne peut dire les choses plus clairement et il est inutile d'aller chercher ailleurs, dans je ne sais quelles considérations psychologiques. La suite de la pièce y insiste du reste à maintes reprises : les descendants de Laïos sont tous victimes d'un destin qui leur échappe, dont ils ne sont pas responsables, qui répond à la volonté des dieux, en l'occurrence représentés par Apollon. Il en va de même pour Antigone, qui explique sans détour sa volonté de braver la mort en enfreignant les ordres de Créon comme un choix, certes librement consenti, mais situé cependant dans un contexte où rien ne l'est, où tout est contraint, déterminé d'avance par le destin cosmique et par les dieux :

> « On est forcément lié, *dit-elle*, par la communauté au sein de laquelle on a pris naissance, enfants d'une mère misérable et d'un père infortuné. Aussi mon âme partage volontairement son malheur involontaire et, vivante, témoigne au mort (*Polynice*) ses sentiments fraternels. Ses chairs ne seront pas la pâture des loups au ventre creux ; que personne ne le croie car je saurai, moi, toute femme que je suis, lui procurer une tombe pour l'ensevelir... »

Beau paradoxe, qui résume parfaitement le tragique de l'histoire : Antigone agit librement, par volonté. Elle prend bien sa décision elle-même, en toute conscience du danger qu'elle court, elle le fait néanmoins dans une situation où tout lui échappe à elle aussi, et où elle sent qu'elle ne peut, en vérité, pas agir autrement qu'elle ne le fait : elle appartient à sa famille, beaucoup plus que sa famille ne lui appartient. Du coup, elle est liée à la malédiction qui pèse depuis les origines sur elle, et rien ne pourra la faire changer de cap...

De même que la psychanalyse a fait, dans ses interprétations du mythe, la part belle à l'inconscient, les féministes, mais aussi bien les antiféministes, car le texte d'Eschyle peut se lire en deux sens, ont beaucoup glosé sur le fait qu'Antigone est une femme, qu'elle incarnerait ainsi, pour ainsi dire « naturellement », la loi du cœur, de la sphère privée, contre celle, sèche et rationnelle, des hommes et de la cité, des mâles et du collectif, etc. Encore une fois, il n'est pas impossible que ces connotations d'aujourd'hui soient en quelque façon présentes dans le mythe. C'est même probable : les Grecs n'étaient pas plus bêtes que nous et ils avaient, eux aussi, leurs idées sur les hommes et les femmes, l'inconscient, la vie des passions et autres thèmes chers à la psychologie contemporaine. Mais là n'est certainement pas la clef du mythe et ces préoccupations n'ont rien d'essentiel, sinon à nos yeux de Modernes, « déformés » par des lunettes peut-être légitimes, mais à coup sûr différentes de celles des Grecs.

Il n'y a aucune raison de ne pas croire Eschyle : il n'est pas question dans cette tragédie de psychologie, mais de cosmologie et du destin aveugle – ce qui est tout autre que l'inconscient personnel – qui rétablit l'ordre lorsque le système a été, pour une raison ou pour une autre, chamboulé. Et depuis que les hommes existent, depuis que Pandore et Épiméthée les ont engendrés, les dérèglements abondent : ils sont inévitables, car ils forment, comme nous le savons maintenant, le ressort de la vie même, de l'histoire en tant que telle. Si les générations n'existaient pas, le cosmos serait figé pour l'éternité dans un ennui complet. Mais l'existence des générations, c'est aussi le risque constant de dérapages tragiques. Voilà pourquoi il faudrait, en vérité, retracer toute l'histoire de Thèbes depuis sa fondation par Cadmos, pour comprendre jusque dans ses racines la malédiction qui frappe Œdipe. Je me suis pour l'instant arrêté à Laïos et au crime commis par lui contre le fils de Pélops. Mais c'est dès l'origine que le ver est dans le fruit.

D'abord, Cadmos a épousé Harmonie, qui, malgré son nom, est déjà le fruit d'un certain désordre puisqu'elle est la fille d'Arès et d'Aphrodite, d'une union bancale et interdite – Aphrodite est officiellement mariée à Héphaïstos – entre la guerre et l'amour... Mais il y a plus, beaucoup plus : tu te souviens que Cadmos, pour fonder sa cité, a dû recourir aux services des « semés », ces fameux *spartoi* nés des dents du dragon qui gardait la source d'Arès et que Cadmos a tué pour trouver l'eau nécessaire au sacrifice de la vache qui lui avait indiqué l'emplacement où fonder sa ville. Or ces fameux « semés », au nombre de cinq, sont des hommes de guerre, des forces archaïques, proches du Chaos originel, de la terre, des Titans, de Typhon. Où l'on retrouve un thème cosmologique majeur, hors duquel il est impossible de comprendre quoi que ce soit aux légendes qui entourent, comme celle d'Œdipe, toute l'histoire de la ville de Thèbes. D'ailleurs, l'un de ces « semés », qui participe à la fondation de la lignée d'Œdipe, se nomme Échion, et son nom évoque immanquablement le monstre Échidna, la fameuse compagne, mi-femme mi-vipère, de Typhon. Le destin des descendants de Cadmos sera souvent terrible, toujours houleux, à l'image de celui de Penthée, son petit-fils qui lui succède sur le trône de Thèbes et qui finira déchiqueté par les Bacchantes de Dionysos.

Sans entrer ici dans le détail de cette longue histoire, il est clair que le destin qui pèse sur Œdipe et Antigone vient de très loin et qu'ils n'y peuvent rigoureusement rien, ni l'un ni l'autre, pas plus que les jeunes gens dévorés par la Sphinx, ou les populations décimées à Thèbes par la peste. C'est ainsi. Les calamités ont été chassées de l'Olympe par les dieux, du moins depuis qu'ils ont vaincu les Titans, depuis que Zeus a opéré le partage originaire, réparti le monde selon la justice afin qu'il soit enfin un cosmos harmonieux et bon, du moins là-haut, sur l'Olympe, mais pas en bas ! Sur notre terre, il faut bien qu'il y ait un peu de désordre puisqu'il y a du temps et de la vie : c'est inévitable. La preuve ? Si on voulait à tout prix empêcher qu'il y ait sur terre un peu de chaos et par conséquent, d'injustice, le seul moyen d'y parvenir, ce serait de supprimer l'histoire, les générations, c'est-à-dire les humains mortels. Voilà pourquoi, depuis le fameux partage originaire, tous les malheurs leur sont réservés. Et il ne peut pas en aller autrement. À vrai dire, certains en rajoutent qui cherchent eux-mêmes les difficultés. Comme on dit dans les familles, ils ne les ont pas volées ! C'est le cas de tous ceux qui pèchent par *hybris*. Mais il en est d'autres, et c'est de loin la plus grande part, qui ne sont responsables de rien. Il est des maux qui se transmettent parfois de génération en génération, comme une maladie, une tare génétique – sauf qu'en l'occurrence cette tare est liée à un dérèglement cosmique dont, le cas échéant, un ancêtre a été plus ou moins responsable, mais qui rappelle toujours que la menace représentée par le chaos initial ne pourra jamais disparaître : elle est consubstantielle à la vie et à l'histoire des hommes. Parfois, il se peut, même si cela semble injuste et cruel, que les dieux doivent réparer le système, y remettre de l'ordre en anéantissant d'abord toute la lignée de ceux qui sont les héritiers de la rupture initiale d'équilibre. Cela devait certainement expliquer, du moins aux yeux des spectateurs de la tragédie, comment et pourquoi les maux les plus atroces tombent sur l'humanité comme la pluie. Je te l'ai dit en commençant ce chapitre : pas plus que les gouttes ne choisissent de mouiller tel ou tel, mais pleuvent indifféremment sur les bons comme sur les méchants, les malheurs qui frappent les hommes ne sont pas, loin de là, tous mérités. C'est ainsi, simplement, et on n'y peut rien, car ces afflictions appartiennent par essence au statut qui est le nôtre :

celui de mortels plongés dans une vie et une histoire qui comportent sans cesse la possibilité d'un mal avec lequel il faut apprendre à composer...

Sinistre leçon de vie, penseras-tu sans doute, et je comprends que cette espèce de reddition au présent, au monde tel qu'il va, puisse paraître désespérante. Mais il faut bien voir qu'en réalité, si l'on approfondit un peu les choses au lieu de s'en tenir à notre regard de Modernes, le point de vue de la tragédie, tel que le mythe d'Œdipe l'explicite à l'état chimiquement pur, de manière presque caricaturale, est à la fois plein de vérité et plein de sagesse. Je vais tenter de te dire en quelques mots pourquoi, tenter de t'expliquer aussi pour quelles raisons nous avons à mes yeux tout intérêt, encore aujourd'hui, à en méditer la leçon.

D'abord, tout simplement, parce qu'elle est factuellement vraie : oui, l'existence humaine est, parfois, pour ne pas dire toujours, tragique, en ce sens que le malheur frappe sans que nous puissions lui donner un sens. Nous avons tort de tout faire pour l'oublier. Aujourd'hui, dès que le mal s'abat injustement sur nous, nous cédons aussitôt à la manie moderne qui consiste à chercher des « responsables ». Une rivière déborde et noie quelques campeurs ? Bien entendu, c'est la faute du maire, du préfet, du ministre, tous incompétents, pour ne pas dire nuisibles ! Un avion s'écrase ? Vite, faisons un procès pour identifier les coupables et les clouer au pilori... Que ce soit le toit d'une école qui s'effondre, une tempête qui arrache des arbres, un tunnel où éclate l'incendie, il nous faut à tout prix une explication humaine, une faute morale à stigmatiser d'urgence. Disons-le franchement : nulle part mieux que dans cette attitude on ne voit la folie des Modernes. Tu te demanderas pourquoi je parle ici de « Modernes », avec une majuscule, comme s'il s'agissait pour ainsi dire d'une catégorie à part, d'une autre espèce d'humanité que celle des « Anciens » ? C'est excessif, bien sûr, mais c'est pour te faire comprendre un trait caractéristique du temps présent, qui, sur ce point, s'oppose tout à fait au monde antique : l'humanisme, que j'aime et défends par ailleurs, est devenu si omniprésent, nous sommes tellement convaincus, nous les humains, d'être les maîtres absolus du monde, les détenteurs de tous les pouvoirs, que nous en venons insensiblement, sans même y réfléchir, à penser que nous contrôlons tout, y compris les forces naturelles, les catastrophes et les accidents ! Or c'est, tout simplement, du délire, au sens propre du terme : un déni de réalité. Car la vérité est tout autre : malgré tous les pouvoirs, en effet gigantesques, que nous donne la science, il n'en reste pas moins que le destin nous échappe et nous échappera toujours et de toutes parts ! Non seulement le hasard fait partie de la vie, non seulement la contingence est inhérente à l'histoire, mais nous sommes en outre parties prenantes de contextes si variés, si complexes et ramifiés, que prétendre tout maîtriser de ce qui advient aux hommes est purement et simplement grotesque !

Pour prendre un exemple extrême, mais évident, la dernière guerre mondiale a fait cinquante-trois millions de morts. Penses-tu sérieusement qu'il n'y avait, parmi tous ces pauvres gens, que des « coupables », que des responsables, que des bons et des méchants ? La vérité, bien entendu, c'est que le malheur frappe, comme dans le mythe d'Œdipe, sans que nous y soyons pour rien, et il frappe sacrément fort, y compris dans le domaine social et politique dont on pourrait imaginer pourtant qu'on le maîtriserait mieux que celui de la nature. Selon qu'on naît ici ou là, les chances sont inégales, et ce dans des proportions parfois abyssales – ce que nul ne peut nier. Comment ne pas être alors tentés de trouver une explication, comme le firent les Grecs avec ce mythe ? L'idée qu'un monde déréglé produit des malheurs injustes est tout simplement vraie, et, pour une large part au moins, je ne vois pas grand-chose à y objecter…

Mais surtout, il y a, en arrière-fond, une sagesse, il est vrai non chrétienne, donc plus étrange *a priori* à nos yeux préformés, que nous le voulions et le sachions ou non, par des siècles de christianisme, qui mérite réflexion. Un chrétien, pensant que tout est plus ou moins voulu ou, du moins, surveillé par Dieu, aura une propension presque inévitable à chercher un sens dans la folie des hommes, une explication qui les rende en quelque façon responsables : si Dieu est tout-puissant, s'il est bon, le malheur du monde n'est pas explicable autrement. Il faut bien postuler qu'il vient de la méchanceté des hommes, de leur liberté mal utilisée, de sorte qu'ils sont en quelque façon collectivement responsables des catastrophes qui leur échoient. Nous sommes là aux limites de la superstition, et il faut parfois, pour éviter ce piège, bien des ruses dialectiques aux chrétiens qui veulent ne pas y tomber – et bien entendu, ils sont nombreux : je ne leur fais pas ce mauvais procès.

Les Grecs pensent tout autrement : il s'agit pour eux d'accepter l'absurdité du monde comme il va, de tenter de l'aimer comme il est. Une sagesse au présent, en quelque sorte, qui nous invite à « faire avec ». Non pas une résignation, mais une incitation à développer notre capacité d'accueil, d'ouverture au monde, à profiter de la vie tant qu'elle est là, tant qu'elle va bien, qui suppose un certain rapport au temps que nous avons largement perdu. Encore une fois : je suis un Moderne, un « humaniste », comme on dit, et j'ai même passé ma vie à élaborer ce que j'appelle un « humanisme postmétaphysique » ou postnietzschéen : il n'empêche, on ne peut être insensible à la grandeur du monde ancien ni surtout au fait que ses points forts coïncident si souvent avec nos points faibles. Là où nous croyons, à tort, pouvoir tout maîtriser, les Anciens nous offrent un autre regard dont il faut nous inspirer.

De quoi s'agit-il au juste ? De ceci, que j'avais déjà exposé à propos du stoïcisme dans le premier volume d'*Apprendre à vivre*, et qu'il faut reprendre un instant ici dans ce contexte mythologique. Sans nul doute possible, la conviction première que la mythologie va léguer à la philosophie antique, et notamment au stoïcisme, c'est que les deux maux qui pèsent sur l'existence humaine, les deux freins qui la bloquent et l'empêchent d'accéder à ce plein épanouissement qui résulte de la victoire sur les peurs, sont la nostalgie et l'espérance, l'attachement au passé et le souci de l'avenir. En permanence, le passé nous tire en arrière grâce à la terrible puissance qu'exercent sur nous ce que Spinoza nommera joliment les « passions tristes » : nostalgie, lorsque le passé fut heureux, mais culpabilités, remords et regrets lorsqu'il fut douloureux. Alors nous nous réfugions dans ces mirages du futur que Sénèque, dans ses *Lettres à Lucilius*, a déjà si bien décrits. Nous nous imaginons qu'en changeant ceci ou cela, la maison, la voiture, les chaussures, la coiffure, les vacances, le MP3, la télé, le métier ou tout ce que tu voudras imaginer d'autre, cela ira mieux. La vérité, c'est que ces attractions du passé et ces mirages du futur sont la plupart du temps des leurres. Sans cesse ils nous font manquer l'instant présent, nous interdisent de le vivre pleinement. En plus, ils sont des foyers permanents d'angoisses ou de peurs, les premières surgissant presque toujours du passé et les secondes de l'avenir. Or il n'est de plus grand obstacle à la vie bonne que la crainte.

Telle est la conviction, simple et profonde, qui s'exprime dans la sagesse grecque telle que le stoïcisme, notamment, va la populariser[1]. Pour être sauvés, pour accéder à la sagesse qui réside dans la victoire sur les peurs, il nous faut apprendre à vivre sans nostalgie du passé ni crainte superflue de l'avenir, ce qui suppose que l'on cesse d'habiter en permanence ces dimensions

---

1. Voir sur ce point, in *Apprendre à vivre* – 1, le chapitre consacré au stoïcisme.

du temps qui n'ont d'ailleurs aucune existence (le passé n'est plus et le futur pas encore), pour s'en tenir autant qu'il est possible au présent. Comme le dit Sénèque dans ses *Lettres à Lucilius* :

> « Il faut retrancher ces deux choses : la crainte de l'avenir, le souvenir des maux anciens. Ceux-ci ne me concernent plus et l'avenir ne me concerne pas encore »,

car, dit-il encore, à force de se préoccuper de ces dimensions fictives du temps, on finit tout simplement par « manquer de vivre ».

Mais, à nouveau, tu te diras peut-être que cette sagesse du présent ne tient pas vraiment la route et que, en tout état de cause, on n'a pas vraiment l'impression qu'elle soit en quoi que ce soit ancrée dans l'esprit d'Œdipe – pas davantage d'ailleurs dans celui d'Antigone – qui, manifestement, trouvent tous deux que le destin à eux réservé par les dieux est immonde, insupportable, pour ne pas dire révoltant. Au reste, on peut imaginer que le spectateur de la tragédie devait penser plus ou moins la même chose : à coup sûr, il devait se dire que toute cette histoire était effroyable et que le réel, pour être voulu et guidé par les dieux, n'en était pas moins aussi peu rassurant qu'aimable. En d'autres termes, comment concilier la sagesse grecque de l'amour du réel, de la réconciliation avec le présent, avec le sentiment tragique qui va à l'inverse et qui nous laisse penser que, même voulu par les dieux et, sans doute, au total, harmonieux, le monde est invivable pour beaucoup d'entre nous ?

Avec cette question toute simple, nous touchons, je crois, au cœur des plus grandes difficultés inhérentes à la vision cosmologique et divine de l'univers. On peut, me semble-t-il, lui apporter trois réponses différentes.

La première, qui est sans doute celle qui concilie le mieux la sagesse de l'amour du monde et la réalité du tragique, consisterait à dire à peu près ceci : sachez, pauvres humains, qu'à l'exemple d'Œdipe le destin ne vous appartient pas et qu'il peut toujours mal tourner, vous reprendre ce qu'il vous a donné. Pendant vingt ans, lorsqu'il était roi de Thèbes, heureux avec Jocaste et ses enfants, Œdipe a vécu dans la gloire et le bonheur. Tout cela lui a été retiré. Pis encore : cela même qui avait participé à la construction de son bonheur, à savoir le fait d'avoir tué son père et épousé sa mère, est devenu le principe fondamental de la catastrophe absolue. Morale de l'histoire : il faut profiter de la vie quand elle est bonne, quand elle va bien, ne jamais se la gâcher par des tourments inutiles. Sachant que, de toute façon, elle se termine mal, il faut profiter du présent, des vingt années resplendissantes à Thèbes, et suivre le fameux principe du « *Carpe diem* » d'Horace : prendre et aimer chaque jour comme il vient, sans se poser de questions inutiles. Le sage est celui qui vit au présent, non pas par manque d'intelligence, par ignorance de ce qui peut advenir, mais tout au contraire, parce qu'il sait trop bien qu'un jour ou l'autre tout se gâtera et qu'il faut savoir profiter dès maintenant de ce qui nous est donné. C'est, en quelque sorte, la version minimaliste de la sagesse stoïcienne.

La version maximaliste va, comme il se doit, beaucoup plus loin : elle nous invite aussi à aimer le réel, mais sous toutes ses facettes, même quand il est tragique et déchirant. Dans ces conditions, le sage ne se borne pas à aimer seulement ce qui est aimable. Cela, tout le monde le peut. Il est celui qui parvient en toutes circonstances à « espérer un peu moins, regretter un peu moins et aimer un peu plus », comme me disait un jour le philosophe André Comte-Sponville, pour saisir d'une phrase l'esprit de cette sagesse grecque. Et, de fait, la formule traduit parfaitement la sérénité et la force de caractère dont il faudrait faire preuve face aux catastrophes qui adviennent aveuglément aux humains. C'est là une idée qui traversera les siècles. On la voit déjà à l'œuvre chez les épicuriens autant que chez les stoïciens, mais on la retrouvera aussi chez Spinoza et même chez Nietzsche qui, lui aussi, nous invite explicitement à aimer le monde tel qu'il est, *non pas seulement quand il est aimable – ce serait trop facile –, mais aussi quand il est, comme c'est le cas dans la tragédie d'Œdipe, atroce* :

> « Ma formule pour ce qu'il y a de grand dans l'homme est *amor fati* : ne rien vouloir d'autre que ce qui est, ni devant soi, ni derrière soi, ni dans les siècles des siècles. Ne pas se contenter de supporter l'inéluctable, et encore moins de se le dissimuler – tout idéalisme est une manière de se mentir devant l'inéluctable –, mais l'*aimer*[1]. »

En d'autres termes, qui pourraient être ceux de la sagesse ancienne dans ce que j'appelle ici par commodité sa version « maximaliste », il ne faut jamais séjourner dans les dimensions non réelles du temps, dans le passé et l'avenir, mais tenter au contraire d'habiter autant que possible le présent, lui dire « oui » avec amour même quand il est terrible – dans une « affirmation dionysiaque », comme dit Nietzsche en référence au dieu du vin, de la fête et de la joie.

J'aimerais bien aimer cette idée, mais, à vrai dire, je n'ai jamais cru une seconde qu'elle soit le moins du monde praticable, qu'il soit possible de dire « oui » dans la joie à la mort d'un enfant, à une catastrophe naturelle ou à une guerre et, à sa façon, la triste fin d'Œdipe prouve assez que le tragique grec n'a pas grand-chose à voir avec cette vision des choses, sans doute grandiose sur le papier, néanmoins absurde dans la vie quotidienne. À titre personnel, je n'ai jamais réussi à comprendre comment on pouvait, à la manière de Nietzsche, de Spinoza ou des stoïciens, dire « oui »

---

1. *Ecce homo*, « Pourquoi je suis si sage ».

à tout ce qui advient. Du reste, je ne suis même pas sûr que cela soit souhaitable. Que signifierait dire « oui » à Auschwitz ? On me dit que l'argument est vulgaire. Soit, soyons vulgaires et assumons : de fait, je n'ai encore jamais eu le moindre embryon de réponse un tant soit peu crédible à cette interrogation, en effet triviale, de la part de mes amis stoïciens, spinozistes ou nietzschéens, et c'est ce qui m'interdit, encore aujourd'hui, de partager leur pensée... Du reste, je le répète, Œdipe lui-même ne parvient pas plus que toi ou moi à le faire, à adhérer à l'horreur.

Reste donc, entre la sagesse minimaliste qui, soit dit en passant, me paraît fort belle et déjà fort difficile à pratiquer autant qu'il le faudrait, et la maximaliste, qui n'a guère de sens dans la réalité humaine, à tenter de penser la dernière voie, celle qu'à mes yeux la tragédie grecque dessine comme en creux, de manière presque implicite ou subreptice. De toute évidence, Œdipe ne dit pas « oui » joyeusement à son sort et il faudrait être de bien mauvaise foi pour prétendre que les spectateurs se réjouissent de voir le cosmos, l'ordre divin, reprendre ses droits légitimes contre les petits humains qu'il broie au passage de manière si brutale. Est-ce dire, sous prétexte qu'Œdipe ne pense ni n'agit comme un stoïcien, un spinoziste ou un nietzschéen parfait le feraient sûrement, qu'il n'est pas un sage ? Je n'en suis pas certain. Car il me semble qu'il nous laisse un message autrement intéressant que celui de l'*amor fati*. Bien entendu, en tant que Grec qui croit en son monde et en ses dieux, il accepte en partie son sort, comme en témoigne le fait qu'il se punit lui-même. Il se crève les yeux et quitte le trône pour finir misérablement. Pour autant, par sa vie même, par sa souffrance affichée qui n'a rien de je ne sais quel amour du présent, il se révolte, il proteste, il crie que quelque chose ne va pas, et, sa fille, Antigone, plus encore que lui, mais dans le même sens, reprend le flambeau. Non que l'un et l'autre, encore une fois, contestent, du moins de manière explicite, l'univers dans lequel ils sont plongés : au contraire, Antigone dit bien qu'elle appartient à sa famille et qu'elle n'y peut rien. Mais justement, il y a un couac : ces gens sont formidables, Œdipe est sage, intelligent, bienveillant, honnête, Antigone est courageuse, loyale, fidèle à des idéaux qui manifestent une noble éthique, et pourtant ils sont broyés. Et cela ne passe pas et doit être médité plus à fond...

Leur triste histoire nous apprend d'abord à mieux comprendre la condition humaine, à mieux percevoir en quoi le malheur fait partie intégrante et inévitable de la vie des mortels, pourquoi, aussi, il est toujours injuste, absurde et insensé. Nous saisissons ainsi les raisons qui plaident en faveur d'une sagesse de l'amour du monde, qui nous invitent à nous abstenir autant qu'il est possible de ruminer les souvenirs pénibles ou de fantasmer des avenirs radieux. Mais au-delà de cette première leçon, qui rejoint la sagesse « minimaliste », si Œdipe et Antigone deviennent à nos yeux, comme déjà à ceux des Grecs, des héros, des personnages de légende en quelque façon positifs, c'est qu'ils témoignent comme nul autre, par leur souffrance même, de ce que la condition humaine a de singulier au sein de l'ordre cosmique. Il y a là comme un ferment de l'humanisme à venir. De même que Prométhée, dans la pièce d'Eschyle, se révolte contre les dieux au nom de l'homme, le spectateur des tragédies de Sophocle ne peut pas ne pas se mettre à penser, ne fût-ce que fugitivement, qu'il faudrait pouvoir tout de même changer ce monde, l'améliorer, le transformer et non seulement l'interpréter. En tout cas, il y a, c'est certain, comme un grain de sable dans le système et il porte un nom : ce caillou dans la chaussure, c'est l'homme. Antigone, même si elle parle au nom des dieux en plaidant pour une morale du cœur, est une révolutionnaire, une humaniste – c'est tout un, en l'occurrence – qui s'ignore peut-être mais que nous ne pouvons, nous, ignorer. Bien plus qu'à l'*amor fati*, à la reddition au monde tel

Mythologie et philosophie

La leçon de Dionysos et la spiritualité laïque

Je ne reviens pas sur la construction de cette représentation du cosmos que la mythologie va léguer à la philosophie. Nous avons vu suffisamment, tout au long de ce livre, en quels sens multiples et complexes la vie bonne ne pouvait résider, du moins si l'on en croit ce qui fut longtemps l'essentiel de la culture grecque, que dans une existence mise autant qu'il est possible en harmonie avec l'ordre cosmique. Mais avec la tragédie d'Œdipe, nous avons aussi commencé à percevoir autre chose : les dysfonctionnements du système, les grains de sable qui pouvaient l'affecter, lui poser problème et, à tout le moins, nous apparaître à nous, les humains, comme tragiques. C'est par là que je voudrais conclure, en poursuivant la réflexion sur ce que l'on pourrait désigner d'une manière générale comme « l'altérité », comme « l'Autre » du cosmos et de l'harmonie, c'est-à-dire au fond, nous-mêmes, les mortels. Car la grandeur des mythes grecs ne réside pas seulement dans la description sublime des splendeurs de l'univers. Elle tient aussi à cet effort presque désespéré d'intégrer ce qui est autre que ce bel ordonnancement dans un schéma de pensée dominant qui privilégie pourtant l'harmonie avant toute chose. C'est un fait : la cosmologie met en

371

exergue l'ordre et la justice, l'accord et l'identité. Mais elle n'en est pas moins sensible à ce qui fait aussi le trouble attrait du chaos, de la différence, de la fête, de l'ivresse, bref, à tout ce qui relève à première vue de la folie plus que de la sagesse. On a souvent dit que ce versant, pour ainsi dire « dissident », de la pensée grecque, s'incarnait dans une autre tradition philosophique que celle de la cosmologie platonicienne ou stoïcienne, dans une espèce de « contre-culture » qui passe par les théories des atomistes, des épicuriens et des sophistes – une sorte de « déconstruction » pourrait-on dire, avant la lettre, où s'exprime déjà de manière explicite la passion du chaos plutôt que de l'ordre, de la différence plus que de l'identité, du corps plus que de l'âme.

Si on se place de ce point de vue, ce qui paraît réellement admirable dans les constructions mythologiques, c'est qu'elles aient eu l'incroyable audace de faire droit à cet aspect des choses, de le prendre en compte de manière tout à fait explicite en l'incarnant dans un personnage que nous avons déjà croisé en chemin : celui de Dionysos, dont j'aimerais te dire encore quelques mots en guise de conclusion. Disons-le d'emblée : il fallait un sacré culot pour faire d'un être aussi peu fréquentable un Olympien, pour l'intégrer de manière aussi éclatante et assumée au cœur du cœur du système cosmologique.

Car c'est peu de dire que Dionysos est difficile à digérer. Je t'ai déjà indiqué comment il était né de la « cuisse de Jupiter », arraché *in extremis* au ventre de Sémélé, sa mère, non pas une déesse, mais une simple femme qui s'était enflammée – au sens propre : consumée dans les flammes – à la vue de son amant, le roi des dieux. Dès le départ, Dionysos est un être tout à fait à part. D'abord, il est le seul Olympien à être le fils d'une mortelle. C'est déjà suggérer qu'il porte en lui une part de chaos, une différence fondamentale, une sorte d'imperfection. Mais il y a plus : on dit de lui qu'il a quelque chose d'oriental, qu'il n'a pas l'allure d'un Grec de « pure souche » – je sais : la formule est douteuse, c'est pourquoi je la mets entre guillemets, pour bien marquer que, du point de vue de la tradition, Dionysos a l'air de ce que les Grecs nomment un « métèque », un étranger. « Pis » encore, depuis sa plus tendre enfance, il est déguisé en fille dans un monde qui ne valorise que les hommes dans l'espace public. Au début, c'est pour échapper à la colère d'Héra que le roi Athamas, à qui Hermès a confié le jeune dieu, lui impose ce déguisement. D'ailleurs, selon plusieurs sources convergentes, c'est Héra qui a déjà fait brûler sa mère en lui suggérant fortement d'inviter Zeus à se montrer à elle sous son véritable jour : Héra sait bien que la jeune mortelle ne résistera pas une minute au rayonnement du maître de l'Olympe et qu'elle périra foudroyée. Mais au fil du temps, Dionysos prend goût à ses vêtements féminins. Pour se venger, Héra va le rendre fou dès qu'elle aura découvert la ruse, et il faudra à Dionysos des efforts de purification quasi surhumains pour sortir des délires insensés que l'épouse de Zeus lui a mis dans la tête. Ce dernier, pour le soustraire à la haine de sa femme, le transforme en chevreau, ce qui, il faut bien l'avouer, fait de Dionysos un être de plus en plus étrange : *non seulement il est fils d'une mortelle, non seulement il est oriental, féminin et fou, mais en plus il a un passé d'animal !* C'est peu de dire qu'*a priori* il n'a pas grand-chose d'olympien. En revanche, il a tout pour déplaire quand il passe, avec sa suite de Satyres, de Bacchantes et de Silènes aux mœurs inimaginables, dans des cités grecques dominées par les valeurs viriles et martiales de l'ordre juste. Avec son cortège de tordus à l'ivresse démesurée, à la sexualité débridée, au sadisme insensé, c'est l'*hybris* à tous les étages ! Encore une fois : il fallait vraiment une singulière audace pour faire figurer cet olibrius dans la liste canonique des dieux les plus légitimes. Question toute simple, du moins en apparence : pourquoi ?

Peut-être faut-il, pour mieux saisir l'enjeu et ne pas répondre à la légère, rappeler les premiers épisodes marquants de son parcours[1] – notamment la mort de Penthée, que j'ai déjà évoquée au passage, mais que je ne t'ai pas vraiment racontée en détail, en allant au fond du récit. Or, il est plein d'enseignement sur la singularité de cette étrange divinité.

Dès que Dionysos est né, Héra, comme je te l'ai dit, le poursuit de sa haine, comme elle l'a fait avec tant d'autres, Io ou Héraclès par exemple, pour les mêmes raisons. Il est caché en lieu sûr par Hermès, sur ordre de Zeus, et élevé sous les déguisements que je t'ai décrits. Lorsque Héra découvre le pot aux roses, elle ne frappe pas seulement Dionysos de folie, mais aussi ses parents adoptifs, Athamas et Ino (cela dit au passage, c'est d'ailleurs de là que naît, selon certaines versions, le mythe de la Toison d'or, les enfants d'Athamas cherchant à fuir la folie de leur père...). Alors, Zeus cache à nouveau le petit garçon, cette fois-ci dans un pays lointain, nommé Nysa, où il est élevé par des nymphes – certains prétendent que c'est de cet épisode que le jeune dieu tire son nom : Dionysos serait le « Zeus ou le dieu de Nysa »... Quoi qu'il en soit, il voyage beaucoup, et il finit par se guérir de sa démence. Il tente alors de rentrer en Thrace, mais il est violemment rejeté par Lycurgue, le roi de cette région. Comme un maire intolérant qui verrait débouler des Tziganes ou des Roms dans sa cité proprette, il ne veut pas chez lui de ce cortège insensé : il fait arrêter Dionysos et sa troupe. Mal lui en prend : le dieu, bien que tout jeune, est déjà terriblement puissant. Il jette un sort à Lycurgue, qui, à son tour, sombre dans la folie : il finira de manière atroce, écartelé par ses propres sujets, après s'être lui-même coupé la jambe dans un accès de démence... Après d'autres voyages, Dionysos rentre enfin dans sa ville, du moins celle de sa mère, Sémélé,

---

1. Je suis, ici, pour l'essentiel, le récit d'Apollodore, mais il n'est pas inutile de le compléter tout à la fois par les *Hymnes homériques* et par les fameuses *Dionysiaques* de Nonnos de Panopolis.

dont tu te souviens qu'elle est la fille de Cadmos et d'Harmonie, les souverains et fondateurs de Thèbes. Sémélé a une sœur, Agavé, qui a eu un fils, Penthée, le cousin germain de Dionysos. Ce dernier est donc lui aussi un petit-fils de Cadmos. Le père de Penthée, c'est important dans l'histoire qui va suivre, est un de ces fameux « semés », un de ces *spartoi* dont je t'ai déjà parlé. Il s'agit même du plus fameux d'entre eux, Échion, un authentique « autochtone », un être né de la terre – ce qui est, par essence, le cas des « semés ». Il est donc le contraire de Dionysos : non pas un exilé, mais un indigène, non un étranger, mais un homme du cru, un produit du terroir. Son grand-père étant trop vieux, désormais, pour diriger la cité, c'est lui, Penthée, qui en est devenu le nouveau roi. Or Agavé s'est toujours moquée de sa sœur, la mère de Dionysos : elle n'a jamais cru à l'histoire du Zeus foudroyant, pas davantage à celle de la « cuisse de Jupiter », et elle fait courir le bruit que toute cette affaire n'est qu'une fable, pour ne pas dire une imposture – ce qui déplaît souverainement à Dionysos. Pour deux raisons : d'abord parce qu'il n'aime pas que l'on calomnie sa mère, ensuite parce que cela revient à nier son rapport de filiation avec Zeus. Penthée et sa mère vont le payer cher, très cher.

Comme Jean-Pierre Vernant a merveilleusement bien raconté cette histoire, je ne puis faire mieux que de lui laisser la parole pour t'en exposer du moins la scène initiale, l'arrivée de Dionysos à Thèbes :

« Dans cette ville qui est comme un modèle de cité grecque archaïque, Dionysos arrive déguisé. Il ne se présente pas comme le dieu Dionysos, mais comme le prêtre du dieu. Prêtre ambulant, habillé en femme, il porte les cheveux longs sur son dos, il a tout du métèque oriental, avec ses yeux sombres, l'air séducteur, beau parleur… Tout ce qui peut hérisser le "semé" du sol de Thèbes, Penthée. Tous deux sont à peu près du même âge. Penthée est un tout jeune roi, et de même, ce soi-disant prêtre est un tout jeune dieu. Autour de ce prêtre gravite toute une bande de femmes jeunes et plus âgées qui sont des Lydiennes, c'est-à-dire des femmes d'Orient. L'Orient comme type physique, comme façon d'être. Dans les rues de Thèbes, elles font du vacarme, s'assoient, mangent et dorment en plein air. Penthée voit cela et entre en fureur. Que fait ici cette bande d'errants ? Il veut les chasser[1]… »

Ce qui est bien vu dans la description de Vernant, et pourquoi je la cite ici, c'est le formidable contraste entre Dionysos et Penthée, l'exilé et l'homme du terroir, le métèque et l'autochtone : on sent d'entrée de jeu qu'ils ne peuvent pas s'entendre. Dionysos va lui jouer un tour funeste. Derrière la fureur du jeune roi, il y a, comme souvent, une forme inconsciente de tentation. Au fond, il est fasciné par toutes ces femmes, par cette sensualité qui déborde dans les rues, cette liberté de ton et d'esprit, lui qui est coincé comme pas deux, élevé depuis l'enfance à la dure, de façon « spartiate », dans les valeurs « viriles » de sa cité modèle. Et Dionysos en profite, il joue sur cette fascination. Il l'invite – il faut bien le dire : sournoisement – à aller dans la forêt pour assister aux fêtes, à ces fameuses « bacchanales » ou « dionysies » qui vont y avoir lieu en l'honneur du dieu. Penthée se laisse tenter. Il grimpe dans un arbre pour s'y cacher et voir sans être vu le spectacle ahurissant qui doit s'y dérouler. Tout le contraire de ce qu'il est lui, mais qui, justement pour cette raison, exerce sur son âme, et peut-être aussi sur son corps, une secrète et trouble attirance… Les Bacchantes – les femmes du cortège de Dionysos sont ainsi nommées en référence à Bacchus, un des autres noms de ce dieu à multiples facettes – commencent à délirer, à danser, à boire, à

1. *L'Univers, les dieux, les hommes, op. cit.*, p. 181.

faire l'amour, à courir après de jeunes animaux pour les manger vivants, les torturer, les déchiqueter... Bref, c'est la folie dionysiaque à l'état brut, où se mêlent toutes les passions les plus obscures, la sexualité, bien sûr, le goût du vin, évidemment, mais aussi le sadisme, les transes, les extases délirantes... Pour son malheur, Penthée est vite repéré – Dionysos, bien entendu, y a veillé. Les femmes le désignent du doigt. C'est leur nouvelle proie ! Elles font plier l'arbre, le forcent à descendre, et Agavé, sa propre mère, qui conduit les opérations comme un général d'armée, déchire vivant, avec l'aide de ses comparses, son propre fils : dans son délire, elle l'a pris pour un animal sauvage et, toute fière, elle rentre montrer à son père, Cadmos, son trophée : la tête de son Penthée, sanguinolente, qu'elle a plantée au bout d'une pique...

Laissons la suite de l'histoire de côté – le vieux Cadmos, cela va sans dire, est anéanti, Agavé aussi, dès qu'elle recouvre ses esprits, tandis que Dionysos se fait reconnaître et installe sa puissance au grand jour... L'essentiel est ailleurs : dans le fait que les Grecs aient eu besoin de compléter leurs mythes cosmologiques, leurs légendes tout entières consacrées à la gloire de l'harmonie et de l'ordre, par ce genre d'épisode proche de la démence la moins défendable et la moins convenable. Il y a là quelque chose de si étrange qu'on doit bien s'interroger sur la signification de cette intégration d'un tel être dans l'univers des dieux. De nouveau, la question s'impose : pourquoi ?

La réponse, maintenant, peut être assez simple. D'abord, il faut surtout ne pas s'y tromper : Dionysos n'est pas, comme les Titans ou comme Typhon, un être seulement « chaotique », un opposant « forcené », si l'on peut dire, à l'édification du cosmos par Zeus. Sinon, tu comprends bien qu'il ne serait pas un Olympien, cela ne se pourrait. Il serait au contraire, comme les autres forces archaïques, enfermé dans le Tartare, relégué sous bonne garde dans les entrailles de Gaïa. Il n'est donc pas, en tout cas pas seulement, un côté des deux pôles, chaos/cosmos, même si, comme nous l'avons vu dans le commentaire de Nietzsche sur la musique, il y a bien sûr en lui du chaotique, du titanesque. À vrai dire, il est une espèce de réunion des deux, une forme de synthèse pleine de sens, car elle nous signifie qu'il n'y a pas d'harmonie sans prise en compte de la différence, pas d'Immortels sans mortels, pas d'identité sans différence, pas d'autochtones sans métèques, de citoyens sans étrangers…

Pourquoi ce message est-il si important qu'il faille l'installer symboliquement au cœur de l'Olympe ? À cette question, on répond souvent par deux interprétations, opposées mais toutes deux d'apparence plausible, du personnage de Dionysos. Au reste, il est normal que plusieurs lectures des mythes se fassent jour étant donné qu'ils n'ont, à proprement parler, pas d'auteurs identifiables. Nous avons affaire ici, comme pour les contes de fées, à une littérature « générique », à des créations qu'on ne peut attribuer à personne en particulier et sous lesquelles, par conséquent, il est toujours difficile d'imaginer une intention consciente qui serait aisément identifiable : impossible d'interviewer, comme on le ferait aujourd'hui à la télévision, Homère. Non pas simplement parce qu'il est mort, mais parce que, très vraisemblablement, nous avons affaire à un nom de code, qui recouvre peut-être plusieurs personnes, en tout cas de nombreuses traditions orales dont nul individu ne peut prétendre être l'auteur conscient et responsable. C'est donc toujours, pour ainsi dire, « du dehors », qu'il nous faut tenter de restituer un sens et, dans ces conditions, il est tout naturel que différentes perspectives soient possibles, plus encore sans doute que lorsqu'on peut rapporter une œuvre à un auteur « personnel »… La reconstruction d'un sens n'en est que plus intéressante. Gardons-nous de céder au travers, si fréquent dans un passé récent, qui consiste, sous prétexte que nous avons souvent affaire à des « textes » plus qu'à des œuvres, à n'y voir que des « structures » sans jamais chercher à dégager une signification. Ce serait, assurément, une lourde erreur.

Selon une première lecture qu'on pourrait dire « nietzschéenne » (quoique de manière assez vague, tant elle s'éloigne à vrai dire de la pensée authentique de Nietzsche...), Dionysos incarnerait le côté festif de l'existence. Il représenterait ces moments de folie, certes un peu délirants, excessifs à coup sûr, mais aussi ludiques que joyeux, jusque dans l'excès justement, bref, ces instants d'aimable transgression qu'une vie « libérée » doit dédier à l'hédonisme, au plaisir, à la satisfaction des passions érotiques même les plus secrètes. On tiendrait là une interprétation « de gauche » des rituels dionysiaques, une espèce d'anticipation de l'anarchisme, pour ne pas dire de Mai 68... C'est d'ailleurs déjà en un sens assez voisin que la tradition romaine a fini par dépeindre Bacchus : un vieil ivrogne, oui, sans doute, mais sympathique, bon vivant, plein de bonne humeur, d'amour et, en dernière instance, comme son compagnon Silène, véritable sage. « Vivre comme un volcan » : telle pourrait être, dans cette perspective, la devise ultime de Dionysos.

Le problème, c'est que rien dans son existence, telle que nous la rapportent les mythes, ne vient corroborer cette image d'Épinal. À l'évidence, leur vérité est tout autre. À aucun moment, la vie du dieu du vin et de la fête ne ressemble si peu que ce soit à quelque chose d'heureux. Sa naissance est douloureuse et son enfance tumultueuse. Quand il est chassé par Lycurgue, dans ses voyages en Inde ou en Asie, quand il revient pour se venger d'Agavé et de Penthée, il vit plus souvent dans la peur ou dans la haine que dans l'amour et la joie. Du reste, les fêtes dionysiennes, si l'on prend du moins le temps de considérer de manière attentive ce que nous en disent les textes fondateurs – la réalité était sans doute un peu différente –, ressemblent infiniment plus à un film d'horreur qu'à une joyeuse orgie : scènes d'animaux déchiquetés vivants, d'enfants torturés, de viols collectifs, de mises à mort atroces s'enchaînent à un rythme effrayant, qui laisse penser que l'imagerie d'Épinal de la bonne vieille fête soixante-huitarde ou de l'orgie romaine est tout à fait à côté du sujet. Par ailleurs, comme on le voit avec son cousin Penthée, Dionysos se conduit aussi peu que possible en héros sympathique : il charme, oui, il séduit, certes, mais par l'hypocrisie et le mensonge, en pratiquant la traîtrise, la délation, bref, en recourant à des artifices qui n'ont, lorsqu'on y regarde d'un peu près, rien à voir avec ce que les tenants de cette interprétation entendent eux-mêmes valoriser : l'excès et la transgression, oui, mais dans la joie et dans l'amour. Il y a bien, en effet, de l'excès et de la transgression chez Dionysos, mais fort peu de joie et d'amour...

Une autre interprétation, déjà beaucoup plus juste, s'inspire cette fois-ci, non de ce nietzschéisme frelaté, mais plutôt de Hegel. Elle consiste à dire, en substance, que Dionysos représente le moment de la « différence[1] », qui correspond à l'idée qu'il faut, pour ainsi dire, donner du temps à l'éternité et au cosmos, pour intégrer ce qui est différent d'eux. Pour tenter de formuler les choses plus simplement, sans jargon, ce dieu du délire incarnerait dès lors, face à l'univers calme et divin, éternel et stable que Zeus a fondé et garanti, la nécessité de prendre en compte tout ce qui, justement, est contraire à cet ordre, différent de lui, voire opposé à lui : non pas, certes, le chaos absolu au niveau divin (cela, c'est l'affaire des Titans et de Typhon, qui sont eux-mêmes des dieux, et qui sont maîtrisés avant même que le cosmos ne soit tout à fait établi), mais le hasard, la confusion, la contingence, les déchirements et autres imperfections du monde humain. Il faudrait, en quel-que sorte, que tout cela soit exprimé pour être, dans un

---

1. Ce que Hegel nomme l'« être là » dans la triade, en soi, être là, pour soi.

troisième temps (le premier étant celui de la création du cosmos), récupéré et réintégré dans l'harmonie générale : d'où la place de Dionysos au cœur même de l'Olympe.

Avec cette seconde lecture, on est déjà, sans aucun doute, beaucoup plus près de la vérité des légendes dionysiaques : oui, il faut prendre en compte l'altérité, l'étrangeté, le désordre et la mort, bref, tout ce qui est différent du divin. La seule nuance, mais elle est essentielle, que j'apporterai au point de vue hégélien, c'est qu'il n'y a pas, au final, de synthèse heureuse et réussie. À coup sûr, oui, c'est vrai, il faut inventer Dionysos et lui donner une place de choix, parce que la vraie vie, la vie bonne, pour nous comme pour les dieux, c'est cosmos et chaos réunis, mortels et Immortels ensemble. Avec cosmos tout seul, la vie s'arrête, figée, mais avec chaos seul, ce n'est pas mieux : elle explose. Le désordre des bacchanales livré à lui-même tourne au désastre et à la mort. Il faut qu'un principe autre vienne lui mettre un terme, et réciproquement, l'ordre cosmique sans humains, sans vivants qui s'agitent dans un temps qui est celui de l'histoire réelle, c'est une autre forme de mort, par congélation dans l'immobilité.

Comme dans ce que Nietzsche nomme le « grand style » (mais je parle ici du « vrai » Nietzsche qui n'est nullement « nietzschéen » et encore moins « de gauche »…), il faut intégrer l'ennemi en soi[1], ne pas le laisser au-dehors, ce serait trop dangereux, mais, pis encore, trop ennuyeux – ce qui explique la fascination du philosophe allemand pour le personnage de Dionysos où il se reconnaît lui-même. Les deux moments qu'il décrit dans son livre *La Naissance de la tragédie*, l'apollinien et le dionysiaque, sont inséparables l'un de l'autre, tous deux nécessaires à la vie : de même qu'il

---

1. Voir le chapitre sur Nietzsche dans *Apprendre à vivre* – 1.

n'y a pas de cosmos sans chaos, il n'y a pas non plus d'éternité sans le temps, d'identité sans différence...

Dionysos, par sa simple existence, nous rappelle en permanence les origines du monde, l'obscurité abyssale d'où il est sorti. Il nous fait sentir, chaque fois que nécessaire, combien le cosmos s'est construit sur le chaos et combien cette construction, issue de la victoire de Zeus sur les Titans, est fragile, d'autant plus fragile qu'on en oublierait l'origine et la précarité, justement – ce pourquoi la fête effraie, comme la folie inquiète, parce que nous sentons bien qu'elle est toute proche de nous, à vrai dire en nous. Voilà, au fond, l'enseignement de Dionysos, ou plutôt, de son intégration dans l'univers des Olympiens : il s'agit, comme dans la tragédie, de nous faire comprendre que toute cette construction, au final, est bel et bien faite par et pour les humains, pour ceux qui ne sont pas seulement membres du cosmos éternel, mais aussi plongés dans le monde de la finitude, dans cette dimension de déchirement et de désordre dont leur parle en toutes circonstances Dionysos.

Toutefois, il n'y a pas, comme dans l'interprétation hégélienne, de réconciliation finale, pas de happy end, et c'est peut-être en ce point que le mythe de Dionysos nous permet de saisir mieux qu'aucun autre pourquoi toutes ces constructions mythiques nous touchent encore aujourd'hui de manière si intime.

C'est qu'elles nous parlent de nous, les mortels, tout autrement que les religions ne le feront : en termes de spiritualité laïque, et non de croyance, en termes de salut humain plus que foi en Dieu. Ce qui est émouvant, dans la trajectoire d'Ulysse, c'est qu'il fait tout pour s'en tirer par lui-même, en essayant d'être lucide, en restant à sa place, en refusant l'immortalité et l'aide trop facile des dieux. Certains, bien entendu, comme Athéna et Zeus, vont lui porter secours, d'autres lui pourrir la vie – c'est le cas de Poséidon. Mais au final, c'est lui qui s'en tire par lui-même, en assumant la mort qui l'attend. À cet égard, seule la philosophie reprendra le témoin. Encore une fois, j'ai bien conscience de ce que cette affirmation peut avoir de paradoxal aux yeux d'un lecteur hâtif : la mythologie n'est-elle pas, à l'évidence, beaucoup trop pleine de dieux, bien trop peuplée d'êtres surnaturels pour qu'on la dise ainsi « laïque », sans autre forme de procès ?

Oui, bien sûr, l'objection est évidente. Mais justement, il ne faut pas en rester à l'évidence. Si l'on approfondit un peu le regard, comme nous avons tenté de le faire tout au long de ces pages, nous découvrons tout autre chose, dans les mythes, qu'une religion : une tentative, et c'est cela que symbolise Dionysos, à nulle autre pareille, pour prendre en compte la réalité de la finitude humaine, la vérité de cette folie que les dieux ont reléguée tout entière vers les hommes et le monde sensible afin de s'en débarrasser et de préserver leur cosmos à eux. C'est à ce monde-là, cet univers sublunaire et marqué par le temps qu'il faut tâcher de donner, malgré tout, un sens, ou plutôt toute une pléiade de significations possibles face à son Autre, le cosmos des dieux immortels. Au fond, ce que nous offre la mythologie, et qu'elle va léguer comme point de départ à la philosophie, c'est une description pleine de vie des itinéraires possibles pour les individus que nous sommes au sein d'un univers ordonné et beau qui nous dépasse de toutes parts. Dans une époque comme la nôtre, où les religions s'estompent chaque jour davantage – je parle ici de l'espace laïque des Européens, pas des continents encore marqués par le théologico-politique –, la mythologie grecque explore une question qui nous touche comme jamais : celle du sens de la vie hors théologie, et c'est cela, au fond, qui peut encore nous servir de modèle pour penser notre propre condition.

Voilà pourquoi je voudrais insister à nouveau, pour finir, sur le caractère paradoxalement laïque, non religieux, humain et même parfois trop humain, de la sagesse ou de la spiritualité que la mythologie va léguer à la philosophie.

De la philosophie en général comme sécularisation de la religion et de la philosophie grecque comme sécularisation de la mythologie en particulier : la naissance d'une spiritualité laïque

J'ai déjà eu l'occasion de développer dans d'autres ouvrages l'idée qu'à mes yeux la philosophie était toujours, du moins dans ses moments les plus grandioses, liée à un processus de sécularisation d'une religion[1]. Même lorsqu'elle se veut matérialiste, en rupture radicale avec l'attitude religieuse, elle n'en conserve pas moins avec elle une continuité moins visible, mais tout aussi fondamentale. C'est d'elle, en effet, qu'elle reçoit ses interrogations les plus essentielles qui ne deviennent ainsi les siennes qu'après avoir été forgées dans l'espace religieux. C'est cette continuité, par-delà la rupture, qui permet de comprendre comment la philosophie va reprendre à son compte la question de la vie bonne en termes de salut, par rapport à la finitude et à la mort donc, tout en abandonnant au statut d'illusions les réponses religieuses. De là aussi sa prétention à s'adresser à tous les êtres humains, et non seulement aux croyants, son souci de viser à dépasser ainsi les discours particuliers vers une dimension d'universalité qui, dès l'origine, l'opposera aux communautarismes religieux.

Que cette rupture et cette continuité soient attestées en Grèce, dès la naissance de la philosophie, c'est là ce que notre analyse des mythes rend évident et que Jean-Pierre Vernant a mis en lumière avec beaucoup d'acuité, en s'inspirant des travaux d'un de ses collè-

---

1. C'est là un thème que j'ai déjà abordé dans *La Sagesse des Modernes* (Robert Laffont, 1998), au chapitre X, mais aussi dans *Qu'est-ce qu'une vie réussie ?* (Grasset, 2002).

gues, Francis Cornford, consacrés au passage de la religion – des mythes – à la philosophie en Grèce. Il a montré comment la naissance de la philosophie dans l'Antiquité ne relevait pas d'un « miracle » insondable, comme on l'a si souvent dit et répété, mais s'expliquait par un mécanisme qu'on pourrait dire de « laïcisation » de l'univers religieux au sein duquel vivaient les Grecs. Le point mérite attention, car ce processus inaugural de « désenchantement du monde » présente une double face : d'un côté, les premiers philosophes vont *reprendre à leur compte* toute une part de l'héritage religieux tel qu'il s'inscrit notamment dans les grands récits mythiques que nous avons analysés touchant la naissance des dieux et du monde ; mais d'un autre côté, cet héritage même va être *considérablement modifié, à la fois traduit et trahi dans une nouvelle forme de pensée, la pensée rationnelle, qui va lui donner un sens et un statut nouveaux.* Ainsi, selon Vernant, la philosophie ancienne, pour l'essentiel,

> « transpose, dans une forme laïcisée et sur le plan d'une pensée plus abstraite, le système de représentation que la religion a élaboré. Les cosmologies des philosophes reprennent et prolongent les mythes cosmogoniques... Il ne s'agit pas d'une analogie vague. Entre la philosophie d'un Anaximandre et la théogonie d'un poète inspiré comme Hésiode, Cornford montre que les structures se correspondent jusque dans le détail[1] ».

Et, de fait, dès l'aube de la philosophie, cette sécularisation de la religion qui la conserve tout en la dépassant – la problématique du salut et de la finitude est préservée, mais les réponses proprement religieuses sont abandonnées – se met déjà très clairement et fer-

1. Cf. Jean-Pierre Vernant et Pierre Vidal-Naquet, *La Grèce ancienne. Du mythe à la raison*, « Points » Seuil, 1990, p. 198.

mement en place. Ce qui est particulièrement intéressant, c'est qu'on peut lire ce processus en deux sens : on peut être plus ou moins attaché à ce qui *relie* la philosophie aux religions qui la précèdent et l'informent ou, au contraire, à ce qui l'en *écarte* et que l'on pourrait désigner comme son moment laïque ou rationaliste. Alors que Cornford est plutôt sensible aux liens qui unissent les deux problématiques, Vernant, sans rien renier de cette paternité religieuse de la philosophie, entend mettre plutôt l'accent sur ce qui les oppose. Certes, écrit-il, les premiers

> « philosophes n'ont pas eu à inventer un système d'explication du monde ; ils l'ont trouvé tout fait... Mais aujourd'hui que la filiation, grâce à Cornford, est reconnue, le problème prend nécessairement une forme nouvelle. Il ne s'agit plus seulement de retrouver dans la philosophie l'ancien, mais d'en dégager le véritablement nouveau : ce par quoi la philosophie cesse d'être le mythe pour devenir philosophie[1] ».

Une révolution, si l'on peut dire, dans la continuité, qui s'opère au moins sur trois plans : d'abord, au lieu de parler, comme la mythologie, en termes de filiation – Zeus est le fils de Cronos, qui est le fils d'Ouranos, etc. –, la philosophie, rationaliste et sécularisée, va s'exprimer en termes d'explication, de causalité : tel élément engendre tel autre élément, tel phénomène produit tels effets, etc. Dans le même sens, on ne parlera plus de Gaïa, d'Ouranos ou de Pontos, mais de la terre, du ciel et des eaux de la mer : les divinités vont s'effacer devant la réalité des éléments physiques – là est la rupture –, ce qui n'empêche, là est la continuité, que le cosmos des physiciens va hériter de toutes les caractéristiques fondamentales (harmonie, justesse, beauté, etc.) qu'il avait dans les anciennes visions reli-

---

1. *La Grèce ancienne...*, *op. cit.*, p. 202.

gieuses et mythiques. Enfin, la figure du philosophe va émerger, différente de celle du prêtre : son autorité ne vient pas des secrets qu'il détient, mais des vérités qu'il rend publiques, pas des mystères occultes, mais des argumentations rationnelles dont il est capable.

Sans même entrer dans une analyse plus approfondie, on se fera déjà une idée du bouleversement ainsi introduit par la pensée philosophique si l'on considère d'un peu plus près le second point, à savoir la façon dont les philosophes vont passer du sacré au profane en s'efforçant d'« extraire » ou d'« abstraire » des divinités grecques les éléments « matériels » constitutifs de l'univers, en passant, comme je viens de te le dire, de Pontos à l'eau, d'Ouranos à l'air céleste, de Gaïa à la terre, etc. C'est, dans le détail, plus compliqué que je ne puis l'indiquer maintenant, mais le principe est là : il s'agit d'en finir avec les entités divines et religieuses, pour s'intéresser aux réalités naturelles et physiques. Quelques siècles plus tard, on trouvera encore, chez Cicéron, des échos amusants de cette révolution « laïque » par laquelle, selon ses propres termes, « les dieux des mythes grecs furent interprétés par la physique ». Cicéron prend l'exemple de Saturne (nom latin de Cronos) et de Caelus, le ciel (non latin d'Ouranos), et il explique de la façon suivante la laïcisation introduite par la philosophie stoïcienne au regard des anciennes « superstitions » mythologiques :

> « La Grèce a été envahie il y a bien longtemps, par cette croyance que Caelus avait été mutilé par son fils Saturne, et Saturne lui-même garrotté par son fils Jupiter. Une doctrine physique recherchée est renfermée dans ces fables impies. Elles veulent dire que la nature du ciel, qui est la plus élevée et faite d'éther, c'est-à-dire de feu, et qui engendre tout par elle-même, est privée de cet organe corporel qui a besoin, pour engendrer, de se joindre à un autre. Elles ont voulu désigner par Saturne la réalité qui contenait le

cours et la révolution circulaires des espaces parcourus et des temps, dont il porte le nom en grec ; car on l'appelle Cronos, ce qui est la même chose que *chronos*, qui signifie "espace de temps". Mais on l'a appelé Saturne parce qu'il était "saturé" d'années ; et l'on feint qu'il a coutume de manger ses propres enfants, parce que la durée dévore les espaces de temps[1]. »

Laissons de côté la question de la valeur de vérité philologique d'une telle lecture des grandes théogonies grecques. Ce qui importe ici, c'est que le mécanisme de « sécularisation » est clairement élucidé en son principe : il s'agit moins de rompre avec la religion que d'en réaménager les contenus, moins de faire table rase que d'en détourner les grands thèmes dans une optique nouvelle. Et c'est cette dualité même – rupture et continuité – qui va marquer, dès l'origine, *mais de manière indélébile*, les rapports ambigus de la philosophie avec sa seule rivale sérieuse, la religion. Cette thèse ne doit pas, comme je l'ai montré ailleurs[2], être limitée au seul espace de la pensée grecque. Elle possède une portée si générale qu'on la verra confirmée dans toute l'histoire de la philosophie, jusques et y compris chez les penseurs réputés les moins religieux. Je ne puis être, pour l'instant, qu'allusif – c'est seulement dans les prochains volumes d'*Apprendre à vivre* que je pourrai entrer de manière exhaustive et claire dans le détail de l'argumentation. Disons seulement, en attendant d'y revenir plus à fond, que la thèse se vérifie, sans exception aucune, pour tous les grands auteurs de la tradition philosophique.

C'est ainsi que Platon, les stoïciens, Spinoza, Hegel ou Nietzsche, par exemple, continueront de s'intéresser, chacun à leur façon qui se veut bien sûr en rupture

---

1. *De la nature des dieux*, chapitre XXIV.
2. Notamment dans *La Sagesse des Modernes*, *op. cit.*

radicale avec les religions constituées, à la problématique du salut en même temps qu'à celle de l'éternité. Nul hasard, en ce sens, si, chez Platon et Aristote, le sage est celui qui meurt moins que le fou, s'il s'agit, comme le dit la fin de l'*Éthique à Nicomaque*, le grand livre de morale d'Aristote, de se « rendre immortel autant qu'il est possible ». Rien d'étonnant, là non plus, si l'*Éthique* de Spinoza, dans le même sens, bien que sur des bases toutes différentes, prétend dépasser les morales simplement formelles pour nous conduire vers la « béatitude » : pas de vie bonne, pour lui aussi, qui ne soit débarrassée de la crainte de la mort, tout se passant comme si réussir sa vie et réussir sa mort ne faisaient qu'un. On ne saurait bien vivre qu'en ayant vaincu toute peur, et le moyen d'y parvenir, c'est d'avoir rendu sa vie si sage, si éloignée de la folie, que l'on parvienne à « mourir le moins possible ». C'est là le thème, bien connu des spinozistes et longuement analysé par Gilles Deleuze, un de ses interprètes les plus célèbres, selon lequel, à nouveau, le « sage meurt beaucoup moins que le fou ». Chez Hegel encore, la définition du « savoir absolu », point culminant de tout son système, est directement héritée de la religion chrétienne : il s'agit d'un point en lequel, comme dans le christianisme, le fini et l'infini, l'homme et Dieu sont enfin réconciliés – la différence avec la religion tenant principalement au fait que cette réconciliation doit à ses yeux s'effectuer, comme il le dit dans son jargon, dans « l'élément du concept », et non dans celui de la foi... Nulle surprise non plus si les œuvres où Nietzsche met en scène sa doctrine de « l'éternel retour » empruntent si souvent la forme parabolique qui est la marque même des grands textes évangéliques : là encore, il s'agit de décrire un critère d'existence qui permette de distinguer entre ce qui vaut *absolument* la peine d'être vécu et ce qui, en revanche, ne mérite guère de durer... Où l'on voit à nouveau comment continuité souterraine et rupture, parfois radicale, marquent la relation complexe qui unit, et sépare tout à la fois, philosophie et religion.

Nous reviendrons, comme je te l'ai dit, sur tous ces grands moments de la philosophie – et sur bien d'autres encore – dans les prochains volumes d'*Apprendre à vivre*. Ces observations, trop allusives bien entendu à ce stade, me conduisent simplement à deux ultimes remarques, qui en même temps confirment l'approche introduite dans le premier volume et annoncent un fil conducteur pour la suite.

La première, c'est qu'il faut, pour comprendre la philosophie, se garder comme de la pire erreur de confondre, comme on le fait si souvent aujourd'hui, morale et spiritualité. La morale, en quelque sens qu'on l'entende, c'est le respect de l'autre, de sa liberté, de son droit à chercher son bonheur comme il l'entend, du moment qu'il ne nuit pas à autrui. Pour le dire simplement, pour nous, aujourd'hui, la charte de la morale commune se confond, *grosso modo*, avec nos déclarations des droits de l'homme. Si nous les appliquions parfaitement, il n'y aurait plus sur cette planète ni viols, ni vols, ni meurtres, ni injustices économiques flagrantes... Ce serait une révolution. Et pourtant... Cela ne nous empêcherait ni de vieillir, ni de mourir, ni de perdre un être cher entre tous, ni même d'être parfois malheureux en amour ou de nous ennuyer dans une vie quotidienne engluée dans la banalité. Car toutes ces questions – celle de la mort, de l'amour ou de l'ennui – ne sont pas des questions morales. Tu peux vivre comme un saint ou une sainte, respecter autrui à merveille, appliquer les droits de l'homme comme personne... et vieillir, et mourir, et souffrir. Cela n'a, encore une fois, aucun rapport. C'est cette seconde sphère de questions qui relève de ce que je nomme ici la « spiritualité », par opposition à la morale – et comme tout le premier volume d'*Apprendre à vivre* y insiste, je prétends que, pour l'essentiel, la philosophie, à la différence des religions, est une spiritualité laïque.

En d'autres termes, il est absurde de la réduire à une simple morale.

Mais il est tout aussi erroné de la réduire à la seule dimension de la théorie. Trop souvent, dans nos cours de lycée ou d'université, nous enseignons à nos élèves l'idée que la philosophie, c'est la réflexion, l'esprit critique, l'argumentation. Sans doute, en effet, vaut-il mieux réfléchir, critiquer, argumenter, pour bien penser et cela fait clairement partie de la philosophie. Mais cela appartient tout autant à la sociologie, à la biologie, à l'économie ou même au journalisme. Comme j'ai eu l'occasion de l'expliquer dans *Apprendre à vivre* – 1, la réflexion critique n'est en rien l'apanage de la philosophie. Ce que la mythologie va léguer de plus profond à la philosophie antique, qui est directement son héritière sur ce point, c'est que la question essentielle est bel et bien celle de savoir comment parvenir à une vie bonne au sein de ce cosmos, même une fois sécularisé et dédivinisé à la façon platonicienne et stoïcienne. Si la philosophie naît en Grèce, c'est que le mythe y a préparé le terrain en réfléchissant déjà de façon extraordinairement profonde à la condition des mortels au sein de l'univers. De sorte que l'interrogation fondamentale des philosophes est déjà préformée de part en part lorsqu'elle émerge : il s'agit de savoir comment vaincre les peurs liées à la finitude pour parvenir à la sagesse, c'est-à-dire à la sérénité qui seule est condition du salut, au sens étymologique du terme : ce qui nous sauve de l'angoisse de la mort que notre condition humaine implique.

Voilà en quel sens l'analyse du passage de la mythologie à la philosophie confirme en tout point l'idée que la philosophie est bel et bien une « doctrine du salut sans Dieu » : une tentative pour se sauver des peurs sans recourir ni à la foi ni à un être suprême, mais en exerçant sa simple raison et en essayant de s'en tirer par soi-même. Là est la vraie différence entre philosophie et religion, et même si les mythes grecs sont pleins de dieux, leur grandeur proprement philosophique est de mettre à l'écart de leurs pouvoirs la question du salut des hommes : c'est à nous les mortels, et à nous seuls, qu'il revient de la régler autant qu'il est possible, imparfaitement, sans doute, mais par nous-mêmes et par notre raison, non à l'aide de la foi et des Immortels. Comme nous verrons ensemble dans le prochain volume, c'est bel et bien là le défi que va relever la grande tradition de la philosophie antique. Et l'un de ses charmes les plus impressionnants tient au fait qu'à partir de cette problématique singulière, elle va « inventer » de manière proprement géniale une pluralité de réponses qui nous offrent, aujourd'hui encore, comme autant de possibilités de comprendre nos vies.

INDEX

398

TABLE

CHAPITRE 6

LES MALHEURS D'ŒDIPE ET DE SA FILLE ANTIGONE

CONCLUSION

MYTHOLOGIE ET PHILOSOPHIE

pprendre à vivre - Traité de philosophie
l'usage des jeunes générations

« Je vais te raconter l'histoire de la philosophie. [...] Je te
is, d'entrée de jeu, une promesse : toutes ces pensées, je te
s exposerai d'une façon totalement claire, sans le moindre
rgon, mais en allant à l'essentiel, à ce qu'elles ont chaque
is de plus profond et de plus passionnant. »
Parce qu'apprendre à penser c'est apprendre à vivre, Luc
rry met à la portée de tous les clés de la philosophie et nous
fre un livre d'exception. Un de ces livres rares qui vous
compagnent toute une vie.

N° 8735

9090

Composition
NORD COMPO
Achevé d'imprimer en Espagne
par ROSES
le 15 novembre 2009.

Dépôt légal novembre 2009. EAN 9782290016886

ÉDITIONS J'AI LU
87, quai Panhard-et-Levassor, 75013 Paris

Diffusion France et étranger : Flammarion